日本の法学とマルクス主義

21世紀の
社会編成理論の
構築をめざして

大島和夫
Oshima Kazuo

法律文化社

はじめに

2018年3月に内田貴『法学の誕生』が公刊され，穂積陳重，穂積八束兄弟に焦点を当てて，日本が法学を形成しなければならなかった時期について分析している。内田は，彼らのような学者たちによって自前の法学が形成され，それによって国民国家の形成を果たすことができたことを高く評価した。まわりのアジア諸国では，西洋列強が圧倒的な軍事力を行使してアジアの国々を自国の植民地にしたり，法外な特権を認めさせたりして，国民国家の形成が妨げられていたからである。八束らの法学が明治国家の国体護持の役割を担っていたことも見落としていない。ただし，その法学はもっぱら東京帝国大学の法学部に所属する教授たちを念頭においており，私立大学や司法省法学校についてはほとんど触れておらず，在野の法曹もほとんど出てこない。当然，マルクス主義法学の存在も語られていない。

内田の著書よりも68年ほど前の，日本がまだ連合国の占領下にあった1950年に，日本評論社から『日本の法学』[1]が公刊された。掲載された座談会ごとに参加者は異なるが，末弘厳太郎，川島武宜，戒能通孝，穂積重遠，我妻栄，磯田進，鵜飼信成などであり，末川博と杉之原舜一が紙上参加している。明治維新から1945年の敗戦までの時期を4つに区分して，日本の法学の問題点を話し合い，今後はどうあるべきかを議論した。体制が大きく転換し，国民主権に基づいた民主的な国家を形成しようという熱意の下に，戦前の法学に対してきわめて厳しい批判が行われた。この座談会の中で，戒能は，法律学がいかにあるべきかに関して「方法論の問題がある。おそらく，統一的に研究できるのは，例えばマルキシズムの方法論，ああいう立場に立てばひとつの統一的研究が数人によってできるのではないか。ところが，一般はそうではないでしょう。つまり，経済学におけるマルキシズムの方法論というような特定の方法論を法学が

---

1) 日本評論社編『日本の法学──回顧と展望』日本評論社（1950年）。『法律時報』の20周年を記念して1948年12月号に掲載された座談会と1949年4月号及び50年2月号に掲載された座談会，および未発表の「法社会学の基本問題」を収めたものであり，末弘厳太郎の還暦を記念したものであった。

共通の了解として持つ段階まで来ていない。……こんな状態のある限り共同の研究はまだ困難じゃないかと思う[2]」と述べたが，現在でも戒能が期待したような前進はみられない。むしろ，方法論に対する熱意は後退しているかもしれない。

　本書は，戦前から現在に至るまでの，マルクス主義法学と呼ばれた学問の流れを概観し，著者の意見を述べるものである。第Ⅰ部は，戦前から現在に至る日本の研究者の業績を概観する。ただし，著者の能力により全ての研究者をカバーすることはできていない。主に私法に偏っており，それも一部に過ぎないことをお断りしておく。第Ⅱ部は，マルクスとエンゲルスの著作・手紙から，法と経済の歴史と構造と担うべき役割に関する叙述を抜き出して検討する。すでに多くの人々によって研究されている分野で，それほど新しいことを述べるものではないが，いわゆる正統派マルクス主義者の理解とはかなり異なっていると思う。第Ⅲ部では，マルクスにおける市民社会論と現在の日本における市民社会論を検討する。1980年代以降，市民社会論のルネッサンスという状況が生まれているが，これらの議論の中には，マルクスが展開した社会変革の議論を正当に引き継ぐものが含まれていると考える。

　本書は，この10年ほどの間に少しずつ書き下ろしたものである。かけた時間の割には不十分なものであるが，大勢の研究者の方々にアドバイスをいただいたことに感謝する。なお，第Ⅰ部第3章だけは，2007年11月に公刊したパンフレット『関西民科の60年』に掲載したものを再録した。

　　2019年11月

　　　　　　　　　　　　　　　　　　　　　　　大島　和夫

---

2)　同上，296頁。

目　次

はじめに

第Ⅰ部　日本におけるマルクス主義法学

第1章　マルクス主義法学の成立と発展 …………………………… 2

　　1　戦前のマルクス主義法学　3

　　2　パシュカーニス『法の一般理論とマルクス主義』　7

　　3　日本におけるマルクス主義法学の創始者　19

第2章　占領下のマルクス主義法学 ……………………………… 22

　　1　戦後の法学者たちの状況　22

　　2　民主主義科学者協会の結成　23

第3章　法社会学論争 ……………………………………………… 25

　　1　生ける法と階級意思としての法　26

　　2　『市民社会と民法』をめぐる論争　29

　　3　『法社会学の諸問題』における論争　34

第4章　戦争を経験した法学者達 ………………………………… 39

　　1　市民法学の担い手　39

　　2　マルキシズム法学への回帰　47

　　3　所有権法の理論　52

　　4　実践的市民法論　55

　　5　唯物史観法学と人間の尊厳　61

第5章　戦後の法学 ………………………………………………… 69

　　1　日本の市民社会と近代法　69

       2　法社会学におけるブルジョア法批判　73

       3　２つの法体系論　86

       4　マルクス主義的企業法理論　92

       5　核心としての団結権理論　107

第6章　現代法論とマルクス主義……………………………………119

       1　現代法への関心の高まり　119

       2　民科法律部会における現代法論　121

       3　資本主義法の歴史区分　122

第7章　法と経済の一般理論………………………………………131

       1　法的上部構造の反作用　131

       2　社会規範の実現の意味　133

       3　経済的関係と法的関係の相互関係　137

       4　歴史的法体系の内的編成　141

       5　社会構成体と法的上部構造　142

第8章　社会認識と法………………………………………………146

       1　社会関係に規定される契約　146

       2　マルクス主義に基づく社会認識と法律関係　147

       3　社会構造と合意　151

第9章　マルクス主義法学に対する批判……………………………152

       1　批判の要点　152

       2　民科法律部会の議論に対する批判　154

       3　民科法律部会の性格と行動　160

第10章　国家の公共性………………………………………………162

       1　国家の公共性とは何か　162

       2　日本における公共性論　165

第11章　福祉国家論 ……………………………………………………… 167

1　国家独占資本主義論からの福祉国家論批判　167

2　経済システム論不在の福祉国家論批判　171

3　21世紀の福祉国家論　173

第12章　新現代法論 ……………………………………………………… 178

1　『法の科学』の展開　178

2　現代日本法のトータルな分析　179

3　3つの視点　181

4　新現代法論の総括　183

5　豊かな社会の出現と私法学の課題　186

6　現代社会における法の課題　188

第Ⅱ部　マルクスと法学

第1章　マルクスとエンゲルスにおける国家と法の理論 ………… 192

1　マルクスとエンゲルスの法律観の3つの時期　192

2　社会構成体の分析と科学的に正しい方法　193

3　マルクス主義国家・法理論の形成　197

4　マルクス主義国家・法理論の展開　207

5　ゴータ綱領批判　212

6　エンゲルスによる唯物史観の発展と法学的世界観批判　219

第2章　商品交換と法 ……………………………………………………… 234

1　マルクスの言う「経済的関係を反映する意思関係」　234

2　商品形態から法形態の分析へ─パシュカーニスのこだわり　235

第3章　マルクスと学問 …………………………………………………… 240

1　実践と統一された学問　240

2　ポパーによるマルクスの社会変革の評価　241

3　シュムペーターによるマルクスの学問の評価　243

目　次　v

```
4  マルクス主義の有効性  244
5  21世紀のマルクス研究の課題  246
6  まとめ  248
```

第Ⅲ部　市民社会とマルクス主義

第1章　市民社会概念の歴史 ……………………………………… 250

```
1  はじめに  250
2  日本における市民社会概念受容の特殊性  251
3  市民社会概念の変化  252
4  Bürgerliches Gesellschaft 概念の特殊性  254
5  市民社会の概念史  255
```

第2章　マルクスの市民社会論 ……………………………………… 257

```
1  市民社会史観と階級社会史観  257
2  マルクスの重層的市民社会論  259
3  協同社会としての市民社会論  270
```

第3章　現代の市民社会論 ……………………………………… 276

```
1  西欧の現代的市民社会論  276
2  日本における市民社会論  285
```

第4章　市民社会論と市民法 ……………………………………… 305

```
1  戦後の市民社会論と法  305
2  日本の市民社会の変化と市民法論  310
3  近代市民社会の現代市民社会への変容  313
```

おわりに

あとがき

文献一覧

索　引

第Ⅰ部　日本におけるマルクス主義法学

第1章 マルクス主義法学の成立と発展

このタイトルは，1976年に公刊された『マルクス主義法学講座』第1巻のものである。同書は，日本におけるマルクス主義法学の前提となる明治期からの日本の法学を取り上げて，マルクス主義法学の戦前から戦後までを概観した。ただし，マルクス主義法学に携わった研究者や法律家の主要な部分をカバーする点で，大きな欠陥があった[1]。しかし，民法学史の全面的な検討は，それ自体が膨大な検討を必要とし，この講座の中で扱うことは無理であった。それでも，この第1巻の「日本マルクス主義法学の前提」および「平野義太郎における法学と社会科学」，加古祐二郎の法理論の分析は力作であった。

ただし，森英樹によって評価の基準とされている概念および理論については，異論がある。私の理解は，この講座の著者たちとはかなり異なる。それぞれの著作の中では，資本主義の全般的危機，社会主義国家の先進的経験，国家独占資本主義，第3世界の進歩的役割，福祉国家の欺瞞性などという言葉が使われているが，同意できない。ただし，現在の時点からそれらの歴史認識を疑うという意味ではない。私は，当初からそのような表現を使用しなかったが，どんな学問でも，そこで用いられている概念や方法が時代の流れの中でその後は評価されなくなることは珍しくない。後の時点から昔の誤りを批判してもあまり生産的とは思われない。ただし，それらの概念のどこが誤りであったかは，重要である。

私は，労働価値説がすべての商品の交換価値の源を説明することはできず，客観的な歴史の発展法則が存在することを論証することは無理であり，理論と実践の統一の意味は人によって異なり，弁証法的な論理という言葉は意味が曖昧であると考えている。

マルクスが資本論で展開している価値論が労働価値説に基づくものであるこ

---

1) 長谷川正安は，「末弘を重視しながら，民法学史の全面的な検討がないということは第3章の致命的な欠陥といえる」と述べている。天野和夫ほか編『マルクス主義法学講座〔第1巻〕』日本評論社（1976年）7頁。

とは間違いないが，マルクスが資本論で展開している動態的な経済分析に労働価値説や弁証法的な論理が本当に必要であるのかは疑わしい。

客観的な歴史の発展法則の存在は理解できないが，マルクスが『経済学批判』の序言で述べている命題[2]は正しいと思う。ただ，これは前近代的な社会から資本主義社会に移行することについて生産諸関係から説明できるということであって，マルクスもこれが歴史の客観的な発展法則を説明するものとは言っていない。また「科学的に正しい方法」と歴史の発展法則は別ものである。

弁証法的唯物論とか，理論と実践の弁証法的統一といった言葉はもっぱらレーニンやスターリンによって用いられた。マルクス自身は弁証法的方法について語っただけである[3]。資本論の方法には弁証法は関係していない[4]。

森英樹は，理論と実践の弁証法的統一とか，客観的歴史の発展法則を認める立場から，加古祐二郎などを批判しているが，これらの点については私の評価は異なる。しかし，当時の法学の世界において加古や平野が果たした役割についての評価は鋭く正当である。

1　戦前のマルクス主義法学

（1）戦前のマルクス主義法学の評価

1972年に藤田勇・長谷川正安編『文献研究・マルクス主義法学—戦前』が刊行された。戦前に発表された平野義太郎や加古祐二郎たちの主要な業績が収録されており，戦前のマルクス主義法学の全容を理解できる。文献解題には，次のように書かれていた[5]。

今日では「マルクス主義法学」という言葉はかなり一般的な用語法になっているが，それが厳密にいかなる内容の法学を指すのかということになると，あ

---

2)　『マルクス・エンゲルス全集』大月書店，13巻6頁以下。以下では『全集』と表す。

3)　中野徹三「エンゲルス」『マルクス・カテゴリー事典』青木書店（1998年）49頁。

4)　見田石介『資本論の方法』弘文堂（1963年）も，マルクスが資本論で用いた方法は，徹底した分析と，叙述におけるその総合であるとしている。例えば146頁以下。

5)　以下の文献の引用では，紙数の制限によりすべて原文を簡略化してある。また，原文には多くの括弧が付けられているが，文献タイトルにつけられている括弧以外は基本的に省略した。もちろん，それらの括弧には，ひとつひとつ意味があるが，読者にとってはかえって理解を妨げるのではないかと考えたためである。

まり明確になっていない。マルクス主義法学の場合には，マルクス主義経済学の場合とは違って『資本論』のようなマルクス自身の手になる体系書が存在しない。したがって，マルクス主義法学とは何かということを明らかにするためには，マルクス，エンゲルス，レーニンなどが法に触れて書いている著書・論文，しばしば断片的な文章を手がかりにするより他はない。昭和の初期に編集され，戦後もしばしば新版の出されている平野義太郎編『史的唯物論と法律』（初版1932年）は，その際もっとも重要な参考書になる。ただし，これは体系書ではないから，マルクス主義法学を明らかにするためには，マルクス主義そのものの基礎理論を明らかにし，その基礎理論に基づいて，研究者自身が社会現象としての法をとらえる方法を考えざるを得ない[6]。

国民主権ではなく，基本的人権も保障されていない前近代市民社会の中で，戦前の法律学に課された任務は，国民の政治的，経済的な権利の拡大を図ることであった。しかし，当時の法律学の主流は帝国大学で講義されていた官僚法学であり，その方法は法実証主義と概念法学が組み合わされたものであった。マルクス主義とは無縁の学者も人権保障や国民生活の保障のために努力していたが，マルクス主義に立つ学者の場合には，大きな危険が予想された。特に1925年に治安維持法が制定され，1928年に緊急勅令が公布されて同法に死刑が導入されると，その危険は現実のものとなってきた。戦前のマルクス主義法学がきわめて厳しい政治状況の下で研究され，発表されたことを常に念頭におかなければならない。また，彼らの多くは思想上の理由で大学を追われながらも，政治的・社会的要請に応じてあわただしく書かねばならなかった。このような条件の下で書かれた諸論文を，条件の異なる現在の立場から正しく評価することはきわめて困難である[7]。

同書は，マルクス主義法学は，「法の認識＝法の理論」と「法の解釈＝法的実践」の２元論の批判と克服を課題としてきたとする[8]。しかし，戦前のマルクス主義法学についての研究は乏しい。当時は，森英樹「日本マルクス主義法学の遺産とその継承」『科学と思想』３号（1972年）があるくらいであった。

6）藤田勇・長谷川正安編『文献研究・マルクス主義法学―戦前』日本評論社（1972年）399頁以下。
7）同上，402頁以下。
8）同上，402頁。

藤田・長谷川によると，戦前のマルクス主義法学は『我等』という雑誌の
1925年1月号に掲載された平野義太郎[9]の「法律における階級闘争」という論文
が，「日本におけるマルクス主義法学の確固たる出発点」のようである。この
論文は，同年3月に制定された治安維持法が「支配階級が革命の前の恐怖にか
られて，自らの法律制度をできる限り維持せんがために，新秩序の要求者を殲
滅せんとはかる[10]」ためのものであることを明らかにし，その反合法性を明らか
にするために書かれたものであり，階級概念も含めて，マルクスの著作を十分
に理解した上で書かれたとは言えない。

　しかし，戦前の著作を評価するときには，先ほど述べたように，それが書か
れた状況が現在とは全く違うことを踏まえなければならない。現在の私たちが
著作や発言について，官憲の取り調べを受けることはほとんどありえないが，
当時の著作者たちはそうではなく，また，日本語で読めるマルクス＝エンゲル
ス全集も存在していなかった。それでも正義に目をつぶれない法律家には次々
と仕事が依頼され，書斎でゆっくりと原書を読んでいる暇すらなかったと推測
される。1921年には大本教不敬事件，森戸辰男事件，友愛会事件[11]が続き，一方
で原首相が暗殺されるなど，法秩序にとって重大な危機が迫っていた。この中
で治安維持法が改悪された。

　平野は1959年に当時を回顧して次のように述べた。「日本におけるマルクス
主義法学の形成は，第1次世界大戦をつうずる日本の生産関係の変化に伴う階
級闘争の激化にその社会的根拠をもち，ロシア革命・ドイツ革命に伴うマルキ
シズム，およびその法学の発展と密接につながるものであった[12]」と。

　戦前の業績の中で次に注目されるのは，山之内一郎[13]訳，パシュカーニス[14]『法

---

9)　平野義太郎（1897-1980年）は東京で生まれ，東京帝国大学法学部を卒業し，東大の助教授と
　　なる。1930年に治安維持法事件で退官。戦後は平和委員会の活動に従事。

10)　藤田・長谷川編，前掲注6），9頁。

11)　友愛会事件は，総同盟会長の鈴木文治らが，労働争議の被逮捕者に感謝状を送ったことが治安
　　警察法（1900年）違反に問われたもの。

12)　平野義太郎「マルキシズム法学」鵜飼信成ほか編『講座日本近代法発達史〔第8巻〕』勁草書
　　房（1959年）127頁。

13)　山之内一郎（1896-1959年）は九州で生まれ，九州帝国大学の教授となったが，1927年に九州
　　大学事件で休職，戦後は東京大学社会科学研究所教授，熊本大学教授となった。

14)　パシュカーニスはマルクス主義法学にとって必読文献であり，戦後はパシュカーニス，稲子恒
　　夫訳『法の一般理論とマルクス主義』が1958年に日本評論新社から，1971年に日本評論社から↗

の一般理論とマルクス主義』（1930年）である。パシュカーニスはスターリン
や，それに追従する学者たちによって厳しく批判されたが，資本主義社会の生
産諸関係から直接的に法的関係の端緒となるカテゴリーを導こうとし，日本で
も多くの研究者が注目した。しかし，マルキシズム法学からは厳しく批判され
た。パシュカーニスについては次節で紹介する。なお，おおざっぱではある
が，パシュカーニスやエールリッヒ，法社会学のように「法とは社会から生み
出されるルールである」とする考え方を「社会生成説」と呼び，「法とは支配
階級の階級意思」であるとするヴィシンスキーやアントン・メンガー，長谷川
正安のような考え方を「権力説」と呼ぶ。パシュカーニスは，権力説に立つマ
ルキストによって批判され，スターリンによって粛正された。

（2）自由主義的法学の役割

　藤田と長谷川は，戦前の体制に批判的な法学として，末広厳太郎の法社会学
的な研究，牧野英一がフランス法学から学んだ自由法論，美濃部達吉の自由主
義的公法理論をあげ，この3つの法学は学問内容においてはマルクス主義法学
とは無縁であるが，その存在を抜きにしては，日本のマルクス主義法学の成立
は考えられないとする。そして，第1次大戦後に日本の法学界に新風として
入ってきた自由主義・民主主義の思想がその原点にまでさかのぼって本格的に
研究されるようになったとき，日本の法学界に，はじめて科学としての法学が
探求される思想的萌芽が現れたのではないかと述べている。

（3）マルクス主義法学の登場と弾圧

　1922年に日本で共産党が結成されて，マルクス主義の思想が普及していった
ことも，やがてマルクス主義法学の展開を生むことにつながった。[15]

　当時の国家と法の理論的研究については，マルクス・エンゲルスの著作を正
確に理解することと，ソ連の「国家と法の理論」を学ぶことが重視された。藤
田と長谷川は「権威ある原典からの片言雙句やソ連の理論への盲従という欠陥
をもたらさなかったわけではないが，新しい学問が日本に定着する過程で生ず

　＼公刊された。パシュカーニスも含めてソビエト法学を理解するには，藤田勇『ソビエト法理論史
　　研究1917〜1938—ロシア革命とマルクス主義法学方法論』岩波書店（1968年）がすぐれている。
15)　藤田・長谷川編，前掲注6)，407頁以下。

る不可避の一時的現象とも考えることもできる」と述べている。[16]

　理論的研究の最初にはすでに述べた平野義太郎の一連の著作をあげている。次に当時唯一のソ連法研究者であった山之内一郎を挙げ，そのほかに，鈴木安蔵，奈良正路，田中康夫を挙げ，次いで京都大学出身の加古祐二郎と沼田稲次郎をあげている。

　これの研究の内容については，藤田・長谷川編『文献研究・マルクス主義法学─戦前』416頁以下に要領よくまとめられているのでそちらを参照してほしい。なお，同書の421頁以下には「暗い谷間」における研究者の動向が紹介されている。1936年に『日本資本主義発達史講座』に参加した30数名の研究者が理論の中身を理由に治安維持法違反として検挙される。このような抑圧された政治状況の中で社会に関する客観的な研究は不可能となる。このときから敗戦までの間に，マルクス主義法学者や法社会学者の中に，官僚たちの主張に同調したり，そこまでいかなくても傍観者になった学者たちがいた。藤田・長谷川は言う。「獄外にあってなんらかの行動を試みたものにとっては，誤りを伴うことは不可避であった。われわれは（当時の）条件をぬきにして，表面的な誤りのみをせめることはできない」[17]と。

2　パシュカーニス『法の一般理論とマルクス主義』

（1）『法の一般理論とマルクス主義』

　パシュカーニスは1924年に[18]『法の一般理論とマルクス主義』を公刊し，ソ連におけるマルクス主義法学の指導権を獲得するとともに，諸外国においても社会主義と法の研究に大きな影響を与えた。彼の理論の根幹は，法を国家による命令ととらえるよりも，商品交換を基礎とする特殊な社会関係としてとらえようというものであった。

　この本は1929年にマルクス主義文庫第22巻としてドイツ語版が出版され，これを通して日本の法学者たちの関心を呼び起こした。1930年にはロシア語をテ

---

16)　同上，415頁以下。

17)　同上，425頁。

18)　エフゲニー・ブロニスラヴォヴィッチ・パシュカーニス（1891-1937）。没年については1938年とする説もある。

第1章　マルクス主義法学の成立と発展　　7

キストとする山之内一郎訳『法の一般理論とマルキシズム』と，ドイツ語版をテキストとする佐藤栄訳『マルクス主義と法理学』の2つの邦訳が出版されると，広く読まれた。

　戦前の日本におけるパシュカーニス法理論の研究は加古祐次郎が代表的である。戦後は，1946年に佐藤栄訳の『マルクス主義と法理学』が復刊され，各地で研究会が行われた。この期を代表するのが加藤新平『法学的世界観』（1950年）と沼田稲次郎『法と国家の死滅』（1951年）である。ただし，当時はソ連でヴィシンスキーが全盛時代であり，パシュカーニスはタブーとされていた。

　その後の日本におけるパシュカーニス研究は，1958年に稲子恒夫訳『法の一般理論とマルクス主義[19]』の公刊によって大きく飛躍した。さらに，藤田勇『ソビエト法理論史研究1917～1938[20]』がパシュカーニスを含む初期のソビエト法理論の展開を，大量の資料を利用して綿密に分析したことによって，日本におけるマルクス主義法学の議論は一段と深化した。

　パシュカーニスは，法を商品交換という歴史的な特殊な社会関係とみた。彼は言う。

　　法の一般理論を独立の理論的な学科とみることができるかどうかは，法学を心理学や社会学に解消させないで法の一般理論に発展させること，法的形態の基本的な定義を分析できることにかかっている。

　　ブルジョア法哲学者の多くは新カント主義に立っているから，この問題の解決は存在と当為という2つの合法則性を単純に対立させることによって解決されている。これに対応して2系列の科学，すなわち因果科学と規範科学の存在か認められている。ケルゼンは法律学こそ規範的科学の最たるものと確信するにいたった。ケルゼンによると国法を最高の表現とする法では，当為の原理は，事実上のものや存在しているものと決定的に切離された無条件に他律的な形態で現れる。法律学の任務は純粋に規範的なものだけとなる。このような法の一般理論は何ごとも説明していない。それは規範の起源や，規範と物質的な利害とのつながりになんの関心ももっていない。

　　社会学的および心理学的な法理論については話が別である。法を現象として，その発生と発展において説明しようとしている。しかし，これらの法理論は法の形態その

---

19)　パシュカーニス，エフゲニー／稲子恒夫訳『法の一般理論とマルクス主義』日本評論新社（1958年）。以下では，稲子訳『一般理論』と表す。

20)　藤田勇『ソビエト法理論史研究1917～1938—ロシア革命とマルクス主義法学方法論』岩波書店（1968年）。以下では藤田『理論史』と表す。

ものを検討しない。法の形態に含まれている問題を全然考えず，初めから法律外の性質をもった概念を操作している。これらは純粋に法律的な定義を検討することもあるが，後で，これらの定義はフィクションであり，イデオロギー的な投影であると述べるために過ぎない。

多数のマルクス主義者は法の唯物論的マルクス主義的理論を手に入れるためには，社会学的および心理学的な法理論に階級闘争の契機をいれれば十分であると思っている。しかしその結果として，手に入れるのはかすかに法律的な色のついた経済形態の歴史であり，あるいは制度の歴史であって，法の一般理論ではない。一般的にマルクス主義的な著述家が法的概念について話すとき，なんらかの時代に存在する法的規制の具体的な内容だけしか考えない。しかし，マルクス主義的理論は，いろいろな歴史的時代の法的規制の実質的な内容だけでなく，特定の歴史的形態である法的規制そのものの唯物論的な説明もしなければならない[21]。

パシュカーニスは，マルクスが商品と価値の分析から研究を始めたとして，同じことは法の一般理論にも当てはまるとする[22]。ここが，その後一番批判されることになる。パシュカーニスは，マルクスが資本論の叙述を商品と価値の分析から始めたことと，研究を始めたことを混同した。ただ，いずれにしても，パシュカーニスも商品交換の分析から法的形態の叙述を始めようとした。そこで資本論の第2章「交換過程」を取り上げた。パシュカーニスは言う。

社会関係において法律的な契機が完全な明確さを獲得するに必要なすべての条件をつくるのは，ブルジョア的資本主義社会だけである。これに対し，われわれが分析の基礎としている抽象はブルジョア法の下でしか存在しないという反論がある。かれらによると，プロレタリア法については，これとはちがった一般的な概念を発見しなければならない，これを探すことこそマルクス主義法理論の任務だという。

しかし，この考えは間違っている。この考えは，法の形態をその全盛を保障する一定の歴史的条件から切り離し，それが絶えず更新されうるものであることを述べ，これによって法の形態の不滅を宣言している。価値，資本，利潤というようなカテゴリーは発展した社会主義への移行とともに死滅するが，このことは価値，資本，利潤などについてのプロレタリア的な新しいカテゴリーの出現を意味しない。同じようにブルジョア法のカテゴリーの死滅は，プロレタリア法の新しいカテゴリーと交替することを意味しない。ブルジョア法のカテゴリーの死滅は，法一般の死滅を，すなわち人々の関係から法律的な契機がだんだんと消えていくことを意味するだろう[23]。

---

21) 稲子訳『一般理論』48-52頁。
22) 稲子訳『一般理論』55頁以下。
23) 稲子訳『一般理論』57-60頁。

マルクスが『ゴータ綱領批判』で述べているように，移行期は，かなり長い期間，人々の関係が心ならずも「ブルジョア法のせまい地平線」に閉じこめられている[24]。個々の生産者と社会の関係が等価交換の形態をとり続ける間は，この関係は法の形態をとり続ける。この場合，個人の能力の自然の違いは注意されないから，「この法は，内容からみて，あらゆる法と同じように不平等の法である」[25]。法は等価交換の形態が完全に取り除かれるときに消滅する[26]。

マルクスは，法的形態の基本的な存在条件が経済自身の中に根ざしていることを述べている。それは等価交換の原則による労働条件の統一である。こうしてマルクスは法の形態と商品の形態との間にきわめて内的なつながりのあることを明らかにしている。これとは逆に，経済期保障がどんなに発達している社会でも人身その他に対するいくつかの犯罪はなくならないから，裁判所や法律はいつどこでも残されると考えることは，第2次的，派生的な契機を主要で基本的な契機とみていることを意味する。

科学的社会主義の見方からするブルジョア法律学に対する批判は，マルクスがブルジョア経済学に対して行った批判を模範としなければならない。必要なことはブルジョア法律家がその時代と階級の要請によって作り出した一般化や抽象的なカテゴリーに分析を加え，その真の意味をあきらかにすること，言い換えると法的形態が歴史的な条件をもっていることを示すことである[27]。

法的関係と経済的関係についてのパシュカーニスの考えは以下の通りである。

われわれが研究している問題は，唯物史観の用語を使うと法律的上部構造と政治的上部構造の相互関係ということになる。もし規範を第1次的な契機であるとみるならば，法律的上部構造は政治的上部構造の結果であるという結論にならざるを得ない。しかし，マルクス自身は，法律的上部構造の基層である所有関係は土台と密接しており，それらは法律用語で表現された同一の生産関係であると強調している[28]。政治的，階級的支配の組織は，与えられた生産関係または所有関係を基盤として成長する。生産関係とその法律的表現は，マルクスがヘーゲルにしたがって市民社会と呼んだものを構成する。政治的上部構造は，公式の国家体制も含めて，第2次的，派生的な契機である[29]。

---

24) 『全集』19巻21頁。
25) 『全集』19巻20・21頁。
26) 稲子訳『一般理論』60・61頁。
27) 稲子訳『一般理論』62頁。
28) 『全集』13巻9頁。
29) 稲子訳『一般理論』92頁。

社会で生産している人間こそ，経済理論の出発点となる前提である。法の一般理論も，同じ基本的な前提から出発しなければならない。売買契約という法律関係が発生するためには交換の経済関係が存在していなければならない。政治権力は，（その後で）法律によって，この法律行為の形態と内容を，いろいろに規制し，変更し，具体化することができる。実際には，すべてのこれらの具体的な規範が意味をもつための基本的な前提は，商品・貨幣経済が存在していることである。このような前提があってはじめて，法律的な主体は物質的な基盤をもつ。法律はこのような基盤を作り出すのではなく，発見する（だけである[30]）。

　以上の検討を踏まえて，パシュカーニスはマルクスの資本論の第2章「交換過程」の叙述に依拠して，交換過程における価値の実現は，商品の所有者の意識的な意思を前提にするとし，商品所有者による契約こそ，法における中心概念のひとつであり，法の理念の構成要素のひとつであるとする[31]。

　パシュカーニスの主張の最大の問題は，政治的な上部構造を派生的な契機とみたこと，同じく，犯罪抑止を法の派生的な契機とみたことであろう。これまでの法的な論争を通じてわれわれは，法には自生的なルールもあれば権力的な規範もあり，両者が混在していることを認めざるを得ない。どちらかが派生的であるといったことは，いまだに論証されていない。その意味で，パシュカーニスの法の一般理論は自生的な法を1次的とする点で一面的であった。また，パシュカーニスに限ったことではなかったが，「価値，資本，利潤というようなカテゴリーは発展した社会主義への移行とともに死滅する」といったテーゼが疑問なく語られていることにも違和感がある。マルクスがゴータ綱領批判の中でも言及したように，社会主義の実現はかなり遠い将来の目標であって，その具体的な内容は「生産手段の社会的な所有」以外についてはまだほとんど分かっていない。まして，法が死滅するとか，価値，資本，利潤というようなカテゴリーが本当に死滅するのかは，まだ解明されていない。そのような不確実な事例を引き合いに出して語ることに疑問を禁じ得ない。最後に，藤田が指摘するように，マルクスが商品と価値の分析から研究を始めたとして，法の一般理論においてももっとも単純なカテゴリーから複雑なカテゴリーへ展開するとしたことも，単純化されたアナロジーであった。

---

30)　稲子訳『一般理論』95頁。
31)　稲子訳『一般理論』116・126頁。

しかし，それらの欠陥を内包しながらも，自生的なルールの根拠として，商品交換に着目したことは，それまでの前市場的法とブルジョア的法の形態を区別する上で，さらにはブルジョア的法の立法過程を分析する上で，われわれに大きな示唆を残した。

稲子訳の『法の一般理論とマルクス主義』には，稲子による「解題」と，パシュカーニスの「法理論戦線の状態」（1930年）と「国家と法の理論」（1932年）も収められている。

パシュカーニスの『法の一般理論とマルクス主義』が出るまでのソ連における議論は，藤田の『理論史』に詳しいが，すでに，ストゥーチカが法の心理学的な理論や規範主義に対抗して，法と経済の密接なつながりを強調していた。しかし，稲子によると，ストゥーチカは法と経済，法と事実関係を混同しており，この欠陥は法社会学にも共通するとする。しかし，ストゥーチカについての評価には疑問があるし，法社会学についてもそのような欠陥があるというのは理解できない。

稲子は，法は支配階級の利益に対応し，その組織された権力によって保護されている社会関係の秩序であるというストゥーチカの定義に対して，「法の上部構造性というマルクス主義の基本的な理念は否定されている」と述べ，「ストゥーチカはマルクスやエンゲルスがしばしば強調した法における意志の契機をも否定した」と述べる[33]。

しかし，「権力によって保護されている関係の秩序」がなぜ上部構造性を否定するのか，理解できないし，「意志の契機の否定」も理解できない。後者については，稲子の訳書の中に収録されている「国家と法のマルクス主義理論」の該当箇所が参照されている。しかし，そこでは，その根拠として，ストゥーチカが「法を支配階級の政治の特殊の形態」として検討していないことを理由に挙げている。また，ストゥーチカは，マルクスが生産と交換の関係だけを社会関係であるとしたと歪曲したともされている。しかし，引用されているストゥーチカの主張は，生産と交換の関係を重要な出発点にしているが，「生産と交換の関係だけが社会関係である」とは，とても読めない[34]。ただし，そのよ

---

32) ストゥーチカ（1865-1932年）については藤田『理論史』71頁以下。
33) 稲子訳「解題」『一般理論』5頁。
34) 稲子訳『一般理論』236頁以下。

うな誤解を生む素地はあった。

　藤田勇は，『法と経済の一般理論』の中で，ソ連の初期のマルクス主義法理論の弱点として理論的なものと歴史的なものの統一の視点が希薄であったと指摘する。その例としてパシュカーニスの初期の著作をあげている。

　法と経済の相互関係を法的形態と商品形態との内的連関というレベルでのみ論じるといった試みに希薄さがみられる。法と経済との相互関係を全面的に分析することになれば，ひとつの社会の再生産構造全体と当該社会における法的上部構造の総体との関係が追及されねばならない。そのためには，再生産構造に規定される当該社会の階級的編成と，これを基礎とする政治的編成，とりわけその中核として国家の存立が解明されなければならない。そして，これらと法的上部構造との関連を相対的にとらえるためには，法的上部構造それ自体の要素形態，内部編成にまで立ち入った分析を行わなければならない。それはもはや法の一般理論そのものとならざるを得ない[35]。

　『法の一般理論とマルクス主義』は出版と同時に激しい賛否両論を巻き起こしたが，パシュカーニスが批判した法の心理学的理論，機能主義，規範主義はやがて完全に影響力を失った。『法の一般理論』の初版が出た年（1924年）から1930年までは，ソ連の法理論はもっぱら同書をめぐる討論という形で発展した。パシュカーニスは共産主義アカデミア幹部会員，続いて副総裁として社会科学，特に法学の指導的な立場にあった。また，1929年に設けられたソビエト建設・法研究所の所長にもなった[36]。

（2）『法の一般理論』後の変化

　稲子訳『法の一般理論』の解題は，パシュカーニスが1930年の後半から自らの考えを変えていったことを紹介している。パシュカーニスの変化は，基本的にはソ連の政治的・社会的情勢が大きく変わったことによる。1930年から始まった農業の全面的集団化はソ連の農村社会を大きく変えた。その際，行政的措置によって富農の財産が没収され，彼らの財産権が否定された。これは法に対する政治の優位としてソ連の法学者たちに強く印象づけられた。次に，1929

---

35)　藤田勇『法と経済の一般理論』日本評論社（1974年）6頁以下。

36)　稲子訳「解題」『一般理論』9頁以下。

第1章　マルクス主義法学の成立と発展　13

年から始まった第1次5カ年計画は，新経済政策の初期に制定された民法典の多くの条項の効力を停止させ，これに代わって経済計算制や経済契約など多くの新しい制度を創造し発展させた。このことが，パシュカーニスに「法の商品交換理論」の再検討をせまった。その要点は以下のとおりである。[37]

　パシュカーニスは『法の一般理論』において，社会主義社会における法はやむなく残っているブルジョア法であるとし，「ブルジョア法のカテゴリーの死滅は，それがプロレタリア法の新しいカテゴリーと交替することを意味しない。ブルジョア法のカタゴリーの死滅は法一般の死滅を意味する」としていた。[38] しかし，1930年以降，『法の一般理論』がブルジョア法と法一般を混同していたとし，ブルジョア的法体系とならんで他の法体系が存在することを認めた。彼によると「いろいろな法体系が展開する歴史的な焦点は，直接生産者に対する生産手段所有者の関係である。この関係の形態が，与えられた経済構成を規定し，その構成に対応する法体系をも規定する基本的なメルクマールである」。[39] そして，1932年の『国家と法の理論』で，ブルジョア法とは根本的に違ったソビエト法の存在について語り，ソビエト法を，もっぱらプロレタリアートに押しつけられ，共産主義の第2段階までプロレタリアートにつきまとう階級社会の遺産として検討してはならないとした。[40]

　パシュカーニスもまた『法の一般理論』の欠陥として，国家の役割を後景に押しやったことを指摘し，法を国家の政治の形態として，また上部構造として検討することを指摘した。ただし，政治形態と混同したわけではなく，法は支配階級の政治の特殊な形態であるとした。ただし，その違いについて具体的に踏み込んで分析したわけではない。稲子は，パシュカーニスがエンゲルスの次の重要な指摘を見落としていたとする。

　「近代国家においては，法は一般的経済状態に照応し，その表現でなければならないばかりでなく，また内的矛盾によって自己撞着することのない内的に関連しあった表現でなければならない。これをなし遂げるために，経済的関係を反映する忠実さが次第に損なわれていく。このことは，ある法典がある階級

---

37)　稲子訳『一般理論』10-14頁。
38)　稲子訳『一般理論』59頁以下。
39)　稲子訳『一般理論』212頁。
40)　稲子訳『一般理論』248頁。

のむきだしの純粋な表現であるようなことが，しだいにまれになるにつれて，ますますひどくなる。……「法の発展」の行程は，大部分はまず経済的関係を法律的原則に直訳することから生まれる矛盾を取り除いて，ひとつの調和ある法体系を作り出そうとつとめ，次いで，一層の経済的発展の影響と強制とが，この体系をたえず新たに突破して，新しい矛盾の中に巻き込んでいく点に存するにすぎない（私はここでさしあたって民法だけについていうのである）」[41]。

パシュカーニスは「法の各体系にとって決定的な意義をもつのは所有の性格である」と述べて，『法の一般理論』が商品交換の法的形態である契約関係によってきわめつくされるとしたことは，誤りだったとした。しかし，稲子によれば，それでもまだパシュカーニスは所有関係と，その法的媒介形態である所有権の関係を区別していないとする。その原因はマルクスにおける所有関係という言葉の多様な使い方にあるという。

商品の所有権という場合には，所有者と客体との法的関係を指し，所有という場合には社会的関係を指す。問題は，所有権と所有ではなく，「所有」の経済的意味である。マルクスは後に，この中にある2つの意味を明確に区別した。すなわち，ブルジョア的生産関係の総体を反映する意味と，生産関係の法律的表現を表す意味である[42]。というのも，マルクスにとってはブルジョア的所有と切り離した所有一般には意味がなかったからである[43]。

パシュカーニスは1935年から36年にかけて旧ソ連憲法の草案作成に参加したのち，1936年11月に設けられたソ連司法人民委員部の人民委員代理となり，司法人民委員クルイレンコを助けて，旧憲法の実施に伴う立法事業にたずさわることになった。しかし，1937年1月に入って彼を攻撃する論文が相次いで発表され，5月に一切の公職から追放され，粛正された[44]。

---

41) 『全集』37巻418頁。この「シュミットへの手紙」については，本書第Ⅱ部第1章第6節の（5）で取り上げる。

42) 『全集』16巻26頁以下。

43) 『資本論』第1部第2章の冒頭の商品所有者の登場も，商品の動態を説明するために用いられているだけと思われる。

44) 稲子訳『一般理論』16頁。

第1章　マルクス主義法学の成立と発展　**15**

（3）ブルジョア的所有と『一般理論』

　パシュカーニスが法，特にブルジョア法を，商品交換を基盤とした法主体の関係を構成するものととらえる方法は，確かにマルクスの資本論の第1篇第2章の冒頭の叙述や方法を展開したものである。しかし，マルクスが法について語っていることは他にもあった。吉田傑俊は，パシュカーニスがとりあげた商品交換は主として単純商品生産の段階に限定され，必ずしも資本主義的生産段階をもカバーするものではなかったと指摘し，そのために，彼は後に「ブルジョア的所有」が「商品所有者の関係以上のもの」すなわち「生産者に対する生産手段を所有する者の関係」であることを軽視したことを自己批判し，それと関連して，「ブルジョア国家」が「支配階級の組織であり，搾取されている階級を粉砕し抑圧するための特殊な力」であることを見誤ったと自己批判することになったと述べている。[45]

（4）『法の一般理論』の日本での評価

　加古祐二郎[46]は戦前にマルクス主義法学を研究した学者で，没後の1948年に『理論法学の諸問題』が公刊された。同書は1964年に『近代法の基礎構造』として復刊された。そこでは，マルクス主義法学として，法の歴史的な性格，法律学の政治的性格，近代法の形態性などが分析されている。彼が，33歳で亡くなったことを考えれば，その水準と量は驚くべきものである。ここでは，2つ取り上げる。第1は，法の歴史的性格についてである。1970年代頃までのマルクス主義者の多くが弁証法的唯物論という言葉に何か特別な意味があるかのように思っていたことを踏まえて読んでほしい。加古はカントにおける当為と存在の峻別を高く評価した上で，それを乗り越えるべきとして次のように述べた（現代語化および要約してある）。

　　法的思惟の諸範疇は，自然的的社会的存在秩序自らの内に，その原型を見いだすが故

---

45)　吉田傑俊『市民社会論―その理論と歴史』大月書店（2005年）97頁。パシュカーニスについては，第Ⅱ部第2章でも取り上げる。

46)　加古祐二郎（1905-1937年）は京都府与謝郡宮津町（現，宮津市）に生まれ，京都帝国大学法学部を卒業。京都帝国大学法学部講師となったが，1933年の滝川事件に抗議して辞職。立命館大学の教授となった。加古の研究については，天野ほか編，前掲注1），132頁以下に森英樹による詳しい論評がある。

に，法の概念はまた歴史的範疇である……概念の発展は歴史的過程の現実の弁証法に合致するものである……現代資本主義経済社会において存在するいわゆる法的規範における仮象的対象性を，経済的範疇としての商品のそれとの連関の下に，解明することによって，法的規範一般の必然的な限界性の存することを探求することが，私の研究において意図された主要な核心である。[47]

このように述べて，加古はマルクスの資本論の第1巻の商品の分析を踏まえて仮象的対象性，言い換えると商品の物神性を批判理論の中心に据え，カント，フッサール，シュタムラーなどを批判した。ケルゼン，ビンダー，ラーレンツも取り上げていくが，1934年に書かれた「近代法の形態性」が，マルクス主義法学の中で重要である。

加古はパシュカーニスを高く評価した。「パシュカーニスの功績は，法的現象と法的イデオロギーを区別し，法的現象または法的関係を法的イデオロギーないしは法的規範の基底であると論証し，さらにこれらの理解を社会の単なる物質的条件の中に求めただけではなく，商品の等価性の社会形態のうちに見いだすことによって，法的範疇と経済的範疇の連関と同時に，両者の分界線をも明瞭にし，従来の両者に関する素朴な機械論的見方を徹底的に批判克服した」，「パシュカーニスの理論の出発点は，資本家的商品の構造分析のうちに存したのであり，資本家的商品の形態性のうちに近代法一般の形態性，すなわち法的主体の抽象的平等性，対象化性，および法的関係の等価性等の論証解明が初めて具体的に明瞭に展開された」。[48]

パシュカーニスは，近代市民法の抽象的な基本的法概念を商品交換における当事者の意思から導いたが，加古は，それが近代法の形態性を解明する重要な貢献であると評価した。こうして，パシュカーニスとともに，加古も社会生成説の代表的な論者となった。

しかし，加古はパシュカーニスが「形式主義」に陥ったとして批判し，商品交換過程のみをみて，価値増殖過程をみていないと指摘した。その根拠はパシュカーニスが，W−G−W'の第1流通過程をいわば抽象的にかつ無媒介的に孤立させて取り扱ったことにある。W−G−W'の過程は，実は今日，第2

---

47) 加古祐二郎著／恒藤恭・沼田稲次郎編『近代法の基礎構造』日本評論社（1964年）19頁。
48) 同上，144頁。

第1章・マルクス主義法学の成立と発展　**17**

の流通過程である G−W−G' と密接不可分の関係に立たざるを得ず，両者は全く統一的な過程を形成している。近代市民法の法形態の基礎は，この意味では，W−G−W' それ自体に基づくものではなく，同時に，背後に G−W−G' の過程をも常に予想しているところに今日の近代法の特に重要性と意味がある。というのも，近代資本主義社会はまさにこの W−G−W' と G−W−G' との統一過程だからであると[49]。

W−G−W' というのは，資本家が市場で原材料や労働力などの商品（W）を購入して生産し，できあがった製品を販売してその代金（G）を受け取り，それで新たな生産のための商品（W'）を購入する過程を表す。生産過程において製品には新たな価値（剰余価値）が付け加わっているので，W＜W' となる。G−W−G' は，所与の資金によって生産に必要な商品を購入し，生産を行い，その製品の販売によって，新たに受けとる代金（G'）が，初めの G よりも拡大する過程を示している。すなわち，生産に投入される財貨（資本）が増殖する過程を示している。

吉田は，加古がパシュカーニスの法形態を商品交換過程に基づける観点を発展させ，商品交換過程と価値増殖過程の統一の観点から，市民社会と政治社会の法形態や私法と公法の関係を明確にしたと評価する。加古は，両過程の統一の観点から，市民社会と政治社会と国家の関係を次のように規定した。

　政治的権力は市民社会（W−G−W'）の裡に存する異質的原理を内在せしむる原理（G−W−G'）に基づいて発生する政治社会に固有なる権力であり，政治社会の本質は「社会階級」を内在せしむるところに存する。かかる社会階級が無自覚的な即自的階級ではなく，自覚的な向自的階級たる場合において，初めて政治的性格をその階級間の対立的階級の裡において顕わにする[50]。こうして，我々は市民社会・政治社会ならびに歴史的国家との密接な構造連関をここに知ることができる。

この観点から，加古は，私法・公法・社会法の関連について次のようにまとめた。

---

49)　同上，147-148頁。吉田，前掲注45)，97頁もこの箇所を指摘する。

50)　即自的（an sich）とか向自的（für sich）というのは，ドイツ哲学の用語で，前者は対象に内在する関係を指し，後者は外から対象を分析する関係を指す。

市民社会の保障的契機である政治社会は，かかる自己の異質的対立的契機の歴史発展ならびに，これへの自覚反省によって，自らに固有なる支配的強制的機能を更に拡大強化しうる。かかる政治社会の法的原理たる公法的原理が自然法的原理の即自的な私的自治的性格に対立して，それ自身支配的・強制的形態と機能とを具有するのは，あたかも両過程の統一の中に根拠がある。その限りにおいて，近代市民社会の法形態性の問題として，原理的に第1次的基礎形態は市民社会の法的原理としての私法体系の裡に存する。かかる意味において近代法形態の基礎的形態は原理的に私法形態であり，それ以外の法形態は私法形態の何らかの派生的契機に他ならないと考えられる。[51]

3　日本におけるマルクス主義法学の創始者

　森英樹は戦前の平野義太郎の活動を高く評価している。[52]1932年から33年にかけて刊行された『日本資本主義発達史講座』の中心人物として，山田盛太郎，野呂栄太郎とともに不滅の役割を果たしたとする。しかし，日本におけるマルクス主義法学の創始者としての平野の業績は一般には知られていない。

　森は，平野が新カント派との対決，法の階級性の把握を踏まえて，1925年に『法律における階級闘争』を公刊したことをもって，日本のマルクス主義法学の誕生だとしている。平野はマルクスの経済学批判の「序言の定式」の立場に原則的に立っていたがゆえに，マルクス主義法学を生み出したとする。平野は1930年に東大を辞職し，『日本資本主義発達史講座』の編集と執筆に傾注する。その前後の平野の法学プロパーの研究を森は以下のようにまとめている。[53]

　マルクスはボン大学法学部，ベルリン大学法学部で学び，イェナ大学で博士号を取得したが，法理論に関する固有の体系的な叙述はない。エンゲルスも同じである。マルクス主義法学は，彼らが法について断片的に述べているものを集めて分析しなければならない。平野は1932年に『マルクス・エンゲルスにおける史的唯物論と法律』を公刊して，マルクス・エンゲルスの著作の中から法律に関する叙述を整理した。この作業は戦後も行われて1974年の『マルクス主義法学』に結実している。

　第2に，史的唯物論に基づく法学の一般理論を定式化して明らかにしたとす

---

51)　加古，前掲注47)，258-260頁。吉田，前掲注45)，97・98頁。

52)　天野ほか編，前掲注1)，73頁以下。

53)　同上，81頁以下。

第1章　マルクス主義法学の成立と発展　19

る。それは『法の研究』（1933年）の創刊号に載った「史観と法律史の方法」で展開された。そこでは，概念法学，プラグマティズム法学，新カント派哲学，自由法学，法社会学まで，すべてのブルジョア法学が歴史観をもたないという点で批判された。平野によれば，歴史観をもたないということは観念論法学の非科学性の必然の結果であった。法は歴史的発展法則によって運動する歴史的社会によって決定されるのであるから，それを見失うことにブルジョア法学の欠陥がある。その欠陥は法を科学的にとらえられないのみならず，あたかも法が社会発展の基本法則であるかのごとく夢想して，社会発展法則に逆働するテコの役割を果たすと批判した。

第3は，森が特に注目する点である。1933年以降の平野の著作は，法史，法学史から始まって，民主主義運動史，日本資本主義の構造分析，農業・土地問題など，資本主義論争のほぼ全域にわたる。森によると，日本における法の歴史分析にとって困難な点は，日本の経済発展が封建制の胎内にブルジョア的経済関係を自生的に発展させることをせず，明治維新によって成立した絶対主義国家が法をテコとして強権的に資本主義的生産様式を上から育成したため，法がしばしば経済に対して主導的役割を演じ，あたかも経済の展開は国家権力とその法によって基本的に規定されているかのような外観をとる点にあった[54]。

平野は史的唯物論法学の定式の中で，「経済的社会構成体の機構的把握は，制度が，決して単なるイデオロギーのみでなく，所与の生産関係の外殻として，その本質的な構成要素であることを示すから，制度を以って，生産関係の反映，所産としてのみ理解する経済主義的法律観は，この際に，強く排斥される」[55]と述べた。これについて，森は，法制度を生産関係の「本質的構成要素」とする点が批判されるとするが，私は平野の理解の方が正しいと思う[56]。

1933年以降の平野の分析は，法の機能・構造の諸変化がいかにして法の反作

---

54) この点は同意できない。人々の社会意識が集団主義的であり，個人の自由を軽視する傾向が強かったことは間違いがないが，法がしばしば経済に対して主導的役割を演じたことは，英米独仏でも同じであり，最近の経済史の研究では，江戸時代に国内において商品経済が自生的に発展したことも異論がない。問題は，商品経済の発展と明治政府の登場をどう結びつけるかであろう。

55) 藤田勇・長谷川正安編『文献研究・マルクス主義法学―戦前』日本評論社（1972年）43頁。

56) 財産権と所有について，拙稿「デムゼッツ『財産権理論について』」『神戸外大外国学研究』62号45頁以下，経済政策について「日本の産業統制と規制緩和」『京都府大・公共政策』第6号1頁以下。

用として現出するかを具体的に論証するものであった。その内容については，全国的ブルジョア的慣習法の不在といった同意できない主張も含まれているが，森は，一切の法現象を経済社会との関係で全機構の有機的一環として実証的に示し，それを通して法の形成・発展・崩壊の道筋を明らかにしたとし，その後の研究者の歩む道に巨大なあかりをともしたとする。

　最後に森は，平野の方法について，次のようにまとめている。平野には法の論理的分析の視角が希薄であった。法の科学的・総体的把握をめざすマルクス主義法学にとって，歴史的分析と論理的分析とを双つながら統一的に把握することがほぼ明らかにされている（藤田勇『法と経済の一般理論』を例示している）。このような今日的水準からすると，平野の方法が歴史的方法にほぼ全面的依拠を行っていた点は，マルクス主義法学の体系化の質を弱めたとする。[57]

　歴史的分析とは歴史的な事件・事実の分析を指すものと思うが，論理的分析が資本主義の経済社会における「法の形態」をめぐる分析であるとすると，この批判は，平野には法の形態に関する分析が弱かったということになるが，果たして，そのようにみてよいのであろうか。

---

57)　天野ほか編，前掲注1），92頁。なお，この点に関しては森英樹「日本マルクス主義法学の資産とその継承」『科学と思想』3号141頁以下参照。

第1章　マルクス主義法学の成立と発展　　**21**

第2章　占領下のマルクス主義法学

1　戦後の法学者たちの状況

　戦争中に自由な思想の表明が抑圧されていた学者の多くが，自分たちの思想の拠り所を求めて自由主義やマルクス主義に傾倒していった。しかし，それまでの生活では大学の教員として，明治憲法下の法体制について授業を行っていたから，そのような自分たちの生き方を正当化することも必要であった。そこには，生活と思想の間の葛藤があったものと推測される。

　敗戦によって天皇制の権力装置も思想も全面否定されたが，戦前の法制度にかかわりが深かった人ほど，心の中に大きな空疎感が生まれたものと推測される。また植民地の教育機関に所属していた人も同様であったろう。最近では中国の文化大革命後やソ連崩壊後の状況にも当てはまる。

　天皇制の政府に積極的にかかわっていなかった人々にも，「積極的に反対を表明しなかった」という反省から，戦後のあるべき民主化に対して，強烈な参加の意欲がわき起こり，それが社会主義的な思想と結びついたものと推測される。

　良心的な法学者の中に，戦前の法実証主義，概念法学を中心とする学問への反省から，自然法，法社会学そしてマルクス主義法学への志向が生まれた。ただし，マルクス主義法学には1937年から45年にかけての断絶があり，それをつなぐ人も業績もなかった。[1]

　1948年7月31日の政令201号の公布・施行により占領政策が新憲法の理念と相容れないものであることがはっきりした。一方では，終戦後の民主化によって，労働組合や社会主義運動が高揚していた。

　1949年3月7日に超均衡予算を押しつけるドッジ・ラインが宣告され，行政機関等において大量の首切りが始まり，官公労働者の組合は大きな打撃を受け

---

1)　長谷川正安『法学論争史』学陽書房（1976年）15頁。

22　第Ⅰ部　日本におけるマルクス主義法学

た。4月4日には団体等規制令が公布・施行され，社会主義者の取り締まりが始まる。官公庁や国鉄の大量の人員整理に対して労働組合の反発が高まったが，その時発生したのが3大謀略事件，7月6日の下山事件，15日の三鷹事件そして8月17日の松川事件であった。占領下のこのような謀略事件によって，労働組合や共産党は不法な弾圧を受けた。9月9日には人事院規則で公務員の政治活動が制限された。10月5日には大阪市の公安条例が，20日には東京都の公安条例が公布・施行された。戦後，おおいに盛り上がった組合運動や社会主義者の運動は再び冬の時代に引き戻され，民科の会員にも「職場から追放されるのではないか」という不安が生じたことは容易に想像できる。

　追い打ちをかけたのが，1950年1月6日にコミンフォルムが行った日本共産党の平和革命論への批判である。共産党は革命路線をめぐって内部で対立し分裂した。6月2日には警視庁が集会，デモを禁止した。6月25日には朝鮮戦争が始まり，8月10日に警察予備隊令が公布された。7月28日からは企業のレッド・パージも始まった。8月30日，マッカーサーは全労連解散を指令し，9月1日，閣議はレッド・パージの方針を決定した。アメリカでも1950年の2月9日からマッカーシー旋風が始まっていた。違法なレッドパージにより日本全体で約4万人もの社会主義者や平和主義者が職を失った。この超法規的なレッド・パージや新憲法と相容れない団体等規制令や公安条例の登場は，良心的な法律家の思想と行動に大きな影響をもたらした。[2]

2　民主主義科学者協会の結成

　民主主義科学者協会（以下では民科という）は戦前の天皇制を批判して1946年の1月12日に結成総会を開き，約200名の自然科学者，社会科学者が参加した。民科の最盛期は清水誠によれば1950年4月の第5回大会のときで，会員数は1万人を超えた。ところが，6月25日に朝鮮戦争が勃発すると民科の活動は冬の時代に入る。1952年8月15日には民科事務局に対する手入れが行われ，弾圧が強化された。民科の活動は縮小し，1955年の5月に行われた第10回大会が最後

---

2)　戦後の法学者の状況については，天野和夫ほか編『マルクス主義法学講座〔第1巻〕』日本評論社（1976年）201頁以下（長谷川）・333頁以下（沼田）を参照。

第2章　占領下のマルクス主義法学　23

となる。参加者は250人であった。[3]こうして全体としての民科運動は1955年で終了したが、法律部会だけは全国規模で生き残った。

戦後の民主主義運動は、社会主義者たちがリードしていた。戦前および戦争中に官憲による厳しい弾圧に屈せず、最後までたたかったことが大きな支持を得た理由であろう。その典型が共産党であり、宗教の世界ではキリスト教やほんみち、創価学会であった。また、悲惨な戦争を引き起こした勢力は軍部、地主階層そして大資本家たちだという思いもあった。

労働運動においても戦後結成されたナショナルセンターは、右派の日本労働組合総同盟（反共、社会党支持）が85万人であったのに対し、左派の全日本産業別労働組合会議は155万人を結集していた。当時の経済的窮乏、貧困の状況では、国民一般の中にも資本家階級に対する反発は大きく、そのことが労働運動から学会まで社会主義の影響力を強めたものと思われる。

1950年５月の民科法律部会の学術総会の午後に、浅井清信が「マルキシズム法学の現状と動向」という報告を行った。その内容はおおまかにいって以下の３点であった。①プチブル的な生活を営んでいる学者は、頭の中でマルキシズム理論を理解したと思っても、具体的な場合に、その理論を正しく適用することは難しい。②法律の階級性を少しでもぼかすような理論は徹底的に批判されなければならない。③マルキシズムの立場からも法解釈論を展開すべきである。ただし、法解釈は、プロレタリアートの要求をブルジョア法体系の中で合法化する技術である。

今の時代からみれば、きわめて政治的で排他的な主張だが、当時の超法規的占領支配の下では、「階級中立的な学問は敵の思うつぼ」と考える人々が少なくなかった。しかし、学問の発展と深化という観点から考えれば、このような学問観が誤りであることは言うまでもない。

1951年に『法社会学』が創刊され、巻頭に末弘厳太郎「傍観者の言葉」が載った。そこに「マルキシズム的でない法社会学は科学でないと主張するのは根拠のない独断だと思う。それよりも、マルキシズム的の傾向をもつ人々の間にややもすると反って非科学的な権威主義的な考え方が見出されることを看逃せない」という厳しい言葉が書かれていた。

3）　清水誠「民科法律部会の軌跡」『法の科学25』（1996年）６頁以下。

第 3 章　法社会学論争

　戦後，法社会学が，その正当性に疑問がもたれる占領下の諸立法に対して，有効な批判をできるのかをめぐって，激しい論争がたたかわされた。発端は1946年の法律時報の10月号に，山中康雄「民主主義と法認識」が掲載され，翌1947年1月に山中康雄『市民社会と民法』が公刊されたころからである。12月には，尾高朝雄，末川博，中川善之助，平野義太郎，舟橋諄一らが発起人となって日本法社会学会が設立された。1948年になると民科の会員である杉之原舜一が「法律学における唯物論の課題」を書いて山中を批判した。杉之原は川島武宜も批判したが，特に杉之原と山中の論争は法律時報において華々しく繰り広げられた。

　1969年に藤田勇・江守五夫編『文献研究─日本の法社会学　法社会学論争』が公刊された。その解説において，法社会学論争の発端に関する議論は論争の性格を示すものとして重要であると述べられている。3つのモメントとして以下のものをあげている。①1948年の戒能通孝「法律社会学」の発表。②1947年の川島武宜「労働法の特殊性と労働法学の課題」，48年の同「生産管理の違法性と合法性」に対する杉之原舜一の1949年の「法社会学の性格」による批判。これによって法社会学とマルクス主義法学の論争の口火がきられたとされる。③1946年の山中康雄「民主主義と法認識」に対する杉之原舜一の批判「法律学

---

　1)　山中康雄（1908-1998年）。戦前は京城帝国大学教授，戦後は九州大学教授，愛知大学教授，弁護士。山中康雄『市民社会と民法─総則・物権・債権』日本評論社（1947年）。

　2)　杉之原舜一（1897-1992年）。当時は，北海道大学の教授。戦前はプロレタリア科学研究所に参加し，治安維持法違反で7年間投獄され，その後，1940年から行われた東亜研究所による華北農村慣行調査に満州鉄道側主任調査員として参加した。この論争の後，北大を退職して弁護士となった。

　3)　この章は，戦後のマルクス主義法学の流れを述べる上で欠かせないため『関西民科の60年』（2007年）に掲載したものを使用した。なお，法社会学論争に関する文献はたくさんあるが，藤田勇・江守五夫編『文献研究─日本の法社会学　法社会学論争』日本評論社（1969年）の他に，『法律時報』37巻5号「特集・戦後法学」（1965年）が重要である。

　4)　藤田勇・江守五夫編『文献研究─日本の法社会学　法社会学論争』日本評論社（1969年）。

における唯物論の課題」（1948年）によって，マルクス主義法学の陣営内での論争が始まったとされる。

　マルクス主義法学を標榜して，唯物論的でない学者たちを批判したのは，もっぱら杉之原舜一であり，その時代背景については『日本の法社会学』の解説で述べられている。論争の発端は，川島武宜の「労働法の特殊性と労働法学の課題」であろう。

1　生ける法と階級意思としての法

（1）生ける法

　川島武宜は「労働法の特殊性と労働法学の課題」において，国家法たる裁判規範と生ける法である行為規範の区別を強調し，近代の法律学は実体法を対象とするために，この両者を混同しているとして，次のように批判した。[5]

　　法律学は実際には裁判規範のみを問題としているのに，同時に現実の行為規範を対象としているかのごとき錯覚に陥り，その結果，現実の行為規範そのものを直視し，それを分析することの必要を忘れている。

　　行為規範と裁判規範は厳密に区別されねばならない。行為規範は現実に生活関係の中に，生活関係として，事実として存在しつつ，同時に，民衆の行動に対し規範として規律している。しかし，裁判規範は裁判官や国家の官吏のみの行為規範に過ぎない。裁判規範が民衆の日常生活に反射して現実の行動規範に転化することも少なくない。しかし，それはどこまでも転化あるいは反射に過ぎず，裁判規範そのものは国家官庁の行為規範に過ぎない。

　　一定の裁判規範があっても民衆が全くこれと異なる行為規範をもつ場合はまれではない。裁判規範の多くは，その存在の根拠として現実の行為規範を前提にしている。そのような行為規範の基礎がなければ，裁判規範は容易に現実の生活において踏みにじられてしまう。この意味において行為規範は裁判規範の基礎であり，根拠である。

　　資本制生産関係を支え媒介するところの商品交換関係は，常に競争を媒介として，交換の等価性を実現してゆくのであり，国家は裁判規範たる民法において経済法則の貫徹を保障する。労働契約も労働と賃金との商品交換として，民法典における市民法秩序の一部分を構成する。資本制的労働関係は，2重の意味において法的な関係であり，資本制経済とともに与えられている。2重というのは，労働と賃金が交換関係に

---

5)　川島武宜「労働法の特殊性と労働法学の課題」『中央公論』1947年1月号，3頁以下。

立つのが人情や権力によるのではなく社会規範として妥当している（当事者の自由な意思を媒介にしている）ということと，裁判規範たる市民法秩序の一部として存在しているということである。しかし，このような意味での労働に関する法は，われわれが特殊的な意味において認める労働法ではない。労働法が市民法秩序の構成部分としてとどまる限り，その法律問題は解釈法学によって十分に解決されうる。だが，われわれが労働法と呼ぶものは，このような労働に関する法一般とは範疇を異にし，これと対立する存在である。

資本家（使用者）は労働契約によって自分の支配に帰した労働力を使用することによって，その使用の対価として支払った賃金以上の価値（剰余価値）を作り出し領有する権利をもっている。資本家はその剰余価値の生産・領有を労働時間の延長によって（絶対的剰余価値），あるいは労働の生産性を高めることによって（相体的剰余価値），拡大しようとつとめる。この拡大の限界は商品交換それ自体の性質からは生じない。等価で労働力を売り渡した自由な労働者は，資本家による労働力の使用が対価（賃金）以上の人間的消耗にならないことを要求する権利をもっている。互いに対立するこの2つの権利は，商品交換の等価性に支えられて法的にも保障されている。したがってこの平等な権利と権利との対抗に結末をつけるのはただ力だけである。

労働力の価値は，他の商品とは異なり，歴史的な道徳的な要素を含んでいる。だから労働と賃金の等価性自体がある程度においては人間の主体的行動によって決定される可能性を含んでおり，資本制経済こそは労働者を資本家と対等な自由な商品主体者（商品所有者のことか？）としての意欲と行動を運命づけている。つまり労働契約は本来的に自主的労働運動を作り出す。こうして現実の力関係によって，作り出される関係の法規範的側面，これが一般市民法秩序とならび，これと対立するものとしての特殊な法の領域を形成する。

自主的労働運動は法的側面においては市民法秩序の基礎の上にある。しかし，それにもかかわらず，2つの点で市民法秩序に対立する。第1は民法典が商品交換の外枠のみを規定し，交換の実質的内容には立ち入らないのに対し，自主的労働運動は，まさに商品交換契約の実質的内容そのものの形成と変革を目的としている。そのために多くの場合，まず力関係によって労働契約関係を形成し変革することを国家法的規定によって確保し，その結果かちえたところの労働関係の実質的内容をも国家法が規定によって確保することに努力する。

（2）川島武宜に対する杉之原舜一の批判

「生産のあり方が人間の恣意を超えた必然性に貫かれていること，一定の社会関係が主観的には人間の精神にとって行動の命令としてあらわれる」という川島の説明に対し，杉之原は「生産関係が人間の意思を超えた必然性に貫かれ

ていることから，直ちに人と人との協働のしかたも，つねに強制規範関係でなければならぬという理論は出て来ない」と批判する。

しかし，杉之原の引用箇所からみても，川島の主張は「行動の命令として現れる」と言っているだけで，強制規範関係という言葉は用いられていない。さらに，杉之原は，「人が人にある行動を命令し，これを服従せしむる，そうした人と人との協働のしかたは，生産手段の私有の廃止とともにその終わりをつげる」と述べている。未来社会に対する断定的な思いこみが強く，それが現実の学問的な議論の中に，直接的に顔を出していたようである。

杉之原は，「法とは何か」の中で，次のように締めくくっている。

人民民主革命を促進する一翼を担うものとして，労働者階級の立場に立つ科学としての進歩的な法律学が急速に発展している。真の科学として，本当に人民のための，進歩的な法律学の樹立こそ，われわれ法律学の研究にたずさわるものに課せられた当面緊急な任務である。

しかし，科学らしくみえ，進歩的らしくみえる法律学をうちたてることであってはならぬ。かような法律学こそ，かえって人民民主主義革命への道をふさぎ，そらすものである。法社会学は社会科学となりえない。法社会学は社会科学としてのマルクス主義法律学に取り替えられるものではない。

科学としての法律学の出発点は，まず，国家とは何か，法とは何かを具体的な現象の具体的な分析からなされなければならない。同時に，国家と法の階級性をおおいかくし，その合理化と粉飾のためにふりまかれる，ブルジョア法理論の徹底的な批判から始められなければならぬ。「生ける法」とか「客観的法秩序」によってもたらされるものは，ブルジョア国家，ブルジョア法の階級性の隠蔽以外の何ものでもない。ファシズムへの移行とともに，かかる社会民主主義的法律の育成，これこそがいまやブルジョア階級の期待するところである[6]。

（3）川島の問題意識

川島の問題意識は，国家が恣意的に裁判規範を制定すること否定し，現実の生活関係に基づいて規範を定立せよというものであり，その現実の生活関係において規範を生み出すものは民衆の自覚的な運動であると考えた。「労働法の特殊性と労働法学の課題」は1947年に書かれたが，この当時には，労働者や労

---

6) 杉之原舜一「法とは何か」民主主義科学者協会法律部会編『法社会学の諸問題』北隆館（1950年）。

働組合の運動は盛り上がっており，GHQ の指令に基づく立法も民主主義を指向し，人権抑圧的諸法を廃止するものであった。したがって，労働者たちの改革を求める運動を基礎に行為規範に着目せよという主張には説得力があった。

当時，人々の多くが生活していた農村においては，依然として因習的な生活や伝統的な価値観が存続していた。加えて，1949年に入ると人権抑圧的なGHQ 指令や，法律・政令などが，立て続けに出され，レッド・パージが行われ，謀略事件が連続した。このような状況においては，現実の生活関係における規範は必ずしも進歩的ではなく，また，人権抑圧的な命令や法律そのものと対決する必要があった。このことが，マルクス主義に立つと自覚していた一部の人々に，もどかしさを超えて，「法社会学は反動的」と感じさせることになったものと思われる。

2 『市民社会と民法』をめぐる論争

（1）山中康雄の主張

山中の立場は，実定法の分析を通じて，市民法秩序を理解しようとするものであり，その特徴は，人，物，行為という端緒範疇から出発して，複雑な市民法秩序を解明しようとする点と，社会に自生する法，「生ける法」を社会秩序の基礎的な規範としてみるという点にある。

現在の時点で『市民社会と民法』を読めば，法学者としての長年にわたる研究に裏打ちされた，意欲的な著作として読むことができ，決して「ブルジョアジーの利益に奉仕し人民革命を妨げるもの」とは理解できないが，不幸なことに，この本が出された後に，占領政策が転換され，あまたの弾圧法規が復活したこと，および，山中が弁証法とか端緒範疇といったマルキストから「革命の仲間」として受け取られかねない用語を多用していたことが，実りの少ない論争に巻き込まれる原因となった。

『市民社会と民法』は1947年に公刊された。この本の大部分は，戦争中に書かれたようである。しかし，第1章第1節の大部分は，1947年に初めて公表された。後の論争で，山中は，この本を「学術的体系書」と何度も繰り返しているが，いかなる意味で体系なのかは明瞭ではない。私が受ける印象は，唯物史観に基づいて法制史を説明しているようにも思える。山中は，成文法の法解釈

的検討が重要な部分を占めることを強調しているが，全体で298頁におよぶ同書のうち62頁を第1章第1節「客観的実在としての法秩序」に当てているのであるから，この「哲学的」部分が，同書の中心的な内容であることは間違いない。そこにおいて，山中は，カテゴリー間の弁証法的関係を主張した。

　山中は，法律学上のあらゆる範疇や概念相互間に相互移行あるいは否定・止揚の弁証法的関係が存在することを確信し，諸範疇や諸概念を相互に無媒介的に絶縁し峻別するを常とするドイツ法流の考え方に不満を感じてきた。

　山中は，市民社会的法秩序の法理論的発展は，「人」「物」「行為」を端緒範疇として展開されるとし，かかる過程において展開されてゆく結実を範疇と名付け，個々の範疇の内容をなす概念と，名称的にも区別するとする[7]。

　現在の論理学では，範疇（Kategorie）と概念（Begriff）は，ほぼ同じ意味で使用されている。複数の事物や事象から共通の特徴を取り出し，それらを包括的・概括的にとらえる思考の構成単位とされる。概念は一般に内包と外延をもち，その包括度に応じて上位概念と下位概念に区別される。したがって山中の使い方は独特のものといえるだろう。山中は次のように述べている。

　　法律学上のあらゆる概念は，相互間にそれぞれ，端緒的・低次的なるものと，より高次な発展をとげたものとの関係を，幾重にも展開しつつ，厖大な論理的体系を展開せしめていることになる。

　もっとも簡単にしてもっとも抽象的な，もっとも普遍的な，最端緒の範疇より出発し，それのより複雑にしてより具体的，特殊な，より高次の範疇への発展的移行がなされ，後者よりさらに同様の発展的移行をみる等々，同様の多数の経過のもとに，ついに今日みられるごとき諸範疇や諸概念の厖大な集積の成立をみるに至ったとする。このような意味での弁証法的な論理体系が財産法において成立していることを意味する。山中の一生の研究目標は，このような財産法体系のあますところなき分析総合である[8]。

　山中は，法的カテゴリーの中に矛盾の契機が存在し，それが弁証法的に発展するととらえるようである。その例として，ローマ法の「条件」という概念の

---

7)　山中康雄『市民社会と民法―総則・物権・債権』日本評論社（1947年）62頁。

8)　同上，3頁以下。

30　　第Ⅰ部　日本におけるマルクス主義法学

胎内に、それへの対立物（矛盾の契機）として解除条件が発生し、やがて「条件」たることを止揚して独立の範疇として「解除」が定立されることを指摘している。このような矛盾の弁証法的展開は、端緒範疇とあわせて、明らかにマルクスの資本論の論理展開を念頭において、それとパラレルに考えようとしていることをうかがわせる。

人、物、行為という端緒範疇の設定は、商品交換を分析の出発点においたパシュカーニスの影響もうかがわれる。

山中の主張する「カテゴリー間の弁証法的関係」は誤解を生みやすい。あるいは、当初は「カテゴリーそのものの間に弁証法的関係」が存在すると考えていたかもしれない。

山中は「法範疇の発展ということについて」の中で次のように述べている。

　市民社会はまず、商品交換社会として発足した。それを法的に保障する法範疇として「物」「人」「行為」が登場した（山中は、これらを論理的な順番というよりも、歴史的な順番として叙述しているようである）。次にもろもろの制限物権者という「人」が登場した。商品取引がさらに発展すると、「債権」という法範疇が現れる。そして、債権者と債務者という法範疇が成立する。そして占有の観念化とともに登記の方法が現れた。

　例えば経済的には売買や貸借という1個の行為が、法的には2個の別個独立の行為であり、その矛盾は、商品交換をする当事者にとっては、いちじるしい不公平として意識される。

　商品交換に関するもろもろの行為をそのまま法範疇化することができるようになると、資本の再生産運動が経済的事実として成立することを、法的に保障せられるようになる可能性がひらかれてくる。経済取引の発展によって資本の再生産運動が実現せられるようになっているにもかかわらず、個々の商品交換を法的に把握するにとどまっているという矛盾は、やがて資本の再生産運動を直接に法的に把握するようになる道をひらく。

　このようにして、資本の再生産運動を主体的にとらえたものとして、営業という法範疇があるのであり、商人や会社という法範疇が成立する。

しかし、この商人や会社の成立は、歴史的な叙述としては明らかに正しくない。

9）　同上、2頁以下。
10）　『法律時報』21巻9号（1949年）30頁。

第3章　法社会学論争　31

山中は，商品交換の登場→資本の再生産の成立→独占段階（労働法の登場，統制経済社会の登場）という歴史段階に応じて，法範疇に内在する矛盾が，より高次の複雑な法範疇を生み出すものと考えた。彼は，次のように強調している。

　第1に，法範疇は，上のように展開をとげしめられるとともに，端緒的な法範疇は，より高次の複雑な法範疇を生み出すことによって，簡単，普遍的，抽象的なものとして，自己をますます完成させていくということである。第2に，法範疇の発展によって，市民社会が全体社会（第1章第1節参照）の中におけるその領域を，外延的にも拡張していく。

山中の「端初的な法範疇は，より高次の複雑な法範疇を生み出す…自己をますます完成させていく」という表現は，読者に対してカテゴリーの自己展開という印象を与えることになった。

（2）杉之原の批判

このような山中の主張に対し，杉之原と戒能から「観念論である」との批判がなされた。杉之原の批判は次のとおりである。

　唯物論の立場に立つ限り，法律学の研究の対象は，法規範としての社会関係である。社会関係を総体的に分析し総合し，そこから規範法則とか法的な概念とか範疇を抽象してくるのである。法現象としての個々の，また総体的な社会関係自身，その社会の経済的構造を土台としているのであるから，それ自身の固有の歴史をもち得ない。いわんやそこから抽象された規範法則とか法的な概念ないし範疇が自己固有の歴史をもち，自己固有の「弁証法的な相互発展的移行の関係」をもちうるはずがない。このような概念や範疇の相互発展的移行の関係を具体的個別的に発見していくことに研究の中心をおく限り，それは単なる観念論として，さかだちしている理論としてみなければならなくなる。[11]

山中は，社会秩序は，その内部に矛盾契機を胎生せしめていない理想郷をなしている場合でも，自己を維持せんとする本能的衝動に基づいて，なおありうべき秩序破壊者に備えて，権力的抑制機構を発展せしめ，法規範を生み出さざるを得ないと述べた。杉之原はこの「理想郷」を共産主義社会と理解し，精神病者でない限り，「あり得べき秩序破壊者のありえない社会が過去において存

---

11)　『法律時報』21巻6号（1949年）46頁以下。なお，21巻9号（1949年）31頁以下も参照。

在し，将来においても実現しうる」ことを社会科学がすでに証明していると述べた。[12] 杉之原は，階級なき社会における秩序は社会を構成する全員のために，全員の自主的意思により，なんらの強制なく維持され確保されると断定した。

しかし，山中が想定している理想郷とは，後の法律時報の論文をみると，当時のソ連を念頭に置いたものだった。[13] もちろん，ソ連に限らず，社会主義社会において国家や法秩序が必要なことは現在の理解では当然である。この点では，杉之原の批判は明らかに社会主義の法秩序に対する当時の教条的な考え方から出たものであった。社会主義の低次の段階と高次の段階の区別は，レーニンによって説かれたものであって，マルクスの主張ではないことが，現在では明らかになっている。さらに，社会主義の青写真を描くこと自体，マルクスは警戒していた。[14] しかし，当時のマルクス主義者の多くは，杉之原のような考え方をもっていたようである。

（3）山中に対する戒能の批判

戒能は山中の『市民社会と親族身分法』を次のように批判した（原文にある君は省略）。

　マルキストである限り，まず第1に必要なのは，事物を社会的観点から観察することである。山中によって示されたマルキシズム法学は観念が空転しているように感じられる。山中は財産法秩序の端緒は「物」「人」「行為」だといわれる。しかし，山中のいう範疇とは「結合せられざるもの」，個別的なるものを自己の内部に包摂はするが，自己が他の範疇に包摂せられることなきものとの意味にとるならば，この3つのカテゴリーの立て方は，むしろ不正確である。なぜなら，物は市民社会であると東洋的社会であると封建社会であるとを問わず，人に結合しなければ法学上無意味であり，いわんや行為は物および人と結びつくことがなかったら，存在することがないのは明らかだからである。山中の作ったカテゴリエンレーレ（範疇理論）は観念論の立場からみても，カテゴリエンレーレになっていない。

　すべて社会的な行為は人に関係し，人の社会的状態に関係する。だからマルクスは分析の出発点を資本制生産様式におき，その内部における商品の分析から始めた。

---

12) 民科法律部会編『法社会学の諸問題』北隆館（1950年）6頁（杉之原）。この文章は主語と述語が一致していない。

13) 『法律時報』22巻8号（1950年）52頁。

14) 不破哲三『マルクス未来社会論』新日本出版社（2004年）参照。

第3章　法社会学論争　　33

山中の作ったカテゴリーと称するものは，それ自身歴史的概念になり得ない言葉である。山中は致命的にもあらゆる範疇の上位範疇に物という観念をおいてしまった。しかし，マルクスが商品といったとき，彼は決して商品の分析に終始しているのではなく，資本制生産全体の分析に終始しているのであった。山中が，もしマルクス主義者だとしたら，物からいかにして資本制生産の法学的分析が可能であるか論証しなければならない。

　山中がブルジョア法学を正直に批判の対象として受け取らず，これとマルキシズムを結びつけようと苦労していることは，結局のところ観念的統一しか生み出していないようである。[15)]

3 『法社会学の諸問題』における論争

　1950年4月に民科法律編『法社会学の諸問題』という本が公刊された。前書きも後書きもなく，139頁以下には，執筆者不明の文献解題がついている。[16)]この巻頭論文が杉之原舜一「法とは何か」（1949年6月に脱稿）であった。

（1）杉之原の主張

　杉之原は，法社会学の波がマルクス主義法律学の立場に立つ者の足をさらおうとしているとし，法社会学は社会科学としての権利能力を主張できないと述べる。当時の論文はかなり情緒的表現が多いので，私なりの解釈を加えて整理すると，杉之原は，マルクス主義法学は社会科学としての法律学のひとつであるが，法社会学はそうでないと主張した。

　現在の時点から評価すれば，主義と科学は別物であり，杉之原の考え方の出発点には大きな欠陥があったが，1950年当時には，多くの人々がこのように考えていたようである。

　杉之原は行為規範と裁判規範を区別する。行為規範とは社会において自生する法のことであり，裁判規範は国家制定法のことである。杉之原は，行為規範のすべてがそのまま裁判規範にならないこと，場合によっては行為規範として現実に存在しないような内容の裁判規範が制定されること，現実の行為規範とは全く反対な内容の裁判規範が制定され，しかも裁判規範が行為規範を容易に

---

15)　『法律時報』21巻6号（1949年）51頁以下。

16)　民科法律部会編，前掲注12)。

34　　第Ⅰ部　日本におけるマルクス主義法学

踏みにじる事例が多々あることを強く主張した。そして，法社会学はかかる問題についても満足すべき科学的解明を与えないと断定した。

　占領下における法学者にとっては，学問的解明もさることながら，政治的実践が主たる任務であった。当時，占領軍の超法規的権力およびそれを背景にした日本政府の法令を解釈しても，それはむなしい作業であるように思われた。それよりも，レッド・パージの下で，当時の占領軍と日本政府の権力の本質を暴き出すことの方が重要と考えられ，迫り来る弾圧の下で，どのようにして学問活動を維持するかが最大の問題であったと思われる。

　杉之原は，行為規範を裁判規範の根拠であるとすることについて，当時日本で主流と思われた山中康雄，川島武宜が決定的な影響力を行使していたと考えて前述の批判をした。

（2）杉之原に対する長谷川の評価

　杉之原は当時の占領下において，誰をブルジョアと考え，誰を人民と考えていたのであろうか。彼の議論の中からは，革命の主体となるべき人民の姿はみえてこない。占領下にあっては権力の主体が占領軍であることは明白であったが，それを公言することは勇気を必要とした。新聞も米兵の犯罪については掲載することが許されなかった。このような状況で，日本のブルジョアジーが権力を主体的に握っていると主張しても説得力はなかった。

　長谷川は，杉之原の「行為規範と裁判規範」という区分および「法を裁判規範とみる見方」を批判した。「マルクス主義の立場からすれば，法を行為規範と裁判規範に分けることはもちろん，この区分に即して法を裁判規範とみることも問題である」とした。

　長谷川[17]は，行為規範は法ではなく，国家権力によって強制される規範こそ，法規範であるとして権力説の立場を鮮明にする。「国家権力を媒介することなしに生まれてくる，道徳・習慣・風俗等々の行為規範＝社会規範」と，「支配階級が，自己の支配関係を維持するために，国家権力をもちいて被支配階級に強制する法規範」は区別するべきである。法社会学の根本的欠陥は，法の階級性の軽視にある。一方，これまでのマルキシズム法学の欠陥は，法と深い関連

17）　長谷川正安（1923-2009年）。東京商科大学を卒業し，名古屋大学教授。

第3章　法社会学論争　　35

をもつ行為規範一般の軽視にある。このマルキシズム法学の欠陥は，唯物史観研究におけるイデオロギー研究の不十分さを表している[18]。

　長谷川の主張は，当時の民科の会員の多くから共感を得ていたように思う。山中や川島の主張は，社会に自生する行為規範が，そのまま国家法と同じレベルで法規範であるとしたのではなく，現実に生活する人々にとって「行動の命令として現れる」としたのであるから正当な分析であって，長谷川による両規範のとらえ方も実質的にはそれほど異なるものではなかった。

（3）沼田の分析

　沼田稲次郎は，『マルクス主義法学講座』第1巻の中で，法社会学論争の性格について，次のように述べている[19]。

　　法社会学論争はマルクス主義法学陣営内での「法社会学とマルクス主義法学との論争」であった。ひとつの論点は裁判規範と行為規範の問題であった。川島武宜が1947年1月に書いた論文を杉之原舜一が1949年5月に批判したが，この間の2年あまりの情勢変動（GHQによる反共的反動政策）が戦前からの「マルクス主義派」に一種の危機感に結びつくセクショナリズム的心理を刺激していたようにも思われる。杉之原の批判は理論的でマルクス主義法学の正統を踏む立場に立つものであった。ただ，法社会学の理論的関心の積極的な意義を十分にとらえていたとはいえないところに，イデオロギー批判の弱さがあったのではないか。

（4）まとめ

　戒能の山中の方法に対する批判は正当であると思う[20]。当時，マルクス主義者の間で常識と思われていた弁証法について，戒能がどこまで批判的であったかは分からないが，上記の「第1に必要なのは，事物を社会的観点から観察すること」という批判を読む限り，現実の複雑な現象の分析から入るべきと主張していることは明らかである。

　弁証法や矛盾の自己展開といったヘーゲル的な観念が学問研究にどれだけのマイナス効果を与えたかは，ポパーやシュムペーターの著作によって知ること

18）　長谷川正安『法学論争史』学陽書房（1976年）46頁。

19）　天野和夫ほか編『マルクス主義法学講座〔第1巻〕』日本評論社（1976年）356頁以下。

20）　藤田『一般理論』221頁以下参照。

36　　第Ⅰ部　日本におけるマルクス主義法学

ができる。マルクス主義においても，見田石介が『資本論の方法』で解明した。見田は資本論等の綿密な検討によって，科学における探求の道は具体的なものから抽象的なものを分離しカテゴリーとして固定することであるとし，科学における叙述の道は探求の道とは異なり，抽象から具体へと進むことであるとした。そして，マルクスにおいては，この両者の方法がとられていると指摘した。見田は，マルクスが資本論において展開した叙述の方法を抽象的カテゴリーから複雑な全体に上昇する道であるととらえ，その前提には，複雑な現実の社会を分析することによって，抽象的なカテゴリーを獲得する下降の道があったことを明らかにした。下降の道は徹底した分析の方法によるものであり，上昇の道は分析によって得られた諸カテゴリーを総合する過程である。そこには弁証法と呼ばれるようなものは何も存在していない。シュムペーターも同じ指摘をしている。

1949年，50年当時は，ファシズムが猛威をふるった第2次世界大戦の脅威が，人々の心に大きな傷を残していた。この時代には学問的な議論と政治的な議論を冷静に区別することはきわめて困難であったと思われる。欧米では，ポパーやハイエクらによって，全体主義から自由を擁護することの必要が強調されていたが，日本では，当時のソ連や成立したばかりの中国に対して，多くの幻想が抱かれていた。

1949年以降，明確になった占領政策の転換と，当時の日本の人々がおかれていた困難な生活環境から，日本の民主化を求める人々（特にマルクス主義者）の間に，民主的な政府が樹立されれば，それほど期間をおかずにプロレタリア革命が登場するのではないかという期待があった。

戦争中に厳しい弾圧を受けていた共産党が，戦後は農村と都市で熱狂的な支持を獲得したが，コミンフォルムからの干渉と，政治運動の経験が乏しかった

---

21) ポパー，カール・R／小河原誠夫・内田誠訳『開かれた社会とその敵—第2部』未来社（1980年）。原著は1950年にアメリカで公刊。

22) 見田石介「資本論の方法」『見田石介著作集〔第4巻〕』大月書店（1976年）。原著は1963年に公刊された。

23) シュムペーター，ヨセフ・A／東畑精一・中山伊知郎訳『資本主義・社会主義・民主主義』東洋経済新報社（1995年）14頁以下。原著は1942年にアメリカで公刊された。

24) 拙著『自由主義と社会主義—社会編成原理における自由と計画』神戸市外国語大学外国学研究所（2005年）参照。

第3章　法社会学論争　37

こともあって，1950年に分裂し，一方が過激な路線を進んだことが，論争をより感情的なものへとかりたてた。

　最後に，自由主義への評価が低く，思想と表現の自由に対する国民の評価が低いことを反映して，他人の主義や主張に対する公平な評価が不十分であったように思われる。「社会民主主義的な主張は，ブルジョアジーの思うつぼであって，人民革命の妨げ以外の何ものでもない」という主張は，その典型であった。

第4章　戦争を経験した法学者たち

1　市民法学の担い手

　末弘厳太郎[1]は，マルクス主義者ではないが，彼の法学はマルクス主義法学に大きな影響を与えた。法学一般，民法学，労働法学，法社会学，解釈法学にも大きな影響を与えた。まず，国家法に対して社会に自生する法を強調し，その優位性を説いた。そして，法の解釈の客観的な根拠として社会に対する科学的な認識を主張し，後の時代の法社会学の登場を準備した。しかし，彼が生きた時代は学問研究が戦争によって大きくゆがめられた時代であり，東京帝国大学の教授としての活動も，当然に大きな制約を受けた。その中でも，熱心に研究を続け，成果を公表した彼の生き方をめぐっては論争がある。

　森英樹は，法律と社会の乖離を学問対象とした先学は，末弘以前にも岡松参太郎がいるし，乖離に触発されて概念法学と異なる道を歩もうとした学者として穂積陳重，穂積重遠，牧野英一の名前をあげている。しかし，末弘が彼らと異なるのは，社会における基本的矛盾が資本家・地主と労働者・農民との対立であることを注視し，その矛盾がまさに爆発したときに自らの法学を提示し，鋭い体系的精神で事態に対処した最初の人であったことであるとした。そして，末弘法学はマルクス主義法学にとっての直接の前提であったと述べた。

　その上で，末弘が樹立した社会学的法律学のもつ方法論上の不十分さが，その後，マルクス主義法学が求められた理由であるとする。その不十分さとは，理論的に探究するとされた社会法則の解明がなされていないことと法律が支配階級の意思を表現していることを顧みていないことを指す[2]。しかし，これらは

---

1)　末弘厳太郎（1888-1951年）。山口県に生まれ，東京帝国大学を卒業し，その後教授となる。概念法学を批判した。日本の労働法学の草分けであり，法社会学の先駆者である。

2)　森英樹「日本マルクス主義法学の前提」天野和夫ほか編『マルクス主義法学講座〔第1巻〕』日本評論社（1976年）39-41頁。

いずれも外在的批判であって，まさに森が指摘するように誤りとは言えない。そもそも，末弘の法学の重点は，そこにはなかったと思われる。

末弘法学の評価については2度にわたる法律時報の特集が見逃せない。法律時報は末弘が1929年に創刊した市民向けの法律雑誌であり，その60周年と70周年に当たる1988年と1998年に特集を組んだ。[3] また，磯村哲「市民法学」[4] も重要である。

（1）末弘における社会と法

末弘の著作は膨大であるので，もっとも重要と思われる論点に絞って述べる。[5] 末弘の主張は多岐に渡るが，中心は「社会が法を生み出す」ということである。1927年に書かれた『法学入門』の中では，「私の部屋の中に張り出した『禁煙』という張り紙も一種の法だ」と述べているように，法は様々な社会の中から自生的に生み出されると考えた。[6] もちろん，国家が制定する法も認めており，小作争議や労働争議の解釈の中では，国家による法を認めつつも，社会における法の優位を説いた。[7] この国家の法と社会の法の緊張関係の解明が末広の生涯を貫く学問的課題であった。

同時に，法解釈のあり方として，法実証主義や概念法学的な手法を退け，裁判官による法創造を認め，[8] 社会のあり方の科学的な認識を通じて，あるべき法を発見するというのが一貫した考えであった。しかもそれは決して個々のケースにおいての個別的な解決ではなく，他の同様な事件においても維持しうる一般的なルールの発見であった。[9]

法律時報の特集論文の中で鋭く指摘されているが，末弘法学は福祉国家を先取りした議論を含んでいる。現実の国家には政治的にも財政的にもそのような

---

3) 『法律時報』60巻11号「法律時報60年と法学の課題」(1988年)，『法律時報』70巻12号「末弘法学の現代的意義」(1998年)。

4) 磯村哲「市民法学」『社会法学の展開と構造』日本評論社 (1975年)。

5) 末弘の著作全体については『法律時報』60巻11号 (1988年) 108頁以降に水野紀子作成の詳細な目録がある。

6) 末弘厳太郎『法学入門』日本評論社 (1952年) 46頁以下。

7) 同上，92頁以下。

8) 同上，124頁以下。

9) 同上，134頁以下。

40　第I部　日本におけるマルクス主義法学

基盤は存在していないにもかかわらず，彼は将来の福祉国家を予想しながら，国家の公共的役割と市民の成長を期待していた。[10]ただし，彼が生きていた間にはその条件はなかった。そこで彼が全力をそそいだのが，市民的権利関係の貫徹と市民的自由の確保であった。

（2）市民法学の成立

磯村哲は次のように述べた。[11]概念法学の現実的基礎は大正期（1912〜26年）に入って大きな変動を蒙る。市民法学の成立と展開は，この現実的条件の変化に根ざしている。[12]

日本における資本主義の急激な発展は階級対立の激化と近代的労働運動の広範な展開をもたらすとともに，他方，農民層の分解・農民運動の発展をうながし，このことにより，全「体制的構造」に動揺を与えるにいたった。第1に，労働者・農民層の労働基本権や耕作権等の確立という「経済的」要求は，このような関係に対する権利義務的な近代的法規範の貫徹を要求するものであり，絶対主義権力が基礎としていた家父長的・身分的支配および共同体支配という前近代的規範体系の解体を要求するものであった。

しかも，絶対主義権力が資本制経済を体系内に包摂するという体制的構造のゆえに，明治民法の私的所有の絶対性と契約の形式的自由が，他ならぬ前近代的規範の貫徹のための権力的支柱を形成するという法構造の下においては，前近代的規範体系からの解放は，同時にこのような古典期市民法の原理に対する修正の要求という形において提起されざるを得なかった。労働者・農民層の要求は，この意味において「市民法的要求と社会法的要求の重畳性」において現れた。

第2に，このような労働者・農民層の「経済的」権利の確立の要求は，同時に「政治的」自由および権利の要求と結びついた。

このような現実状況の変化に対して，支配層としても何らかの対応をせざるを得なくなった。激化する社会運動を背景にして，資本主義の合理化要求の限度内においては微弱ながらも社会政策的立法も辞さない（借家法や労働者保護立法）。政治的領域においても労働者・農民のブルジョア民主主義の要求に対して，政党政治の形において対応しつつ，制限的であるが普通選挙も容認する。しかし，ひとたび権力の本質的

---

10) このような評価の例は吉田克己「末弘民法学とその継承・発展」『法律時報』70巻12号（1998年）22頁第1段。

11) 磯村，前掲注4），24頁以下。

12) 日本の工業化が本格的に始まったのが1916年頃からであった。それが労働運動を活発化させた。中村隆英『日本経済─その成長と構造〔第3版〕』東京大学出版会（1993年）93頁以下。

第4章　戦争を経験した法学者たち　41

構造にかかわる問題となると問題処理の方向は全く異なる。第1に，労働者・農民階級の生存権的諸権利の確立（当時としては市民権的権利の確立と同じことであった）に対しては，あくまでも権力的支配の立場から，これらの要求の解消の方向を堅持した。このような市民的権利の確立は，支配権力のよって立つ社会的基盤の解体を意味する（共同体に依存しない自立的市民に成長）のであり，権力の構造の変質を伴わずにはいられない。

　そうは言っても市民権的権利の確立が要求されるということは，労使関係，地主小作関係が，もはや前近代的規範による直接の統合を不可能にしていることを示している。そこで，支配層としては，現実の対立を法的関係に転化することは承認せず，国家の権力的後見の立場から行政的に解消していき，これを通して伝統的秩序の維持を図る方向に出た。調停という紛争の権力的後見的調整の手段を媒介として，解体しつつある秩序を回復しようとした。

　そのような対応の仕方は政治的領域においても認められる。支配層は政党政治や普通選挙を成立させた。しかし，他方では治安維持法を頂点とする諸々の治安立法を支柱として民衆の自主的集団行動を極力弾圧し，反面では，前近代的集団の温存と，特に教育を通しての文化的諸価値の国家的独占の原理の維持を図ることによって，近代的・自主的市民の展開の阻止に努めた。

磯村は言う。

　日本の合理的な進路は，市民的自由の確保を通して隷従的臣民を自主的国民に転換せしめることを介して社会・国家の近代化と民主化を図る方向に求められるべきものであった。このような市民的自由の確保のためには，何よりもまず，社会の内部構造における権利・義務関係の貫徹と，このような権利秩序の保障者としての国家権力自体が「法のなかの権力」に転化することが必須条件となる。当時，市民的権利関係の社会的貫徹と国家権力の合理化の道は，労働者・農民階級の生存権的諸権利の確立を媒介としてのみ可能であった。

　このことは末弘博士の思想のなかに純粋・明確な形態において自覚されている[13]。

（3）社会法学の転換

　法律時報の1988年の特集で，石田眞は敗戦までの末弘法学の展開を3期に区分した[14]。第1期は，1932年までで，法を国家制定法に限定するのではなく，社

---

13) 磯村，前掲注4），28頁。
14) 石田眞「末弘法学論─戦前・戦中における末弘厳太郎の軌跡」『法律時報』60巻11号（1988年）56頁以下。

会から自生的に生まれるルールであるとする基本的な考え方が形成され，法を通じた社会改良への提言を行った時期である。第2期は1933年から1941年までの時期で，政治的抑圧と言論弾圧を受けた末弘は，戦時総力戦に向けた法制度の変化の中で，時代の展開に歩調を合わせるかのように論調を変化させ，1938年の「安定原理の労働政策と労働法」(『法律時報』10巻11号) で「転換」する。

第3期は1942年から敗戦までである。戦時総力戦の中で体制内改良の主張は末弘の論調から完全に消える一方で，「勤労の国家性を高調」する戦争動員論が表に出る。この時期区分に基づき，石田は次のように述べる。

1938年の「安定原理の労働政策と労働法」は末弘の転換を示す論文で，日本の経済が戦時統制を強めるにしたがって労働政策もそれにあわせて計画されなければならないとするものであった。以下，次のように述べる。日本のこれまでの労働政策ならびに労働法は欧米諸国の線にそって組み立てられてきたが，こうした労働政策は自由原理の基礎である自由経済の行われる社会にのみ妥当するものであって，自由経済が行き詰まれば必然的に行き詰まりを伴う。計画経済は労働者に対してそれへの協力を強要するがゆえに，自由原理とは「反対に安定原理」による新たな労働政策を樹立する必要がある。

安定原理の労働政策の根幹は，まず「労働と資本との結合を合理的ならしめ」，それを経済計画の有機的部分として統制計画することであり，次に「労働力保全並びに生活保障の方策」であり，社会保障制度の完備などが考えられる。

第2期における末弘の転換を引き起こした要因は，末弘の現実認識の変化であろう。統制経済を「自由経済の行き詰まり」に伴って必然的に現れざるを得ない体制して肯定したことによる。

1942年以降の第3の末弘は戦争への賛美と戦争への動員を基調とするものへと変化する。このような傾向は，当時としては珍しくなかったが，「国家に対して社会の優位」を主張した末弘でさえ，戦争賛美に傾斜していった。この時代に，最後まで戦争に反対し，かつ，この戦争が植民地分割と経済ブロックの形成をめぐる資本主義列強の争いであることを見抜いていたのは共産党員やそのシンパ，一部の宗教者（キリスト教，ほんみちなど）や良心的戦争反対者に過ぎなかった。このことは，現存する政治的経済的支配のシステムに対して，よほど明確な認識をもたないと，どんなに優れた学者でも思想の一貫性を保つことは難しいことを示している。私にもそのような確固たる信念があるわけでは

なく，学者の生き方として難しい問題である。

　石田は，1期から3期にいたる末弘の変化を転向と呼ばずに，転換と読んでいる。確かに末弘は第3期において総力戦擁護の立場に転換したが，思想的には形成期に確立された現実主義・目的合理主義は一貫している。このことは華北農村慣行調査の中にもみられる。ただし，その現実主義・目的合理主義が，第3期に戦争賛美に移行したことは，やはり彼の理論の限界であった[15]。また，末弘は「日本法理研究会」に所属していたが，そこにおいても日本法理の独断的なイデオロギー性を批判しつつ，やはり大東亜共栄圏を支える法を求めるという弱点を抱えていた。

　石田は98年の法律時報の特集において「末弘法学の軌跡と特質」を書き，時期区分を変更した[16]。1期は1920年から36年，2期が1937年から1945年，3期は1945年から亡くなる1951年である。戦後の時期を加えたのは大きな変化であったが，88年の論文の区分が1932年を1期の終わりとし，33年からを2期としたのと比べると，戦前の時期区分も変化している。

　1937年は7月に日中全面戦争が引き起こされた年であり，大本営が設置され，南京事件が起きた年でもある。研究者にとっては自由な発言や論文の公表が危険となっていた。36年7月には講座派の学者や左翼の文化団体の関係者が一斉に検挙され，37年11月には「世界文化」グループが検挙され，東大の矢内原教授が辞職に追い込まれた。38年2月には大内兵衛ら労農派の学者らも大量に検挙され，国体の維持に背く研究活動を続けることは極めて困難となった。

　石田は，この時期に末弘は，自由主義を完全に捨て，全体主義を標榜する「新しい法律学」に与することを表明したとする。その中でも，末弘は国家制定法を相対化し，法を社会の中に発見するという基本方向は維持されていたが，そこでは国家と社会による個人の取り込みが重視されるようになった。

　社会改良の領域では，労働者や農民の自主的な組織や運動に依拠した社会政策の実現は事実上不可能となり，国家に期待する社会政策の実現へと政策転換する。かつては批判の対象となった体制的安定が，自由に代わって統制経済の下での社会立法を支える原理として提示される。

---

15)　同上，64頁。

16)　石田眞「末弘法学の軌跡と特質」『法律時報』70巻12号（1998年）13頁以下。

この立法政策の転換の背後には，次の２つの事情があったと石田は指摘する。第１に，末弘は経済統制形態を自由経済の行き詰まりに伴って必然的に現れざるを得ない恒久的な体制と考えた。第２に，労働者の自主的組織の禁圧と労働組合立法の挫折の中で，その代償たる労働力保全のための社会政策に，統制経済法の有機的一部として期待した。[17]

（４）法律学と科学

石田は，末弘が第２期（1937～45年）において，解釈法学および立法学の領域で，法律学の科学化を主張したとする。この場合の科学化とは統計資料等を利用して立法や法の適用にあたることで，経済統制法の合理性の研究に向けられた。この科学化については，戦後の1951年に『法律時報』４・５月号に掲載された「法学とは何か」がとりわけ重要である。[18] 末弘は次のように述べる。

> 法学は本来，もっと科学的でなければならない。法学の中心をなすものは実用法学であって，それは解釈法学と立法学に大別される。その両者を通ずる科学としての本質は法政策学である。
> 立法学は法令を作る科学的方法を研究する学であり，解釈法学は具体的事件に適正な法的取り扱いを与える科学的方法を研究する学である。しかし，解釈が行われる場合には程度の差こそあれ必ず法の創造が行われる。
> 法政策学としての実用法学（解釈法学＋立法学）は法哲学によって政策定立の理念を与えられると同時に，他面において法社会学によって発見された「法に関する社会原則」によって政策実現の方法を教えられる。実用法学と法社会学の関係は臨床医学と基礎医学の関係に似ている。
> 法社会学は今のところまだ十分に発達していないから……やがて発達してゆくにつれて，それによって発見され定立された法の社会原則が，立法上もまた裁判上も利用されるようになり，かくして法政策学としての実用法学がだんだん科学化するにいたると私は考えている。[19]

末弘が法政策学と言っているのは，「解釈法学＋立法学」という実用法学の科学としての本質である。さらに法政策学としての実用法学は法社会学によって発

---

17) 同上，16頁。
18) 末弘厳太郎『法学入門』日本評論社（1952年）183頁以下。
19) 同上，211-214頁。

第４章　戦争を経験した法学者たち　45

見された「法に関する社会原則」によって政策実現の方法を教えられるとする。とすると，末広が言うのは，法社会学が科学だというのではなく，「法社会学による社会原則の発見」→「法政策学としての実用法学がその社会原則によって政策実現の方法を教えられる」というプロセスが重要だというのである。そして，このプロセスで最大の問題が「社会原則とは何か」ということであった。

（5）末弘法学の性質

　福祉社会を展望する法学であったが，それを切り開く市民層が十分には存在しない時代的制約の中で，国家・社会統制を強めつつあった国家に社会改良を期待するしかなかったところに悲劇があった。しかし，その中でも「社会が法を生み出す」ことに着目し，法社会学の基礎を提供したことは明らかである。そして，何よりも市民向けの膨大な論評の中で，多くの日本国民や法律家たちに，「法が国家の独占物ではなく，民衆の生活の中からも生みだされるものである」ことを，分かりやすく教えたことは，その後の日本の市民社会の登場に大きく影響を与えた。

　しかし，彼の福祉国家を展望する社会理論は登場が早すぎた。日本で福祉国家が本格化するのは1970年代以降である。末広が議論を展開していた1930年代には，財源的にも，政治的に国民的な合意を図る点でも，福祉国家の登場は無理だった。[20]おそらくベヴァレッジ報告のような実践的な政策提言が現れる前には，どこの国でも難しかっただろう。

　1929年のニューヨークの株価暴落に端を発した世界的経済恐慌は，各国政府を保護主義に走らせ，国内的には不況対策として財政出動を進めさせた。その具体的な方法は，公共事業の拡大や軍事費の拡大など様々であったが，政治的には経済統制を強めることになる。1929年4月に承認されたソ連の第1次5カ年計画の成果も注目されていた。

　近代市民社会を体現していたと思われていたヨーロッパ諸国の自国中心主義をみた末広は，自由経済に行き詰まりを強く感じたことは間違いがない。同時に，日本の警察国家による言論弾圧と重なって，労働者・農民階級の生存権的

---

20)　ベヴァレッジ報告と福祉国家の発展との関係については，拙稿「福祉国家論の現在」『京都府立大学学術報告・公共政策』7号（2015年）参照。

諸権利の確立という危険なルートではなく，国家に期待する社会政策の実現というルートに転換したものと推測される。

　しかし，その中でも法律学のなかに科学をみつけようとする彼の情熱は変わらなかった。それが「生ける法」をみつけようとする法社会学に向かう。華北農村慣行調査（1940〜44年）も，そのような意識の中で行われた。

　末弘は狂信的な「日本法理」を批判し，法現象を科学的に分析する手法として法社会学を主張した。しかし，その時代にあっては，それは大東亜共栄圏の法秩序に科学的基礎を与えようということに成りかねなかった。

　末弘厳太郎が，その後の法律家に与えた影響はまことに大きかった。戦後の日本が近代市民社会として成長していくことにも大きな影響を与えた。彼が扱った学問領域はあまりにも大きく，そのすべてが十分に継承されたとは言えないかもしれない。本稿との関連では，法社会学によって発見されるべき社会原則とは何かということが，最大の論点であり，それが「法律学を科学化する」という末弘の考えの妥当性を左右することになる。

2　マルキシズム法学への回帰

　戦後の日本の法律学は，まず国民に新憲法体制を紹介することから始まった。国民主権，基本的人権の保障，戦争の放棄という憲法の柱から始まって，家制度の廃止，男女平等，社会的基本権の説明に追われる。同時に，戦前の裁判のあり方に対する反省として官僚法学や概念法学に対する批判が行われ，法社会学が隆盛となり，末広厳太郎や川島武宜などが精力的に著作を発表した。戦争中は大東亜新秩序を説いた平野も，戦後はマルクス主義法学に戻る。1959年に公刊された平野の「マルキシズム法学」は当時のマルキシズム法学の到達

---

21) 末弘は『法律時報』13巻8号に載せた「エーアリッヒの『成文法と生きた法律』」（1941年8月）の中で，「日本法理は吾々同胞の生活事実とそれを規律している現実の生きた法律の研究を通じてのみ得られるべきなることを忘れて，徒に独断的のイデオロギーを振り回して得々たるものが多い。……この有様では何時までたっても真に日本法理の名にふさわしい日本法理は樹立される見込みはないと私は考える」と述べた（38頁下段）。なお，これに続いて掲載されたエールリッヒ「成文法と生きた法律」は鳩山秀夫の翻訳であった。

22) 平野義太郎（1897-1980年）。平野の学問と生き方については，福島正夫「平野義太郎先生と法律学」『法の科学』6巻（1978年）97頁が詳しい。

点を示している。[23]

　平野は戦前に発表した研究を継続して，戦後も精力的に書き続けた。1959年
の「マルキシズム法学」の後も，次々と著作を公刊し，1974年には『マルクス
主義法学』を公刊している。[24]彼は基本的に権力説の立場に立ち，しかも弁証法
的唯物論の有効性と歴史の発展法則を固く信じていた。

　1959年の「マルキシズム法学」では，まず明治時代の法律進化論を取り上げ
て，史的唯物論という一般科学の方法論に立たない限り，何ら人類発展の法則
と社会構造の合法則性を把握することはできなかった，と批判した。[25]

　次に，フランツ・オッペンハイマーの「階級的国家論」を取り上げて，彼は
経済と政治の弁証法的過程も分からず，実践的意図は暴力制度である国家を市
民社会にふさわしい自由市民団体に変えようとするだけであって，法制が生産
力の桎梏となるならば，既存の階級支配の法律は，ふたたび素朴な強力に立ち
戻ることを理解していないと批判した。[26]さらに，戦前の日本で法曹によってか
なり読まれていたアントン・メンガーの学説を批判する。[27]メンガーは，法秩序
とは一国において継続的に承認され合法づけられた諸権力関係の総体であると
し，法律は支配階級の利益を擁護する作用をもつとした。彼は方法的2元論
（事実と価値の峻別）に反対して，法律は国家権力の階級性に基づき国家権力に
よって保障される権力的規範であるとした。しかし，平野によれば，メンガー
の主張は，①いかなる階級がいかなる階級に対して権力をふるうのか，②権力
関係がどのようにして法律秩序を発生させるのか，③社会経済組織の歴史的な
発展に対して，権力はどのように法律秩序を規定したか，について説明してい
ないとする。

　平野の批判は，ブルジョアジーの経済的な支配がどのようにして法的秩序を
形成するのかが明確でないというところにあるのだろうが，「（メンガーの）権
力説は階級関係が存続されている状態を説明できても，それが崩壊し，変革さ

23）　戦後のマルクス主義法学の文献を集めて解説したものに，藤田勇編『マルクス主義法学』学陽
　　書房（1973年）がある。
24）　平野義太郎『マルクス主義法学』大月書店（1974年）。
25）　平野「マルキシズム法学」鵜飼信成ほか編『講座日本近代法発達史〔第8巻〕』勁草書房
　　（1959年）136頁。
26）　同上，141頁。
27）　同上，143頁。

48　　第Ⅰ部　日本におけるマルクス主義法学

れねばならない必然性を明らかにできない欠点をもっている[28]」という部分を読むと，経済的土台と法的上部構造の同列視と，レーニンの「国家の死滅」にかなり影響をうけていたことが読みとれる。ただ，権力（法秩序）が生産諸関係の中で働く機能を無視しているとの批判は重要であり，平野がどういう意図で述べたかは別として，パシュカーニスの問題意識に通じるものである。

　次に平野は，エールリッヒについて述べる。平野はエールリッヒを高く評価しており，1921年に大学を卒業すると第1の仕事としてエールリッヒの「権利能力」を邦訳した[29]。エールリッヒは法の本質を国家的制定法に求めず，社会の組織化に求め，法を行為規範としての組織規範とした。法の全発展の合法則性は，社会的ならびに経済的基本体制によって制約されている。したがって，法の発展は，この社会的ならびに経済的基本体制との関係において考察されねばならないとした。

　平野は，エールリッヒが法律発達の重心は社会自体のうちにあるとしたことを高く評価しながらも，その社会が，いかなる社会的経済的基本体制によって制約されているのかをつっこんで分析していないと述べ，次のように批判している。「エールリッヒにあっては，奴隷社会，封建社会，資本主義社会の経済構造がそれぞれの時代の法律の本質を決定する関連を明らかにするまでにいたらなかった[30]」と。もし，これが，奴隷社会，封建社会，資本主義社会の経済構造が，それぞれの時代の法律の本質を決定する関連を明らかにせずに「生ける法」について語ってはならないということであれば，そんなことは誰が可能なのか。この批判はとても大時代的な響きがする。ここに平野のマルクス主義的なステレオタイプの批判の仕方をみる。エールリッヒは明らかに彼が生きた時代の「生ける法」について語っているのであり，過去について述べるときでも中世のヨーロッパに限定されている。マルクスですら，資本主義社会の解剖を行ったに過ぎず，奴隷社会や封建社会を本格的に研究したわけではない。

　次に，平野は権力説の視点から，法社会学が，生産手段の私有，階級関係・搾取関係を捨象し，それらの社会の生産関係を規制する法律が，その社会の生

28）　同上，145頁。
29）　その後，エールリッヒ，オイゲン／川島武宜・三藤正訳『権利能力論』岩波書店（1942年）が刊行された。
30）　平野，前掲注25），148頁。

第4章　戦争を経験した法学者たち　49

産を支配する階級の意思を表現していることを顧みていないとし，階級闘争の事実の中に法律の内部矛盾と発展をみることがないと批判した。

　こうなると，法律は支配階級の階級意思であるというレーニンの定式が全面的に出てきて，このような視点で，パシュカーニスやエールリッヒが本当に理解できるのだろうかと不思議に思ってしまう。しかし，これは当然で，平野は次のように続ける。マルクスの「経済学批判序説」は社会構造の合法則性を明らかにしており，マルクスのテーゼ（序言の命題）は，エールリッヒの気づいていた法の全発展の合法則性をすでにより深く定義づけていると。法全体の発展の合法則性を正しく理解するためには，エールリッヒの法社会学を超えて，マルクスのより深い洞察——史的唯物論による法の合法則性の把握——に赴かないわけにはいかないと。経済学批判序説の序言の命題は後で取り上げるが，ここでは平野の教条主義的な態度がはっきりと現れている[31]。

　この傾向は1974年の『マルクス主義法学』になると，よりはっきりしてくる。この著作は，それまでの研究をまとめ，ベトナム戦争における1973年のパリ協定（民族の基本権）も取り入れたものである。しかし，歴史の発展法則，弁証法的唯物論，資本主義の全般的危機，民主連合政府の可能性など，厳密に検討しなければとても学問的に評価することができないような概念が，あたかも自明のことであるかのように使用され，説得力に乏しいものとなっている。この著作では，政治的な議論と理論的な分析が渾然一体となっている。また，マルクスの資本論の理解も，かなりずれてきているように思う。

　例として，「直接的生産者が生産手段の所有者と直接に対立する関係こそが，われわれの全社会構造における階級支配・従属関係，したがって所有関係としての法律関係をつくりだす真の基礎である[32]」という文章を取り上げる。直接的生産者が生産手段の所有者と直接に対立する関係が法的所有関係を作り出すとはどういう意味だろうか。この理解しにくい文章は，マルクスの「資本論」の第3部第6篇第47章から引用されている。平野は大月書店の普及版5巻1014頁以下から引用しているが入手できないので，新日本出版社の新書版13分冊から引用する。原文の意味は平野の意図とは大きく異なっている。

---

31)　同上，148頁以下。

32)　平野，前掲注24)，100頁。

50　　第Ⅰ部　日本におけるマルクス主義法学

第1にマルクスは「法律関係」という言葉を使っていない。第2に意味が違っている。平野は，同書で「生産手段の独占的所有関係が全社会構造の性格と法律の階級性を決定する」と述べ，資本論や，レーニンそしてソ連の国立政治文献出版所の文献から引用しているが，これはあまりにもおおざっぱで何も述べていないのに等しい。

おそらくブルジョアジーが生産手段を独占的に所有し，直接生産者が所有から切り離されていることが，ブルジョア的な法律関係を基礎づけると言いたいのであろう。しかし，マルクスの言いたいことは全く異なっている。

資本論の該当箇所は，第47章の第2節・労働地代の中にある。そこではもっとも単純な形態である労働地代において，直接生産者が生産手段（農地と用具）の占有者にとどまることを述べ，この形態においては，所有関係は直接的な支配・隷属の関係として現れざるを得ないと述べている。[33]つまり，ここで言う所有関係は労働地代の時代の関係であり，日本で言えば江戸時代のことである。さらに，もう一カ所では，この支配・隷属の関係（経済的形態）を基礎として，経済的共同体の全姿容，および政治的姿態が築かれるとして，次のように述べる。「生産諸条件の，直接的生産者たちに対する直接的関係こそが，全社会構造の，主権・従属諸関係の政治的形態の，要するにその時々の国家形態の，隠された基礎を見いだす」[34]（国家形態の基礎）と。

マルクスが第47章で言いたかったことは，ブルジョアジーが生産手段を独占的に所有し，直接生産者が所有から切り離されていることが，ブルジョア的な法律関係を基礎づけるということではなく，ブルジョア的土地所有一般について述べたわけでもなく，労働地代という形態をとる農業生産の段階では，所有関係は直接的な支配・隷属の関係として現れざるを得ないということから，生産物地代，貨幣地代への変化，特に地代と利潤の関係の変化を述べることであった。また，「国家形態の基礎」の所では，所有関係の変化が，政治的形態や国家形態の変化に規定的な影響を与えると述べているが，「所有関係としての法律関係」について触れているわけではない。[35]

---

33) マルクス，カール／資本論翻訳委員会訳『資本論〔13分冊〕』新日本出版社（1989年）1379頁。以下では『資本論』新書版13分冊1379頁のように表す。

34) 『資本論』新書版13分冊1381頁。

35) これは，マルクス・カテゴリー事典編集委員会編『マルクス・カテゴリー事典』青木書店／

マルクスの法律に関する分析については後に述べるが，平野のような理解の仕方は，当時のマルクス主義法学者にはある程度共通していたように思われる。マルクスは資本論において，資本主義経済の動態的な分析を行ったのであり，法秩序の発展について取り上げてはいない。

3　所有権法の理論

川島武宜[36]は，戦前・戦後を通じて民法学界に大きな影響を与えた。全部を評価することは無理なので，戦後に大きな影響を与えた『所有権法の理論』について述べる[37]。

川島の主張の核心は，近代的所有権の観念性と絶対性が，資本主義的生産のあり方を反映したものであり，かつ，資本主義的生産関係を生み出す際に大きな支えになったものとみることにある。さらに，それに対応する法意識が西欧では確立していたが，日本においては1949年時点でもまだ確立していないとみていた。川島は言う。

　日本において近代的な所有権の意識が普遍的に確立していないということは，日本人が道徳的に低い民族だということを意味しているのではなく，歴史的な結果に過ぎない。日本にはまだ市民社会が確立されていなかったことの結果に過ぎない。われわれにとっての実践的課題は，われわれの一人一人が「自由」な主体者として経済的社会的政治的に確立されること，すなわち民主主義革命の完成である[38]。

藤田勇は『法と経済の一般理論』の中で次のように述べている。

　所有というカテゴリーは，さらに他の1系列のカテゴリー（経済的なカテゴリーとは別の）によって理論的に表現される複雑な社会関係の総体であって，これを無条件にもっとも簡単な法的関係としてあつかうことはできない。したがって私的所有を出発点とするラズモフスキーの問題提起には方法的に問題が多い。川島教授の所論は，ブルジョア法体系の理論認識の方法それ自体を主題として述べられたものではない

　＼（1998年）の「法と権利」の項目でも，青木孝平によって唯物史観に依拠した法の把握として引用されている。同書503頁。

[36]　川島武宜（1909-92年）。岐阜市生まれ。東京帝国大学を卒業，東京大学教授。

[37]　川島武宜『所有権法の理論』岩波書店（1949年）。

[38]　同上，70頁。

が，近代法がもっぱら対象となっており，ラズモフスキーと比べて，法体系の歴史的・内的編成の問題により直接的に関わっている。[39]

　川島は，法秩序における所有権の地位一般について，所有権は生産関係の基礎的な構造のひとつの側面であり，生産関係そのものの中にまた生産関係そのものとして直接的に存在するところの，端緒的直接的存在形態における法の，基礎的部分であるとする。

　生産の支配は労働力に対する支配を意味し，したがって所有権の中には同時に人間に対する支配が含まれている。それが全生産＝社会関係の基礎を，したがって法を決定する。

　要するに，所有権の中に，生産関係・社会構造における分裂と対立とが，矛盾と対抗とが，与えられており，その点において所有権は全社会構造の（したがって法の）発展の原動力を含んでいる。[40]

　川島は，近代的所有権が近代法のすべての法的諸形態の端緒・基礎であり，かつその全発展の起動点，起動力であること，それが全近代法の基礎・その発展系列の起点であると語る。[41]そして，法律学的分業の限界づけによる民法の外の世界も含めて，法的諸形態のすべてに所有権が一般的な基礎・起点としてあることを明らかにするとし，それが近代法の全構造を総合的に把握するひとつの鍵であるとした。

　　近代的所有権の特殊歴史的な性質は，資本制社会の富の端緒的形態たる商品のうちに含まれている。商品に内在する社会関係の論理は，商品所有権の私的モメントと社会的モメントの分裂を必然化し，これを基礎として私的所有権，契約，法的人格という３つのカテゴリーが商品交換の規範関係の基本的要素として端緒的に形成される。この３つのカテゴリーは，資本制社会においては全社会的規模において，全規範体系そのものの基本的カテゴリーに転化する。[42]しかしあくまでも起点・基礎となるのは私的所有権，あるいは所有権に内在する私的性質と社会的性質の矛盾である。

　　所有権における私的モメントと社会的モメントの分裂と対立は，物権と債権の分裂，所有権の法と人格の法との分裂を作り出すとともに，私的所有権と契約との発展

---

39)　藤田勇『法と経済の一般理論』日本評論社，230頁以下参照。
40)　川島，前掲注37），14-15頁。
41)　同上，19-20頁。
42)　同上，29頁。

的な統一の法的諸形態，すなわち手形，株式会社，独占等を作り出す。そして所有権の私的性質と自由およびその発展としての強制と必然性との分裂と対立は，全法体系の私法と公法への分裂を必然化する。[43]

　以上のように川島は，私的所有権，あるいは所有権に内在する私的性質と社会的性質の矛盾が資本制社会における法体系の起点・基礎であるとしたが，これに対して藤田は次のように指摘している。

　　川島が展開する私的所有権，契約，法的人格という３つのカテゴリーの相互的・論理的連関の分析はブルジョア法体系の内的編成の解明にとって，直接的に重要な手がかりを与える。山中康雄における人・物・行為とは異なり，資本主義的に規定された歴史的カテゴリーとして分析されている点が重要である。
　　しかし，川島の分析においては，全近代法の発展系列が，なお主としてヘーゲルの抽象法の諸概念に限定されており，そこでの近代的所有権の私的性質と社会的性質の矛盾を原動力とする法的諸形態の展開も主として W-G, W'-G', G-G' 過程の媒介形態にとどまっていて，資本主義的生産様式の内在的諸矛盾によって規定される全社会的諸矛盾（例えば W-W'）を起動力として展開する諸形態の分析には及んでいない。

　さらに法的上部構造のとらえ方一般の問題でもあるが，川島の所有権概念においては経済的関係としての所有関係と，その法的表現・媒介形態とが明確に区別されていない。[44]藤田は，所有権とは，むしろ具体的現象形態における経済的関係としての所有関係というべきであって，これがどのような特殊的法的形態によって媒介されるかが問題であるとする。

　川島の研究の主要な内容は実定法諸規範の法律的論理構成の歴史的・経済的基礎の解明にある。そのために，資本主義的私的所有，その内在的矛盾が資本主義社会の社会的諸関係の運動全体を規定する原動力であるということと，所有権が近代法のすべての形態の原動力になるということが，いわば等号でつなぎうるものとされた。[45]

　川島の近代的所有権の分析は，それが第１次的に交換価値の支配権であり，

---

43)　同上，40頁。
44)　例えば，「所有権の私的性質が商品である」とか，「所有権が商品として流通する」（20頁）と表現。正確には所有権の客体が商品であり，所有権は客体に対する帰属関係を意味する。
45)　藤田，前掲注39），232・233頁。

54　　第Ⅰ部　日本におけるマルクス主義法学

民法においては利用価値（相隣関係や利用権）は従属的意義しかもたないことを明らかにしたことにより大きな説得力を獲得すると同時に，あたかも商品所有[46]権が，資本主義社会の法現象を分析する上で端緒的なカテゴリーであるかのような誤解を与えてしまった。

4　実践的市民法論

戒能通孝[47]はマルクス主義法学を実践的に理解していた。戒能は，前掲の民科法律編『法社会学の諸問題』の2番目に，「法律社会学における合法性と正当性」という論文を書いた。戒能は，杉之原とは異なり，人民民主主義革命を促進する目的で法律学をとらえていなかった。戒能は公安条例を素材に，法律学の目的を分析し，1950年という困難な時点でありながら法学者がいかにあるべきかを問うた。

（1）法律社会学における合法性と正当性

法社会学は当時の法律学の潮流の中でもっとも影響力の広汎なものであるが，名前も含めてその内容に関し確定した了解は得られていない。したがって，戒能は法律社会学と呼ぶ。実証科学の一分枝として認める限り，その直接の対象は実定法である。

公安条例が違憲か否かの問題は，実定法の解釈だけにとどまる人々は，憲法12条の「公共の福祉」に関する規定を取り上げてドグマチックに，権威的に解釈して終わるであろう。もう少し批判的な人々は，「公共の福祉」が，過去において何を意味したかを探し始めるだろう。そうすると，当然疑惑をもたざるを得なくなる。しかし，このような疑惑は，公安条例が実際にどのようにして審議され，どのように実施されているかを明らかにしなければ，違憲への確信には導かない。公安条例が違憲か否かの問題は，次に純思弁的な立場を離れ，実証的に探求される必要に向かってかりたてられる。この仕事こそ法律社会学者に科せられている任務であり，そこからすでにある程度まで広汎な解釈理論すら生まれつつある。

---

46)　川島，前掲注37)，173頁以下。沼田稲次郎『労働法論序説』勁草書房（1950年）34頁以下。
47)　戒能通孝（1908-75年）。長野県飯田市に生まれる。東京帝国大学を卒業し，日満財政研究会に所属。戦後は東京国際軍事法廷の弁護人，早稲田大学，東京都立大学の教授を務めた。

第4章　戦争を経験した法学者たち　　55

法律社会学をぬきにした法律の解釈が，低級な常識や依頼者の注文に合わせるために予め得られた結論を，合理化し，理屈づける技術に過ぎないということは次第にはっきりしつつある。

　法律社会学における主題は，どこまでも合法性であって，正当性ではない。マルキシズム法学にとっての重要問題は正当性である。公安条例には支配階級の正当性と被支配階級の正当性の２つがある。人口の90％を占める人民大衆の正義をして正義たらしめることがマルキシズム法学にとっての重要問題であろう。

　マルキシズム法学の立場に立つ人にとっては，おそらく大衆的な正当性が立証されるなら，合法性の立証は第２次的な課題にしかならないだろう。

　マルキシズム法学の肯定する革命は，民衆の一般的支持を自己の側に獲得する行為を意味している。革命の方式が特定のやり方しかないというばかばかしい観念には拘束されないだろう。革命は単純な１本の線ではない。だからして，マルキシズムのいう革命が，社会革命の性格をもとうとするなら，それはあらゆる学問的，芸術的，道徳的行動までも含めた全社会的活動のなかに，プロレタリアートの優位が実証されるようになったとき，革命の基礎が作られるのである。[48]

　法律社会学は社会革命を必然的，当然的な契機としては含まない合法性の課題を追求する法律学，もしくは社会学である。ただし，ここでいう革命は人民革命のことであって市民革命ではない。

　法律社会学は，市民的法学であって，市民革命の成果をそのまま原理的に承認しなければならない。権威法学に対する法律社会学の関係は，全く敵対的である。

　法律社会学が民主主義法学として樹立されねばならないとみる限り，それは民主主義の合法性に立脚する学問であって，直接には民主主義の正当性を吟味する学問ではない。法律社会学における法体系の検討と，マルキシズム法学における法体系の批判とは，自ら２つに分かれざるを得ないのは当然である。前者は市民法の体系が，その実際において法原則と違った動き方をしているならば，その違法性を指摘して，是正する任務をもち，後者は原則の２重性を明らかにすることによって革命の必然性を立証する任務をもっている。後者の求めている解決は超法律的課題である。

　マルキシズム法学のこのような性格は，一面において法律社会学をマルキシズム法学に近づけているけれども，他面において法律社会学を遠ざける要素もある。ことに思想的自由を問題にする場合，法律社会学の要求する思想の自由は，あくまでも無制限的な思想の自由であるために，ファシスト的思想に対してすら，制限を躊躇する。

　法律社会学は合法性を主題とする学問であるにもかかわらず，ことを少なくとも日本の社会に関係させてみる限り，正当性の学問であるというほかはない。日本社会が

---

48)　この文章の意味は，社会が多様な価値観と考え方の人間で構成されている以上，あらゆる社会的活動の中に，プロレタリアートの優位が実証されるようなことは少なくとも短中期的にはあり得ないということを婉曲に述べていると思われる。

民主主義的原則を実際に受け入れておらないことは，大体確認できる。日本社会では支配者のもっているグループの判断の要素が，被治者のグループに対しても押しつけられていることは事実である。しかも，支配者のグループのもっている判断の標準は，契約説の立場に立つそれではなしに，明らかに神権説の立場に立つそれである。[49]

（2）私とマルキシズム

戒能は1958年6月の「法学セミナー」に「私とマルキシズム」を載せた。[50]戒能は，まずマルキシズムが何なのかは簡単に説明できないとする。マルクス主義とは何かを考える。マルキシズムとマルクス，エンゲルスの言葉は必ずしも同じものではない。マルキシズムは1958年当時，社会主義として実現した唯一の政治思想であることを認める。そこで，なぜソ連・中国で革命がまず起こったか，なぜ革命が覆りもせず今日も続いているのか，知るべく努力することが大事だとする（付け加えるならば，1991年になぜソ連が崩壊し，中国も市場経済に移行したかも知るべく努力しなければならない）。

戒能は，あるマルクス主義者がユーゴースラビアを礼賛した後で，コミンフォルムとユーゴーの衝突が発表され，ひっこみが付かなくなった事例をあげ，「礼賛ののち急にあわてふためいたことに馬鹿らしさを感じている」と述べている。戒能が言う現存社会主義を知る努力というのは，批判的な分析も含んでいるのである。

ユーゴーの事例は，今日ではかつてのソ連や中国の礼賛にも当てはまる。信じられないかもしれないが，昔は北朝鮮やルーマニアを礼賛する人もいた。戒能によると，このような現象が起こるのは，ひとつにはマルキシズムの理解が，マルクス，エンゲルスらの言葉の理解に終わっていて，彼らが自己の全主張の背景としていたものの理解に及んでいないからではないかとする。戒能はこの意味で，日本で出版されている若干の弁証法に関する書物を読んで，大部分の場合に感心しなかったと述べた。何となく探賾術（いろんな変数を操作して将来を予測する方法）のようなものだと述べている。

戒能は言う。マルクス，エンゲルスは，現在の表面的潮流を変え得るものは

---

49)「法律社会学における合法性と正当性」は，戒能通孝『戒能通孝著作集〔第7巻〕』日本評論社（1977年）9頁以下に収録されている。

50) 同上，279頁以下。

基本的には物質的経済条件であるが，その物質的経済条件が実際に機能する場合には，必ず思想とか組織とかいうような人間の意思過程を通らなければならないことを指摘した。

　マルキシズムは，その意味からいえば，社会科学の世界における一種の測定基準である。自然科学の世界では，必ず計器を使わねばならないが，マルキシズムは社会科学の世界にも計器を提供している。私はその意味で，計器のないマルキシズムは，マルキシズムでないと考える。実際にも，社会革命というような大仕事を，計器もなく，計算もなしにやられては，全くとんでもないことになるに決まっている。

　戒能はある国にとって有用なマルキシズムの計器が，決して万能ではないことを述べた後，次のように続けた。「私はこの百年間に生まれたどんな思想でも，いわゆるマルキシズムの立場ほど，重大な成果を示した実例を知ることができない」。マルキシズムは歴史理解のひとつの有効な鍵であり，また歴史創造の原動力のひとつである。それは，マルキシズムを否定し反発する主張に対しても直接の影響を与えている。

　マルキシズムは社会主義経済政治理論であるが，戒能の理解では，社会主義はマルキシズムの目的自体ではなく，強烈な自由と人権を実現するための基本的手段である。資本主義の下では言葉として主張されながら実現されていない。マルキシズムの立場からは，社会主義は自由と人権の必須的条件である。

　もしマルキシズムが社会主義を自己目的とするものであって，自由と人権という目的に奉仕する手段ではないとするならば，マルキシズムという立場は，自由と人権の味方たるべき人によってではなく，自由と人権の敵たるべき人，例えばむやみやたらに支配・指揮を好む人々や，あるいは無批判に服従することを恥としない人々によって支持され得る立場である。

　マルキシズムが人倫性に対してもつ価値は，自由と人権を少数者の権利とせず，全人民のものにせよといったことである。そのためには現に自由も人権もない人々が，自ら自由と人権とを主張し獲得しなければならない。日本についてはどうか。マルキシズムに対する非難のなかに，中間階級の存在と成長を主張する立場がある。しかし，中間階級の「独立」は実は名目であって，「従属」こそ真実であり，その従属度が深まれば，必ず現在の「独立的企業者」でも，本当は「生産手段と生活資料から分離された」労働主体であることを知る以外

にはないのではないか。

　しかし，マルキシズムの諸古典が明らかにした社会的連帯性は，まだ主観的には受け入れられていないだけでなく，むしろ受け入れを意識的に拒否されている。拒否している人々は社会の上層部の人たちだけでなく，労働者自身の内部にも，労働者以下の極貧者や差別を受けている部落民の間にも存在する。

（3）市民法と社会法

　戒能は1958年に「市民社会と社会法」を発表し，独自の市民社会論を展開した。[51]「市民社会」という言葉が，頻繁に用いられるようになったひとつのきっかけは，ヘーゲルが1821年の『法の哲学』の中で，人倫的共同体として家族，国家と並んであげたことによる。ヘーゲルは市民社会を「欲望の体系」として現れると述べた。[52]ヘーゲルが述べた市民社会は「万人の万人に対する私益の戦場」であり，そこにあるのは「失業の自由」に過ぎないのに，戒能は「市民社会」という言葉に希望と期待を感じる。

　市民社会を具体的，歴史的にみると，「市民」のひとつの特質は，独立した精神の持ち主であり，伝統によって支配されるのではなく，内心によって支配される者であることである。

　2番目の具体的・歴史的特性は，内心によって導かれる行動が来世・天国とかではなく，現世・地上に向いていることである。当初，市民たちは彼らの目標を表すのに「自然態」という言葉を使用した。いろいろ批判はされたが，一切の煩わしい伝統や，一切の排除しようとするもののない状態を想像すれば，「自然状態」という言葉こそもっとも適切であった。

　3番目の具体的・歴史的特質は，階級概念であることである。市民は封建的身分制の撤廃を要求する。家父長的家族制と村落共同体の解体を要求し，ギルド的特権の廃止を主張する。生産手段の所有権が人類に固有の不可侵の権利であることを主張し，国家や教会による介入を拒否する。契約は神聖かつ不可侵であって，人間は約束に縛られることを要求する。自己の決定に対して責任をもつものが市民であり，市民の財産である。

51）　戒能通孝「市民法と社会法」『法律時報』30巻4号（1958年）。

52）　同上，183頁。

「市民」の要求は，明らかに「個人」ならびに「自由」であった。この自由を支えるものは生産手段の私有である。個人として生産手段を私有していない者，生産手段の個人的私有を阻害するものは，ともに「市民」ではないという意味で，「市民」は小資産家階級の階級的観念であった。

　「市民社会」は，革命過程を通過して形づくられた「市民」によって構成される社会である。このような社会は，古い「国家」・「権力」に対しては敵対関係に立ち，「市民社会」は自由な社会であり，現実の国家は拘束と専制の状態であるとした。こうして市民革命の遂行者たちは古い特権の破毀を要求し，革命行動に出た。

　絶対制国家の下における「市民社会」は，絶対制国家を破毀すること，その後の国家を夜警的状態におくことによって「市民社会」でありえた。市民社会はこの段階においてはまだ「法」をもたない。そこに存在するものは自然科学的な法則（等価の商品交換）であって，社会科学的な法ではなかった。「市民社会」，「資本主義」はこの意味では「国家」に先行する。

　戒能は，「市民法」を「市民社会の法」と単純化して定義することを批判する。「市民社会」は権力構造ではないので，そこに命令規範としての法律はありえない。「市民社会」は伝統的当為を排除して，自己および自己の意思が法（市民間の契約）であることを主張することによって成立したのだから，「市民社会」自体から「法」を引き出すことはできない。中世においては法は発見された。しかし市民社会においては法は作られねばならない。個別的法は個人が契約という形式をとって作り，一般的法は，「市民」が国の主人になり，市民的政府を組織することによって，はじめて「法規」として作り出す。「市民社会」に法があるのではなく，市民国家に法がある。

　市民法としての国家構造法は自由と平等の法であり，形式的には国民主権を意味する。国民とは市民であり，真に主権者として国政に参加するものは，積極的に政治活動に参加し，自己の内心的要求にしたがって投票するものである。市民はエリートを意味する。「市民国家」はエリートの国家であるが，その周辺には名目的には「国民」であっても，真実には「国民」でない人を無数に抱えている。

　「市民法」は市民が十分に利用できる法的権利を保障するものでなければならない。市民に利用できるものでなければならない。この意味で「市民法」は

広い意味での裁判規範であるが行為規範ではない。「市民」であるか否かは，その人の自発的選択によるのであって，外からその人を助けて「市民」たることを援助するものは何もないからである。

「市民法」のもつもうひとつの特質は，「市民」という観念を常に個体に限定している。市民法はこの意味で反集団法である。集団的行動によって市民性を獲得しようとするプロレタリアートに対しては階級的鎮圧法である。それは直接的な警察的鎮圧というよりも，職場などにおける心理的圧力を助長することなどによっても行われる。市民法の階級制は，かくして直接的であるよりも間接的である。したがって，間接的圧力が強くなく，他方で大衆の市民化訓練が十分に行える可能性があるならば，大衆の市民化，生産手段の私有を前提としない全大衆的市民国家を組織することができるはずである。

（4）戒能の視線

戒能は冷静に当時の社会主義国をみつめ，日本の国民をみつめていた。市民が市民社会を担い，多数者の市民化が社会変革を推進することを理解しながら，現実の障碍があまりにも多すぎることから目を反らさなかった。学問と生き方がピッタリとくっついていた。1970年頃までは，社会主義革命とか資本主義の全般的危機とかが盛んに語られ，市民社会をブルジョアの支配する社会と理解し，資本主義における自由は幻想だとか，豊かさの中の人間疎外などと主張されていた時代に，彼が果たした役割は大きかった。

5　唯物史観法学と人間の尊厳

沼田稲次郎[53]は思想形成の早い段階で唯物史観の洗礼を受けた。後に沼田は，1948年当時に，自分は学生時代（京都大学法学部）に考えていた史的唯物論の立場に立っており，パシュカーニスや加古佑二郎の影響を受けていたと語っている。1976年の民科学校における講演では，「私自身は，民主主義法学を樹立しようと考えたというよりは，むしろ唯物史観の立場に立って，労働法を日本の現実の政治経済体制，あるいは国家権力というものとの関連においてとらえ，

---

53)　沼田稲次郎（1914-97年）。京都大学法学部を卒業し，東京都立大学教授，総長。

その基本理論は何であるかを究明したいとおもっていた」と述べている[54]。沼田稲次郎の学問的営みにおいて，特徴的なのは，出発点においてマルクス主義，唯物史観を方法的基礎にすると宣言しながら，その後の研究の方法に大きな変化がみられることである。ただし，常に実践的な問題意識を掲げていた。

　高岡市に生まれた沼田は1931年に第4高等学校に入学した。その年は『日本資本主義発達史講座』が刊行される前年で，マルクス主義の文献が大量に出回っていた。沼田は4高でそれらに接した。1934年に京都大学に入学したが，それは滝川事件の翌年であり，入学の翌年には天皇機関説事件が起こった。沼田はファシズムの嵐に精神的に抵抗し，治安維持法違反容疑により逮捕もされている。マルクス，レーニン，ヘーゲル，パシュカーニスなどの影響を受けたが，中でも加古祐二郎の法哲学に傾倒した。藤田は，京都時代に形成された唯物史観理解こそ，晩年に至るまでの沼田の学問の思想的基層をなしていると推測している。

　沼田は学生時代の1936年に「法解釈の真理性について」という論文を発表した。この論文の狙いは，法解釈というテーマに即して，イデオロギーの階級性の問題を，単に発生論的にみるのではなく，イデオロギーの論理的価値，すなわちその虚偽性と真理性という，すぐれて実践的な観点から考えることにあった。沼田の結論は，下部構造の必然性に規定せらるる全体社会の1モメントとしての法的イデオロギーの論理性が認識されれば，歴史的優位性を有する階級，すなわちプロレタリアートの法意識による法解釈が真理性を有することも明らかとなり，かかる解釈をとる行為の倫理的価値もこれによって決定されるというものであった。ただし，最終的には，何らかの形で基礎的運動に参与することによって，初めて倫理的価値の完全な実現を果たすことができると考えた[55]。

　藤田は沼田の思考の展開を「法的イデオロギーの論理学」と呼び，そこで決定的に重要なのは主体性の契機であるとする。唯物史観が単なる社会科学方法論にとどまらず，プロレタリア革命による資本制生産様式の廃絶の必要を認めるのであれば，法理論におけるすべての理論的営為は，極論すれば，その核心

---

54)　藤田勇「沼田法学における唯物史観をめぐって」『法の科学』27号（1998年）139頁。沼田の唯物史観に関する部分は，この論文によるところが大きい。

55)　藤田勇・長谷川正安編『文献研究・マルクス主義法学―戦前』日本評論社（1972年）395頁以下。

はブルジョア法体系の本質論にあり，様々な方法的課題は，すべてそれの解明のために必要とされる通路になる。藤田は，沼田法学の唯物史観的立場は，ブルジョア法体系の本質論に集中するものであったとみる。それを沼田は，法の階級性論として探求した。[56]

沼田は1950年に『労働法論序説』を公刊した。[57]この本は「資本制社会における法原理と法制度の動態を把握」するために書かれた。沼田は，全体的秩序としての市民法をブルジョア法（または近代法）とよび，国家ないし政治社会の法（公法に対して市民社会の法）という意味で市民社会法（私法）とよび，社会法に対して個人主義的法の意味において市民法という概念を使用する。私の理解と似ているが，市民社会法が刑法を含まない私法として用いられている点は異なる。この上で，近代法秩序＝ブルジョア法が資本主義制全体社会の下部構造によって規定されているという史的唯物論的な命題を検討しようとした。

同書の中の「第1章第3節　近代法原理の変容と社会法化」は，沼田の洞察力の深さを示している。ブルジョア法原理は自由で孤立的な私的生産者の意思関係が原理的基礎となり，権利の範疇が法の世界の原子となる。権利の連鎖の上に市民社会の法秩序が構想され，等価交換を反映する諸原理（所有権や契約の自由など）に支えられる。最後に私法の原理を形式的範型とした政治社会の法秩序がいわば市民社会の外郭秩序として構想される。[58]ところが，形成されたブルジョア法の実定秩序における規範的論理はむしろ逆になる。国家＝公権力こそ全体的法秩序の措定者として，母体たる市民社会に超越するのである。この逆流する論理的行程は，統一的な意味構造の2契機である。この2契機は，市民社会を支えている根元的規範意識の担い手であるブルジョアジーの歴史的役割によって，いずれかの面がよりあらわに意識される。つまり，彼らが革命的階級から保守的階級へ転換することによって規定される。

これは鋭い指摘であって，ブルジョアジーが前近代的な支配勢力に対して革命的な行動をとる場合の規範意識や法的論理は，市民社会の中から自生的に登場するのに対し，秩序が安定して彼らが保守的な行動をとるようになると，全

---

56)　藤田，前掲注54)，144頁以下。

57)　沼田稲次郎『労働法論序説』勁草書房（1950年）。

58)　同上，31頁。このような考え方は沼田がパシュカーニスを高く評価していることを反映している。同書9頁以下。

第4章　戦争を経験した法学者たち　63

体的法秩序の措定者としての国家＝公権力こそ優越するという規範意識や法的論理をとるようになる。ただし，沼田はこのとき意識していなかったが，同じことは「社会主義国」であるソ連において，もっと強烈に現れていた。ただし，その担い手はブルジョアジーではなく「プロレタリアート」を自認する人々であったが。

沼田は，近代法原理が社会法に向かって変容し，それが市民法の変容をもたらすと考えた。市民社会の階級矛盾が深刻化するとともに市民法は自らの規範的内容を変更せざるを得ないと考えた。これを市民法から社会法への法の傾斜の第１次的契機と考えた。それとともに，国家は秩序維持という公共的目的のために市民社会に介入する。これが，公法原理の私法領域への浸透である。これを社会法に傾く第２の契機とみる。この２つが統一的に市民法を変えていくと考えた。

沼田は市民法の変容は一様ではないと考えた。個別資本相互の関係においては市民法はむしろ純化され高度化された形で商法として妥当し，他面で，いち早く社会法への変容を迫られた領域と並行して全体的法秩序の一環になっているとする。

この当時の沼田は資本制社会の機構的矛盾が深刻となり，労働者階級の窮乏化がますます進行すると考えていた。当時の日本の客観的状況は，まさにそうとらえずにはいられないほどであった[59]。このような段階では，経済社会のうちに計画と組織を導入せざるを得ず，市民法原理は一転して社会法原理の変容と相媒介しつつ経済法化への道を進む。これらの現象は市民法原理の動揺を露呈するとした。この市民法原理の「発展過程」において社会法化と商法化との２側面が分離と統合の過程を進むと考えた[60]。

沼田の市民法の変容と商法の理解はかなり分かり難い。これは，論理的な分析と歴史的な分析がうまく区別できていないことによる。例えば，商法と一口に言っても，会社法は独立した領域を形成し，しかも会社の設立や資金の調達に関しては，すでに14世紀のイタリアの都市国家に起源をもっている。19世紀のドイツで形成された市民法原理とは，明らかに異なったコースで形成されて

---

59) 拙著『現代史からみた法と社会』法律文化社（1999年）28頁以下。

60) 沼田，前掲注57)，32・33頁。

いる。

　また，1950年当時の理解であるが，商法は規範化された資本主義的精神であり，資本相互の社会関係は「欲望の体系」であって，即自的完結性を担う。そこは政治をきらう私的な楽園であり，秩序の混乱は政治によってではなく，技術によって救われうる（商法の技術性）としている。これを現在の会社法に即[61]してみると，技術的であることは否定しないが，1990年代以降の会社法の改正をみる限り，商法が政府と財界の全面的バックアップを受けて，経営者や投資家に有利にどんどん変わっていくことは予想されていなかったようである。ま[62]た，企業の技術能力については，常に欺瞞が付きまとうことがまだ知られていなかったようである。[63]

　「市民法から社会法へ」の分析は，1950年当時の政治経済状況を反映して，労働者の窮乏化と資本主義体制の全般的危機を踏まえたものになっており，資本と対決していく人々の意識に形を与えるものは労働者の団結とその運動であるとし，個人主義的自由権的な意識に対抗する連帯的生存権的な意識と考えている。そして，この意識は市民法の予想するところではなく，市民法はこの意識によって結合する団結を理解し得ないとする。市民法における社団は孤立的個人の計量的悟性と自由なる意思によって結ばれるに過ぎないとみる。そして，生存権的な規範意識は，労働者階級が歴史的な現実について科学的認識をもち，唯物史観を把握する段階においては，社会主義革命理論の媒介的な契機としてとらえられるとした。[64]

　沼田は，1968年に書かれた第3版の序文において，次のように書いている。「中国とソ連がかくも鋭く対立しようとは……当時，私は夢想だにしなかった。……かかる事態は唯物史観にとって深刻な試練というべきであろう」。沼田は1988年に脳梗塞で倒れ，1997年に亡くなったので，89年から91年にかけての東欧社会主義の消滅とソ連の崩壊について積極的に発言することはできなかったが，この序文からすると，社会主義諸国の消滅をみておそらく絶句したことで

---

61)　同上，34頁。
62)　会社法の改正については，拙稿「問われる会社法改正の論点」『前衛』865号（2010年），拙稿「会社法改正＝M＆A推進のねらい」『経済』177号（2010年）。
63)　拙稿「企業における技術情報の管理」『京都府立大学・学術報告・公共政策』10号（2018年）。
64)　沼田，前掲注57)，38・39頁。

第4章　戦争を経験した法学者たち　　65

あろう。しかし，当時の社会主義諸国に過大な期待をかけていたのは一握りの人々ではなかった。私たちは改めて，既存のどこかの国を手本にするのではなく，日本の現実に即して，社会変革の道筋を探していかなければならない。その際には，現実の労働者たちの意識に即して，新たな運動を模索していかなければならないし，変容しているはずの市民法の諸原理を社会法と対立的に理解する傾向も改めなければならない。次に，沼田における法の階級性をみてみよう。

　沼田は，1951年に『法と国家の死滅』を公刊した。法の階級性を「法と国家の死滅」の角度から分析したものである。沼田は当時の多くの学者と同じように，ソ連邦や人民民主主義諸国がプロレタリアート独裁の国家であり，そのような法秩序を形成しているとみていた。そうすると，それらの国々の法秩序と日本の法秩序は何が異なるのか。そこで，彼は法の本質論の中枢的な課題として法の階級性を取り上げた。

　沼田によれば労働法もブルジョア的階級性を担う法であり，社会法は隠蔽された階級的性格をもつ[65]。しかし，重要なことは，被支配階級の階級規範や生ける法も，実は法の実効性を阻止しうる規範的抵抗である限りにおいて，法の妥当を規制するのであって，被支配階級の経済的・政治的な闘争として示される階級的力量が，法の階級的濫用への最大の制限となることを，主体的実践の観点からとらえることにある[66]。

　その場合，前提となるのは，労働者階級の規範意識が主体的実践の中で市民法に対する批判原理として形成されること，生存権意識に形を与えるものが労働者の団結とその運動に他ならないことの確認である。こうした規範意識を形成する労働者階級の主体的実践は，新しい法秩序形成の原理たることを志向するものであった[67]。

　沼田は労働者階級の闘争における「社会的必然性」の契機（労働力の価値の支払いの追求）と「政治的必然性の契機」（資本制生産の止揚）の関連について，階級闘争を政治的必然としてとらえない立場の限界を指摘した。法の階級性論は，プロレタリアートの独裁論と国家・法の死滅論へと繋がる。だから1951年

---

65)　沼田稲次郎『法と国家の死滅』法律文化社（1951年）26頁。
66)　同上，35頁。
67)　藤田，前掲注54），146頁。沼田，前掲注65），38頁以下。

に『法と国家の死滅』を公刊した。しかし，1950年代の初頭における「社会主義諸国」についての日本の大方のマルクス主義者の見解は，現実の分析によるというよりは，教条化された「ソビエト社会主義」論に即して理解する趣が濃厚であった。藤田は，この点で沼田も時代の制約を免れなかったとする。[68]

沼田にとって法の階級性の問題は法のイデオロギー性の問題と不可分であった。沼田の独自性は，法的イデオロギーが下部構造によって規定される関係や，中部構造の中核たる実定法が上部構造たる政治的・法的思想あるいは規範意識によって規定され，またそれに働きかけるという関係も，客観的な関係ではなく，主体的・実践的な関係であることを強調した点である。したがって労働者階級が初めて真にイデオロギー批判を行いうるとした。[69]この観点からイデオロギー批判において，内在的批判よりも超越的批判を第1義的なものとして強調した。

沼田は1960年代から人間の尊厳の理念を強調するようになった。1988年の座談会では，この理念を掲げるに至った直接の契機が1963年の三井三池の炭塵大爆発事故であり，そこからその後，公害問題や社会保障の問題を踏まえて思考が発展し，同時に労働運動の後退や現存社会主義の老化現象に対応するという契機が加わって，体制変革運動の新しいトータルな理念の構築に向かうことになったと述べている。[70]

1979年に公刊された『労働法事典』の中で，沼田は次のように書いている。労働法は国家の階級的基盤の違いを超えて，労働者の人間の尊厳に値する生存を保障する法の一形態ととらえるべきである。[71]

藤田は，人間の尊厳の理念が沼田の唯物史観において，どのように構想されるのかにつき，次のように述べている。

　資本主義社会において個人の自由人権の実質的保障の要請である人間の尊厳に値す

---

68)　藤田，前掲注54），147頁。

69)　沼田稲次郎『労働基本権論─戦後労働法史のイデオロギー的側面』勁草書房（1969年）18頁。藤田，前掲注54），148頁。

70)　藤田，前掲注54），149頁。沼田稲次郎・藤田勇・渡辺治「いま改めて人間の尊厳を」『労働法律旬報』1207・1208号（1989年）。

71)　沼田稲次郎「労働法の基礎理論」沼田稲次郎ほか編『労働法事典』労働旬報社（1979年）5頁。西谷敏『労働法の基礎構造』法律文化社（2016年）96頁参照。

る生存の要求が，資本主義社会止揚のための一環として機能するのは当然であり，人間の尊厳の理念は革命的イデオロギーの一環足りうる。このことを強調することは，社会法における自由人権保障が部分的・一時的には実質的であり得ること，ブルジョア議会による立法によってその理念の実現が可能であると主張することと矛盾しない。したがって，人間の尊厳を法理念として立法や解釈適用に働きかける理論と実践を，改良主義的権利闘争として軽視するのは誤りである[72]。

しかし，人間の尊厳は，法則性をそこから導き出すようなものではない。それにもかかわらず，あくまで法則性の認識の上に打ち出されているものでなければならない。

藤田によれば，沼田の議論は，現代資本主義の社会体制によって人間の尊厳に値する生活の営為が阻害を受けているという意味での「社会的生活阻害」形態の新たな認識であった。ここには従属労働形態だけでなく，より広く生活欠乏をも含めなければならない。このような「社会的生活阻害」形態を克服する実践的な活動の理念は，労働者権の正当性を直接的に根拠づけるものを基礎に据えながらも，広範な国民の権利意識の高まりに対応する，より包括的な性格の理念でなければならない。この現代的な「社会的生活阻害」形態は根元的にはまさに労働の従属性という社会体制の本質から生じるものであり，それゆえ，階級からの解放を自らの実践的課題として自覚する階級集団の運動こそが，社会法の歴史的意義を現実のものたらしめる不可欠の要因であると考えた[73]。

沼田にあっては，弁証法的認識，法則性の認識，法と国家の死滅は，マルクスの学説として所与のものであって，微動だにしなかった。しかし，私はすでに述べたように，弁証法的認識や論理に実体を認めないし，歴史の法則性についても疑問を抱いている。マルクスの分析は大筋では理解し承認できるが，現実の具体的な歴史を論証できるものではない。法と国家の死滅は，とても現実的に語れるようなレベルの話ではない。

---

72)　藤田，前掲注54），150頁以下。
73)　同上，151頁以下。

第5章 戦後の法学

取り上げるべき法学者は多数にのぼるが、わずかしか紹介できないことをお断りしなければならない。法哲学、公法、刑法については全く触れることができていない。戦後の法律学は、法を制定する権力の性格、日本の市民社会の特殊性、占領権力と新憲法制定過程の正当性など、解決すべき多くの問題を抱えていた。中でも、西洋の近代法と比較したときに日本の明治以降の法体系がどのように特殊であったのかに関心が集中した。

1 日本の市民社会と近代法

日本の封建的な社会が、明治維新後の約20年程度の西洋の法制度や産業技術の導入によって、いわば上からの働きかけによって西洋型の市民社会に移行を始めるというのが1970年ころまでの共通の理解であった。また農村社会や家庭の中では封建的な意識が根強く残存していた。それが、1920年代に入って工業化、都市化が進み、中等教育や高等教育への進学が増加して、俸給生活者が増加に伴って、近代的な市民の登場が増えてきたとされる。もちろん、明治の立憲運動や大正デモクラシーが果たした役割も大きい。しかし、戦前においては、結局、市民社会は確立せず、天皇支配の絶対性をかかげた軍部や警察、政党などの勢力によって「法の支配」を無視した体制へと進んだ。

このような理解においては、薩長を中心とした明治政府の指導者たちが、当初はどのような市民社会をめざしていたのかを明らかにすることが重要となる。やがて軍事的侵略によって戦争への危険と国家総動員に進むとしても、彼らがめざしていた国体のあり方や社会編成のあり方は重要である。自らの出身母体である藩や武士たちの支配権をどうして否定したのか、産業の発展において経営者の自由をかなり認めたのはなぜか、農村の地主たちに対してはどのような役割を期待していたのか、農民の半数近くを占めていた小作人たちの生活向上については、どう考えていたのかなどである。

それまでの政治的な分析は，封建的な支配を残すことが近代化の妨げになると考えたとか，政府が殖産興業を進める上で役に立つということで経営者の自由を認めていたとか，条約改正や軍事力の強化に役立つ範囲で企業を支援したという，いわば政策的なものが多かった。農村についても，地主の小作人に寄生的な農業経営を放置していたというのが大方の見方であった。そうなると，立法も，西洋的な市民法的性格よりも，特殊日本的な政策的（政商的，半地主的）なものであったという見方が強くなる。つまり，西洋と比べると市民社会の形成が遅れており，薩長土肥や佐賀など出身の自覚的な政治家たちが上からの近代化を進めたというものである[1]。その結果，戦前の法律も市民社会の法としては不十分なままであったという見方が強かった。それを，検証しようとして公刊されたのが，1958年2月から1967年5月にかけて勁草書房から発行された『講座日本近代法発達史』[2]（全11巻）であった。

　各巻の冒頭に「編集委員の言葉」が載せられており，次のように書かれていた。「明治維新から敗戦に至る約80年間のわが国における経済および政治との関係において，国家法の構造と機能とを分析することを目的とする。……明治維新以来，日本の経済の構造は急激に変貌し，一種独特の構造をもった資本主義経済は……発展した。これに対応して，国民の社会生活の構造や社会思想も著しい変化をとげた。……対応して，一種独特の政治的力関係が成立し，……特殊な構造をもった政治権力が成立した。法は，これら諸条件の総決算として……現れ，政府権力の強制機構を伴って国民生活に大きな力を及ぼした。この講座が目的としているのは，このような現象としての法の構造と機能の発展過程の分析である」。

　この方針にしたがって，1868年から88年までを法体制準備期，1889年から1914年までを法体制確立期，1915年から1931年までを法体制再編期（第3期），1932年から1945年までを法体制崩壊期と区分した。この時代区分については，

---

1)　現実には維新政府は豪商などから資金援助を受け，あるいは資金提供を強要したように，江戸時代の商品経済社会の中で，商人や農民が大きな政治勢力として成長していたというのが最近の研究成果として出されている。例えば，沢井実・谷本雅之「第2章・移行期の日本経済」『日本経済史―近世から現代まで』有斐閣（2016年）75頁以下。

2)　鵜飼信成・福島正夫・川島武宜・辻清明編『講座日本近代法発達史〔第1-11巻〕』勁草書房（1958-67年）。

第2巻の月報の中で説明されている。

　法体制準備期（第1期）は純粋封建制が崩れて，新しい明治政府という権力体制ができ，明治憲法という権力体制に結実するまでの過渡期である。法体制確立期（第2期）は，明治憲法に基づいて，きわめて整備された近代法典，大規模な壮大な体型ができあがる。ただし，その多くは単に紙の上のものである場合もあった。法体制再編期（第3期）は，明治憲法的な体制の地盤となっていた社会組織が，第1次世界大戦で大規模に動揺してきたので，それに対抗して，明治憲法的な権力が陣容を整えて自己を再編成し，そのために必要な様々な法律的な措置をとった。法体制崩壊期（第4期）は，恐慌がいっそう深刻化して，その結果，最後に戦争という形に突入し，最後に日本の権力が崩壊する時期である。[3]

　4人の編集者（鵜飼信成，川島武宜，辻清明，福島正夫）たちには，明治初年から1945年の敗戦に至るまでの日本の法の歴史は，近代法発達史ではなく，近代法不発達史であったという共通の認識があった。[4]鵜飼は次のように述べた。

　法体制確立期（2期）に確立された法体制は即近代法ではない。日本的な一種独特の形でもって法体制ができたが，それが再編成され，崩壊していく過程こそ，日本における近代法が発達し，それが意識されていく過程であった。[5]

日本の資本主義の確立にとって第1次世界大戦は大きな変化の時期であった。川島は第3期が重要な画期とする。この時期は日本において市民法的な原理が初めて出てきた。第1次大戦で日本の経済が嵐のごとく発展して，明治憲法的な権力体制の下部機構たるもろもろの支配体制や生産関係が変化・解体し始めた。それに対応して日本の資本主義経済と権力体制が再編成をせまられた。決定的かつ危機的になるのは1918・19年の時期で，階級闘争を抑圧し，あるいは緩和する手段として家族制度教育を強化しようとか，民法の規定を反動的な方向に向かって改正しようとする動きが高まってきた。その動きが法律という強権発動の組織化という形になるのは1920年の反動恐慌，その後の金融恐慌によって危機が深刻化するときになって初めて結実する。

────────────────

3)　同上，325頁の川島発言。
4)　同上，334頁の川島発言。
5)　同上，323頁。

3期の大きな特色は，資本主義的な階級関係が大規模に現れ，権力の対応策が法律の上で表面化したことである。現実の社会生活は，それまでは市民的なものではなかったが，この時期になって初めて市民的な権利，市民的な要求というものが現れてきた。国民相互の間においても，国民と政府権力の間においても市民的な要求が出てくる。

ところが，この時期は資本主義が階級的な危険をも伴い始めている。したがって，近代的なものと，階級矛盾に対応する法律的手当といったものが2重の性格をもって，権力の再編成の任務・課題となってきた。その例としては借地法や借家法の制定・改正，小作争議を調停する法律の登場，普通選挙法であり，他方では治安維持法であった。[6]

川島は，第3期になって初めて法律が現実に大きな意味をもつようになったと述べる。それまでは壮大な近代法の体系は裸の政治権力のための単なる訓示規定，あるいは飾りの性格しかもたなかったが，この時期に初めて現実に権利義務の規範として機能するようになった。これを背景に，法思想の平面でも社会法学や市民的法律学，自由主義法学などが法的イデオロギーとして現れると指摘した。

福島正夫も，3期になって社会法が登場したとする。工場法の施行が1915年，社会保障に関する法律も米騒動（1918年）が影響して登場する。第1次世界大戦の末期から基本的人権の具体的な萌芽として，様々な変化が現れてくると述べた。[7]

川島は次のようにまとめた。第3期は，日本において市民法的な原理が初めて出てきた時期であり，第4期は，市民法的な体制が全面的に動揺させられ変化させられてくる時期であったと。

第1巻の月報の中で，川島武宜は，次のように述べた。

第1次大戦で日本の社会が変化し，国家法をめぐって，国民が自分の権利を自覚してくる。国家権力の発動に対して無抵抗に追随していくのではなくなってきた。そういう政治環境，思想環境が法律学の中に反映して，法律学は単に権力を執行する人のために理論を提供するのではないという考え方が出てきた。そのひとつの指標は東大の判例研究会だったと思う。

---

6) 同上，328頁以下の川島発言。
7) 同上，330頁。

法現象が経済や政治の中でどういう機能を果たすかという研究は，明治以降の日本の経済や政治についての研究がある程度進まないとやりにくい。それが大規模に行われたのが，第1回の『日本資本主義発達史講座』（1932年）だった。しかし政治の領域では不可能であった。やっと敗戦後になって，政治の面でも自由に研究ができるようになり，経済史の研究も一層盛んになって，今日はじめて法現象においても，そのような研究をする外部的諸条件ができた。さらに法現象の内部における条件として，国家権力の発動としての法現象に対して，自分らの権利を国民が自覚するということが，新憲法で新たに確立された。この両条件が『講座日本近代法発達史』の企画を可能にしたと思う[8]。

　個別に取り上げることはできないが，この講座に掲載された日本法現象の歴史的分析は，それぞれの執筆者のその後の研究でさらに深められ，法社会学のみならず，法解釈学が取り上げるそれぞれの紛争類型の理解においても大きな貢献を果たすこととなった。

2　法社会学におけるブルジョア法批判

（1）市民法と社会法

　渡辺洋三[9]は，戦後のマルクス主義法学を代表する学者のひとりである。彼の理論は時間とともに変化したが，最終的には，自らの労働に基礎をおく経済社会への変革を目標としてかかげた。渡辺は，本来的な市民社会では自己の労働に基礎をおく所有が原則であったが，原始的蓄積期を経て，資本主義が成立するに伴い他人の労働に基礎をおく経済社会へと変容したと分析した。近代市民革命期のブルジョア市民社会は本来の市民社会であったが，ブルジョアジーが権力を掌握するにつれて，それまでの同盟者であった勤労市民の多くがプロレタリア化し，やがて搾取の対象となっていったとする。大塚史学の影響を強く受けていた。

　渡辺は，実践活動を重視し，学問と実践の統一を心がけていた。それゆえ，彼の議論は分かりやすく，行動の指針となったが，例えば「自らの労働に基礎

---

8)　同上，324頁以下。
9)　渡辺洋三（1921-2006年）。東京に生まれ，東京帝国大学卒，都立大学講師，東大社会科学研究所教授，帝京大学教授。

第5章　戦後の法学　　73

を置く市民」が，一体，どの範囲までの国民を含むものなのかは分かり難く，さらに，本来的な市民社会と社会主義の関係も分かり難かった。

1958年に『法律時報』に書かれた「市民法と社会法」の中で，次のように述べた。[10]

　市民法の原理である抽象的な自由，平等，独立の法原理は，近代法の形成過程においては，身分制階層，家父長制，諸々の共同体的な結合など，現実の社会に具体的に存在する封建的な諸関係の解体に革命的な作用を与えることによって，歴史具体的にも自由・平等・独立の人間を作り出すという歴史的使命をもち得た。この段階では，市民法の抽象性は，商品交換社会一般に固有の抽象性を反映するとともに，現実の社会における比較的に等質な市民相互間の具体的関係をも同時に反映しえた。初期市民法の抽象性の中には，この異なる2つの側面（具体的な使命と等質な市民関係の反映）が含まれていた。

　市民社会の発展（原始的蓄積期から産業資本の確立期）につれて，抽象的自由・平等・独立は，初期の時代とは逆に不自由・不平等・隷属の人間関係を作り出し，再生産するようになった。具体的不自由・不平等・隷属は，抽象期市民法の特定の歴史的社会における現象形態である。この具体的不自由・不平等・隷属の諸矛盾を現象形態の枠内で処理するために一群の社会法規が登場し，社会法体系を形作った。それは，具体的自由・平等・独立の回復を指向するもので，その限りで市民法の抽象性と対立し，これを修正した。

渡辺は，社会法が抽象的市民法の原理一般を承認し，それを基礎にして，その原理の特定の歴史社会における発現形態の矛盾を一定の限度で修正するものととらえ，これが社会法にパラドクシカルな構造を与えているとみた。つまり，社会法は根本的には近代市民法と同一の基盤にある。

渡辺は，資本主義法とは革命期に登場した近代市民法が，資本主義の発展とともに変貌して，初期の時代とは逆に不自由・不平等・隷属の人間関係を作り出し，再生産するようになったとらえた。西欧では，それが資本主義的市民法（ブルジョア法）となるが，日本では，まず近代市民法そのものが不十分ななかで，1920年代に資本主義的な不自由・不平等・隷属の人間関係をつくりだし，再生産するブルジョア法の成立が重複し，さらに社会の中に残っている封建的

---

10)　渡辺洋三「市民法と社会法―市民法・社会法・行政法を中心として」『法律時報』30巻4号（1958年）。戒能通孝「市民法と社会法」も『法律時報』の同号に掲載された。

なルールや意識ともまざりあって複雑な様相を示してきたと理解した。

　渡辺によると，資本制社会において，抽象的な人格（Person）から具体的な人格（Mensch）への分化において，資本の側にある人格（人間）と資本と対立する側にある人格との両極端への分化が根本的となる。そこで資本に対立する側にある人格に注目し，それを対象として，その具体的不自由・不平等・隷属を救済保護し，その限度で資本の側にある人格の具体的自由・私的所有を制限していゆくのが社会法であると規定した。

　このような規定に基づいて，資本に対立する側にある人格として労働者，借家人，農民，消費者を分析した。一方で，古典的市民法の修正については，民法の商法化，各種抵当法の出現，産業関連法の登場などは，資本の側にある人格を対象とし，資本関係の展開を保障するものであるから社会法ではないとする。これら社会法と産業・経済法への分化の中間には交錯する領域がたくさんある。独禁法，公営企業法，国有企業法，食糧や物価の統制法などで，基本的には独占資本の賃金体系を維持し保障するものであるとしても，国民の消費生活の保護安定を考慮に入れる限度では，なにほどかの社会法的性格を反映しているとする。

　社会法は「民法の社会化」とは，必ずしも一致しない。民法の社会化とは，もっと広い意味で，私的利益を社会共同の利益に従属させるという点に主眼をおいて古典市民法を修正していく傾向を指している。公共の福祉による私権の制限は，この傾向を集約的に表現したものである。この公共の福祉とか，社会共同の利益と言われるものの内容は，対立する当事者間の具体的諸利益の調整に過ぎず，それ以上のものではない。これに対し，社会法原理は，（資本との関係において）対立する利益の調整原理である。

　この論文では，続いて「国家機能の増大と社会法の生成」「日本の特色」「物権化の市民法的構造と社会法的構造」「損害賠償制度における市民法と社会法」が扱われているが，その基本的分析視点は，上で述べられた市民法の抽象性と社会法の「資本に対立する側にある人格」を救済・保護するという規定である。

　『講座日本近代法発達史』が公刊され始めた1958年に，渡辺はすでに日本の近代法の歴史的な変化に着目していた。市民法の社会化と呼ばれる現象には，国家機能の増大が対応している。この変化を「特別立法が定立されない段階」，

「立法措置がなされた段階」,「司法的紛争処理への介入」,「契約当事者としての国家機能の増大」,「社会保障・社会福祉行政の拡大」と分けて分析している。2018年に読んでも,その変化の分析は見事である。なかでも,最初の時期の司法作用による個別的消極的救済が立法措置によって限界が克服されること,国家が私的自治の原則を一部否定した特別立法を定立し,これを強行法規として契約当事者に遵守を強制することを述べたところで,「そのような裁判規範としてのみならず,行為規範として遵守されるかどうかを直接行政庁が監督することさえある[11]」という指摘には教えられることが多い。法社会学論争における抽象的議論と,いかにかけ離れていることか。

(2) 渡辺洋三の労働法学批判について

西谷敏は,渡辺の1960年代の労働法学批判について,その核心は,労働法学が労働法の特殊性のみを強調し,市民法との共通性を軽視しているという点にあるとした[12]。

渡辺によれば,労働法学は,市民法原理を修正するものとして生存権の意義を強調するが,資本主義社会では,労働者の生存権は労働力商品の販売という形においてしか実現し得ないという歴史的制約を受けている。資本主義の労働法である限り労働力商品交換の法であり,財産法の範疇に入る。労働組合の基本的な機能は団体交渉を通じて労働力商品に関する価値法則を貫徹させることであり,労働法が労働組合に団体交渉権などの労働基本権を保障するのは,市民法を修正するのではなく,市民法を貫徹させるに過ぎない。

資本主義において生存権を理念とする労働法が成立しうるのは,異なった両階級が共通に承認する論理の枠組みによる他ないが,労働法学はこれまで労働法の独自性のみを強調し,市民法にも労働法にも共通するブルジョア法一般の属性を過小評価しがちであった。

西谷は,渡辺が市民法を狭義の商品交換の法とする理解を前提にして,生存権原理や労働法をも市民法として理解しようとするのは一面的であったと批判する。資本主義的経済関係は商品交換過程とともに価値増殖過程も含み,そこ

---

11) 渡辺,前掲注10),19頁3段目以下。
12) 西谷敏『労働法の基礎構造』法律文化社(2016年)44頁以下。

における矛盾の激化とともに国家は狭義の市民法の修正（対等平等の契約当事者というイデオロギーの修正）を余儀なくされ，労働法を生み出した。市民法と労働法はともに資本主義経済を基礎とするが，それは渡辺のいうような商品交換過程の反映ということだけでは説明できない。団体交渉のとらえ方も一面的であり，労働者保護法を視野の外においていることも一面的であった。

渡辺の一面的な発想は1960年当時の日本の政治情勢を反映していたと西谷は推測している。当時の渡辺の最大の関心事は，社会主義への道をめぐる激しい路線対立の中で，資本主義法のイテオロギー性，限界を客観的に分析することを通じて，革命の必然性を論証することであった。このような視点からは，市民法とは異質な労働基本権や生存権の意義を強調する労働法学の立場が，資本主義法における社会法（労働法）と社会主義法との境界を曖昧にし，資本主義における改良を通じて社会主義に漸次的に移行しようとする構造改革論につながる危険があると映ったのである。

西谷は言う。「労働法学にとっても，労働法が資本主義法としての限界をもち，社会主義法とは異質なものであることは自明であった。そして多くの労働法学者も，当時の知識人の傾向と同じく，社会主義の実現を希求していた。ただし労働法学にとって差し迫った関心事が，日常的に生起する労使間の激しい闘争を適切に解決するための法理論の提供であり，労働法理論を通じて労働者の権利意識，階級意識を覚醒させることであった。このことは体制変革をめざす運動と矛盾するものではない。その意味で，渡辺の批判の核心部分が労働法学に受け入れられることはなかった」[13]。なお，渡辺の考え方は，その後，変化する。

（3）市民法と市民社会

藤田勇は，『法の科学』38号で，渡辺の市民法と市民社会に関する研究の流れをまとめた[14]。以下は，その要約である。

渡辺は1955年の論文「法秩序の現実的構造」で，「生ける法」と「国家法」との関係を理論的に総括し，法を，最終的には社会の「基本的下部構造」に

---

13) 同上，45頁。
14) 藤田勇「追悼文渡辺洋三さんの学問的精神を想う」『法の科学』38号（2007年），164頁以下。

よって規定される，一定の歴史的形態をとるところの「生ける法と国家法の総体」として把握する立場を明らかにした[15]。

　渡辺は，生ける法，社会に存在する支配機構を分析することが「わが国のような封建的諸関係の残存のもとでは」特に重要であると意識していたが，それは戦後の日本の社会科学において，日本社会の前近代性を克服するために，「下からの近代化」を進めなければならないという意識によるものであり，それゆえ，法学において「市民法」をどのように理解するかは大きな位置を占めていた。

　渡辺は「市民法」概念は法解釈学において使われてきた道具概念であって，資本主義法を社会科学的に分析するためには必ずしも適切ではないとしていた。市民法，資本主義法といった概念は理論モデルとして用いるのであって，歴史の現実の展開過程そのものではないと断っていた。藤田は，これを踏まえて渡辺法学における市民法および市民法原理の説明には２つのものがあるとしている。

　第１は，市民法が市民革命期に誕生したとして，産業資本主義段階における市民法の変容をとらえる観点である。近代市民法が誕生するときには，所有と労働が分離しておらず，自己の労働に基礎をおく小商品生産者が等質的な市民相互間の具体的関係を築いていたので，当初の近代市民法はそれを反映していた。しかし，市民社会の発展につれて不自由・不平等・隷属の人間関係が作り出され，近代市民法はブルジョア法へと変容する[16]。自己の労働に基礎をおく自然権としての所有権思想では，小生産者的市民社会が理念型としては前提されていた。

　第２は，現代法が独占資本主義，あるいは国家独占資本主義段階に対応するものであるのに対し，近代市民法は産業資本主義の時代に対応するとする説明である。ここでは近代市民法が法的論理構成としては超階級的である（商品所有者として対等・平等）のに対し，資本主義法の本質としては階級的である（資本の所有と労働力の所有は本質的に異なる）こととの矛盾が強調される。

　この法的形態と階級的本質の統一的把握が「近代市民法は近代資本家階級の

---

15)　渡辺洋三『法社会学と法解釈学』岩波書店（1959年）155頁。
16)　藤田，前掲注14)では，「ブルジョア法」という言葉を使用していない。藤田，前掲注14)，168頁。

78　第Ⅰ部　日本におけるマルクス主義法学

支配の形態である」という観点に示され，資本制社会を前提とする限り生存権といっても市民的基本権に他ならず，労働者階級がこの枠を超えるためには革命を待たなければならないと主張される。

　小商品生産者の所有（ブルジョア的所有の第1法則）は，労働力の商品化によって資本の所有（ブルジョア的所有の第2法則）へと変容することによって，初めて商品生産の所有法則を全社会に押しつけることになる。藤田は次のように注意を喚起している。独立小商品生産者層の成立過程は，長期的な歴史過程の中でその階層分解，資本の本源的蓄積過程と連結しているのであって，市民革命による封建制の解体によって，まず小商品生産様式主体の社会が成立し，次いでそれらの分解によって資本主義社会が成立するのではない。これに即して言えば，市民法はブルジョア法のいわば第1法則となることによって初めて「自分を全社会に押しつける」，社会の支配的法体系になるとする。

　私は藤田のこの部分（一般的理解とする）が理解できない。渡辺は商品生産の所有が資本家的所有という第2法則に変容することによって，初めて商品所有が社会全部を覆うようになるとしているわけだから，市民法についてもパラレルに考えれば，小商品取引・所有の法が労働力取引を媒介にして資本保有法（会社法・金融取引法）へと変容することによって，市民法原理（契約の拘束力，財産権の保護）が社会全部を覆うようになると説明すべきではないだろうか。

　ただし，渡辺は，市民法が社会の支配的法体系になるとしつつ，移行論的問題に独自の焦点を当て，その場合に，商業資本の発展を基軸にみるのではなく，独立小商品生産者，独立自営農民層の発展とその分解を重視した。藤田は自分たちに馴染みの深い観点だとしている。「自己の労働に基礎を置く所有」を自然権として正当化するロック的表象は，独立小商品生産者層の所有を正当化する性格をもち，ルソーの平等主義的社会契約論に引き継がれながら，ヨーロッパの古典的市民革命に大きな影響を及ぼした理念であった。渡辺は資本主義社会の前段階に理念型として小商品生産者社会を想定していた。

　藤田は，1984年の『法社会学とマルクス主義法学』以降の渡辺の市民法理解を次のようにまとめている。渡辺は，市民法とブルジョア法は現実の実態としては別のものではないが，論理的には別のものであり，その社会理念は相互に対立しているとした。市民法原理という言葉は現実の法制度ではなく，市民革命＝人間解放の所産としての法理念＝法価値原理に基づく民主主義的理解を表

第5章　戦後の法学　　79

現する言葉である。これに対して，ブルジョア法原理とはブルジョア的理解を表現する言葉であって，現実の歴史の上で市民法がブルジョア法に転化するのではない。これは，市民的諸権利から逃避し，権利の体系の破壊へと傾斜する現代ブルジョア国家を批判し，勤労市民の具体的な権利の体系としての現代市民法の構築をめざそうという提言であり，独占資本の支配に対抗する法律的武器としての市民法論の提唱であった。

この時期には，ヨーロッパでは中東欧の旧社会主義諸国の改革運動に刺激されて市民社会論が再浮上していた。資本主義諸国では新しい社会運動として市民運動が活性化し，藤田のテーマで言えば，「自由・民主主義と社会主義」問題の歴史の第2段階から第3段階（後述）への移行の諸過程が進行していた。マルクス主義の立場でも第2段階とは異なる民主主義的変革の新しい展望が求められていた。渡辺は，このような動きには言及していないが，藤田は彼が世界的な動向を重視していたのではないかと推測している。

（4）実践的市民社会論の構築

広渡清吾は，ほぼ20年ごとに公刊された岩波新書を材料にして，渡辺法学の構図と，その展開を分析した。[17] もちろん，出発点は市民社会論であり，渡辺の市民社会論に対する広渡の分析は，藤田の分析とほぼ同じである。

渡辺は，『法社会学とマルクス主義法学』の序論で，マルクス主義の理論的問題として3点を示した。[18] 第1は，マルクスが法の社会科学の体系について十分な展開をしていないことである。第2は，マルクス主義における日本の特殊性とは何か，日本社会の政治的経済的文化的特質をマルクス主義の観点からどのように把握するかである。第3は，マルクス主義における理論と実践の統一，法の科学的認識と法解釈の関係を明らかにすることであった。

渡辺の仕事はその総体において，ここで示された理論的問題に自らの解答を与えようとした。広渡は，渡辺の第3の問の解答に強い関心を寄せた。渡辺法学においては，社会と法の全体的な認識および個別の法解釈を必要とする実践の中間に，歴史と現状の認識に支えられた規範的な性格をもつ社会論と法理論

---

17) 広渡清吾「渡辺法学の構図」戒能通厚・原田純孝・広渡清吾編『日本社会と法律学—歴史，現状，展望：渡辺洋三先生追悼論集』日本評論社（2009年）827頁以下。

18) 渡辺洋三『法社会学とマルクス主義法学』日本評論社（1984年）5頁以下。

80　　第Ⅰ部　日本におけるマルクス主義法学

が構成され，これを媒介として科学者としての魂と法律家としての魂の統合が図られたのではないかと推測する。この媒介としての規範的な性格をもつ社会論と法理論のもっとも重要なものは，市民社会論・市民法論であった。

渡辺の市民社会・市民法のとらえ方は戒能とはかなり異なっている[19]。戒能は市民法は市民社会の法ではなく「市民国家」の法であると述べたが，渡辺は，そこにはこだわらず「市民社会の法」として用いている。ただし，戒能が市民とブルジョアジーを区別し，市民社会とブルジョア社会を区別することによって，前者を肯定し，後者を否定するという発想については共感を示している[20]。

渡辺は1959年の『法というものの考え方』の中で，川島武宜が提示した市民社会論に従い，市民社会と市民法という概念を日本社会とそこにおける法を批判的に分析する基準として用いた。そこでは市民社会的なあり方を示さない日本の社会と法の遅れに対する批判が行われる。もうひとつは，市民社会と市民法のあり方が資本主義の変化に伴って変化することが考察される。この変化は「社会法の考え方」として分析される。社会法は，市民法の抽象性，形式性を修正する原理をもつものとして現れる。社会法は階級的，集団的利害の対立の調整を任務とし，そこにおける国家の役割も変化する。社会法のあらわれ方においてもまた，日本的な遅れの問題が分析される。

川島の市民社会論は資本主義的商品交換経済を肯定する立場であったが，『法というものの考え方』は沼田稲次郎『市民法と社会法』（1953年）などの影響の下に「抽象的人格から具体的人間へ」と法主体像を転換させたドイツの社会民主主義的労働法理論の系譜を引いている。そこでは，すでに述べたように資本の側に立つ人格と資本と対立する人格が対置されていた。

1979年に公刊された『法とは何か』では，法についての普遍的な定義がなされた。法とは正義であり，歴史の中で，社会内部の対立する様々な価値判断は，正義という普遍性を獲得するために闘争し，それを通じて法的正義の内容が形成されていく。渡辺は，法的正義の問題は根本的には人間の尊厳にかかっているとした。これは，戦後の良心的な学者のほとんどが，2度にわたる悲惨な戦争を経験してもっていた共通の思いであったし，1949年の世界人権宣言で

---

19) 渡辺洋三「戒能法学研究序説―その市民社会論とマルキシズム論」『法律時報』47巻9号参照。

20) 戒能通孝『戒能通孝著作集〔第7巻〕』日本評論社（1977年）307頁。

も謳われていた。

　もうひとつの展開が現代法概念の採用であった。広渡によると，現代法とは市民法の形式性，抽象性を修正する社会法とは異なり，資本主義体制維持のための経済社会への国家の積極的介入を要素とするもので，資本主義の発展段階に規定された法の段階的変化を把握するものとして位置づけられた。広渡は，現代法論の起点は1958年の「市民法と社会法」だとする。渡辺は，この論文において資本主義法の歴史的変化を「市民法と社会法」という視角でとらえようとした。これに対し，『法律時報』の同じ特集号で，長谷川正安は，資本主義法の歴史的変化の全体像をとらえるためには「市民法と社会法」ではなく，「産業資本主義段階の法体系と独占資本主義段階の法体系」の対比をカテゴリーとして用いるべきであると提案した。広渡はその後の現代法論の展開を見通した重要な指摘と評価する。渡辺は，1965年に公刊された『岩波講座現代法』の第1巻に「近代市民法の変動と問題」を執筆し，近代市民法の変動の基礎は独占市場の形成と，それを支える国家権力の社会への介入であるとし，その現代法の構造を特徴的に表すものとして労働法制，株式会社法制，経済法制を分析した。こうして現代法は，独占資本主義段階の法として把握された。これが藤田が分析した渡辺市民法論の第2の面である。

　渡辺は1969年に『現代法の学び方』という岩波新書を野村，戒能，沼田と共同で編集した。この本は，原始的蓄積期の国家を初期ブルジョア国家と呼び，資本主義の始まりから国家独占資本主義の段階に至る各期の法体系を特徴づける意欲的なものであったが，渡辺の関与がどの程度であったかは分からない。

　広渡は渡辺の現代法論は1975年の『現代法の構造』（論文集）に収録された2つの論文においてひとつの集成をみたとする。そこでは，国家独占資本主義段階を独占資本主義段階と区分される独自の発展段階として位置づけ，現代法を国家独占資本主義段階の法と呼んでいる。そして現代法においては，現代的な生存権を中核とした現代における新しい人権論を構築することが課題としてあげられた。広渡は沼田法学の影響を示唆している。

　1998年の『法とは何か〔新版〕』においては，市民社会と資本主義社会のかかわりについて新しい理解がみられる。1959年の『法というものの考え方』および1979年の『法とは何か』では，市民社会と資本主義社会は表裏一体のものとしてとらえられ，市民法原理（労働力の商品化）を媒介にして資本主義法の原

理（剰余生産物の所有）が貫徹すると理解されていた。これに対して1998年の新版では，「市民の法」と「資本の法」の共存と対立という新たな考え方がしめされたとする。広渡はこれを「転回」と呼び，1980年の『マルクス主義法学講座』第5巻における「近代市民法の基礎原理」で展開されたものと指摘した。

　そこでは，市民社会というときには，「その出発点において近代の市民革命の所産としてつくられる近代市民社会を指すことにする」と述べられ，市民社会を構成する市民は市民革命の担い手であって，市民社会の理念とは革命と人間解放の理念を原点にしているとされた。この定義では，明治以降からの日本の社会はもとより，戦後の日本社会も渡辺にとっては本来的な市民社会には到達していない。

　渡辺が新しく描いた法の歴史的変動の図柄は，まず，市民革命によって市民社会と市民法が成立し，それを土台にして変質させたものが資本主義社会とブルジョア法となる。市民社会と資本主義社会は，歴史的現実においてはひとつの社会であるが，論理的には対立するものである。これは藤田も指摘した。法制度の面では，市民法は「労働に基礎を置く所有権法の体系」であり，ブルジョア法は「他人の労働の支配に基礎を置く所有権法の体系」である。市民法もブルジョア法も商品交換法として共通であるが，市民的財産権が人間の生存にかかわる基本的人権であるのに対し，資本主義的財産権は人間の生存の抑圧の上に成り立つブルジョア的財産権である。

　資本主義の発展とともに，市民法のブルジョア化が進み，19世紀にはブルジョア的市民法が確立するが，それは市民法の原点との矛盾を深める。20世紀には，ブルジョア的市民法は，ブルジョア支配にとっても桎梏となり，ブルジョア的現代法に変質する。このプロセスは，資本家的所有権に支配される人々の生存を抑圧し，その対立物として生存権擁護の法体系を「市民法の外側」に生み出す。現代における新しい生存権の展開は，ブルジョア法によって歪められた本来の市民法の現代における復権と理解できるとしている。現代における生存権の運動の担い手である市民（資本と対立する）が社会変革の担い手であるとする点で，広渡も指摘するように，渡辺の市民法論は戒能通孝の影響を受けていた。市民社会を歴史的現実のものとして分析するとなれば，渡辺の定義は狭すぎるし，美化もされている。なぜなら，市民革命によって登場した各国の具体的な社会と国家は，市民の生存権にそれほど配慮しなかったし，植

第5章　戦後の法学　83

民地を求めて軍事的な争いを繰り返したからである。それを，すべて独占資本や産業資本家の責任にすることはできない。しかし，渡辺の問題意識は，もともとそこにはなかった。広渡は次のようにまとめている。

　市民社会は，歴史的実証的存在ではないが，歴史の中に根拠をもち，空疎な観念ではなく，人々の実践に方向性を与え，その実践によって現実的なものへと転化しうる概念として用いられた。すなわち実践的市民社会論である。[21]

（5）市民法論と労働法

　渡辺の市民法論の変化について，西谷は次のように述べている。

　　日本社会の状況は60年代の高度成長を経て大きく変わり，福祉国家が登場する。社会主義への情熱が沈静化し，経済的繁栄の陰で，人間疎外，環境破壊，管理国家の進行，軍国主義の復活の危険などが意識されるようになり，全体として，基本的人権，民主主義，平和という憲法的価値への関心が高まっていく。

　1960年代の渡辺にとっては，市民法はブルジョア法的に歪曲された法であり，市民法の発展よりも社会主義によるその克服が主たる課題であった。しかし，渡辺の市民法論は大きく転換した。1970年代以降，市民法とブルジョア法は対抗的なもの，相互に矛盾するものとしてとらえられ，前者が後者を批判する尺度としてとらえられるようになった。

　現代市民法論の中において，生存権と労働法はどのように位置づけられたか。渡辺は，現代法における新しい生存権の展開は，ブルジョア法によって歪められた本来の市民法の，現代における復権として理解する。また，労働に基礎を置かないブルジョア的所有制度から，自己の労働に基礎を置く所有制度への現代における再転換と理解する。この復権ないし再転換は，かつて市民的人権の担い手でありえたブルジョアジー（小生産者を含む）が，その市民的性格を棄てた現代において，それに代わる新しい市民社会の担い手として労働者階級を主体とする勤労者が，現代市民社会を作り直すことを意味し，それが民主的変革であるとする。

　渡辺の市民法論は，戦後期は市民法を積極的に評価し，1960年代にはブル

21）　広渡，前掲注17），845頁。

84　　第Ⅰ部　日本におけるマルクス主義法学

ジョア法として把握してイデオロギー批判を行った。それが，1970年代以降は，市民法を再評価するようになった。西谷は，その背景として，福祉国家の裏面として管理国家化が進み，軍国主義復活の危険が進んだこと，民主主義や人権が危機にさらされるという1970年代以降の時代状況があったとする。渡辺は，市民法＝ブルジョア法のイデオロギー批判から，憲法的価値の実現へと戦略目標を変えた。これは決して，唯物史観法学の後退でも自滅でもない。西谷の言うように，資本主義体制の本質を洞察してその変革を展望しつつそれを批判すること（イデオロギー批判）と，資本主義法における憲法的価値を擁護し，その実現のために努力すること（内在的批判）は決して矛盾するものではない。[22]

　西谷は，1970年代からの渡辺の議論は，現代市民法論として，清水誠をはじめ，多くの人々に受け継がれたとする。それは，現代社会における市民法の意義を再評価した上で，その視点から現代法を分析し，またそれを基点に法の改革を志向する法理論であるとしている。

（6）市民法は資本主義法か

　水林彪は，2018年12月1日の民科の学術総会のミニシンポで，「『法と経済』問題についての根本視点をマルクスに学ぶ」という報告を行い，その中で，渡辺洋三「ブルジョア法の基礎理論　総論」の意義と限界について，次のように指摘した。

　　渡辺は，市民法とブルジョア法を概念的に区別したことにおいて，川島武宜よりも前進した。しかし，市民法とブルジョア法，それらの基礎をなす市民社会と資本主義社会との関係の把握の仕方になお問題が残されている。第1に，2者が歴史的段階を異にする社会であり，市民社会が前資本主義社会であること，市民法が前資本主義法であることが把握されていない。渡辺は，現実の実態としては同じであるが，論理的に区別されるという理解である。すなわち，資本主義社会における市民社会的モメントとブルジョア社会的モメントとの区別というとらえ方である。第2に，その資本主義社会の論理的2層が，マルクス的な「本質と仮象」としてはとらえられていない。[23]

---

22)　西谷，前掲注12），46頁以下。西谷は内在的批判という言葉を用いているが，私は社会改革あるいは社会改良でも同じと考えている。

23)　水林彪「『法と経済』問題についての根本視点をマルクスに学ぶ」民科法律学術総会報告レジメ（2018年）5頁。原文は市民社会や市民法にすべて括弧が付けられている。

この指摘は，正しいと思うが，渡辺自身は，歴史段階をあまり問題にする気はなかったのではないかと推察する。

3　2つの法体系論

（1）憲法研究と2つの法体系論

　長谷川正安[24]のマルクス主義法学は，彼の生涯を通じて展開された。その中心的な業績は，憲法擁護の実践を通じて展開された憲法論と，日本の法体制を分析するときに安保法体系と憲法法体系の併存を見抜き，しかも前者が優越していることを主張した点である。長谷川は，日本の憲法が明治時代に制定されて以降，現代に至るまで，国家の基本法として現実に機能したことがなかったことを明確に指摘した。

　さらに，研究者として出発したほぼ最初から，渡辺洋三らとともに，『法律時報』という雑誌を通じて，法学における論争から時事問題の分析に至るまで企画および編集に携わり，民主主義の擁護と民主主義法学の先導を務めたことも大きかった。彼らの影響力の下に，民主主義科学者協会法律部会に多くの研究者が集まり，様々な分野で，民主主義法学の発展に努めた。

　彼の研究の概要は，『マルクス主義法学講座』第1巻第5章第1節「戦後憲法学とマルクス主義」に自らの手でまとめられている[25]。

　長谷川は，戦後の憲法学にとって占領軍の研究は不可避であったのに，占領中の研究者はこれに積極的な関心をもたず，講和・安保両条約が発効した後も，憲法研究者は安保体制に対して関心が薄かったと指摘する。1950年代の日本の政治は占領の再編成として安保体制を作り上げる方向に動いた。1955年をピークとする憲法改悪と憲法擁護の対立は，保守党政権の下での対米従属の安保体制と憲法に基づく革新政治との対立であったが，学界の良心的憲法学者の多くは，憲法擁護を憲法典の法的遵守の意味に理解するにとどまり，それが対米条属の安保体制に根本から反対する政治的内容をもつことに気がつかなかった。占領終了後の日本を，日本の独占資本の支配ととらえ，日本帝国主義の自

---

24)　長谷川正安（1923-2009年）。茨城県土浦市に生まれ，名古屋大学，大阪経済法科大学に勤めた。その業績については『法律時報』82巻9号（2010年）55頁以下。

25)　天野和夫ほか編『マルクス主義法学講座〔第1巻〕』日本評論社（1976年）239頁以下。

86　　第Ⅰ部　日本におけるマルクス主義法学

立とみるマルクス主義者たちも安保体制の本質を見抜くことができなかった。

　国民に安保条約を強く意識させたのが米軍基地反対闘争，とりわけ砂川事件であった。1959年3月30日の東京地裁判決は，安保条約・行政協定を憲法違反とすることによって，国民の目を一気に安保条約に引きつけた。しかし，戦後の民主化の中でも手をつけられなかった裁判所の幹部が，今度は対米従属の政府を守った。同年12月16日の最高裁大法廷判決は，「国家の存立の基礎にかかわるような高度に政治的な行為は裁判に馴染まない」として，占領体制でせっかく与えられた憲法に基づく条約と法律の審査権を放棄してしまった。長谷川は「あまり一貫しない論旨」で地裁判決を破棄したとしている。

　長谷川は1950年代の後半から60年の安保改定という経験を経て，安保体制を特殊な政治体制ととらえるようになった。それは安保法体系と憲法体系という矛盾する2つの法体系が併存している。このことは，当時の日本共産党が第7回党大会（1958年）から第8回党大会（1961年）にかけて，新しい綱領路線を確立し，日本の現状をサンフランシスコ体制（2つの敵の支配）と位置づけたことと無関係ではないと述べている。[26]

　長谷川は，1976年当時，2つの法体系論は民科の若手研究者たちが1967年以来取り組んできた「国家独占資本主義法」論とつきあわされ，その相互補完性が検討されつつあると述べているが，それが実を結ぶことはなかった。というのも，国家独占資本主義法論は現代法をトータルにとらえる概念として提起されたが，その後の民科の研究において明らかになったように，そもそもトータルにとらえる概念などは無理だったのである。2つの法体系論は間違っていなかった。沖縄をはじめとして日本全国に散らばっている米軍基地訴訟において次々と明らかになったように，日本の裁判所は安保条約，地位協定によって保護されている米軍の利益の前には憲法によって保証されているはずの日本人の基本的人権が通用しないことを次々に宣言した。しかし，その他の日本の経済社会，企業社会・文化，不動産や金融資産を蓄積しつつある労働者たちの生活，一方では所得と資産の格差の増大，非正規労働者の拡大等については，2つの法体系論でも国家独占資本主義法論でも，トータルな把握は無理である。さらに，1970年代以降は福祉国家の成長と停滞が発生する。この中で，福祉国

26）　同上，249頁以下。

家のあり方をめぐって，先進国の間で深刻な議論が行われ，21世紀に入ると民主主義とポピュリズムという難しい問題が自覚されるようになる。おそらく，トータルな把握というのは，これらの個々の問題に対する分析を踏まえた上でなければ無理であろう。

（2）日本の2つの憲法との格闘

　「2つの憲法との格闘」は，渡辺治がつけたタイトルである。渡辺は，長谷川の『昭和憲法史』（1961年）を，彼の憲法史研究の最大の業績と評価した。[27]

　明治憲法（1889年発布）と日本国憲法（1946年公布）には連続する側面が存在しない。しかし，長谷川は2つの憲法の間にある共通性を認めた。それは，「戦前も戦後も憲法が政治の思想的基準となっていない」ということである。つまり，憲法の不完全性である。

　長谷川は，占領期に，占領権力の意思を直接に執行する管理法令と憲法体系の2重構造が生まれ，憲法の全面発動が大きく制約されたことが，2つの法体系が生まれるきっかけになったと見抜いた。占領政策は1949年頃には転換されて，民主化よりも再軍備に傾いていく。そのため，管理法令と憲法との矛盾はますます拡大し，講和条約発効後は講和条約・安保条約に基づく安保法体系と憲法体系という2つの法体系が併存することとなった。

　渡辺治は，長谷川昭和憲法史に対して次のように指摘した。長谷川は明治憲法史の流れを講座派の天皇制国家論に依拠して，絶対主義国家の「上からのブルジョア化」という流れで描いた。しかし，世界史的にみると，19世紀末葉から20世紀の初頭の時代は，近代ブルジョア国家が現代国家に変貌していく転換点であった。資本の野放図な活動の弊害に対して労働運動が盛り上がり，ブルジョア国家が福祉国家に変貌していく転換点であった。こうした減退国家化と憲法の変容の流れは，「上からのブルジョア化」という仮説だけではとらえられない。例えば，ワイマール憲法（1919年成立）が日本に与えた影響の検討や，1930年代のファシズムを現代国家化への逆流の中でとらえることも求められる。長谷川が，国家総動員法や大政翼賛会をめぐる抗争を明治憲法の立憲主義

27）　渡辺治「二つの憲法との格闘—憲法史，憲法学史における足跡」『法律時報』82巻9号（2010年）74頁。

の全面的崩壊過程としてしかとらえられなかったのは，ファシズム現象に含まれた現代国家への課題をとらえきれなかった結果ではないかとする[28]。

　長谷川は，1981年に公刊した『憲法現代史』で，昭和憲法史で設定した仮説を全面的に踏襲して，戦後憲法を通観した。まず，強調したのは戦後憲法が占領下で外在的に作られたという限界である。当時の日本では新憲法を生み出すような主体的力量は存在しなかったし，そこに戦後民主主義体制の弱点が生じる根源があった[29]。

　次に，最大の特徴として渡辺があげたのが，長谷川が戦後の憲法史を「2つの法体系」をめぐる闘争史として描こうとした点である。長谷川は1950年代の第1次改憲論を「単なる反動的現象」ととらえるのではなく，「2つの法体系の矛盾を安保法体系の立場に立って克服」しようとする試みととらえた。長谷川は，護憲運動の内部に2つの潮流をみた。社会科学的憲法論と理想主義的憲法論である。9条を絶対視する後者は，日本の対米従属による憲法の限界を理解しない点で無力であったと長谷川は指摘した。安保闘争も，「2つの法体系」をめぐる闘争としてとらえられ，1960年5月19日以降の運動において拮抗した「安保改定阻止」と「民主主義擁護」の課題の併存についても，「国家主権が外国によって制限されている国家で国民主権が十分に実現することはあり得ない」ことを十分に自覚しなかった日本国民が，その弱点を克服する過程であったととらえた。

　渡辺は長谷川の『憲法現代史』は大きな課題を残したとする。憲法の限界性が強調された結果，憲法擁護が国民運動となる中で，憲法が現代社会の変革と改善の大きな梃子となったことが過小評価されたとする。さらに，戦後憲法をめぐる闘争をもっぱら安保法体系と憲法体系をめぐる矛盾と闘いの歴史ととらえたために，戦後憲法をめぐる巨大な領域が憲法史の中に位置づけられなかった。戦後の企業社会の形成，自民党政治の存続などがもたらした憲法の人権条項，統治機構への刻印などが，触れられてはいるが，理論的には据わりの悪いものとなった[30]。

---

28)　同上，75頁。

29)　樋口陽一「フランス革命と法」長谷川正安・渡辺洋三・藤田勇編『市民革命と法』日本評論社（1989年）142頁以下に，もっと厳しい評価が書かれている。

30)　渡辺，前掲注27)，76頁。

（3）民主主義法学とマルクス主義法学

　戦後のマルクス主義法学を検討するためには，民主主義法学のなかでのマルクス主義的な独自性を明らかにする必要がある。[31] 長谷川は1965年に，民主主義法学が目標とする日本の民主主義の具体的な内容として，占領権力，天皇制，寄生地主制と独占資本主義についての検討をあげた。マルクス主義法学は，これら3つの問題に対して独自の主張をもっていた。その立場から，民主主義法学の一部をなす法社会学を批判した。ただし，これらの論争の中でマルクス主義者の側に大きな弱点があったことを長谷川は指摘している。

　まず，反共・反労働運動を鮮明にしたアメリカの占領政策を，ポツダム宣言および新憲法に違反するものとして，アメリカ的民主化の欺瞞性をあえて指摘した。当時は民主主義法学内部でも占領軍の評価をめぐって意見の対立があり，マルクス主義者の中でも評価の混乱があった。天皇制については，その残滓の危険性についての事実認識には非常に大きな差異があった。この点では，マルクス主義者の側に，解体しつつある天皇制を，依然として戦前の性格をもつものとして固定的にみるという誤りがあった。寄生地主制については，マルクス主義者はその解体の進行を正しく認めず，農地改革を過小評価する傾向があった。一方で，財閥解体が日本の独占資本の解体ではなく，再編成であることを理解していたから，前近代的要素を残す農村における慣習を「生ける法」とはみず，帝国主義的占領と独占資本のために意図的に温存されているものと考えた。

　占領および占領下の日本の社会構成全体について，マルクス主義者の理解には正しい点もあったが，事実の誤認や評価の誤りも少なくなかった。そのような限界のある認識・評価を前提としてマルクス主義法学から提起されたのが，法社会学論争であった。

　マルクス主義法学内部では3つの論争があった。第1は，川島・戒能に代表される法社会学の評価であった。すでに紹介したように，杉之原は，川島法社会学が反動的になりファシズムに奉仕する危険があるとして批判した。長谷川は，朝鮮戦争前夜の緊迫した情勢ではあったが，当時の川島法社会学は民主主

31）　長谷川正安「マルクス主義法学の再出発」天野ほか編『マルクス主義法学講座〔第1巻〕』日本評論社（1976年）214頁以下。

義法学の内部にあると認め，マルクス主義法学以外の法学をすべてファシズム
に奉仕する危険があるとみる杉之原の性急さを批判した。長谷川は，それが当
時の民科法律部会の多数意見であったとする[32]。

　第2は，これもすでに述べたが，川島が法規範を行為規範と裁判規範に分
け，行為規範こそが法規範の基礎をなすと主張したことに対してである。この
2分法は，その後の研究者たちに対して長い間，影響を与え続けた。杉之原
は，裁判規範こそ行為規範の基礎だと反論したが，長谷川は，行為規範（生け
る法）と裁判規範（国家制定法）を峻別して，どちらが基礎をなすかという議論
そのものが，マルクス主義的でないと批判した。社会における法規範の妥当性
と，国家の支配の手段としての制定法の相互関係を抜きにして，どちらが基礎
的かなどという議論に実りがないことを考えると，長谷川の批判は正当であっ
た。ただ，注意しなければならないのは，長谷川の考え方は，「生ける法」は
社会規範であっても法ではなく，法規範となるためには国家権力によってその
実効性が担保されることが必要だという権力説に立っていることである。

　第3も，すでに述べた山中康雄の端初範疇に対してである。これに対して
は，長谷川は杉之原とともに，上部構造である法イデオロギーには固有の発展
がないとして『資本論』第1巻にしたがった人・物・行為という端初範疇の措
定とその展開を批判した。以上を総括して，長谷川は次のように述べている。

　　占領下において，若いマルクス主義法学者は戦前のマルクス主義法学の成果を学ぶ
　ことはほとんどなかった[33]。戦後マルクス主義法学は，マルクス・エンゲルスの古典を
　十分学ぶよりもまえに，日本の現実の法現象に直面し，実定法学者として法的実践に
　多くのエネルギーをそそがなければならなかった。戦前と戦後の学問的協力が十分で
　はなかったことが，占領下マルクス主義法学の欠陥のひとつである。

　戦後，マルクス主義法学は，この段階ではまだ国家と法の一般理論を展開で
きるところまではいっていない。川島法社会学や山中マルクス主義法学を批判
しても，それに代わる理論的成果はほとんどなかった。新しい研究はまだ不十
分であったが，新憲法体系の成立後は，民主主義法学者の統一戦線組織を作っ

32）　同上，216頁。
33）　これは法学だけではなく，日本の思想全般の伝統だと見抜いたのが丸山真男であった。丸山真
　　男『日本の思想』岩波書店（1961年）6頁以下。

て，憲法が原理として採用した民主主義と平和主義を日本の社会と政治に定着
させるため法的実践の中心となって各地で活躍した。大衆運動や労働運動に協
力して，運動を支える法理論を提供した。それは，大いに評価すべきことであ
る。残された問題は，理論と実践の統一の中で，「国家と法の一般理論」なる
ものが，果たして，構築できるのかということであった。

4　マルクス主義的企業法理論

　富山康吉[34]はマルクス主義的企業法理論に取り組んだ。マルクスは経済学批判
で土台・上部構造論および物質的関係とイデオロギー的関係について，規定的
なものは社会の物質的関係であり，それが生産的諸関係であるとした。にもか
かわらず労働関係を分析するマルクス主義法学者は沢山いても，その他の生産
的諸関係に取り組むマルクス主義法学者は少ない。もちろん経済法に取り組む
マルクス主義者はいる。しかし，企業制度や企業組織に取り組むマルクス主義
者はとても少ない。企業組織を分析した貴重な学者のひとりが，富山康吉で
あった。

（1）現代資本主義と法の理論

　富山は1969年に『現代資本主義と法の理論』を公刊し，それまでに書いてき
た会社法と経済法の歴史と制度を分析した論文をまとめた[35]。そこでは，株式と
資本所有の構造，所有と経営の分離，戦後の日本の会社法と経済法の歴史，競
争と許認可行政といった重要なテーマが扱われている。その最後の章「資本主
義経済と法」は，この本のまとめにあたり，1969年当時の富山の考えを表して
いる。

　　資本主義経済社会はすぐれて法的な社会である。元来は資本主義という私有財産制
　の社会は，法と経済とが対応する社会である。さまざまな権利としてとらえられてい
　る財産の諸形態は，現実の社会関係としては価値の帰属関係ないし剰余価値の帰属関

---

34)　富山康吉（1925-85年）。神戸市に生まれ，京都大学法学部を卒業し，立命館大学，大阪市立大
　　学に勤めた。
35)　富山康吉『現代資本主義と法の理論』法律文化社（1969年）。

92　　第Ⅰ部　日本におけるマルクス主義法学

係に他ならない。財産の諸形態は私的所有の弁証法的な展開・発展としてとらえることができる。その際，発展するのは現実の社会関係である私的所有であって権利そのものではなく，権利の法律的な概念内容には現実の社会関係が屈折しあるいは転倒して投映されるに過ぎない。しかし，私的所有の弁証法的な展開・発展が，どのように屈折しながら権利の諸形態の展開・発展として投映されていくかは，かなりの程度において必然的なプロセスとしてたどることができる。本来的なものと派生的なもの，必然的なものと偶然的なものなどを区別しながら，実定法ないし実用法学上の権利や法的構成を，私的所有の弁証法的な展開・発展の上に位置づけることは，私法の体系的な認識のために必要である。

　私的所有に内蔵される矛盾の展開・発展から法をみるというのは，所有関係・所有形態の中に人と人との利益の対抗がいかなるパターンのものであるかを，またその利益の対抗関係がいかなる社会経済的な意味をもつかをみるためである。したがって，ある社会関係に対して法がいかなる原理をとっているかも，解明できるはずである。[36]

　私法の展開・発展の方向は一様ではない。民商法の2元的構成をとる大陸法系の私法では，概してより簡単で基礎的な法律関係が民法に，より複雑なさまざまの法律関係が商法で規律されているが，さらに株式会社法と手形法を取り上げても両者は対照的である。

　先駆的な手形制度から近代手形制度への転換はすでに17世紀に始まり，19世紀前半には近代的手形法理がほぼ完成し，かつ固定化してしまう。これに対し，株式会社法では18世紀において近代株式会社への接近がみられるにしても，真に近代的株式会社法が確立・整備されるのは，19世紀中葉ないし後半にかけてであり，しかもそこで法の発展が終わるのではなく，今日に至るまで不断にかつ著しく法が変化・発展してきている。利益対抗関係のパターンで言えば，手形法では対立する利益主体の等質性ないし立場の相互互換可能性が権利の抽象化・形式化をつうじて極地に達しているのに対して，株式会社法では逆に大株主と一般株主というような，もはや等質の主体とは言えない主体間の関係が明瞭になる，という方向に発展している。

　商行為法の領域で言えば，株式会社法の発展にみられる資本の集中は，企業の外においては，一方では取引の大量化を招来し，それが取引の非個性的性質を強めていき，他方では経済主体の階層分化を著しくする。株取引のように前者の方向が顕著な取引もあれば，大企業と消費者との取引のように2つの方向がだぶって進むものもある。

　商法が対象とするのは，民法が対象とする領域と異なる利益関係の型ではなく，民法が対象とする世界のいろいろな側面が，それぞれ多角的に発展した形態である。ただし，そこでは，どういう類型の利益対立関係であるのかの違いにより，法解釈の原理が異ならざるを得ない。

---

36)　同上，297頁以下。

私的所有の矛盾の展開という場合に川島『所有権法の理論』以来の理論法学においては，もっぱら商品生産社会の私的所有，商品の私的所有のそれがとりあげられてきた。資本主義社会が資本の私的所有制の社会である点は，法の権力的政治的モメントと関係する角度からのみとらえられていた。しかし，単一ではない方向への私法の展開・発展は，商品の私的所有の展開という視角からだけでは到底とらえられないし，そのとらえられないところは，別に法の権力的政治的モメントをもち出さないと説明できないものでもない。

　私的所有に内在する矛盾の展開として所有形態の展開・発展を扱う場合には2つのものが考えられる。ひとつは，川島『所有権法の理論』が軸にしている商品生産社会の私的所有，つまり商品の私的所有矛盾の展開としての所有形態である。しかし，同時に生産の社会的性質が発展した私的所有制の社会でもある。私的所有に内在する矛盾の展開過程において，様々な所有形態が発展していく。株式会社，トラスト，コンツェルンなどは，このような視角から初めて解明できる。この視角は，近代市民法が想定していた利益対抗関係のパターンとは異なった，様々な社会関係の展開を解く鍵になる。近代市民法の法原理から，現代に特徴的な法原理への変化・発展も，このような資本主義社会の基本矛盾に連なる私的所有の矛盾・資本の私的所有の矛盾の展開である所有関係・所有形態の変化・発展を軸として，初めて考察できる。[37]

　以上の視点から私法をみるときに特に注目されるのが株式会社法である。近代市民法の原理の多くは市民革命の時点で確立した。これに対し，近代株式会社のメルクマールを準則主義と有限責任に求めるとすれば，近代株式会社法の原理の確立は，産業革命が重工業部門に浸透していく時点であった。しかも，近代株式会社法の成立は，近代法の完成であるとともに，近代法の原理の変質をすでにはらんでいた。

　例えば営業の自由は市民革命時に確立した。しかし，株式会社にとっては準則主義が認められなければ営業の自由が徹底したとは言えない。しかも，株式会社を形成する自由は，もはや独立小生産者の自由という内実ではなく，中核的な資本家が他人のカネを利用する自由であり，他方では中小資本家が金利生活者に甘んじる自由であるという，営業の自由の分解をすでにはらんだものである。

　多数決も，民主的に単一の意思を形成する近代法の原理であった。しかし，持ち株数に比例した議決権行使による多数決は，初めから勝負の決まっている多数決である。それは，近代市民法の民主的原理とは，すでに性質が違ったものであり，むしろその反対物である支配の集中をはらんだものである。近代株式会社法が成立の当初からはらんでいる，このような近代法原理の変質は，その延長戦をたどっていけば，近代法から現代法への変化・発展が展望される。[38]近代株式会社法理の形成とその現代に

---

37)　同上，299頁以下。
38)　同上，301以下。議決権については，現代では種類株式が認められており，株主平等の原則はもはや廃棄されている。

至る発展の過程を明らかにすることは，私法学にとって重要な意味をもつ。

株式会社法の発展の中に近代法から現代法への発展が縮図的にみられるのは，株式会社法が資本の私的所有の発展形態であるからと考えられる。これについての富山の主張は次節で検討する。

　株式会社法理の発展は，巨大資本の意識的な支配と操縦の過程でもあった。元来資本主義経済は分散的な経済主体が，めいめい自己の利益を求めて，勝手に対抗し合う世界であった。その結果として株式会社における資本の集中，支配の集中が登場した。ところが，集中が一定のレベルに達すると，大きな変化が起こった。意識的な企業支配政策のための諸手段が開発され，発展させられた。従来は株主の固有の権利とされていたものが後退させられ，企業金融政策が展開されてきた。資本と支配の集中は，それぞれの勝手な活動の結果ではなく，大資本の意識的な政策として進められるようになった。

　かつて自由であった市場が，巨大資本の支配と操縦の対象となるのも同じ変化である。しかし，今日，政策主体としてもっとも重要なのは国家である。今日では株式会社法などの私法においても，法改正は，国家の経済政策の一環としてなされる。

　経済政策の法は行政機関による積極的介入によってなされるので，経済法などが中心的な位置を占めてくる。裁判規範にとどまる株式会社法などの私法は，経済政策の法としては 2 次的な地位しか占めない。のみならず，改正された私法の規定がどこまで実際に機能するのかも，経済法などに主導される経済構造の如何に制約される。[39]

富山のこの部分は，今日の会社法の状況からみると当たっていない。1994年に会社の自己株式の取得が一部認められてから，会社法の改正は，まさに企業再編の先導役を担っている。[40] とても 2 次的などではない。おそらく1969年頃の情勢では，株式の持ち合いに基づく固定的な企業関係が支配的であったために，会社法の役割が限定されていたのであろう。

富山は，政策の法としての株式会社法の改正は，株式会社の必然的な発展方向に沿って行われているとする。例えば，自己金融という資本蓄積方式が，20世紀の1950・60年代のビッグ・ビジネスにきわめて特徴的になったのは，世界的な現象であって，各国の具体的事情の違いを超えた，株式会社の所有構造の必然的・法則的な発展をみることができる。法もその方向に沿って変化してい

---

39)　同上，224頁。

40)　拙稿「問われる会社法の改正の論点」『前衛』865号（2010年）参照。

第 5 章　戦後の法学　　95

る。現代における企業に関する法の変化は，経済政策の展開という面と所有構造の法則的な発展という面の，両面からとらえなければならない。

　企業に関する法の改正には，それだけでなく，応急的・断片的なものもある。こういう思いつき的法改正とでもいうべきものが多いのが戦後の日本の特徴である。ただし，その原因を解明するのは難しい。

　国家が行政機関の活動を通じてなす経済に対する積極的介入には，公債発行・財政投融資などのように非権力的なものもあれば，経済統制・許認可行政などのように権力的なものもある。後者の場合，伝統的な法概念の枠組みでは企業の自由・財産権の自由に対する公共の福祉ないし公共の利益による制限のメカニズムとして表現される。しかし，考慮しなければならない問題の実質は19世紀と現代では大きく異なっている[41]。

　近代市民革命で確立された営業の自由は，市民一般の職業選択の自由のひとつとして位置づけられた。営業の自由を保障することは私人相互間の自由を保障するものであった。しかし，現代では経済主体の階層分化が大きく進んでいる。寡占が支配し，その下に中小企業があり，消費者が生活している。営業の自由といっても，階層によって利益のかかわりあい方が違ってる。国家による営業の自由の侵害を争うものは，営業を行おうとする者である。しかし，営業の自由の制限が競争制限的機能をもつ場合には，市民が関心をいだくのは営業をやりたいからではなく，価格支配や利用制限についてである。逆に将来，企業に対する民主的規制が出てくれば，営業の自由の制限は，料金値上げの規制や利用者の便宜の確保などが目的とされるだろう。

　しかし，労働法において，労働者の特殊の権利が認められているのとは異なり，経済法では1969年時点の実定法では消費者の権利などの特殊の権利が定められておらず，諸階層の異なった利益の対抗関係は，法の枠組みには表現されていない[42]。同時に，営業の自由に対する概念である公共の福祉も，単なる容器となり，背後に盛り込まれたさまざまの内容を表現しなくなった[43]。

　富山が1969年に公刊した著書の中で，実定法が対象としている社会関係（法

---

41)　富山，前掲注35），224頁以下。
42)　周知のように現在では消費者契約法（2001年施行），金融商品取引法（2007年以降に順次施行）
　　など，特殊類型を認める法律が存在する。
43)　富山，前掲注35），306頁。

関係に投映している経済関係）における利益対抗関係のパターンの違いに着目して，株式会社法を中心とする私法の変化に言及しているのは貴重であった。さらに，株式会社法が近代市民法原理を放棄して，支配株主の利益擁護に突き進むことを予言していた。すなわち，自己株式の取得（資本充実の原則の放棄），特権的な種類株式の承認（株主平等原則の放棄），無原則的な新株の第3者割当の横行に進むことなどである。ただし，1969年の時点では企業グループによる株式の持ち合いが，企業の保身的態度を守り，本格的な企業再編の波に洗われていないことから，支配株主とそれ以外の株主，および取引相手と消費者という図式にとどまっていたことは仕方がない。この点については次に述べる。

（2）株式会社法の変容

　富山は株式会社法の発展の中に近代法から現代法への発展が縮図的にみられるのは，株式会社法が資本の私的所有の発展形態であるからだと考えた。1960年代の末に，株式債権論が再登場してきたことに関し，会社は社団としてとらえる方が分かりやすく，株式は債権ではなく社員権としてとらえるべきと主張した。

　すでにアメリカでは，企業の所有と経営の分離が明確になっており，株主は企業の長期的な成長に関心をもつのではなく，短期的な利益（キャピタルゲイン）を目的とするようになったという意味で株式債権説が再び盛り返してきた。[44] 富山は株式の実体構造を明らかにすることによって社員権論との優劣を検討した。そして，このことは株式会社を社団とみるか，それとも財団とみるかに関係していた。彼は，株式会社が信用に媒介された資本集中体であるという認識の下に株式の実体的構造を分析し，次のような結論を展開した。

　会社の究極の支配者は株主であり，会社の所有と経営は究極的には統一されている。株式資本が現実の資本を支配している。[45] 株式会社は株主の私有物ではなく公共的意義をもつという主張は，株式会社の公共性を強調するものであって実体的把握を阻害するおそれがある。[46] そうなると株主が会社の所有者である

44）　所有と経営の分離を明確に論証したのは，Berle, Adolf Augustus and Gardiner C. Means, *The Modern Corporation and Private Property*, Macmillan（1932）であった。

45）　富山，前掲注35），101頁以下。

46）　同上，92頁。公共性を強調するものとしては，最近では，原丈人『「公益」資本主義—英米↗

第5章　戦後の法学　97

ことを否定することになるので，法的構成の上では株式債権論の方が適合しやすい。通説の株主権＝社員権は株式の実体を企業所有権としてとらえている。

　もちろん，彼は全ての株主が会社の支配に参加しているのではなく，支配的な株を有する大株主だけが支配するとするのだが，それでも支配株主の所有が会社支配の基礎であるとする。「株式と資本所有の論理的構造」および「所有と経営の論理的矛盾とその発展」の２つの論文は1959年に発表されており，当時の日本の株式所有構造を基礎にしていた。したがって，当時は会社の究極の支配者が株主であるという主張は十分に説得力があった。というのも，戦後，GHQ によって財閥保有株が強制的に譲渡させられて，多くの大衆株主が登場し，それが徐々に集中を始めて，企業グループによる持ち合いが強まった時期であり，また，新興企業の多くで，創業者が経営者を兼ねていた時代であったからである。財閥家族による支配は消滅しても，新たな大株主たちが登場していた。持ち合いによる乗っ取り防止策は，まさに「所有」を基礎にして，外国からの侵入に身構えていた。また，1970年６月24日には八幡製鉄政治献金事件の最高裁大法廷判決が出された。そこでは，経営者が株主から集めた資金で政治献金することが，あたかも私人が自分のカネで政治献金するのと同じように「社会通念上期待されている」と述べられており，とても会社の公益性など信用することができない状況であった。また，当時は公害についても企業の責任意識は低かった。したがって，1969年に公刊された著書において富山が展開した議論は，常識的なものであった。

　しかし，2019年までの日本の会社の歴史をみると，事情は大きく変わってきた。一番大きな変化は，支配株主[47]の利益が保護される反面，その他の株主の利益は，会社の所有とはかけはなれたものとなってきたことである。種類株式の登場や第３者割当の横行によって，株主平等の原則はなくなったし，支配株主以外の株主の株式保有期間は１年にも満たない。支配株主も，投資ファンドが議決権を行使する場合には，所有ではなく，契約（議決権行使の委任，または受託した資金による株式の購入）によって支配をしている。特に私募ファンドの場

＼型資本主義の終焉』文藝春秋（2017年）。

47）　支配株主とは，株主総会で議決権の過半数を握る株主である。大企業の場合には発行済み株式総数の50％以下でもありうるし，最近の状況ではエンプティボーティングといって，議決権の行使を委任された投資ファンドが支配的議決権を行使する例もみられる。

合には，特定の出資者から多額の資金を集め，それでターゲットの会社の株を買い集める。株の所有者はファンドだが，資金の提供者（本当の所有者）はファンドではない。一方，一般の株の購入者は，株式発行会社の長期的成長には関心がなく，短期に売買してキャピタルゲインを獲得することに関心を寄せている。証券会社や投資信託を扱う銀行は，短期売買を推奨して手数料を稼ごうとしている。それに，インターネット取引や高速取引（HFT）が拍車を掛けている。

　第2に，所有者である支配株主と経営者の利益も対立してきている。アメリカが典型的だが，経営者たちはグローバル競争の激化の中で，互いに企業経営や国際金融・税制などについての情報を共有し，会社に対して法外な報酬を要求するようになった。その額はまさに天文学的な水準である。例えば，ブロードコムのホック・タンCEOの年間報酬が117億円，CBSのレスリー・ムーンベスCEOが76億円，タイム・ワーナーのジェフ・ビュークスCEOが55億円などである。これに対し，それらの企業の労働者の平均年収は，おそらく500分の1以下くらいだろう。日本でも武田薬品工業のクリストフ・ウェバーが12億円である（『日本経済新聞』2018年12月12日）。なお，カルロス・ゴーンの報酬がいくらであるかは，現時点では確定できないが，おそらく3社合計で20億円くらいだろう（『日本経済新聞』2019年1月12日夕刊）。

　このような状況を踏まえると，現在の会社の実体をもっとも適切にとらえているのは，八木弘が1950年代に発表した株式会社財団説であったように思われる。[48] それが，会社法の学会にどれだけの影響を与えたのかは分からないが，2006年に施行された会社法は，それまでの商法・第2編52条1項の会社の定義「会社とは商行為をなすを業とする目的をもって設立したる社団をいう」を放棄して，「会社は法人とする」（3条）と変更し，社団とするか財団とするかには触れなくなった。なお，富山が財団説を退けた根拠には，当時の財団は寄付行為によって設立され，理事の地位が明確ではなく，総会に準ずる組織も必置ではなかったことがある。この点は，2008年に施行された「一般社団法人及び一般財団法人に関する法律」で改善され，一般財団法人は定款で作成され，評

48）　八木弘「株式会社の財団的構成」北村五良編『神戸経済大学創立五十周年記念論文集／法学編III—商法及び経済法』（1953年）。

議員，評議員会，理事，理事会および監事をおかなければならなくなったので（170条），現在の制度であれば，会社を財団で設立することも可能となった。ただし，公益性は分離されている。

富山は，1960年代の企業グループによる株式持ち合いの下での企業支配を分析しているので，現状分析としてはかなり妥当ではあったが，2019年現在の企業分析では採用できない。というのも，現在，問題となっているのは以下の事柄だからである。

まず，所有と経営がますます分離されている。持ち株会社や親子会社，さらには種類株式を駆使して，限られた資金で多くの会社を支配することが可能となっている。さらに有限責任組合の承認は，本来責任を取るべき出資者の負担を大きく軽減している。株主利益最大化を要求する投資ファンドや支配株主は，株主に対して大盤振る舞いをする経営者しか承認しない。企業の長期的成長は支配株主の要求にはなく，そのための内部留保など受け入れられない。こうなると，株主におもねる経営者たちは，本当に会社の利益と適合しているのだろうか。[49]

理論的な分析として，どれが正しいかは難しい問題であるが，会社の不正な利用を許さないという立場からは，会社は支配株主が全く自由に支配してよいわけではなく，各ステークホルダーの利益に配慮しなければならず，したがって，適時開示とステークホルダーの経営参加の道が確保されなければならない，とすべきであろう。そうなると，株主の所有権には，一定の制限がはめられることになる。

（3）富山法学の総括

富山の1周忌に『法律時報』に掲載された内田耕作論文に基づいて紹介する。[50]富山は，「法と経済の理論に関する若干の問題」という論文の中で，3つの課題をあげた。第1は，経済法の総括的な認識の理論を形成すること，第2は，種々の経済分野について法律学と経済学を協同させることによって，具体的な分析に即した具体的な政策選択の基準を構成すること，第3は，具体的な

49）　原，前掲注46），67-100頁。

50）　内田耕作「富山康吉経済法学の系譜——一周忌に寄せて」『法律時報』58巻8号（1986年）76頁以下。

政策選択の基準として構成されたものを，経済法の総括的な認識の理論とつきあわせて，それに位置と評価を与えることである。以下では，経済法的諸現象の理論的認識について取り上げる。

㈦ 理論的認識

内田によれば，研究を進める中で富山は経済法的諸現象の総括的な認識を図ることが究極の課題とされるようになった。

① 個別的な認識の課題は，経済に対する国家の積極的な関与，法と経済の背離，法の動態という現代の事態であった。以下のような意味である。

市民社会においては経済は市場の自動調節作用に委ねられており，国家の経済への関与は，司法機関を通じて消極的に行われるのに過ぎなかったのに対し，独占の形成された現代では，市場の自動調節作用は無力化し，国家が経済に積極的に関与するようになった。

国家が経済に介入するようになった現代では，給付行政あるいは非権力的行政と呼ばれる経済法的規制のみならず，規制行政あるいは権力的行政と呼ばれる経済法的規制においても，経済を権利の枠組みでとらえることは難しくなり，国家の行為の経済的効果を法的概念でとらえることが難しくなった。法と経済の対応関係が崩壊し，法と経済の背離が生じるようになったととらえた。

分散的で等質な個人間の関係を前提とする市民社会では，裁判に訴えることで自己の利益を守れるが，異質の利益主体間の利益（独占と中小企業，消費者）が対立する現代においては，私人がその利益を守るためには裁判だけでは不十分で，大衆的な運動を通じて，その利益を立法あるいは行政の上に反映させなければならない。また，自己が法的関係の当事者ではない関係についても発言や参加が求められるようになった。かつての法は商品交換という平和的な過程を反映し，それに密着して機能したのに対し，現代においては，法はむしろ政治の世界の問題となり，政治に密着して経済に働きかけるようになった。

② 総括的な認識

富山は個別的な認識を積み重ねて経済法的諸現象の総括的な認識を図り，近代市民法の変容について4つの段階で認識を発展させた。

第1段階では，市民法における経済的自由（財産権の保護，営業の自由など）の秩序が，現代において変化し，後退するととらえ，それに変わって，国家に

よる直接的，強権的な制限と，国家の関与に起因する権利の変動を伴わない財産の変動を，ともにとらえるために経済的自由という概念を構築した。

第2段階では，経済秩序の構成原理として経済的自由に着目しつつ，加えて，経済的自由の人権としての面をクローズアップした。近代市民法においては生きた人間が経済社会を構成するととらえ，自らの労働に基礎をおく独立小生産者の思想から経済的自由は人権とされたが，所有と労働との分離によって経済的自由に重大な機能変化が生じ，法人である企業が主要な経済主体となった今日では，経済的自由が人権であるという基盤は失われているとした。

第3段階では，近代市民法が市場経済原理においていた信頼が2つの意味で動揺・崩壊したとする。市場経済原理の万能についての信頼，市場経済原理の貫徹についての信頼である。

近代市民法は，権利が不変であれば財産も不変であると仮定していた。そして財産の動態面については，市場経済の交換原理に即したフレームワークがあれば足り，法の要請である私益の調整も公益の増進もおのずから満足されるとしていた。しかし，今日，市場経済原理の万能についての信頼は崩壊した。権利が不変であれば財産も不変であるとする仮定が崩れ，権利と財産が対応しなくなった。次に，市場経済の交換原理に即した法のフレームワークだけでは私益の調整も公益の増進も満足させられない場合が増えてきた。

市場経済原理の貫徹についての信頼の動揺とは，新規参入が困難ではないとか，市場支配力を有する経済主体が存在しないといった仮定が崩壊したことを指す。

新規参入に関して言えば，規模の経済性が働き，製品の差別化およびそれと結びついた企業の販売促進活動のために参入は困難となっている。加えて国家の制定する事業法による許認可制度，免許や特許の制度，独占による流通支配などによって参入の抑圧も行われている。その結果，国家による人為的な参入制限を営業の自由によっての法理によって防止しさえすれば現実に参入が自由であるという楽観が崩れた。

市民法において営業の自由が人権とされたことの社会的意義は，生産主体に関して，所有と労働の分離によって営業の自由が名実ともに市民一般の職業選択の自由のひとつではなくなったとし，次いで，株式会社が支配的な企業形態となることで，営業の自由は実質的に分解し，さらに，法人の株式所有が展開

されるようになって営業の自由の主体は自然人に還元し難いものとなり，参入の自由はもはやそれ自体に価値がおかれるべき実質を失ったとした。

消費主体に関しては，独立小商品生産者の社会をモデルにした仮定や，生産主体の参入の自由が確保されれば消費主体の自由や利益はおのずから実現されるという期待が今日ではもはや通用せず，営業の自由の法理の背後にあった消費者問題それ自体がクローズアップしてこざるを得ないとした。

第４段階では，近代市民法が市場経済原理においた信頼は今日では崩壊したり動揺したりするようになり，市民法が想定した主体像は今日ではもはや当てはまらなくなったという事態に着目して総括的認識にいたる。

市民法においては，消費者の自由が生産者の自由に包摂される。消費者が経済的に合理的な行動を選択することが仮定されていたが，現代ではこの仮定は通用しない。情報格差の拡大によって，消費者が自由でかつ合理的な商品選択能力をもつとすれのは神話に近い。

市民法においては，生産主体は等質の主体として競争秩序において一律に営業の自由の下でとらえられていたが，現代では市場経済は様々に階層分化をとげた企業で構成されており，競争秩序とのかかわりあいも，その企業の具体的な位置・階層によって大きく異なり，企業間に様々な支配関係や非対等取引が展開されている。

市民法においては，営業の自由が人権として確立されたが，所有と労働とが分離した資本制社会の成立によって営業の自由に重大な機能変化が生じ，今日の市場経済の主要な構成単位は法人である株式会社であり，営業の自由は人権という社会的価値づけの実質を失うにいたった。

内田は，この第４段階に至って，富山経済法学における経済法的諸現象の総括的な認識は完成したとしている。[51]

(イ) 政策選択の基準の定立

富山は法的実践として政策選択を行うこと，そのためには政策選択すなわち価値選択のための基準を定立することが必要と考えた。この基準を導く指導原理として，経済的自由，公共の福祉，社会基本権的権利，経済的目的および社

---

51) 同上，79頁。

第5章 戦後の法学　103

会的目的を検討しなければならない。

しかし，すでに述べたように寡占が成立し，経済主体の階層分化が明確になった現代においては経済的自由は分解しており，背後にある国家と経済主体の実質的な関係をさぐらなければ，経済的自由は規範原理とはなり得ない。

古典的市民法においては公共の福祉は市民の自由な活動を保障することであり，それが夜警国家観につながっていた。しかし，現代では公共の福祉は経済的自由と対立し，その秩序を制限，後退させる国家の活動を正当化するための理念になっている。今日では，公共の福祉は限定を受けない限り規範原理とはなり得ない。

近代市民法ではとらえきれない社会構成員の利益について，これまでの法律学は社会基本権的な権利を構想することによって対応してきた。しかし，従属者である消費者などが直接の当事者ではない関係をも対象としなければならない経済法では，生存権ないし従属者の基本権なるものから直ちに具体的な規範原理を引き出すことは困難である。それゆえ社会基本権的権利には限界がある。むしろ，従属者の運動によって，社会自成法として経済の各分野に具体的な政策選択の基準が形成されることを期待するところに社会法的経済法理論の核心がある。

富山は経済法の究極の目的として，経済的成果としての効率と成長という経済的目的と，人間たるに値する生活の実現という社会的目的を設定していた。

㈠　経済学と法律学との協同

経済学には様々な流れがある。新古典派経済学，マルクス主義経済学，ケインズ派経済学，制度派経済学[52]，シカゴ派経済学などである。法実証主義的な法律学が後退し，立法は言うに及ばず法解釈も価値判断に基づいていることが承認されるにつれ，法学は現代の経済学に接近する。これは，近代市民社会の分析に関して市民法と古典派経済学が協同したのとは異なった仕方による協同の方法を可能にしていると富山は考えた。

協同が行われる場面としては競争政策とそれ以外を区別する。競争政策にお

---

52)　富山は個別に名前を挙げていないが，経済に対する法律の決定的役割を重視するのは，制度派経済学である。

いて経済学と法律学が協同できたのは，そこに独占禁止法という実定法があり，それが準司法的に運用される規範であるからである。しかし，制定法の存在は必要条件ではない。

　富山はマルクス経済学と近代経済学の双方との協同に関して，具体的な分析のための用具はほとんど近代経済学が提出していると評価した。私も同じ評価である。ただし，近代経済学の様々な潮流は，すべてマルクス経済学の影響を受けており，それを踏まえて様々な仮説を提示し，理論モデルを創り上げている。もちろん，労働価値説や窮乏化については否定しているが，恐慌を含む経済の動態的モデルについては，その影響は大きい[53]。残念ながら，マルクス経済学の中から，企業理論や法と経済，動態的経済理論についての積極的な理論モデルの提示が少ない。

(エ)　富山の到達点

　競争による没落が必然であるなら独占禁止法にはあまり意味がないのではないかという評価に対し，富山はそのような主張は論証不足であるとする。なぜなら，生産の集中と資本の集中は並行的ではなく，資本主義経済が集中促進要因とともに集中阻止要因ももっていることを見落としてはならない[54]。また，私的所有の矛盾の展開が固有の意味での所有の次元にとどまらず，多次元的であるという現代の特徴も見落としてはならない。すなわち，所有の矛盾の展開によって，経済に対する様々な公的規制の手段が開発されるに至り，大衆的な運動が，これに方向づけを与える可能性をもっている。

　生産手段の私的所有から社会的な所有あるいは公的な所有をめざすことについて，富山は，それが人間の法的実践の究極目的なのではなく，所有の問題は結局は究極目的（人間の自由な自己発展）をめざす実践の制度的条件のひとつに過ぎないととらえた。

　それを踏まえて，私有か公有かという2者択一はもはや問題ではない。競争か計画かという2者択一ももはや問題ではない。現実には，私有と公有，競争

---

53)　シュムペーター，ヨセフ・A／東畑精一・中山伊知郎訳『資本主義・社会主義・民主主義』東洋経済新報社（1995年）33頁以下。

54)　富山の意図は不明であるが，コースやウィリアムソンが指摘したように，企業の規模の拡大には自ずと限界が存在する。また，グローバルなレベルでは，競争は激化する。

と計画の間に多様な組み合わせ（最適解）が考えられる。

　以上のような現実を踏まえて，どのような体系が考えられるのだろうか。富山が活躍した1985年までは，計画経済に対する評価が，まだかなり高かった。ケインズ派経済学の影響は依然として残り，ソ連の計画経済もまだ存在していた。そこで，富山は競争原理と計画原理を同じ平面において，その有効性を比べている。これは，1980年代以降の制度派経済学において「市場の失敗と政府の失敗」として議論されている問題であった。

（4）富山法学の評価

　市民社会や市民法の歴史をみるときには，歴史的，実体的な現実と当時共有されていた理念との区別が重要であるが，必ずしも明確でない。分散的で等質な個人間の関係を前提とする市民社会とみているが，この点は渡辺洋三や清水誠も悩んだ論点で，これだけでかなりの分量を論じなければならないだろう。小商品生産者とすればすっきりするが，現実には商工業者と農民，工場主と労働者というように分化しており，決して等質ではなかったように思われる。しかし，それにもかかわらず，「等質な市民」というイデオロギーが成立していたのは，市民革命によって特権階級が排除されたことと，そのときの共闘の記憶があったからであろう。もし，そうだとすると，そのような共闘を経験していない日本において，「等質な市民」というイデオロギーが成立することは無理だったと思われる。

　経済的自由が，当初は財産権の保護，営業の自由，競争の自由であったものが，その後，独占の形成，国家の関与によって変化したとする。また所有と労働の分離によって経済的自由に重大な機能変化が生じたとする。

　経済的自由が登場したのは重商主義との対決であった。既得権や特権との対決である。市民社会が成立した後は，所有と労働の分離が進むが，理念としての経済的自由はより強化される。法人である企業が主要な経済主体となった今日では，経済的自由が人権であるという基盤は失われている。富山の以上の分析は正しいと思う。ただし，営業の自由が名実ともに市民一般の職業選択の自由のひとつではなくなったとする点については，小規模の自営業者は依然として多数存在しており，彼らにとってはやはり営業の自由の保護は必要である。

　市場原理が崩壊したと評価する点についても，必ずしも崩壊したわけではな

く，むしろ，20世紀の社会主義体制と比較すると，しぶとく存続している。しかも，グローバルな規模で影響力を拡大している。

資本主義社会の将来性については，20世紀後半の福祉国家に対する評価が鍵となる。また消費者の行動が企業の業績を左右する面もある。さらに，ポピュリズムの動きが政府の政策形成に大きく影響を与え，それが福祉国家のバラマキを招いたり，自国第1主義をあおる危険がある。ポピュリズムにおもねる政策をかかげ，一方で大企業の特権的な利益を守ろうとする産業政策や税制は，自由貿易体制を揺るがし，納税や国内福祉政策にマイナスの影響をもたらす。これらの点については，富山の論文の中で，いち早く示唆されていた。[55]

5　核心としての団結権理論

片岡昇[56]は多くの著作を世に出した。他のマルクス主義法学者と比べると，若いときの主張が大きく変化することはなく，団結権を中心とした労働法理論の発展に一貫して取り組んだ。彼の一貫した問題意識は，資本主義社会における労働者階級の諸権利を守るために労働法はどうあるべきかと言うことであり，その観点から生存権の理念と自由・平等原理の関係を明らかにすることであった。その結論は，資本制社会においては，労働者は相互に連帯し団結することによって，初めて主体的に実質的自由・平等の回復を実現することができるというものである。[57]

（1）物史観法律学

片岡は1967年に『現代労働法の理論』[58]を公刊してから，マルクス主義と労働法の関係を一貫して追及した。同書の第3章「唯物史観法律学」では，以下の

---

55)　富山，前掲注35），49頁以下では，「所有関係」を離れて，政府が採用する財政政策や通貨管理が国民の所有に与える影響について注意を喚起している。まさに，現代のアベノミクスの危険を予言しているかのようである。

56)　片岡昇（1925-）。京都府に生まれ京都大学，龍谷大学に勤めた。

57)　片岡昇『労働法理論の継承と発展』有斐閣（2001年）88頁。

58)　片岡昇『現代労働法の理論』日本評論社（1967年）。これ以前にも労働法に関する本を多数公刊している。また，この本は前年から『法律時報』に掲載された連載を加筆してまとめたものである。

第5章　戦後の法学　107

ように述べられている。唯物史観法律学とは，史的唯物論を基本的方法とする法律学であり，マルキシズム法律学が「マルキシズム的世界観に立って理論を展開する法律学のすべてを含むものと解されるおそれがあるため」，特に方法的立場を眼角にする意味において，この名称を用いるとしている。この用語にも沼田稲次郎の影響が表れている[59]。

　片岡は，戦前から戦後のマルキシズム的世界観に立脚して労働法の解釈理論を説いてきた学者を概観した上で，日本においては「史的唯物論の方法に基づく法律学とは一体いかなる内容の学問たるべきか，という唯物史観法律学一般にとっての基本的課題自体が未だ必ずしも体系的に解明されてはいない」とする。平野義太郎，山之内一郎，加古祐二郎，杉之原舜一，風早八十二らに言及しながら，「当時（戦争中まで）の唯物史観法律学の一般的状況は，一面階級対立の激化と相次ぐ思想弾圧のために，具体的・実践的な裁判問題の研究などに対象を限られていき，また他方ソビエトにおける法理論上の論争の輸入に追われるという有様であって，日本の学問的課題に適合せしめつつ史的唯物論に基づく法理論の体系化をはかることは，とうてい期待しえないところであった[60]」。

　戦後にはマルキシズムが一応解放されたが，かえって唯物史観法律学について掘り下げた究明を行う積極的な態度を弱め，その体系的理論家のための努力を遅らせてきた一面があるとする。そして「マルキシズム法学者は，具体的な諸問題に対する批判においてはかなり大胆に論じたにもかかわらず，法の基礎理論について自分の言葉で書くことについては用心深い傾向があった」とする沼田稲次郎の言葉を引用している[61]。

　片岡は，労働法に対象を限定して唯物史観法律学の検討を進めるとして，最初に唯物史観法律学の基礎を展開する。それは，マルクスの『経済学批判』の序言の命題を踏まえたものであるが，以下のようにかなり教条的，形式的な理解もみられる。

　　イデオロギーの虚偽性は，そのイデオロギーが社会の歴史的必然性を正しく反映しえないことを意味する。イデオロギーが社会の歴史的運動の現実的必然性に立脚し，

59）　沼田稲次郎『労働法序説』勁草書房（1950年）254頁。

60）　片岡，前掲注58），169頁。

61）　沼田稲次郎「日本におけるマルキシズム法学の課題」『法律時報』37巻5号（1965年）。

その反映として現れる場合には真理である。このような歴史的必然性を地盤としない
場合には虚偽となる。

　このような理解は，当時のマルキシズム法学者に共通のものであり，おそら
くこれを疑うものは異端視されたと思われる。しかし，現在の我々の考えで
は，「社会の歴史的運動の現実的必然性」は所与のものではなく，したがって
「イデオロギーの真理性」も所与ではない。ただし，このことは様々なイデオ
ロギーが客観的な基礎をもち，それぞれが階級的な基盤に基づいていることを
否定するものではない。

　片岡は難解な文章を書いている。「唯物史観法律学は国家と法の成立とその
発展に関する客観的な法則を探求することを任務とする……国家と法は経済的
範疇そのものでなく，上部構造に属するから，その合法則的な成立・発展の過
程を客観的経済法則から直接説明することは許されないし，不可能である[62]」。
この意味は，国家と法の成立・発展の過程を客観的経済法則から直接説明す
ることは不可能であるが，国家と法の成立・発展に関する客観的な法則を探
求することは唯物史観法律学の任務であるから「客観的経済法則から間接に」
あるいは「客観的経済法則とは別のところから」説明すべきということにな
る。

　しかし，どのような方向からであれ，国家と法の成立・発展に関する客観的
な法則をそう簡単に書くことはできない。片岡は，この後，沼田稲次郎の「社
会科学としての労働法学」を紹介することに留まった。社会科学としての労働
法学は現に妥当している実定労働法についての真理の認識を志向する学問であ
り，真理の認識とは「必然性＝客観的法則の認識」であるとするもので，当時
の沼田や片岡にとっては，「必然性＝客観的法則の認識」は疑う余地のない学
問的概念であったと思われる[63]。

（2）労働法理論の継承と発展

　2001年，片岡は『労働法理論の継承と発展』を公刊した。それまでに，『労
働法の基礎理論』（1974年），『現代労働法の展開』（1983年），『労働法の変革と

---

62)　片岡，前掲注58），175頁。
63)　沼田，前掲注59），197・205頁以下。

第5章　戦後の法学　109

課題』（1987年）を公刊していた。この本は，それらの集大成にあたるものではないが，1990年代の状況を踏まえて，時代の変化と労働法の課題を整理した論文集である。そこでは，若いときの教条的，形式的な理解は姿を消し，それまでの研究を踏まえた現実の日本社会の姿が分析されている。もちろん，理論的な核心部分には変化はない。特に「序論」において，資本主義社会の歴史的変化を踏まえて，労働法の理論的課題を整理している。その論点は民主主義法学にも共通する。

　戦前の日本は明治期に西欧の法制度の大規模な継受が行われたが，実際に大企業内部の労使関係を支配したものは経営家族主義の理念とそれに基づく身分的で非権利義務的な労使関係であった。第1次大戦後には日本でも労働・農民運動が活発化して，労働法の整備が進むかにみえたが結局実現しなかった。その結果，学説理論のほかには，工場法などに関する内務省社会局の解釈例規があるだけで，判例や法的慣行としてみるべきものはほとんど存在しなかった。

　敗戦を契機として労働法の体系的整備が一挙に実現し，日本における近代的労働法の歩みが始まった。しかし戦前の身分的・非権利義務的労使関係は，これに対応する企業内諸制度並びに労使間の情緒的な共同体意識と相互補完的関係の上に成り立っており，国民一般の法意識（権利意識の未成熟）と密接に関連し合っていた。それらを短期間のうちにすべて変革し，克服することはきわめて困難な課題であった。

　その後，労働法の整備，労働組合運動の発展，経済成長の進展を通じて，日本でも労使関係の近代化と民主化が進み，労働者の法的主体性の意識や，自由と平等に対する自覚も広く浸透するようになった。しかし，石油ショック後の1980年代には，これが一転して閉鎖的で集団主義的な「日本的経営」と「日本的労使関係」が出現し，「企業社会」の状況が日本を広く覆った。これを労使関係の成熟とみる見方もあったが，「日本的経営」の内部では，労使に共通する共同体意識と独自の集団的内部規範が強く作用して，個々の労働者の集団への帰属と主体性の希薄化を助長し，促進してきたことは明らかである。

　1990年代にはグローバル化や情報化が急速に展開し，個人の集団への埋没をもたらす「企業社会」からの脱皮と，個々の労働者の自立性・創意性を尊重する企業経営への転換が各方面（政・財・労）から強く要請され，労働法においても制度の改編が進められた。しかし，こうした変革が達成されるためには単に法的枠組みを改編するだけでは不十分であって，労働者における内面的な主体性の意識と権利意識の確立が不可欠の要因となるだろう。ただし，資本制社会の下では，労働者は使用者に対して従属的関係に立たざるを得ず，個人として使用者と対等の立場を確保することも容易ではない。この意味において平等主義的連帯の契機がなお重要な意味をもつ。

　このように考えると，戦後日本の労働法の担った労使関係の近代化と民主化の課題

は，現在も依然として重要性を失っていない。[64)]

　戦後の労働法は，労使関係を近代化するという課題と労使関係を実質的に自由かつ同権的な関係に発展させるという2重の変革的役割を担っていたが，当初はまず独立の法分野として確立する理論的作業が重要な課題であった。当時の学説の主流的な潮流においては，次のような3つの理論的特徴がみられた。①憲法の生存権理念に基づき，労働法を労働者の生存権の実現を目的とする法体系としてとらえる。②労働法を個人主義的自由間理念・原理に立脚する近代市民法への批判的・修正的契機として位置づけ，その独自性を強調する。③労働者の諸権利と労働法の現実的定着を促進する見地から，集団的権利の意義を重視し，労働組合の権利問題に関する法解釈学的構成に多くのエネルギーを傾注する。このような戦後の労働法理論の状況では，自由主義の歴史的展開の過程や，人権問題の国際化について周到な考慮を払うまでには至らなかった。

　高度成長を経て社会の中で個人主義化と脱集団主義化の傾向が浸透するに伴い，戦後の労働法理論に対して様々な批判がなされるようになった。その焦点は自立的主体としての労働者個人の法律的地位と自由の問題に集まり，戦後の労働法理論がこの問題に正当な評価を与えなかったため，企業集団主義に対して十分な批判を行えなかったのではないかと指摘された。[65)]

　以上の問題意識を踏まえて，片岡は労働法が成立する過程における自由主義の役割を次のように評価する。

①　市民社会の登場にとっては積極的な意味があった。ジョン・ロックが個人の自由と労働による所有の排他性を主張し，その影響を受けて，アダム・スミスが価値法則の自立性と自由放任を主張した。これが19世紀の産業資本主義の下における体制的な支配的思想になった。この片岡のまとめは，大筋で間違っていないと思うが，さらにいえば，ロックの自己の身体に対する包括的所有がシェイエスの「人および市民の権利の再考及び体系的提示」に影響を与え，シェイエスの所有理論などがフランス市民革命に大きな影響を与えたことを考えると，初期の市民社会論は，まず市民革命に大きな影響を与えたと言える。イギリスでは17世紀の後半であった。

②　19世紀的自由放任主義は，近代自由主義の正統性に致命的打撃を与えた。この自由放任主義の下では，自由は国家からの自由を意味しており，労働者に

---

64)　片岡昇『労働法理論の継承と発展』有斐閣（2001年）はしがき。

65)　同上，4頁以下。

第5章　戦後の法学　111

とっては経済と政治の双方において深刻な不自由・不平等が生じることとなった。このことは，「自由は本来，諸個人の平等な自由である」とする普遍主義に正統性の根拠をもつ自由主義を揺るがすことになる。この片岡のまとめには疑問がある。自由主義は，歴史的には権力的な抑圧からの解放，権力的支配からの自由であって，一気に普遍主義や平等主義と結びつくものではないのではないか。自由主義の正統性が，普遍主義や平等主義にあるということは検討する必要がある。

③　伝統的自由主義の転回。J.S.ミルの人格的自己発展の自由。

　労働組合運動の激化を契機に，消極的自由の観念への反省と自由の内面化による伝統的リベラリズムの転回の試みが台頭する。自由を擁護するために国家が介入すること，労働者への自由実現の機会を国家が提供することが説かれる。

④　個人の人格的発展の自由の観念は，19～20世紀初頭の新自由主義（New Liberalism）の下で，国家の介入・保障と一体化された人格的自己実現の自由（積極的自由）として引き継がれ，私的所有権の制限や労働権・生存権の保障を容認し，正当化するこれが，戦後の福祉国家理念につながり，70年代の北米における平等主義的リベラリズムの中に引き継がれる。[66]

⑤　戦後の日本の労働法理論は，自由の問題を市民法原理に関連づけて，19世紀的な個人主義的自由に一面化して批判の対象とする傾向が強かった。しかし，現代のリベラリズムの様相は，ネオ・リベラリズムに単純化されるものではなく，平等主義的リベラリズム等の潮流との間で根強い対立と抗争が続けられているのであって，「形式的自由は実質的不平等」といった批判が単純に通じるものではない。[67]

　次に片岡は，戦後の労働法の国際的発展と特質について述べる。

　戦後の主要国は福祉国家的政治経済体制が採られ，労働法および社会保障制度の整備・拡充，労働組合勢力の拡大と集権的労使関係の制度化が進んだ。福祉国家の要は，国が完全雇用や社会保障制度を柱に，労働者・国民の生存と福祉増進のための施策を積極的に推進することである。この体制を維持するためには経済の持続的成長が

---

66)　岡田与好『経済的自由主義』255頁以下，藤原保信『自由主義の再検討』168頁以下。
67)　片岡，前掲注64)，8頁以下。

不可欠であって，政府は積極的に経済過程に介入する。労働組合の統制力も重視され，政治面では労働組合が政府・資本家団体とともに，コーポラティズムを構成した。これにより1960年代の黄金時代が到来した。

　戦後，国際社会の安全と平和の維持のために国際社会の組織化が進むとともに，人権保障の国際化に向けた措置が活発化した。この国際法の転換をもたらした基本理念は「人間の尊厳」と「人権尊重」の理念であった。この理念は，社会問題と経済問題との関係に新たな調整原理を提供し，労働法の発展に明確な方向づけを与えた。人道的労働条件の確保にとって，経済の発展（経済的保障）は不可欠であるが，経済の発展を人間の生存と幸福の実現という社会目的に結びつける理念として「人間の尊厳」が登場した。[68]

　一方で，戦後の労働法の最大の特質が集団主義であった。福祉国家体制は国家による統制，大企業の産業規制力，労働組合の組織的統制力などの集団主義的権力を支柱とする体制であって，市場原理と対立し，摩擦を生じることは避けられない。労働法は，そのような枠組みの中で発展した。強大な産業別労働組合と集権的労使関係制度は，労働者個人の権利・自由との間に多くの対立・摩擦を生じた。

　さらに福祉国家の施策を通じて生活水準や社会福祉が改善され，教育機会が拡大すると，労働者の自己実現・自己発達の希求と積極的自由の契機の重要性が一層高まり，労働組合や国家の集団主義的規制との間に新たな対立・緊張関係が増幅された。[69]

（3）現代の労働者像

　片岡は，1980年代以降の状況を，労使関係の個別化，労働法の弾力化，技能・技術問題の重要性の増大，労働組合勢力の後退等ととらえた上で，2001年における基礎的課題を次のように整理した。

① 企業集団主義の中から自律的・主体的労働者をどのようにして形成していくのか。

　片岡は，ドナルド・ドーアが，日本の企業集団主義が後発型資本主義の特徴と非個人主義的・集団主義的な伝統的文化（慣習のことか？）とが結合して生み出されたものであり，このような土壌の上には独立不羈で権力者への抵抗の精神に支えられる頑強な個人主義は育たないという指摘に対して，[70]次のように批判する。現在の日本の企業集団主義のもとにおいて自律的・主体的労働者像を

---

68)　前述のように，沼田稲次郎は1960年代から人間の尊厳の理念を強調するようになる。

69)　片岡，前掲注64)，11頁以下。

70)　ドーア，ロナルド／山之内靖・永易浩一訳『イギリスの工場・日本の工場―労使関係の比較社会学〔下巻〕』筑摩書房（1987年）462頁。

確立する課題は，短絡的に市場原理や古典的個人主義との関連に問題を還元するのではなく，人間の尊厳の理念に基づく人格的自己実現の自由へと展開を遂げている現代的個人主義や自由主義の観点から検討されるべきであると。ドーアの指摘が，日本の集団主義を古典的個人主義のみに関連させているとは思えないが，いずれにしても，片岡のこの批判はとても分かり難い。「日本企業の集団主義にもいいところがある」と聞こえそうである。これについては，私はこう考える。

　日本では企業どころか，家族，初等教育から高校，大学など教育，クラブやサークルまでもが圧倒的に集団主義であり，私は常に「和を乱す」とか「協調性に欠ける」と批判されてきた。しかし，私がとった態度は「なぜ，集団が決めた決定に従わなければならないのか」と質問しただけである。古典的であろうと，現代的であろうと，日本人の集団主義は自律的・主体的人間を形成していく上では大きな障害である。このように述べると，その対比としてアメリカ型社会がもち出されるのが常である。しかし，アメリカ型社会は日本人にとって，お手本となるようなものではない。確かに，戦後の日本社会の民主化や文化の大衆化においてアメリカの果たした役割は大きく，それがアメリカ社会の美化に結びついた。しかし，アメリカは国家を建国したときは奴隷所有者の支配する社会であり，その後の民主主義の歴史においても，私たちが理解できない異常な行動を繰り返している。更に，最近の企業経営においては，労働者の賃金が伸び悩んでいる中で，企業経営者が法外な報酬を手に入れ，企業の利益の大部分は株主や投資家に分配されている。

　自由主義や個人主義は完全な理念ではないが，特にアメリカは手本にはならない。これに対し，世界には様々な自由主義や個人主義が存在する。市場による自律的調整に信頼を置く強さにしたがって，リバータニアニズム，新自由主義（1980年代以降の），リベラリズム（政府による福祉的介入を前提としている）と呼ばれるが，これらの原理を明確にかかげて政治・経済運営を行っている国はおそらくどこにもない。ほとんどの国々では，これらの理念と様々な経済政策（政府による介入）を組み合わせて，経済の持続的発展を模索している。かつて，ハイエクは自伝の中で，ドイツにおける個人主義に辟易していたが，イギ

71）片岡，前掲注64），19頁以下。

リスに移住して、その協調的な風土にとても安心した述べている。[72] イギリスの社会では、個人主義が弱いと言われても日本人には理解できないだろうが、それぐらいの大きな違いがある。それをひとまとめにして「自由主義や個人主義」と語ることに間違いがある。

　片岡の主張に戻ろう。彼の意図を汲んでまとめれば、日本の企業における集団主義を人間としての労働者の尊厳を重視する主義に変えて行かなければならないが、それはアメリカ型にすればよいというものではない。しかし、日本の労働組合では労働者の個人的な問題（仕事との不適合、人間関係、非正規などの労働形態）を取り扱うことに限界があり、国家による温情的な保護に頼ることがよくないとすれば、やはり個人の自由を尊重できる制度への転換を図らなければならないし、現状では、それは労働者が自由に労働市場にアクセスできることを抜きには語れない。反対する人々の中に、「多くの労働者には転職の余裕はない」と主張する者がいるが、それは「使用者に隷属している」か「そこを解雇されたら生きていけない」ということであり、そのような人々こそ、どのようにして使用者からの隷属を断ち切るかを考えなければならない。

② 労働法の基本理念と法的人間像。

　戦後の日本の労働法理論は基本理念を生存権の保障に求め、団結権等の集団的権利の意義を重視したが、これに対して、後に自律的主体としての個人の自由の尊重に欠けるとの批判がなされた。しかし、片岡によれば、労働法とは元来、市民法の形式的自由の優位に対抗して、自由の平等化＝実質的自由の実現を求める労働者の運動を介して発展をとげたものであって、平等の契機は、自由とともに労働法の存立上不可欠の重要性を担う。日本の社会や労使関係にまつわる根強い前近代的要素を考慮して、個人の主体性と自由の尊重を強調することの意義は理解できるが、自由と平等の相補的関係は、労働法の基本理念にとって根本的前提をなす。

　　人間の尊厳に値する生存権の理念は人格的自己実現の自由の契機を含む。この労働者像は多様な個性と自発性をもつ労働者を前提としている。一面では、労働の個別化

---

72) ハイエク、フリードリヒ・A／田中真晴・田中秀夫編訳『市場・知識・自由—自由主義の経済思想』ミネルヴァ書房（1986年）32頁以下では、ドイツ人とイギリス人、アメリカ人の個人主義を比較して、前者は真の個人主義とは何の関係もないと述べている。

第5章　戦後の法学　115

と労働者意識の変化とも照応している。しかし，これによって労働者の社会経済的地位自体に根本的な変化が生じたものとは言い難い。労働者は一般に労働市場において使用者に対し不平等な地位におかれ，労働の場でも種々の従属的関係に立つことを余儀なくされている[73]。

　片岡は自律的労働者像は実態を反映しておらず，労働者は依然として使用者に対して従属しているから，自由と平等の相補的関係は依然として根本原理だとする。ここには，平等に関して大きな問題があるように思う。マルクスがゴータ綱領批判で鋭く指摘したように，「なんの平等か」が大きな問題である（マルクスについては後述）。私は次のように考える。

　労働者と使用者の間は間違いなく平等ではない。資本主義社会においては平等にはならない。共同決定が制度化されても，それは企業の存続という共通の利益を守るためであり，その枠内での決定に過ぎない。現実に，給料が等しくなるわけではない。労働者間においては，さらに大きな問題がある。チームで仕事をすればすぐ分かるが，人間の能力には差があり，熱意にはもっと差がある。その場合に，平等に扱うとはどういう意味か。問題の核心は，平等ではなく，「不当な差別の廃止」であり，「不当な処遇の廃止」である。似ているように聞こえるが，実は根本的に異なる考え方である。

　次に労働者像が問題である。20世紀の前半まで主流だった炭坑や工場で働く労働者は，現在では全労働者の2割もいない。2017年の日本の労働者数は6530万人だが，製造業が1052万人であるのに対し，卸売業・小売業が1075万人，その他のサービス業に至っては3000万人もいる。公務員も229万人である[74]。製造業の1052万人の中には，工場労働者とは異なる専門技術者や管理職が多数含まれており，その数は年々増加している。

　職場で使用者に対して従属的な労働者は減少している。しかし，資本に対して従属的である点では依然として変わらない。現代では，経営者や管理者，技術者なども資本に対して一層従属的である。彼らはその中で，少しでも高い，評価，高い報酬をめざして競争している。この競争は，1980年代までとは比較にならないほど激しくなっており，この中で，資本に従属しながら，人格的自

73）　片岡，前掲注64），20・21頁。

74）　矢野恒太記念会編『日本国勢図会2018/19年度版』矢野恒太記念会（2018年）70頁。

己実現をめざして競争しているのであるから、「競争などやめろ」と言わない限りは、人格的自己実現の自由は保障されなければならない。

片岡は、この他に、「労働の個別化と労働組合の代表機能の問題」と「労働法の規制緩和と弾力化問題」を取り上げているが、省略する。

片岡は戦後の先進国における社会民主主義と福祉国家の発展を踏まえた上で、1990年代以降は経済のグローバル化と情報化が進み、日本の企業経営システムと雇用慣行にも急速な変化が進行しつつあるとする。企業集団主義を中核とした「日本モデル」からの脱却と新たな「情報化社会」への適合に向かって、大きな構造変化の道をたどろうとしているとする。しかし、一方では、戦後の労働法学の大勢が、団結権をはじめ労働者的諸権利の確立と労使関係の近代化・民主化に努力を傾けてきたのに、これとはおよそ対照的な集団主義的経営システムや労使関係が、これまでなぜ形成されてきたのかと疑問を提起する。そこで、彼が着目したのが、労働者の法意識であった。

まず、日本的経営と労使関係には、経営者と労働者に共通の企業共同体意識とか温情的相互融合の理念が支配的であって、日本人の伝統的法意識の特徴がきわめて顕著に現れているとする。さらに、戦後の労働者の法意識には、企業の繁栄が個人の生活安定と幸福に直結するという意味で「互酬性」の要素が重要な比重を占めているとする。ここからが、彼のこだわりを示す部分である。

> 互酬性の要素が単なる利害意識や受益意識にとどまる限りは、労働者が企業集団主義の影響を免れることは困難である。労働者がその影響から脱却しうるためには、自らの法意識を変革して、その内面において独立の権利主体としての自覚を確立することが重要な前提となる。この権利主体性の実質は個人主義的リベラリズムに基づくものではなく、平等理念に基づく社会的連帯性を考慮に入れた人格的自己実現の主体の意味である。[75)]

残念ながら、大島はまだそのような労働者に出会ったことがない。ここでは、個人主義的リベラリズムに基づく労働者の行動はほとんど評価されない。片岡は言う。

日本において社会から個別化された個人の権利主体性のみが強調される場合には

---

75)　片岡、前掲注64)、51頁以下。

（誰がそんなことを強調するのか？），自己中心的かつ受動的で，主体性のない個人を増大させるおそれがあり，他者への配慮や責任感の希薄化，政治への無関心など，民主制に対する阻害要因の拡大を招く危険性も少なくない。求められるのは，自由な人格的自己実現の主体としての労働者個人の自覚であり，相互の連帯に基づく共同性の実現である[76]。

しかし，私は，労働者の自覚に訴える理論は，倫理的ではあってもあまり学問的ではないように思う。

76）片岡，前掲注64），51頁以下。

第6章　現代法論とマルクス主義

1　現代法への関心の高まり

　1958年に勁草書房から刊行が始まった『講座日本近代法発達史』は明治維新から敗戦に至る約80年間の日本法の構造と機能を経済および政治との関係において分析することを目的として，主に若手の研究者の優れた実証的な論文を次々に掲載した。各巻にとじられた「月報」では編集者や執筆者による座談会が載せられ，戦前のマルクス主義法学についてもかなり語られた。このような議論を戦後の日本法にも広げる必要が感じられた。1965年に岩波書店から『岩波講座現代法』全15巻の刊行が始まった。当時の日本法を現代法として分析しようとする意欲的なもので，特に1966年に刊行された『岩波講座現代法〔第7巻〕—現代法と経済』には民科法律部会の会員が中心となって「現代法と経済」に関する多くの論文が掲載された。

　同書の前書きで渡辺洋三は次のように述べている。

　　法と経済の相互関係を理論的実証的に確定しようと研究会を始めてみると，分からない問題が沢山出てきて収拾が着かなくなった。第1に，独占資本とは何か，金融資本とは何かといった経済学の第1歩から学び直さなければならなくなった。……第3に，各国の資本主義経済の発展に即して近代法の生成展開過程を体系的に論じたものが意外に少ないことに気が付いた。第4に，資本主義経済における国家の役割ということについて原理的なことも歴史的なことも実は必ずしもよく分かっていないのだということを思い知らされた，第5に，経済過程を反映し，あるいはこれを規制する法は，直接的なものに限定してさえも，当初考えたよりもはるかに膨大な数の，しかもあらゆる法分野にまたがるものであることがわかった。

　このように述べて，執筆者たちは，不十分ではあるけれども，今後の研究のためにもとりあえず論考を公表して，広く読者の批判を仰ぎたいとした。

　『岩波講座現代法〔第7巻〕』がきっかけとなって起こった法と経済の相互関

係を理論的に追求しようとする動きは，1969年になって『現代法の学び方』岩波新書に結実する。新書ながら，この本が提起した論点は大きかった。第1に，これまで議論されてきた資本主義法の歴史に，類型的な段階区分を導入した。第2に，パシュカーニスの問題意識を引き継いで法の一般理論を検討し，一応の見取り図を提示した。これらは，後で詳しく取り上げる。『現代法の学び方』は，1967年10月から12月にかけて東京都内の5つの大学で開催された「民科法律学校」で10回にわたって行われた講義と討論をもとにして書かれたものであった。この中で，現代法の基礎理論がかなり整理され，現代法を理解するための歴史的視点が展開された。

　1969年7月には関西においても「関西民科法律学校」が開催され，6人の講師が連続して講義を行った。藤田勇と長谷川正安は両方の民科学校で講義を行い，稲本洋之助は東京の学校にチューターとして参加し，関西では講師を務めた。沼田稲次郎は『現代法の学び方』の編集者であり，関西では講師を務めた。藤田と稲本は『現代法の学び方』の執筆者でもある。「関西民科法律学校」での講義は1970年に日本評論社から『現代法講義』として公刊された。この内容も，後で「資本主義法の歴史的分析と段階の区分」として取り上げる。

　1970年前後の学界や大学を取り巻く状況は特異であった。高度成長が10年ほど続き人々の生活はかなり豊かになり，大学への進学率は飛躍的に高まりつつあった。一方では安保条約の改定や沖縄の返還をめぐって政治的緊張が高まっていた。おりしも世界的に大学紛争が発生し，そのために多くの時間を割かれた研究者や学生も少なくなかった。

　そのような時代に，資本主義体制に対して様々な意見が戦わされたことは当然であった。しかし，1973年の第1次オイルショックによって公共事業優先型の高度成長政策が終わりを告げ，列島改造を進めた田中内閣が退陣すると，日本の経済体制は省エネルギー・安定成長型へと移行し，政治的には保守的な傾向を強めていく。この時期以降は，民科法律部会の中では，資本主義法の歴史的分析と段階区分に対する熱意よりも，現実の具体的な問題に取り組む姿勢が強くなった。

2　民科法律部会における現代法論

　笹倉秀夫は『法への根源的視座』の中で，民科法律部会における現代法論について，次のように総括している[1]。現代法をめぐる議論には３つの時期があった。第１は，1960年代後半からの議論で，旧現代法論と呼ばれている。高度成長によって発達した日本の資本主義経済における国家と法を，国家独占資本主義論という理論を使ってトータルに把握することをめざした。しかし，国家独占資本主義論がいう独占的な産業と国家の積極的な結びつきは，産業資本主義の段階から顕著であって，いわゆる国家独占資本主義論段位が，段階的というほどの差異を示すものではないことが理解されるにつれ，この言葉は1980年以降，死語となった。

　旧現代法論は，国家と法を体系的にとらえようという点では意欲的で，憲法が一新されたにもかかわらず残存する国家権力の中身における戦前と戦後の連続性を強調し，一般利益に奉仕すべきはずの法が，現実には大企業の統合や輸出を促進するために機能すること，および法の政策化などを指摘した。法の政策化とは，本来は市民社会において一般的利益に奉仕すべきはずの法が，国家の産業政策などの目的を遂行するためのいわば道具として機能することである。他方では，「権利の濫用」などの一般条項の多用や，現代型の利益対立（公害や基地，原発訴訟）における利益考量が，やはり国家の政策を擁護する働きをしていることも指摘した。政策的運用というべきかもしれない。

　旧現代法論は，体系的把握に強い関心を呼び寄せて大きな成果をあげたが，反面，吉田傑俊がいう「階級史観」に偏りすぎて，「市民社会史観」が弱かったことも事実である（これについては第Ⅲ部第３章で述べる）。そのために，体系的把握において，社会保障や社会福祉，市民生活の改善に関する動向などを包摂することが難しかった。また，産業政策を危機への対応という面からのみとらえることは不十分である上に，産業政策内部で抱える問題点についても十分には掘り下げられなかった。

　第２は，1987年以来の議論で，新現代法論と呼ばれている。高度成長によっ

---

1)　笹倉秀夫『法への根源的視座』北大路書房（2017年）248頁以下。

て資本主義の機構と人々の意識とが大きく変貌した現状を踏まえ，企業と労働者・市民の動向を正確に把握すること，問題解決の方向を正確に理解することが課題とされた。

　ここでは，産業政策を危機への対応としてとらえるのではなく，国家による社会資本の充実，それを基礎にした貿易の自由化や輸出の拡大に向けた大企業のすぐれた適応能力，企業組織の間における日本独自の長期的な関係，日本型の雇用慣行など，綿密な検討が進められた。これは，民科法律部会が，法律学における狭い研究分野を越えた研究者の集まりであったことによる。ただし，企業法や裁判法など，いくつかの分野では会員の数が相対的に多くなかった。

　新現代法論では，日本型企業社会というとらえ方が注目された。当時は多くの労働者が企業と運命共同体的な意識をもって，長期的な関係（終身雇用）を維持していた。これは，企業の水平的，垂直的関係においても顕著であった。[2] それを背景にしつつ，労働者・市民の中に中間層という意識が広がり，それを基盤にして高度に成長した企業が，国家のみならず，社会と労働者・市民までも取り込むことに成功していた。それは，生活の社会化，商品経済の生活への浸透，アメリカ型生活様式の普及によるものであった。反面では競争原理の強化によって，90年代の後半からは大量のリストラが繰り返されるようになり，労働者・市民の中にあった中間層という意識にも変化が生じ始めた。新現代法論は，この変化の中で，企業内における権威的支配や私企業の集合による国家の支配，企業による社会意識の操作などを分析した。

　笹倉によると，1994年以降は，第3の現代法論が開始された。1989年から進行した東欧社会主義の崩壊，アメリカの覇権主義，EU統合の動き，経済のグローバリゼーション，IT革命などを踏まえた日本のトータルな確認が課題となった。第12章で詳しく述べる。

3　資本主義法の歴史区分

　『現代法の学び方』において資本主義法の歴史区分を執筆したのは稲本洋之助であった。その内容は，1970年に公刊された『現代法講義』の中でより詳し

---

2)　株の持ち合いや系列関係などである。

く述べられている。

　資本主義の基本的な発展段階は，資本の原始的蓄積の段階，産業資本主義の段階，独占資本主義の段階の3つである。しかし，産業資本主義段階の法と独占資本主義段階の法の関係については注意が必要である。自由主義経済政策は産業資本の支配と集中を可能とする積極的な政策体系でありながら，（独占資本が形成された後も）法律上は「所有者の自由」を中心とする抽象的な論理構成に終始した。稲本は，現代法のひとつの特徴を，法イデオロギーが抽象的なもの（私的自治や意思の自由）から個別政策的なものに変化することにおいていた。

　稲本は，独占資本主義段階においても，産業資本主義段階の法体系と質的に異なった固有の法体系が存在するのではないとし，少なくとも先進資本主義国では，独占資本の形成を直接に促進したり，独占利潤の搾出を直接に保障する法制度は存在せず，反対に，産業資本主義段階の抽象的なレッセ・フェールの法体系が独占資本主義段階においても存続するとした。法の形態と機能を考える場合に，あまり急いで独占資本主義段階固有の法というものを考えてはならず，むしろ産業資本主義が必然的に経済過程として独占資本主義に転化するために，法というイデオロギーが果たす役割を実証的にみる必要があるとした。

　しかし，だからといって産業資本主義の法体系が，独占資本主義段階を通じて支配するということではなく，その限界が漸次的に明らかとなって現代法に移行する。それは，19世紀末の諸恐慌が次第に慢性的兆候を示し，個々の恐慌や社会不安に対してとられた一時的な立法措置が限時的なものではありえなくなって集積的傾向を帯びるということだとする。こうして，稲本は第1次世界大戦の時期に第3の時代区分が必要になるとする。

　この時期には法に従来とは異なった役割が期待されるようになる。それは，臨時措置法的な性格をもつ諸法制を政策的な配慮に基づいて再編し，より長期的な制度的対応へと転換することによって危機を乗り切ることだとする。

　この第1次世界体制時の戦時法が，やがて新たな法体制へと成長することについて，稲本は，それを国家独占資本主義の支配の形態ととらえる。国家独占資本主義の下では，経済過程に対して国家権力が全面的に介入するようになり，商品交換における価値法則が修正され，法の形式的妥当性の根拠の基盤が

---

3)　片岡昇編『現代法講義』日本評論社（1970年）124頁以下。

失われるとする。

最後に，国家独占資本主義段階における法，すなわち現代法の歴史分析のための時期区分において，第2次世界大戦を境とするだけでなく，1950年代後半までと，それ以降についても区別する必要があるとし，理由として世界的な資本主義の危機の深化をあげた[4]。

稲本の現代法は，定義として国家独占資本主義段階の法であり，時代区分としては第1次世界大戦から第2次世界大戦の間，日本の場合にはおそらく管理通貨制度に移行した1931年頃を念頭においている[5]。これに対し，吉田克己は稲本の時代区分を採用せずに，19世紀の末葉としている。

吉田は，19世紀末葉に「現代市民社会」の端緒的成立の時期を求めるという把握は，水林彪の近時の問題提起に示唆を受けたと述べている[6]。それまで，吉田はフランスを対象とした法現象の歴史的分析のなかで，19世紀末葉の法と社会の変容は意識していたが，それはなお近代社会の変容と考え，それが質的に異なる段階に達して現代市民社会が出現するのは，第2次世界大戦後の高度成長期と考えていた。しかし，結局は，近代市民社会と異なる現代市民社会とはどのようなものであるのか，それはいつ頃から区分されるものなのかという根本的な問題に立ち返ることになる。

吉田は現代市民社会への変容を2段階でとらえ，第1段階は19世紀の末葉で，それまで市民社会から排除されていた無産者や女性の市民社会への参加とその役割の増大が進行した結果であるとする。第2段階は1960年代の高度経済成長を経て成立するとする[7]。この現代市民社会の成立区分にもそれなりの説得力はあるが，従来の独禁法の制定や国家総力戦体制の成立などによる特徴づけとはかなり違った説明になっている。

稲本が述べた，「独占資本主義段階には，産業資本主義段階の法体系とは質的に異なった固有の法体系は存在せず，少なくとも先進資本主義国では，独占

---

4) 笹倉，前掲注1），125-130頁。
5) 国家権力の経済過程への全面的な介入の第1の目安として金本位制の廃止・管理通貨制度への移行をあげている。野村平爾・戒能通孝・沼田稲次郎・渡辺洋三編『現代法の学び方』岩波書店（1969年）91頁。
6) 吉田克己『現代市民社会と民法学』日本評論社（1999年）116頁の注11。そこには水林彪「西欧近現代法史論の再構成」『法の科学』26号（1997年）他が示されている。
7) 吉田，前掲注6），131頁以下。詳しくは第Ⅲ部第5章。

124　第Ⅰ部　日本におけるマルクス主義法学

資本の形成を直接に促進したり，独占利潤の搾出を直接に保障する法制度は存在しない」とか「産業資本主義段階の抽象的なレッセ・フェールの法体系が，独占資本主義段階においても存続する」という説明に対して，後者は賛成できるが，前者には2つの問題があったように思う。

第1は，1930年代以降の総力戦の時代に，国家が意識的に独占を作ったという事実がある。この時代に統制型の政治・経済システムが各国で形成され，日本においては戦後もそれが長く維持された。60年代には輸出カルテルの容認や，様々な租税特別措置，産業優遇政策がとられ，有名な石油業法のような露骨な内容の法も登場した。このような産業支援の露骨な法制が転換を迎えるのは80年代の後半になって，日米構造協議等におけるアメリカからの強力な異議が出されてからであった。

2つ目は，田中成明のいう3つの法領域を区別していないということである。田中成明は1987年に公刊した『現代日本法の構図』の中で，1960年代以降の急速な都市化と工業化を経て日本法の問題状況が大きく変わってきたとし，現在の日本の法システムと法文化を多元的にとらえ，様々な法的過程に市民と法律家が主体的に参加する条件を明らかにするために，自立型法，管理型法，自治型法の3つの法モデルを用いることを提唱した。[8]この3つのモデルは，私たちが，現代法を分析する上でも有用である。

自立型の法領域は，民法や刑法の伝統的な領域をみれば明らかなように，現代社会になったからといって大きく変化はしていない。しかし，管理型法や自治型法の法領域には大きな変化があった。

この2つの法領域の時代区分について，注意しなければならないのは，社会科学においては，何が間違っているかを証明することができても何が正しいかを断定することはできないということである。現代法の内容の確定と時代区分も同じであって，結局はどのような概念と時代区分がもっとも説得的かということである。日本に即して言うと，国家権力の性格が敗戦を機に大きく変わったにもかかわらず，支配階層のあり方や政策形成のあり方，さらには統制型の政治・経済のシステムは1930年代の戦時体制確立期から80年代まで連続してい

---

8) 田中成明『現代日本法の構図—法の活性化のために』筑摩書房（1987年）136頁以下。最初は普遍主義法と呼んでいたが，後に自立型法と呼び方を変えた。田中成明『現代裁判を考える—民事裁判のヴィジョンを索めて』有斐閣（2014年）36頁など。

た。それが変わったのは，金融の緩和，日米構造協議，プラザ合意を経た1980年代の中頃からであった[9]。つまり，市場における公正な競争を歪めるような露骨な介入を政府が行うことは困難となる一方で，国際協調という名の下での各国が足並みをそろえた国家主権への干渉，外国為替市場や金融市場への介入などが，目立つようになってきた。そのことから考えれば，日本における経済政策の変化と法の結びつきは，1930年代と1980年代に大きく変化した。他方で，政治制度と法制度の関連では敗戦と占領政策の終了によって大きく変化した。

　以上のことから資本主義法の歴史的な変化については，次のように考える。日本においても西欧においても，資本主義的生産の発展の初めから国家は経済に深く関与してきた。日本では，不平等条約の改正のために近代法典を整備したり，産業の振興と軍備の拡大のために様々な法律を制定している[10]。イギリスでは穀物法，工場法，選挙法などの動向が有名である。しかし，産業資本主義の時代と呼ばれる19世紀の前半においては，現実とは別に夜警国家とか，契約の自由とか，自由貿易といった理念が有力に主張され，かつ支持を得ていた。ここには，植民地を求める列強国の２面性も反映している。とすれば，法的理念がどうであれ（無意味ということではない），実態としては資本主義の誕生から今日に至るまで，国家と法が市場に関与し続けてきたことに変わりはない。そうすると，歴史的な変化は，国家と法が市場に対してどのような姿勢でかかわろうとしたかにある。特に，経済的な基礎，生産関係に対するかかわり型の変化が重要となる。

　市場の整備，取引の安全，国際的なルールに関する国家と法の姿勢には大きな変化はない。ただし，法の支配，基本的人権の尊重，平和に対する態度については，日本では1945年を境にして大きな変化があった。財閥の支配や富農の財産についても大きな変化があった。にもかかわらず，司法制度や政府を担う人々については基本的な変化はなく，皇室も存続した[11]。重要なことは，生産関係に対する国家と法の関与の仕方が，1920年ころから1980年代まで，基本的に

---

9) 詳しくは拙著『日本の構造改革と法』日本評論社（2002年），『世界金融危機と現代法—現代資本市場法制の制度設計』法律文化社（2009年）を参照。

10) 熊谷開作・井ヶ田良治・山中永之佑・橋本久『日本法史年表』日本評論社（1981年）参照。

11) 政治家，官僚，警察官などについては，東京裁判や公職追放による処分があったが，これらはむしろB級，C級の人々に過酷な結果となり，その他の人々，例えば高級官僚や特別警察の人々は早期に追放が解除された。拙著『現代史からみた法と社会』法律文化社（1999年）参照。

は一貫していたということである。同じことは，19世紀の末に独占が登場して以降，1980年代までの欧米についても当てはまる。この時期を吉田克己の分析にしたがって，現代法の時期と呼んでもよい。産業資本主義の時代に登場したブルジョア法が，理念とは大きく異なる制限された民主主義と資本の自由を保障するものだったのに対し，現代法は憲法による制限，普通選挙，労働者保護政策そして一定の社会保障制度を備えていた。時期によって強弱はあるものの，共通する特徴としては，大規模基幹産業の育成（インフラの整備や設備資金や信用の供与など），輸出のサポート（貿易保険の整備，外国に領事官を設置など），国内産業の保護（輸入制限や様々な規制），労働力の確保（労働者の衛生と健康の保持，住宅や税制の工夫），自国の農産物の保護などがある。

　ただし，関与の目的は大きく変化する。1920年代から30年代は工業化と労働者対策・都市化対策，農民対策であり，30年代後半から終戦までは総力戦体制の構築，終戦から50年代は，経済復興と国民生活の保護，60年代以降は高度成長と福祉制度の構築である。[12] 法理念としては，独占規制，消費者保護，婦人への差別の禁止，そして福祉国家に関する理論が登場し，発展する（福祉国家については第Ⅰ部第11章を参照）。

　日本の現代法制の中で注目されるのは経済の高度成長と福祉制度の整備である。1961年から国民皆保険体制が始まる。加入者の負担は決して軽くはないが，世界でもまれにみる平等で安心できる医療体制を構築することに成功する。反面では，開業医や民間医療機関に対するチェックが行き届かないとという問題点もあるが。1961年には拠出制国民年金も施行され，高齢者の生活保障において大きな役割を果たすようになる。ただし，被用者型年金保険と国民型年金保険の2重構造となり，世界に例をみない制度となった。ここでも，大企業に依存する政府の姿勢がみられる。

　このように，西欧や日本は現代法の下で，福祉国家への道を進む。とりわけ先進国において，戦後に重要になったのが，いわゆる市場の失敗と呼ばれる領域に対する施策で，景気変動，社会的費用，独占の支配，国際貿易の不均衡，1970年代以降は為替リスクに対する対策などである。この領域は，現在の各国

---

12)　高度成長期を特徴づける法制として全国総合開発計画，道路整備5カ年計画，コンビナートの建設，新産業都市建設促進法などがある。

第6章　現代法論とマルクス主義　**127**

政府の中で最も大きな比重を占めている。

　こうして，1980年代以降は，資本主義国の国家と法の関与の仕方に大きな変化が生じている。それは，資本主義のグローバル化と国際的な協調が不可避となったためである。この前触れと転機は実にはっきりとしている。前触れは，1972年2月のニクソン大統領によるドル防衛策の発表，2月14日の変動相場制への移行であり，転機は1985年9月のプラザ合意である。プラザ合意は，ドル高是正のためにG5が初めて国際的な協調行動を約束し，その実現のために各国内の財政にまで介入するようになった。すなわち，国際通貨市場におけるドル高是正のために，アメリカは外国為替市場においてドイツと日本に対しドル売り，円・マルク買いの介入を要求した。また，対外不均衡を是正するということで，アメリカに対する貿易黒字の縮小，国内での公共投資の拡大などを要求した。これを契機として，その後，G7等の場や2国間の交渉などで，国際的な協調行動が進められるようになった。なお，国際的な要因では，2017年にアメリカのトランプ大統領が登場して以降は，中国やイランに対する経済制裁に引きずられるようになり，軍事的にも2017年に集団的自衛権を容認する安保関連法が制定されたことは危険である。

　金融の国際化も経済のグローバル化を推進した。この面では，1984年5月の「日米円・ドル委員会報告」とそれに基づく国内措置が大きかった。こうして，80年代以降の国家と法のあり方は，新たな段階に進んだ。それは，国境を超えて市場が拡大する中で，各国が紛らわしい規制の違いや取引コストを排除する共通の枠組みを望むようになったことである。特に1995年のWTOの発足が拍車をかけた。しかし，一方では国際機関の発言力の強化に対して自国政府の権限を取り戻そうとする動きも現れた。2016～19年のイギリスのEUからの離脱の動きがそうである[13]。また，アメリカのように経済的競争力の遅れを軍事力を背景にして取り戻そうとする危険も生まれている。

　80年代以降は，福祉国家の原則に関する普遍主義的な考え方，参加型福祉，市場の調整力を重視する考え方などの違いにより，国家と法のあり方をめぐって，大きな差が生まれている。特に市場の自働調整力を重視する考え方はアメリカのレーガン政権やイギリスのサッチャーが採用した政策とされ，新自由主

13）『日本経済新聞』2019年4月4日のラグラム・ラジャンのインタビューが参考になる。

義と呼ばれている。しかし，市場の自働調整力に対する信頼には大きな差があって，これらを一括して新自由主義と呼ぶことに学問的な意味はない。

現代の国家と法における重要問題は，投資機会の減少と消費需要の頭打ちの中で，持続的な成長を維持するために，国家がどれだけのリーダーシップをとるべきかである。要点は，企業組織の再編，投資資金の提供，新しい技術開発のための基盤整備，自由貿易のルール作り，国際秩序維持のための共同行動への参加などである。

例えば，持続的経済成長のためには，消費需要，投資需要を拡大しなければならず，金利の操作が限界に近づいている現在では，通貨の供給量を増加させるしかなく，中央銀行による量的緩和が続けられている。国家もアメリカや日本では積極的な赤字財政を採用して大量の国債を発行し続けている。現在の政府・中央銀行の担当者および経済界の主流は，このようなリフレ経済政策を支持している。しかし，これは現在の政治世界に利益を代弁するものを持たない将来世代に過酷な負担を押しつけるものである。今のところ，将来世代のための政策や法を要求する声は小さい。

また，グローバル競争の中で，メガバンクの誕生，石油業界の再編，鉄鋼産業の統合，半導体産業の生き残りのための統合（ルネサス，東芝メモリー）などが，国家のサポートによって進められている。そのために，法律を制定して，産業革新投資機構 JIC などが設けられた。一方では1947年７月に施行された独占禁止法は依然として生き続けている。こうなると，独占をめぐる法的な評価は明らかに大きく転換している。

国内法における変化には，人口の減少に伴うものもある。それが所有権の評価である。日本の憲法には，ワイマール憲法のような「所有権は義務を伴う」という規定はないし，2000年に土壌汚染対策法が制定されるまでは，所有者が対策義務を負うという考え方も法律家の中ですら主流ではなかった。しかし，危険な空き家の飛躍的な増加により，現在では「所有権は義務を伴う」という考え方が国民の多くに受け入れられるようになった。所有者不明の土地の増加も大きな問題である。このように，基本的な法的価値観についても，現代法の中で変化している[14)]。

14)　いわゆる NIMBY と呼ばれる一方的な自己利益の主張も，1960年代までの生活紛争とは全く↗

結局，1980年代以降の現代法は，経済のグローバル化の中で，領域ごとに法的評価の基準が大きく変容している。特に，会社法，金融法，独禁法の評価基準は大きく変化した。その背景にあるのは，ルールの国際化と国際経済政策の協調である。

＼異なったものである。

第7章　法と経済の一般理論

　戦前から，1974年までの日本のマルクス主義法学は，マルクスの経済学に対応するような法律学を描こうとする傾向があった。その典型が山中康雄であったが，他にも多くの研究者がパシュカーニスの「法の一般理論とマルクス主義」の影響を受けて，端緒的なカテゴリーから資本主義における法秩序の構造を描こうとした。

　これについては藤田勇が1966年の『岩波講座現代法〔第7巻〕』の「法と経済の一般理論」および1969年の『現代法の学び方』で取り上げた[1]。ただし，いくつか不十分な点があった。そこで1969年から1973年にかけて『法学セミナー』に「法と経済の一般理論ノート」を執筆し，それに筆を加えて1974年に日本評論社から『法と経済の一般理論』を公刊した[2]。第2章「ゲネシス論からみた法のイデオロギー的性格」では法的イデオロギーに対するマルクス主義の基本的な理解について説明し，支配階級の階級意思がどのようにして国家意思＝公的意思に転化して，法規範が成立するのかという論理を分析している。まず第3章「法的上部構造の現象論」について取り上げる。

1　法的上部構造の反作用

　藤田は，バシュカーニスのように商品交換から直接，当事者の自由意思による法律関係の形成を導くのではなく，マルクスが序言命題で述べた土台＝上部構造論を初めとする3つのテーゼ（後述）を踏まえて，法的イデオロギーと法制度の構造（現象）を明らかにしようとした。以下要約する。

　まず，支配階級の階級意思は，社会の全成員にとって普遍的な性格をもつ意思として示されることによって規範的意味を獲得し，国家意思＝公的意思とし

---

1) 藤田勇は1925年生まれ。東京大学，神奈川大学に勤める。
2) 以下では藤田『一般理論』。

131

て現れる。こうして成立する公的意思は，国家の成員に対して行為規範となり，市民社会内部における抽象的な権利・義務を構成する。このとき公的意思としての国家意思は普遍的な性格をもった一般的な規範を表示するのにふさわしい外的形態，すなわち議会における制定プロセスを経なければならない。このとき，法律規範の制定過程における政策規範として成立してくる支配階級の階級意思が，法律という形で国家意思に転化するプロセスを媒介するものが法意識であり，これも重要な研究領域である。現代に当てはめてみれば，労働者派遣法や法人税の改正，さらには会社法の改正や福祉関連の諸立法において，現在の日本の生産諸関係のあり方を維持していくという国家意思に対して，これらの立法を進めようとする経済界の要求，福祉国家イデオロギー，新自由主義的イデオロギーなどが法意識である。同時に，自己決定論などに対する批判なども法意識である。

　藤田は分析を進めるにあたって，それまでの現代法論争などを念頭におき，分析の対象を成熟した資本主義社会の制定法主義の国に限定して，法の発生過程と反作用過程について分析した。そこでは，エンゲルスの1890年10月27日のシュミットへの手紙における指摘が引用されている。エンゲルスは，国家権力による反作用は，経済的土台による規定的作用と比較すれば二義的なものであるとした上で，国家権力による反作用には３つのものがあるとする。第１は国家権力が経済発展と同じ方向に進む場合，第２は経済発展に逆行して進む場合，第３は一定の方向を遮断し，他の方向を指定する場合である。第２の場合と第３の場合には，政治権力が経済的発展に大きな障害をあたえ，大量の浪費を生み出しかねないことは明らかである。藤田は，この場合にその反作用がどのような法的媒介形態をとるのかに注意を喚起している。

　経済発展の方向については簡単ではない。現時点では資本主義経済体制の下での福祉国家の充実の方向としてとらえておこう。藤田の指摘は，まさに現時

---

3)　藤田『一般理論』128頁以下。
4)　エンゲルス「1890年10月27日のシュミットへの手紙」『全集』37巻422頁以下。
5)　藤田『一般理論』149頁。
6)　エンゲルスと同じ問題意識で，シュムペーターのイノベーション理論を使用して資本主義社会の反作用を分析したものとして，ボーモル，ウィリアム・Ｊほか／原洋之介監訳・田中建彦訳『良い資本主義悪い資本主義―成長と繁栄の経済学』書籍工房早山（2014年）が注目される。

132　第Ⅰ部　日本におけるマルクス主義法学

点での安倍政権の成長戦略や，金融政策の分析の重要性を指摘したものであった。際限のない国債の発行，事実上の日銀引き受け，定見のない戦略特区や官民ファンドの乱発などは，私見では一定の方向を遮断し，他の方向を指定する場合に当たると思う。そこで生み出される国民への指示は，その多くが特別措置法（過疎地域自立促進特別措置法，消費税の円滑な転嫁のための特別措置法など）や，より露骨に特定の産業を支援するための産業競争力強化法などという法的形態を取っている。さらに，法的形態を取る前から，経済財政諮問会議の報告とか，規制改革会議の答申などが政策決定において大きな力をもっている。ヨーロッパのコーポラティズムの国々では以前から社会的合意に基づく政策決定が行われてきたが，日本においても社会的合意に当たるかは疑問であるが，似たような傾向になってきた。この背景には，既得権益を有する様々な団体等に対して，政府側のイニシアティブを確保しようとする思惑がある。

2　社会規範の実現の意味

藤田は，法規範が実現される具体的な形態を取り上げる。この法規範の実現は一定の経済的・政治的条件の下で行われる。しかも，政治的な対抗関係の推移により，法的規範はしばしば変容を受けて社会関係の中に定着する。1980年代の後半に始まった規制緩和や民間活力の利用，公私協働などの動きをみても，その時々の政治勢力のあり方によって大きく変化している。当然に法律の変化もめまぐるしい。しかし，全体として事前規制から事後チェックへの流れは確実に進んでいる。この場合，社会関係の主体の法意識＝規範意識が重要な意味をもつ。すなわち，行政官僚，裁判官，資本家，労働者などの個人と，それらの集団の担う法意識である。同時に，これらの団体，すなわち財界，労働団体，農協や医師会などの職業団体が政策策定過程だけでなく，法的規範の実現過程でも重要な役割を果たす。これらの諸組織は，国家意思に転化した階級意思の実現過程を新たな次元で担うとする。[7]

しかし，法規範の現実性への転化における法規範と社会規範の区別については説得力に欠けるように思う。藤田は経済的関係が，法的規範の定立される以

---

7)　藤田『一般理論』153頁以下。

前に，すでに社会的諸規範によって規制されていて，その後，法的規範がこの経済的関係において用いられていたルールを表現して成立した場合，法的規範の実現とは何を意味するのか問題にする。

　まず，規範に違反した場合に国家的制裁というサンクションが与えられることが浮かぶ。次に，違反するのではなく人々がそのルールを自発的に遵守した場合でも，そこには「規範の純粋適用」があり，やはり法的規範が実現されているという理解を取り上げる。藤田は，このような純粋適用という理解は不十分であるとして，次のように述べる。

　　法的規範の実現について語りうるためには，それに表現されている支配階級の階級意思が，社会の成員の意思関係に対して，社会規範一般のそれとは相対的に区別される独自の制御機能を及ぼしていることが必要である。社会規範が法的規範になるとは，支配階級の階級意思の内容に組み入れられ，社会の全成員にとって普遍的な法的規範に高められることであり，より意識化＝組織化された，より高度にイデオロギー的な内容をもつものに転化する。……法的規範は同種の社会規範よりも，より合理化・集中化された制御機能をもつものとなる[8]。

　しかし，これでは量的な差しか述べていないので，何か質的な差があるのかというと，「法的規範の実現は，同種の社会規範の制御機能と異なる，独自のイデオロギー的機能をもちうるのであって，当該社会の成員の特殊な意識的行為の中にそれが確認されなければならない」とする。ところが，この意識的な行為については，社会関係の主体が法的規範の内容を容認し，これに従うことを人々が相互に承認しあうこと，「自己の行動の正当化のために引き合いに出すこと」と説明する[9]。これでは，村の祭りの行事への参加や，職場の決まり事の遵守などと基本的には変わらないように思われる。

　いずれにしても，藤田が着目する法規範と社会規範の質的差は，法規範のイデオロギー性にある。したがって，藤田は議会における制定により階級意思が国家意思に転化する過程をみる場合には，制定法という形式をまとったことで十分なのではなく，法律となった後も，組織的担い手である行政機関，司法機関の分析がまず必要であるとし，さらに国家機構全体の分析と，その他の非国

---

8)　藤田『一般理論』156頁以下。
9)　藤田『一般理論』158頁。

134　　第Ⅰ部　日本におけるマルクス主義法学

家的組織をふくむ階級独裁のシステムの分析が必要であるとする。こうなると
それは資本主義国家のメカニズムの分析（国家論）に他ならない。

　資本主義社会においては法治主義ないし法の支配といわれるレジームが典型
的なものになる。それゆえ上の諸機関自体が法律規範のグループを実現してい
る。行政法や裁判法の規範を実現しているわけである。それらの特殊な人間集
団＝国家機構の内部関係と社会の成員に対する相互関係は，法的関係として現
れる。このことは，1993年の行政手続法や1999年の行政機関の保有する情報公
開法などによって，より鮮明になってきている。つまり，政治的制度が法的制
度としての姿をとり，政治現象が法現象としての姿をとっている。

　執行＝行政機関は，法律を実現するために，権限の範囲内において法規命令
を制定し，行政命令を発している。これらの命令は，具体的であるだけに，現
実の経済活動に対して強力な一般的規範を定立するものとなる。しかも，許認
可などの行政行為によって直接的に法規範の実現を媒介する。

　法がもつ本来のイデオロギーとは別に，執行＝行政機関の行為を媒介する実
現過程において，法的規範の内容が変形を受ける。公的意思形成の場の陰で進
行する行政過程において，国家権力を握る支配階級は，公的意思への転化のプ
ロセスで強いられた制約をはずし，階級意思または特定のグループの特殊意思
をより直接的に表現できる。この現象は，独占禁止政策に反する産業政策の分
野で特に顕著である。藤田は既存の法律の実現過程に逆行的な規範設定に言及
するが，1997年以降の会社法の改正に，まさにこれが当てはまる。

　藤田は，3権分立というブルジョア民主主義の古典的レジームにおいては，
資本主義的生産様式の継続性が前提にされており，支配階級の意思のスムーズ
な実現が保障されているはずなのに，このような変形が起こる原因を，資本主
義的生産の法則的展開が，それ自体矛盾を内包しているからだとする。[10]このあ
たりの論理には，ついていけないところがあるが，以下のように理解できる。
国家財政の原則は，いうまでもなく歳出＜歳入であり，少なくとも歳出＝歳入
である。財政法では，例外として建設国債の発行を認めている。しかし，行政
経費の不足を埋めるための国債（赤字国債）の発行は禁止されている。しかし，
日本では1965年度から赤字国債の発行が始まり，2015年度の発行残高は800兆

---

10)　藤田『一般理論』160-163頁。

円を超えた。他の資本主義国も，日本ほどひどいところはないが，やはり多額の国債を発行している。これは，近代的市民社会の法制度が整備されていても，現実の政治の過程においては，原則が守られないことを意味している。

民主主義は政権が有権者の意思によって取り替えられることを前提としており，有権者は「どの政党がどれくらい利益をあたえてくれるか」によって，投票先を選択する。従来から与えられいる利権も，その中に含まれる。したがって，支配階級が自らの政党に政権を維持してもらうためには，有権者（特に利益団体）に対して，最大限の利益供与を約束しなければならず，財政の健全化は絵に描いた餅にならざるを得ない。

法的規範の適用は，行政機関が行うものであれ，裁判機関が行うものであれ，権力行為である。この権力行為は特殊な論理構造をもったイデオロギー過程である。法的規範の一般的なルールを個別・具体的な事件に結びつけるわけであるが，包摂とか加工と呼ばれるプロセスを踏む。しかし，この包摂そのものが，ブルジョア法の下では特殊にイデオロギー的性格を帯びる。というのも，法的規範自体が，労働力商品の特殊性を捨象し，資本家と労働者の支配＝従属関係を捨象しているからである。

さらに，より直接的に政治的性格を帯びる事実を対象とする場合には，適用者はより直接的に支配階級の意思に即して加工を行う。労働事件や治安事件などであるが，戦後最大の加工はまぎれもなく米軍関係である。砂川事件から始まって，最近の沖縄の米軍基地の移転をめぐる国と沖縄県の紛争，さらには集団的自衛権を許容する2015年の安保関連法まで，憲法秩序に対する加工には目に余るものがある。

以上の諸機関による法の適用には，それらの機関による法規範の解釈が不可分に組み込まれている。そのかぎりで法の適用と解釈を区別することは困難である。この包摂というイデオロギー過程においては，規範の内容もしくは国家意思の構成原理の認識という形で適用者の内面で経過する内的思惟過程が存在する。それはすぐれて主観的性格をもつ認識過程である。同時に，一般的・抽象的なものから個別的・具体的なものへ，個別的・具体的なものから一般的・抽象的なものへという両面のコースを往復するかなり複雑な認識過程とみなければならない。また，包摂の過程では，適用者が法的規範の内容を外的に説明し，包摂の正当性を論証する過程が含まれる。不可分に結合した「この２つの

側面」をもつイデオロギー過程が「解釈」と呼ばれるものであろう。[11]

3 経済的関係と法的関係の相互関係

国家法と生ける法の関係を明らかにしておく必要がある。戦後の日本のマルクス主義法理論では，国家権力による法規範の定立を法的関係の成立の前提としてとらえるのが支配的である。いわゆる権力説である。これに対して戦前にソビエト連邦で社会生成説を唱えたのがストゥーチカとパシュカーニスであった。彼らが依拠したのは『資本論』第1巻第1篇第2章「交換過程」の冒頭の1節であった。その内容は以下のようにまとめられる。

商品が交換されるためには商品所持者（番人ともいう）が相対しなければならない。一方はただ他方の同意の下にのみ，すなわちどちらもただ両者に共通なひとつの意思行為を媒介としてのみ交換する。それゆえ彼らは互いに相手を私的所有者として認め合わなければならない。この契約形態の法的関係は経済的関係がそこに反映しているひとつの意思関係である。この法的関係または意思関係の内容は，経済的関係そのものによって与えられている。藤田はこれをマルクスの命題と呼ぶ。

マルクスの命題に依拠して，ストゥーチカはマルクスが具体的社会関係を法的関係としてとらえていたとし，パシュカーニスは交換過程にこそ抽象的な権利主体の間の意思関係（法的関係）が生まれる論理的基礎があるとみた。[12]このような理解の問題点は，法的規範を前提とすることなく，法的関係が存立し得るのかということである。藤田はマルクスが晩年に書いたヴァーグナー「経済学教科書」の傍注の中から次の文章に注目する。

ヴァーグナーにあっては，最初に法があって，次に取引がある。現実では事態は逆である。最初に取引があり，つぎにそこから法秩序が発展してくる。交換の中で生じる事実上の関係はあとで契約等々として法的形態をとる。この形態は，その内容である交換をも，そこに存在する人格相互の関係もつくりだしはしないのであって，そうではなく逆である。[13]

---

11) 藤田『一般理論』167頁。
12) 藤田『一般理論』175頁。
13) 『全集』19巻379頁，筆者が要約。

最初に取引（事実上の関係）があり，そこから法秩序が発展するということは，法秩序は後から公的に承認され，普遍化されるということである。資本主義社会においては，法的規範が具体的関係から抽象化・一般化され，独立化されて特殊の形態で表現され，それが再び社会関係の中で具体化される。藤田は，この具体的なものと一般的なものの2重化された関係が特徴であるとし，この段階の法的上部構造の理論的分析に際しては，法的規範を前提として法的関係の成立を説くことが妥当であるとする[14]。

　法的関係が特殊な社会関係であるというのは，経済的関係が物質的な関係であることと比べて，法的関係が意思関係，すなわちイデオロギー的社会関係であることを指す。藤田はこの両者の関連を検討しなければならないとする。1969年の『現代法の学び方』では「意思行為による人々の結びつきを通して，人々の意識とは独立の客観的な経済過程が実現されている。個々の経済過程の参加者である意思行為の主体には，全体としての経済過程の運動法則は意識されない」と述べた。これだけでも見事な説明であるが，これを梯明秀が批判した。意思行為を一面的に法的行為としてのみ解釈しているというのである。私にはそうは読めないが，藤田は当時の分析には，現実的な社会関係の構造について説明不足があったのではないかと考え，以下のように説明する[15]。

　抽象的なカテゴリーである物質的社会関係と同じく抽象的なカテゴリーである法的関係をいきなり結びつけても十分には理解されない。経済的な諸関係をその具体的な現象形態でとらえておく必要がある。資本家による企業の所有，企業における使用者と労働者，地主と借地人など，諸階級の物質的生産における相互関係を，経済諸関係の具体的現象形態としてとらえなければならない。そこにおいて，物質的生産における彼らの意識的・意思的行為の相互交換によって形成される事実上の意思関係を，経済的関係の存立の媒介的モメントとして考慮に入れておかなければならない。

　しかし，この意思関係はイデオロギー的性格を同時にもっている。例えば「労働者の働いた対価の支払い」という合意によって剰余価値を実現しているが，そのような側面を取り上げれば，経済的な諸関係を具体的な現象形態にお

---

14)　藤田『一般理論』176頁。

15)　藤田『一般理論』181頁以下。

いてとらえることの意味がうすれてしまう。したがって，この分析のレベルにおいては，イデオロギー的な本質規定はひとまずおいて，なお一定の抽象化のレベルにとどまらざるを得ない。

　経済的土台→階級的利害の対抗→階級意思の形成→支配階級の階級意思の国家意思への転化，という経路で成立してくる法的規範が，こんどは経済的土台に反作用を及ぼすという場合，それは物質的生産関係そのものを直接的に制御対象とすることはできない。法的規範の直接の作用対象となるのは，具体的な人間の意思行為であり，彼らの間の事実上の意思関係である。

　経済的な関係は，具体的な人と物との関係をめぐる具体的な人と人との関係の無限の連鎖として現れている。この事実上の意思関係と，それに覆われた物質的生産関係との統一が，具体的・現実的な経済的諸関係である。通常，所有関係とか財産関係とか呼ばれるものである。法的規範の直接の作用対象となるのは，そこでの人々の事実上の意思関係であって，法的規範の規制作用の結果として，この意思関係は法的関係としての規定性を獲得する。[16]

　藤田は，具体的な経済関係から出発し，その外皮としての人の意思関係に対して法的規範が適用されることによって法的関係として規定されるという道筋を確定する。次に問題となるのは，具体的な経済関係が交換過程である場合と直接的生産過程である場合の違いである。前者は市場における取引・売買契約などの局面であり，後者は生産現場における雇用契約などの局面である。

　前出のマルクスの命題において，マルクスは，商品交換において「契約をその形態とするこの法的関係は，経済的関係がそこに反映しているひとつの意思関係である」と述べた。この意思関係は経済的関係の性格に規定されて平等な人格の間の自由な意思関係として現れる。それは，この経済的関係が当該社会の支配的生産関係の普遍的な媒介形態である（支配階級の階級意思に合致している）ことを意味し，そのことによって法的関係としての規定性を受け取るという一般的可能性を示している。したがって，この意思関係というのは，諸個人のありのままの意思関係，心理学的な意的行為ではなく，特殊な社会的規定を受けた意思関係なのである。

　労働力市場における資本家と労働者の労働力売買関係においても外見は同じ

---

16)　藤田『一般理論』186頁。

である。ところが，流通過程（調達市場）から直接的生産過程（生産現場）に移行すると事態は一変する。大規模な集団的労働現場においては，人と人との意思関係は，使用者と労働者の意思関係，すなわち指揮命令関係にとって代わられる。ここでは具体的な意思関係は支配＝従属という性格をもつ。その典型が解雇であって，ここでは労働者の意思は問題にならない。

藤田は，交換過程における具体的人間の意思関係と生産過程におけるそれとが質的に異なるものだとすれば，この相違が法的規範の作用や法的関係の成立にとってどのように影響するかを検討する。マルクスは「資本論」第1部第4篇第13章の中で，「資本が制定する工場法典のなかでは，自分の労働者に対する専制を私的法律としてかってに定式化している。このような工場法典は大規模な工場制生産において必要となってくる労働過程の社会的規制の資本主義的戯画でしかない」[17]と述べている。この文章から藤田は，労働過程の社会的規制が必然であること，しかし，資本主義下ではそれが資本の制定する私的法律という形（例えば就業規則）で存在せざるを得ないこと，そして，この専制と私的法律はブルジョアジーの政治的支配の形態およびそれを媒介する法形態と矛盾するものであることを指摘しているとする。[18]

これはとても重要な指摘である。資本の工場の中のことは国家の法的規範によって干渉されてはならない。しかし，一方では平等な人格間の意思関係が社会の普遍的形態とされており，すべての社会関係が法の世界に包摂されていなければならない。そうすると生産過程における資本家と労働者の関係は，工場主が絶対的な立法者であるにもかかわらず，労働力市場における自由な契約の内容でもあることになる。藤田はエンゲルスの言葉を引用している。「裁判所は労働者に言う。おまえたちは，この契約を自由意思で結んだのだから，おまえたちはそれを守らなければならない」[19]。

ここでは，資本主義社会全体としての法秩序がもつイデオロギー（自由で平等な法主体，自由意思による契約）が，資本の工場法典にも及ぶことによって，支配＝従属関係があたかも労働者によって選択されたかのような論理と，生産現場における技術的な労働過程の社会的規制が資本の工場法典による法的命令

---

17) 『資本論』新書版第3分冊733頁。

18) 藤田『一般理論』191頁以下。

19) 『全集』第2巻411頁。

であるかのような論理として，現れてくる。藤田は資本主義社会において「工場の中」の関係と「工場の外」の関係が，国家権力の法的規制の対象としてどのように区別されるかは，階級闘争の展開に依存すると締めくくったが，物足りないまとめのように思われる。

藤田は，この後，歴史的法体系の内的編成について分析を進める。藤田は本稿で取り上げた部分を序論と呼び，歴史的法体系論を本論と呼んでいる。[20]

4　歴史的法体系の内的編成

藤田は，『法と経済の一般理論』の第4章で歴史的法体系の内的編成を取り上げ，パシュカーニスと加古の批判的克服に取り組んだ。藤田はパシュカーニスの法的上部構造の理解そのものに問題があるとして，『資本論』における経済学的カテゴリーとの類比が安易に考えられる前提には，「法を客観的に実在する社会関係の特殊形態とする理解があるが，問題は，この法的形態の発生・現象過程が分析されていないことと関連して，階級支配＝従属関係，階級意思・国家意思・権力的強制といった諸契機が形態論の背後にしりぞけられてしまっている点にある」とした。[21]

加古については，「ブルジョア法体系の分析は，いまだ公法・私法，市民法・社会法という一般的な歴史的構造の把握にとどまっていて，この法体系の内部編成の分析をさらにおしすすめる方法は提示されていない」とする。[22]

藤田は，法的上部構造の定在諸形態の編成を表現するカテゴリー系列は，市民社会と政治的国家との2重性という資本主義社会の論理的構造を前提とすると，次の4つのカテゴリー系列になるとする。

第1の系列は，「純粋な私的所有」の運動を直接的に媒介する法的諸関係を表現するカテゴリーであり，中心的位置を占めるのは資本家的生産過程における所有権・契約・法的人格カテゴリーである。

第2の系列は，私的所有を基礎として成り立ち，その世代的継承を保障する家族関係，すなわち婚姻や親子関係にかかわる。

---

20)　藤田『一般理論』201頁。
21)　藤田『一般理論』219頁。
22)　藤田『一般理論』241頁。

第7章　法と経済の一般理論　141

第3の系列は，私的所有の内的諸矛盾の展開として形成される，この社会の階級的＝政治的支配＝従属の諸関係であり，それら諸関係の全編成の中軸となる国家が私的所有の運動の存立条件を維持するために行う活動によって形成される諸関係である。

　第1系列のカテゴリーは，市民社会の法としての論理をもち，第2系列政治的国家と結びつけて分析されるが，なお市民社会の法を核とする。第3系列は政治的国家の論理が直接的に問題となる。

　第4の系列は，これら諸系列のカテゴリーによって表現される社会諸関係を総括的に，集中的に表現するカテゴリー系列であり，社会諸関係の特殊法的＝イデオロギー形態として，主権や人権を問題にする[23]。吉田は言う。

　　パシュカーニス，加古，藤田が展開してきた近代ブルジョア的市民社会やその法と国家の本質の究明は，全体として何を明らかにしているだろうか。それは，第1に，近代ブルジョア社会や国家が，私的所有の原理に基礎を置きつつ，商品交換関係を必然的にたえず価値増殖過程と結節してゆく過程で，自由・平等たる市民社会を階級的資本主義社会およびその国家として構築するということである。したがって，第2には，ブルジョア的市民社会を止揚することなくしては，政治社会より人間は解放されえないということを明らかにしたことである[24]。

5　社会構成体と法的上部構造

　1974年の藤田勇『法と経済の一般理論』の後，法の一般理論について目立った進展がなかった。その理由は，重要な論点について藤田がひととおり整理したことと，その後の研究が国や時代に即して実証的なものに進んだことがある。藤田は1977年から78年にかけて『マルクス主義法学講座』第2・3・8巻にマルクス主義法学関係の論文を載せ，2010年に，それまで書きためた論考とともに『マルクス主義法理論の方法的基礎』というタイトルで公刊した。その第1部第3章は書き下ろしで「社会構成体と法的上部構造論・追考」というタイトルであった[25]。それは，「法の一般理論」レベルのブルジョア法体系を構成す

---

23)　藤田『一般理論』289-293・295・296頁。
24)　吉田傑俊『市民社会論—その理論と歴史』大月書店（2005年）99頁以下。
25)　藤田勇『マルクス主義法理論の方法的基礎』日本評論社（2010年）100頁以下。以下では藤〳

142　第I部　日本におけるマルクス主義法学

る法カテゴリー系列の成立の抽象的記述への補追とされた。そこではイギリス，フランス，ドイツのそれぞれに即して近代市民社会とブルジョア法の成立について綿密な分析が行われている。また，『マルクス主義法学講座』に掲載した論文も再録されており，74年の『一般理論』では，概説的にしか展開できなかった部分を詳しく補強した。マルクスとエンゲルスの法律に関する著述部分は，第Ⅱ部に回し，一般理論に関する点について述べる。

　まず，マルクス主義の立場での社会＝歴史把握のカギとなる社会構成体について，今日様々な論争が展開されているが，大きく2つの問題軸に整理できるとした。ひとつは，社会構成体概念が上部構造を含むか否か。もうひとつは社会構成体の歴史的展開についての理解である。藤田は，回答を示しているのではなく，アルチュセールの問題提起などを検討しながら，論点を整理した。

　藤田は『法と経済の一般理論』の第4章で「歴史的法体系の内的編成」というタイトルの下でブルジョア社会およびブルジョア法を，所有を起点として歴史的に把握しようとしたが，かなり抽象的であった。そこで，ブルジョア法体系を構成する法カテゴリー系列の抽象的記述を補うために，ブルジョア革命と市民社会について，イギリス，フランス，ドイツの歴史に即して，革命主体の内容を具体的かつ綿密に分析した。それは革命の主体が，その後，どのような市民社会を構成するのかであった。その一部を以下に要約する。なお，マルクス，エンゲルスの市民社会，ブルジョア社会概念については，第Ⅱ部に回す。

　マルクスは資本論の中で，資本の本源的蓄積は農民からの土地収奪が全過程の基礎をなしているとし，それが典型的な形をとって現れるのはイギリスだけだと述べた。藤田は，これに即して15, 6世紀には農民層の多数をなす慣習土地保有層のうち上層のフリーホールダーはすでに領主権から独立しており，コピーホールダーも事実上独立自営農民になっていたとし，こうした独立自営農民の形成過程がまた，市場経済の浸透によって階層分化過程に転化し，次の社会構成が成立する過程に重なるとした。それは地主，借地農，雇農，さらには大土地所有者および資本家的借地農と農業労働者によって基本的に構成される社会である。そのさい，この過程は歴史的に順次に起こるのではなく，封建的

＼田『基礎』と表す。なお，第3部「マルクス主義法理論史」の部分は，1978年に公刊された『マルクス主義法学講座2』に執筆されたものである。

第7章　法と経済の一般理論　**143**

土地所有の解体の過程が同時に農民層分解の過程であることに注意を喚起した[26]。

16世紀後半から17世紀前半にかけて，地方貴族から独立した地主＝ブルジョア，資本家的ジェントリー，都市の大商人などが形成され，ピューリタン革命により土地所有を拡大するとともに政治的な支配的階級の地位を獲得した。この革命における民衆の下からの圧力はフランス革命の進展にみられるような力をもたず，革命は王政復古により一定の後退を余儀なくされる。しかし，名誉革命によって資本の本源的蓄積の諸条件を保障する地主＝ブルジョア支配の国家体制が確立される。エンゲルスは，フランスとの対比でイギリスの革命前後の連続性に着目して，裁判所の判例の承継や封建的な法律形態の敬虔な保存に，それが現れていることを指摘した[27]。

18世紀イギリスでは，早くも新たな社会的諸矛盾を露呈する近代「市民社会」の現実の認識とその合理的・調和的存続の追及が社会認識の核心的課題となる。ロックの自然権論的な私的所有の弁証を超えて，自己利益を基礎に置く諸個人の行動と相互関係の倫理的秩序を追及するスコットランド啓蒙派（A・スミスなど）の哲学，スミスの『国富論』に代表される政治経済学の成立がそれである。

スミスは，土地と労働の年々の生産物は地代，労賃，利潤の3部門に分かれるとし，あらゆる文明社会は地主，賃労働者，資本家から構成されるとした。スミスは国家と社会について近代ブルジョア的なとらえ方をはっきりと打ち出した。ただ，スミスによる伝統的な市民社会（societas civilis）の概念の克服は，「市民社会＝政治社会」1元論からの離脱と解することはできない[28]。

フランスについての分析では，以下の箇所が注目される。フランスでは18世紀に旧身分的秩序から独立し，国家との関係でも自律的な諸団体，サロン・クラブ，フリーメースン支部等が形成されるとともに，首都および地方のアカデミーその他の学術・文化団体，商業会議などが，これらに対する国家の官僚機構の統制から離脱していく。これらの団体から身分制社会の改革構想を示す知的リーダーが輩出され，政治的団体形成の先蹤となった。だが，新しい純然た

---

26) 藤田『基礎』114頁。
27) 『全集』19巻557頁。
28) 藤田『基礎』118頁。

第Ⅰ部 日本におけるマルクス主義法学

る政治団体が形成されるのは1788年の全国３部会招集決定以後である。こうした自己の階級的利益を代表する政治的組織の形成によってブルジョアジーの階級としての自己形成が進行した。

　第３身分のイデオローグとしてのシェイエスが，抽象的原理としては市民たる者すべてが参政権の主体であるとしながら，一定額の租税の納付者たる所定の年齢以上の男子のみが能動的市民として参政権をもつべきであり，その他の者には受動的市民として社会の利益を享受せしめるべきであるが，参政権は認められないとして，ブルジョアジーの政治社会の構成原理を述べた。所有権を神聖不可侵の自然権とし，人は生まれながらにして自由かつ平等であるとする1789年の「人および市民の権利宣言」は，すべての市民は自ら，またはその代表者によって法律（一般意思）の形成に参加する権利をもつとしたが，実現されたのは能動的市民による参加であった。[29]

　ナポレオン法典についてのエンゲルスの評価にも触れる。[30]フランスでは，革命が過去の伝統との完全な絶縁をなしとげ，封建制度の最後の痕跡までも一掃し，古代ローマ法の近代資本主義的諸関係への見事な適応をフランス民法典（Code civil）として作り出した。これが見事になされたので，いまでも他のすべての国で所有権を改正する際の模範として役立っている（イギリスも例外ではない）。

　ドイツについてはプロイセンの変化を分析した後，カントとヘーゲルの役割に言及しているが省略する。これらを踏まえて，1848〜49年のヨーロッパの諸革命と階級社会論を展開しているが省略する。

　藤田の『方法的基礎』の第３部は「マルクス主義法理論史」（元は1978年）となっており，本書の表題と重なる。詳しくは第Ⅱ部で扱う。

---

29)　藤田『基礎』125頁以下。

30)　『全集』19巻557頁。

第７章　法と経済の一般理論　　145

第8章　社会認識と法

1　社会関係に規定される契約

　マルクスによる資本主義社会の構造分析を基本にして，社会における様々な合意の基礎を解明しようとしたのが山下末人であった。山下は法律行為論における様々な理論を検討して，『法律行為論の現代的展開』[1]にまとめた。ドイツ民法学の法律行為論を受け継いだ日本の民法学が危機的な状況に陥っているとの認識の下に，民法解釈の論理を日本の社会構造的な背景との関連の中で分析し，広義の法社会学的方法を解釈論のレベルまで具体化しようとした。2000年に書かれた論文から，山下の主張をみてみよう。

　　約款を含め今日の契約は，「客観化」，「制度化」の傾向をもち，その現象形態は当事者個人「意思」であっても，契約の実際の法的規制は当事者意思というよりも客観的契約関係（社会関係）そのものから汲み上げなければならぬ方向を強めてきている。しかし，この傾向を安易に法的に容認するわけにはいかない。この傾向は，今日の社会構造からして資本・社会的優勢者の利益に奉仕する可能性が大きいからである[2]。

　山下は契約が現実には社会関係によって規定され，ますます客観化，制度化の傾向を強めていることを指摘しつつ，その傾向に安易に流されてはいけないと警告を発した。そして，そのような契約に対しては，現実の社会構造の批判的分析から解釈論を導かなければならないと主張した。

---

1)　山下末人『法律行為論の現代的展開』法律文化社（1987年）。山下は，1930年生まれで，神戸商科大学，関西学院大学，大阪経済法科大学に勤めた。
2)　山下末人「民法研究におけるマルクシズムについて──福地俊雄『法人法の理論』を読んで」『大阪経済法科大学法学論集』第48号（2000年）192頁。

146　第Ⅰ部　日本におけるマルクス主義法学

2 マルクス主義に基づく社会認識と法律関係

　山下の問題意識は，マルクス主義的な社会認識がなければ民法の世界の中だけで解釈論を行っても不十分ではないかというものである。彼の結論は，「民法を通して現代社会に切り込む切り口を探し」，そこから「民法を離れて社会自体の分析を行う」ことへと進み，さらに「そこで得られた現実社会の認識に基づいて，解釈論を行う」というものである。そこにおいて，マルクスが行った資本主義社会の解剖学（経済的，政治的分析）によって得られた認識が大きな力を発揮すると考えた。そのような認識抜きに，「近代市民社会の個人の自立」といった原理的観点から解釈を行っても説得力をもたなくなってきていると指摘する。[4]

　では，現実の社会構造の批判的分析から解釈論を導くとはどういうことか。山下は法律行為論，特に意思主義と呼ばれる考え方を例に挙げて次のように分析した。[5]

①　解釈論は現実の社会関係の反映としての法を現在の具体的紛争解決の基準としてとらえ直し，確定する作業である。

②　法規定の解釈である限り，当該法規定が現実の社会関係を反映した，その内容に解釈もしたがわざるをえない。民法典はすべての社会関係を抽象的に対等な個人間の関係としてとらえているが，そのような解釈が有効であるのは，現実の様々な具体的背景や出来事が抽象的個人関係に収斂しうる限りにおいてである。したがって，現実の出来事や社会的諸事情が，法規定や構成理論の中で考慮されていない場合には，この法的解釈はさらに検討の対象となる。このような場合にマルキシズムの法分析は特に意味をもつ。解釈論の個別的紛争解決よりも，それを含んだ，解釈論がその上に成り立つ普遍的な法理論の全社会構造的な解明をめざし，解釈論の正当性，妥当性を検証し，それに基づき具体

---

3)　同上，196頁以下。

4)　個人や意思を強調することによって平等な市民社会が形成されるという民法に特有の発想が安易なものであり，現実の社会が部分的社会から構成されていることを捨象して考えることに警告を発している。同上，178頁以下。

5)　同上，181頁以下，番号は山下がつけたもの。なお，一部に筆者の解釈が含まれている。

第8章　社会認識と法　147

的紛争解決を提示しようとするからである。

③　民法典の描く抽象的個人や法律行為という概念は，今日の社会関係に全く適合しないものではなく，むしろ資本主義的生産関係にきわめてよく適合している。マルクス主義の分析とそれに基づく解釈論的主張としては，意思表示・法律行為概念が個人意思尊重の法的概念として歴史的に形成されたことに注意する必要がある。19世紀のドイツで工業化が進みながらも，依然として絶対主義的政治体制が存続している中で形成された概念である

④　それが，今日においても現実的な意義を有しているということだけで，使用を根拠づけられるのか。個人主義や意思主義は，現代社会構造との関連において，改めてその主張の根拠づけが求められるのではないか。

⑤　現代社会・現代の法において，私的自治・個人主義が社会構造的にどのような意味をもつのか。現代はサヴィニーの時代とは根本的に異なっているが，サヴィニーの理論の根本的変更を要求するまでの変化はないのか。

⑥　サヴィニーの時代と現代社会の違いとは，サヴィニーの時代は，前近代的，絶対主義の時代で，資本主義的生産は始まったばかりである。自由主義，個人主義を主張すべき相手方である国家や工場主の存在ははっきりしていた。現代は，独占資本の支配する社会であるが，相手は複雑になり，簡単には識別することは難しい。自由主義や個人主義を誰に対してぶつけるのか。[6]

　商品交換，それを基礎とする個人的関係が絶対主義と独占資本主義の中で占める位置，および法への反映の内容は非常に異なる。サヴィニーでは，絶対主義支配関係と近代的な商品交換関係（個人主義や自由）は，異質なものの対立関係であり，現実に克服すべき道は示されず，観念・法の世界において統一する理念として文化的民族をもち出した。民族法は法律行為における個人意思尊重と調和するように構成されているが，この調和の現実的基礎は当時の社会には存在しないので，ローマ法を素材にして充足されている。[7]それゆえに形式的，抽象的な構造となっている。抽象的でなければ当時のプロイセン国家は受け入れなかったかもしれない。[8]

　今日の独占資本主義社会では，商品交換関係が社会の本質的形成要素であ

---

6)　違いの中身は山下の文章にはなく，筆者が付け加えた。
7)　山下，前掲注2），186頁。
8)　この1文も筆者が追加した。

148　第Ⅰ部　日本におけるマルクス主義法学

り，かつ，資本の支配と商品交換は矛盾する関係にある。これは競争排除のことを意味していると思われる。[9]「市民社会」が現実的存在となる反面，同時にそれに否定的な資本の支配が現実的となっている。それゆえ，サヴィニーの時代と矛盾の構造が異なっている。

⑦　独占資本主義社会では，人間は等質の独立した個人としてではなく，資本の支配の中で，複雑多様な社会関係の一員として存在する。そこに「表示主義」や「信頼主義」といった考え方が生まれてくる基礎がある。このことは，法律行為概念の中に，独占資本の支配との対抗といった要素をもち込む必要はないのか。

⑧　サヴィニーによって確立された法律行為論の理論的枠組みが現代のドイツでも日本でも基本的に継承されているのは，ドイツも日本も近代化が前近代的国家権力と資本の癒着の下で進行せしめられ，個人の平等な横のつながりとしての市民社会が，縦の権力関係に対抗し，それから独自の姿をとることが現実的には困難であったことがあげられる。したがって現実の社会関係の科学的分析およびそれの法理論への反映は困難であり，逆に国家の法秩序に取り込まれ，観念的に矮小化して理論化される。法律行為・意思表示論では，市民社会の現実的展開も「意思・表示」の「意思」に対する「表示」の重視というレベルしか，理論化されえなかった。[10]

　現代の契約を直視するとき，契約当事者の意思の合致ではつくされない具体的な内容をもっている。当事者の具体的合意の背後には現代的社会関係が控え，それが抱える諸矛盾・対立が，その合意に収斂する形で含まれ，それが現代社会の諸矛盾の反映である法に規定されて，法的概念としての契約が存在している。解釈学で合意として観念される契約は現実の契約がもつ諸矛盾を観念的・概念的に止揚した抽象的な構成物であり，捨象された現実の諸矛盾がその構成物の裏に含まれている。[11]

---

9)　独占資本主義社会とは，大企業が支配的な生産様式をさすが，完全な独占企業は国家的独占企業以外はほとんど存在しない。典型は日本郵便機構による信書の配達である。また寡占的な企業は，現実には深刻な競争に巻き込まれている。

10)　山下はサヴィニーの意思主義の現代的再生を目指すフルーメの法律行為論について言及しているが省略する。山下，前掲注2），188頁以下。山下，前掲注1），32頁以下。

11)　この「裏に含まれている」という表現は，福地俊雄『法人法の理論』信山社（1998年）から引用されている。

第8章　社会認識と法　149

⑨　表示主義も当事者の意思を無視する議論ではなく，表示において意思を解釈しようとするものである。意思主義の理論においても規範的解釈を認めるのが通例であるから，意思表示の相手方の理解状況を考慮し，意思表示の「社会的」意味を問うものである。このような解釈も含めて意思主義理論という限り，その意思は社会的意思と言いうる。

　一般には契約は当事者の個人的な法律関係を形成する手段と説明されるが，客観的には社会の経済的な関係を形成しているのであり，制度としての契約といってもよい。当事者の意思を媒介にしているが，その内容・形式は当事者の意思から独立して社会的に決定されている。個人の意思の力は限られた形式と内容において認められるに過ぎない。この意味で，個人意思を中核とする民法＝法律行為規定は，現実の制度的契約にとっては，部分規定でしかない。現実の契約規制は，当事者意思のみでなく，社会的客観的に決定されていく現実の契約関係の中からくみ上げられることになる。

　約款を含め今日の契約は，客観化，制度化の傾向をもち，その現象形態は当事者の個人的意思であっても，実際の法的規制は客観的な社会関係そのものからくみ上げなければならない方向を強めてきている。ここからが重要な論点となる。「しかし，この傾向を安易に法的に容認するわけにはいかない。この傾向は今日の社会構造からして資本・社会的優勢者の利益に有利になる可能性が大きいからである」。

　日本で古典的民法理論である意思主義が今でも一般的支持を得ているのは，このような事情からである。しかし，このような民法理論は，現実に個人意思を尊重する契約関係を作り出すことを保障しているのだろうか。現実の契約が社会化しているならば，民法理論もそれに対応して，単なる個人意思ではなく，社会的に結合して存在する人間の意思に着目して理論構築する必要があるのではないか[12]。

　従来的な民法領域に固執することなく，社会法，公法理論などとの連携理論を考えるべきであろう。社会的に結合している生きた人間が現実に形成している客観的な契約関係を法理論に反映させる努力が必要である[13]。

---

12)　この部分は，山下は「社会法化の理論を構築するべき」と記しており，筆者の解釈によって変更した。コミュニタリアンの発想を借りている。

13)　山下の法律行為論の全体像については安井宏「山下民法学における基本的認識と法律行為／

3　社会構造と合意

　合意は，社会構造によって大きく制約されている。これが山下の結論であった。彼は詳しく述べていないが，現代の資本主義は，福祉国家の下で政治的に安定している状態である。とても全般的危機と呼べるような状態ではない。もちろん，国際関係が複雑になり，各国が連携して取り組まなければならない深刻な課題が増加していることは否定できない。しかし，かつての第3世界が現在，深刻な政治的危機に直面しているのと比べれば，北米，EU，日本などは安定している。[14] このような福祉国家型資本主義を支えている経済システムおよび社会システムの中には，国家・企業・個人といった法主体の他に様々な中間的組織が存在している。また，それらの組織の間に複雑な結びつきが存在している。現代は，そのような組織がどんどん増殖し，しかも，組合か社団かといった古典的な区分がどんどん曖昧になって，とても把握しきれなくなってきた。このような諸組織の中でこそ，個人の尊厳と自由がますます重要となる。だからこそ，山下が指摘したように，それぞれが独自の仕組みで資本主義的生産関係に結びついている諸組織のあり方をみなければ，形式的な合意による拘束を主張したり，単に権利だからという理由で主張するのでは，もはや解決は難しいだろう。一方の権利主張は他方にとっては義務・負担となるからである。[15]

＼論」『法と政治』50巻1号（1999年）129頁以下がある。

14)　多数の難民の流入をきっかけにして EU と北米ではナショナリズム（ポピュリズム）が台頭している。2016年以降は，イギリスの離脱行動など EU の統合に抵抗が現れている。

15)　最近では，住宅地の価格が低下するという理由で，環境施設や福祉施設の建設に反対する住民運動（NIMBY）などがある。

第9章　マルクス主義法学に対する批判

　マルクスの言説自体は第Ⅱ部で取り上げる。ここでは，2013年以降の森下敏男によるマルクス主義法学と民科法律部会に対する批判をとりあげる。

　2013年6月1日に開催された比較法学会の社会主義・アジア法部会において，森下敏男が「歴史に裁かれたわが国のマルクス主義法学」というタイトルの報告を行った。そのときに16頁にも及ぶレジメを配布した。その内容全体は，その後5回にわたって神戸法学雑誌に掲載された[1]。

　そこでは，主として民科法律部会の会員の著作や論文に対して，きわめて否定的な評価が表明されていた。論文の最後は「ソ連社会主義は，歴史的巨悪として否定的に評価され続けることも間違いないであろう。民科の多くの議論も，また同じ運命にある」と締めくくられた[2]。

　森下は1960年代以降のマルクス主義法学から検討した。彼によれば1980年代以降はマルクス主義法学という名称は消滅した。そこで，それ以降の時期は民科の機関誌である『法の科学』と関連論文を対象に分析した。しかし，1980年代以降にマルクス主義法学という言葉が消滅した事実はなく，2010年8月には藤田勇の『マルクス主義法理論の方法的基礎』が出版され，その第1部第3章（60頁）は書き下ろしである。数は減ったと思うが，消滅したという事実はない。以下では，まずレジメに基づいて彼の主張について検討する。

1　批判の要点

　①　「唯物史観を階級史観としてとらえ，唯物史観の公式から演繹的に歴史を説明しようとしている。しかし，マルクスの「経済学批判・序言」の公式に

---

1)　森下敏男「わが国におけるマルクス主義法学の終焉」『神戸法学雑誌』64巻2号，65巻1号・2号・4号，66巻1号（2014-2016年）。

2)　森下敏男「わが国におけるマルクス主義法学の終焉―そして民主主義法学の敗北」『神戸法学雑誌』66巻1号233頁。

152　　第Ⅰ部　日本におけるマルクス主義法学

は，「階級」，「階級闘争」といった言葉はなく，不破哲三が言う「階級闘争が社会発展の原動力」とする階級史観はマルクスのものではない」（筆者が要約した。以下同じ）。

1848年に30歳のマルクスは，階級闘争を重視し，階級という言葉を使用した。マルクスがその後の研究の中で，より精緻な論理と概念を使用し，1859年の公式の中では階級という言葉を安易に使用しなくなったことは事実であるが，30歳のときの信念を撤回したわけではない。「階級闘争が社会発展の原動力である」ということが，学問的に説得力があるかどうかは別として，マルクスが，そう考えていたことは否定のしようがない[3]。

② 「社会構成体の転換は階級闘争の結果ではない」。

マルクスも社会構成体の転換が階級闘争の結果であるとは言っていない。「序言の命題」では，「社会の物質的生産力が現存の生産関係と矛盾するようになるとき社会革命の時代が始まる。経済的基礎の変化とともに，巨大な全上部構造が，変革される」と述べ，「このような変革の考察にあたっては，自然科学の正確さで確認できる経済的生産条件における物質的変革と，人間がこの衝突を意識し，かつ，戦い抜くところの法律的・政治的・宗教的・芸術的あるいは哲学的な，つまりイデオロギー的な諸形態とを，つねに区別しなければならない」と注意した。生産関係における物資的変革とイデオロギー的な形態は別ものであって，人々の政治的運動が社会変革を促進させることはあっても，それが原因ではないことをマルクスは注意している。

③ 「民主主義革命と社会主義革命の２段階戦略は２枚舌戦略であり，『さしあたり』論は欺瞞的であり，不道徳である[4]」。

民科の中には社会主義革命に強い関心をもつものもいるかもしれないが，私に関しては民科の活動はあくまでも民主主義の実体化のためであって，それ以外にない。それが嘘だとか欺瞞だとかいわれても返答のしようがない。

④ 「1980年代までの日本のマルクス主義法学は，マルクス・レーニンの引用が多く，アジテーション的で，極論が多い」。

---

3) マルクスにおける階級概念は難しい問題であるが，シュムペーター，ヨセフ・A／東畑精一・中山伊知郎訳『資本主義・社会主義・民主主義』東洋経済新報社（1995年）20頁以下に明快な分析がある。

4) レジメ5頁。

第9章 マルクス主義法学に対する批判 153

当時の文献を読み返すと決まり文句的であることは否めない。しかし，1970年代までの日本の政治体制には大きな緊張感があった。当時の人々の危機意識を現代の私たちが「大げさだ」と非難することが正当とは思えない。

　1968年に私が大学に入った当時，ベトナム戦争や沖縄返還問題など，今とは比べものにならないほどの政治的緊張があった。1970年代には国際社会におけるアメリカの地位は危機に瀕していた。その後，資本主義諸国は1985年のプラザ合意を経て，国際的な協調を密にして危機を乗り切る努力を重ね，成功した。1968年からの数年間がアメリカの国際的な支配力の行使にとって危機的な状況であったことは間違いない。

　それに関連して，アメリカのとった政策を「唯一の延命策」であるとか，当時の情勢を「没落期の最後の段階」と表現したことに問題があったことは認めるが，それは当時の危機意識が引き起こした行き過ぎた表現として理解しうる。私は，社会科学であれ自然科学であれ，慎重でなければならないと考えるが，同時に研究環境や政治情勢によって過大な表現や誤った推論がでてくることは避けられないと思う。重要なことは，その誤りをいち早く正して，より精密な理論を組み立てることだと考える。戦争中の軍国主義的発言も含めて，人々の過去の言動に時代による制約があることは避けられないのであり，大事なことは誤りを認めて正しいと思うところに進むことである。この点では，1969年の『現代法の学び方』も，他の文献も，福祉国家論に対する評価には訂正すべきところがある。

　森下は，渡辺洋三の『安保体制と憲法』や『法の科学』5号に掲載された文章を引用して，当時の民科の代表的な会員が福祉国家論をブルジョアジーの欺瞞だと述べていたことを紹介している。そして，1980年代までは，福祉国家論への批判や行政権の肥大化への批判が新自由主義に共鳴するものであったと指摘する。当時の民主主義勢力の中に，福祉国家をブルジョアジーの欺瞞だとするとらえ方があったことは事実である。

2　民科法律部会の議論に対する批判

① 　学問的・客観的認識と個人的価値判断の関係
　第1に，森下は「マルクス思想と日本文化を結びつける」立場から，マルク

ス主義法学と民主主義法学，さらには民科の学問的な活動のほぼ全面にわたって「ホッテントットの学問」とか，「欺瞞，誤り」といった激しい表現で攻撃している。一方で，『法の科学』をはじめとする民科法律部会会員の著作からの膨大な引用は，かなり正確で，扱われている論点も議論されるべきものが含まれている。もっと建設的に議論を提起すれば，評価されるかもしれない。

第2に，現在の時点から過去を振り返り，「当時の社会情勢の下では限界があった」（国家独占資本論，全般的危機論，福祉国家批判など）という主張に対して，「そのような過ちは最初から分かっていたはずだ」と批判する[5]。これは近代経済学者にも共通しており，昔の議論を修正することを許さない立場（補強・修正するということは原理論が誤っていたからだ）である。仮に過ちだとしても，当時から分かっていたものと，そうでないものは当然にあるはずで，人間の認識能力に限界がある限り，どのような原理論も修正は免れない。森下は「私は昔から分かっていた」（ソ連社会主義の非人間性など）というが，どれだけの人間が生きているうちにベルリンの壁がなくなる（その結果としてソ連の消滅）と思っていただろうか。やはり，「後追い」ととられかねない。だからといって，安易な修正が正当化されるのではないことはもちろんである。

第3に，彼の学問と信条の関係である。以下の文章は，彼が自己の内面を率直に語ったものである。

　私もまた学問的・客観的認識と個人的価値判断は分けており，両者が分裂する場合，学問的認識を優先し，価値判断は控える。学生時代……反戦デモに参加した。……しかし実際には，個々の局面でアメリカ・南ベトナム側が勝利すると，心中喜んでいる自分がいた。労働党独裁下の北ベトナムより，野蛮な資本主義のアメリカの方がましだった……現在でも，例えばイスラエルとイスラム圏の対立の場合，私は事実認識に基づいて，正義は（例えば7割5分）イスラム側にあると考えている。しかし，両者が戦闘を行った場合など，無意識のうちにもイスラエル側を応援している自分を知る。イスラエルはともかく民主国家であり，私などとも基本的なところでは共通の土俵がある……他方でイスラム教の価値観には根本的に違和感や，さらには嫌悪感を覚える[6]。

---

5)　森下，前掲注1），『神戸法学雑誌』66巻1号230頁。
6)　森下，前掲注1），『神戸法学雑誌』64巻2号205頁，注37。

彼は，アメリカの新自由主義を至るところで批判（日本的な方がよいと）しながら，アメリカの民主主義と自由は高く評価して，それとは異なる民族や文化に対して否定的な信条を隠さない。しかし，現在の時点から振り返って過去をみると，ベトナム戦争以外にも，グレナダへの侵攻，イラク戦争など，とても国としてのアメリカを「民主主義の国」とみることが難しい事件はたくさんある。大国としてのアメリカの横暴ぶりについては孫崎享『戦後史の正体』が説得的である[7]。

第4は，この全面的に否定的な民科に対する批判をどう受け止めるかである。彼は論文の最後の方で以下のように書いている。

マルクス主義法学（民主主義法学）にプラス面はないのか？　森下は言う。

本稿は，……民科の間違った面のみを対象として批判している……彼らは，日本社会を民主主義的に（さらには社会主義的に）変革することを目的としている。……（日本社会を見るときに）そもそも肯定面，否定面と機械的に分けること自体おかしいという議論もあろう。実は私自身も，そう考えている。……私自身は，民科の論文をそのように評価してきたつもりである。部分的には，同意できる点を各所で指摘している。しかし全体としては，根本的な点で間違っていると評価している[8]。

また，副題の意味が分からない。民主主義法学が誰に敗北したのだろうか。森下法学に敗北したのだろうか。それとも官僚法学に負けたのだろうか。

森下論文は渡辺洋三から始まって現在の民科の会員に至るまで，ほとんどの会員の主張を網羅的に取り上げて，その「欺瞞性」を批判した。彼が批判する論点の中には重要な部分もある。現在では誤りであることが明確なものは誤りと認めなければならない。例えば全般的危機論とか国家独占資本論などであり，福祉国家に対する対応にも問題があった。詳しくは後述する。1950年代と1970年代以降を比べると，民科だけでなく，多くの国民も福祉国家に対する考え方に大きな変化があった。革新自治体の経験が大きかったと思われる。私はマルクスの経済学批判の序言命題どおり，土台と上部構造，社会的存在と社会的意識，そして社会の変化のプロセスが人々の結合のあり方に大きな影響を与

---

7)　孫崎享『戦後史の正体―1945-2012』創元社（2012年）。この本を読めば，自民党がいかにアメリカの顔色を気にしているかが明白に理解できる。

8)　森下，前掲注1），『神戸法学雑誌』66巻1号226頁。

えると考えているので，1950年代の福祉国家の問題を1950年代に警告したこと
が問題であるとは思えない。その理由は安保条約改定をめぐる政治的緊張が極
限に近づいていたからである。もちろん1970年代以降に同じ主張をしたら問題
であろう。森下は「時代による制約は言い訳だ」として自己の歴史超越的先見
の明を誇る。また，ヨーロッパの福祉国家についても，国際的に高く評価さ
れ，社会民主党の施策についても，昔と違って高い評価が与えられているとす
る。しかし，現在でもヨーロッパの福祉国家が必ずしもすべてにおいて高く評
価されているわけではない。森下が，70年代以降に，ヨーロッパの福祉国家へ
の評価が劇的に高まったとして「過去の間違いを訂正した」と評価することに
は賛同できない。

② 歴史の発展法則について

森下は，マルクス主義の主張する歴史の発展法則について学問的ではないと
する。歴史の発展法則は，ポパーやハイエクなどからも批判されており，今さ
らとも思われるが，改めて述べる。[9] 学問的に「歴史の発展法則」を論証するこ
とは無理である。しかし，社会運動に携わる人々が信条としてそのような考え
をもつことは不思議ではない。むしろ，現実の世界における変革パワーの多く
は宗教的なものであり，1517年にルターが「95か条の提題」を提出したとき
も，彼は学問的な主張だと考えたかもしれないが，後の時代からは宗教的な業
績ではあっても学問的な業績とはみなされない。ゴータマ・シッダルタやモハ
ンマドの活動にしてもしかりである。それらに対して私たちは「欺瞞だ」など
と言えるであろうか。そこで問われている社会変革の核心は学問的なものでは
ない。学会のなかでの主張はどうであろうか。「歴史の発展法則を理解する」
ことを信条として，学問活動する人々は欺瞞なのだろうか。信条によって分析
結果が左右されれば問題があるが，意図的に証明困難な部分を「歴史の発展法
則」と表現することはあり得る。私は，そのような論理にはなじみがないが，
少なくとも西洋の法学の伝統には「事物の本性（Natur der Sache）」というのが
頻繁に出てきて，それを「欺瞞だ」と批判するのをあまりみたことがない。つ
まり，論理的実証が困難な場面で，多義的な概念を使用することには避けられ

---

9) ハイエク，ポパー，シュムペーターらのマルクスに対する批判については，拙著『自由主義と
社会主義―社会編成原理における自由と計画』神戸市外国語大学外国学研究所（2005年）参照。

ない面がある。しかし，あまり頼ってはならない。なお，「歴史の発展法則」
のルーツがマルクス・エンゲルスにあることは間違いがない。

③　1991年のソ連消滅により社会主義の問題点が明らかになった

　20世紀の社会主義は現実にはソ連や中国，東欧，北朝鮮などにしかなかった
ので，社会主義の現実が非人間的なものであったことは否定できない。現時点
では社会主義が安定的に登場できる条件はみつかっていない。しかし，そのこ
とが将来の目標としての社会主義を否定することにはならない。それは空想的
かもしれないが，「空想と科学」というエンゲルスの対比には一面性があるよ
うに思う。空想的な目標であっても，それに向かって試行錯誤していく社会運
動が貴重なのではないか。そのときに，複雑な現実社会を分析する有効な道具
が，マルクス・エンゲルスの残した知的財産だと考える。

　これについては様々な理解がある。「社会主義に対する賛美」は大きく減少
した。しかし，先進国の共産党の中には1950年代の半ばからソ連共産党のあり
方を批判し，60年代後半からは中国共産党のあり方も批判して，議会主義をか
かげていたものがあった。その政党の賛同者の中には，「ソ連型がモデルだ」
という発想はない。反対に，ソ連型こそお手本だと考えていた人々の心にポッ
カリと穴が空いた。それを，反戦運動に参加しながらアメリカを支持していた
人々が喜んだのではないだろうか。ただし，「マルクス・エンゲルスの考えた
社会主義とは何か」という問題は難しい。2人は具体的なことは何も言わな
かったので，「日本の社会主義」については我々が考えなければならない。

④　2段階革命論は2枚舌である

　これは，共産党の綱領路線を批判したものである。したがって，マルクス主
義法学批判と直接関係するとは思えないが，無視できないので取り上げる。国
民に隠して2段階革命論を展開するのは2枚舌であるが，最初から2段階で行
こうと提起するのは異なる。運動の中で了解を取ろうというのは当たり前では
ないだろうか。革命と社会改良の関係についても，両者は連続していて切り離
せるものではない。マルクスやエンゲルスも，晩年はアメリカなどで普通選挙
が拡大するのをみて，議会を通じた社会改革の重要性を何度も強調した。これ
については，第Ⅱ部で取り上げる。

⑤　新自由主義と民科の区別

　森下は，新自由主義と民科の議論に親近性があるという。私もそこに入れら

れていたので驚いた。これは，新自由主義の内容である資本の自由の確保とそれに対する国家規制の排除と，民科が志向する人間的発展のための自由の重要性とそれを確保するための国家の利用（私は，国家規制を一律に排除するという発想には立っていない）とを区別できないからではないだろうか。詳しくは，第5章第5節の片岡の主張を参照してほしい。また，西谷敏『規制が支える自己決定』も参照して欲しい。

⑥　支配層という概念

支配層という概念は確かに曖昧だが，実態を反映したものでもある。例えば産業政策を立案して実行する場合には，政府と産業界が話し合って合意を形成する。そのやり方は，合同の会議や審議会や専門委員会など様々である。[10]

森下は笹倉の著書を取り上げて，支配層が構造改革において「日本的なるもの」を消滅させて変容するとみるのは誤りであるという記述に対し，支配層が意図的にそのような目標を追求するという考え方は誤りであるとする。[11] 笹倉を取り上げたのは単なる例であって，民科ではこのような議論が蔓延しているとする。森下によれば，支配層が未来の設計図について何らかの正解をもっていることなどなく，おそらく支配層そのものも実態がないと批判する。しかし，固定的な支配層という組織的実態は存在しないとしても，重要な産業政策や社会政策を合意形成する場合には，与党と官僚組織，財界と「専門家」，労働組合のナショナルセンターなどが参加して決定していることには間違いがない，これを簡易に「支配層」と表現することはおかしくないと思う。専門家に括弧を付けたのは，支配層の意思決定に呼ばれる専門家は，少なくとも，これまでの政権運営に批判的な人は含まれないという意味である。もちろん，国民の注目度が高い場合には例外もあるが，そのような専門家の意見が通ることはまず考えられない。

---

10)　拙稿「日本の産業統制と規制緩和」『京都府立大学学術報告・公共政策』6号（2014年），「官民ファンドによる投資市場の歪み―産業革新投資機構事件の背景」『経済』285号（2019年）参照。

11)　森下，前掲注1），『神戸法学雑誌』66巻1号219頁。

3 民科法律部会の性格と行動

① 民科について

おそらく，森下は「民科の欺瞞を放っておくと害悪をふりまくから，その欺瞞を広く国民に警告したい」ということで，この長大な論文を書いたのであろう。あるいは「マルクス主義法学は滅びたので，それを確認したい」ということかもしれない。しかし，私は民科の学問は欺瞞ではなく，マルクス主義法学は自らの不十分さを克服できると考える。なお，民科に加入して活動している人々は必ずしもマルクス主義者ではない。マルクス主義の立場に立つ者があったとしても，マルクス主義の立場に立てば真理はひとつしかないとしたり，マルクス主義が最高の科学であるする考え方が正しくないことはいうまでもない。学会規約で求めているのは「民主主義法学の発展をはかる」（第2条）ことだけであるが，以下の特徴がある。

民科の会員は学問的発言や裁判運動，基地反対運動などを通じて，被害を受ける立場の人々の運動に加わってきた。それを理論的に支えるために尽力し，成果をあげてきた。その時々の制約のため，今からみれば不十分にみえるかもしれないが，その時点では大きな力を発揮し，後の理論的発展にも貢献してきた。生存権や労働基本権，消費者運動や多重債務者の救済などであって，それはホッテントットの学問でも2枚舌でもない。

② 民科の3つの理念

主義と学問は異なる。idealism, materialism, catholicism などと言う場合には，学問的真理の探求ではなく，自らが寄って立つ信条を表している。確かに宗教学という言葉があるが，それも宗教的信条を広めるというよりも，その宗教の存立基盤をできるだけ客観的に分析しようという意味で使われている。

民主主義はどうだろうか。これは訳が間違っているのではないか。democracy の訳だが，ハイエクは，この言葉が誤解に満ちていると指摘する。日本では，この言葉は，政治体制のあり方を指し，思想的なものでもある。しかし，信条ではない。民主主義的政治体制の探求は，学問的な研究となりう

---

12) 笹倉秀夫『法思想史講義〔下巻〕』東京大学出版会（2007年）312頁以下参照。

る。したがって「主義」と訳すと誤解を招きやすい。

　民主主義科学者協会法律部会は，成立時点においては，政治的なエネルギーに支えられていた。それは，専制政治とファシズムに反対する，権力や権威に屈しない学問の堅持，平和と真理への献身を通じて国民に奉仕するという3点にまとめることができる[13]。

　この3つの精神ないし理念（清水誠の言葉）は，あくまでも理念であって，具体的な学問的営為とは区別されることに注意しなければならない。すなわち，社会の経済分析を行うときに，キリスト教徒と仏教徒であることによって結論が異なってはならないのと同じである。その意味では，民科の活動に対して2重の誤解がありうる。第1は，1950年代までは別として，3つの理念が学問的営為に直接影響を与えないということである。例えば，すべての勤労者の生活を豊かにさせたいという願いから労働規制のあり方を検討し始めても，現実に可能な労働規制のあり方がそうなるという結論には至らないということである。

　第2は，すでに述べたように民主主義という言葉が個人的な信条ではなくて，特定の政治体制を表す言葉であるということ，すなわち信条ではないということである。民科法律は，戦後の民主主義体制を所与の前提として，そこで可能なより平和でより豊かな社会編制を法的な側面から研究しようとする研究者の集まりである。したがって，マルクス主義者であろうと，キリスト教徒であろうと，仏教徒であろうと，もちろんイスラム教徒であろうと，排斥しあうことはない。信条は違っても，学問的営為は理解し合える。

---

13)　清水誠「民科法律部会の軌跡」『法の科学』25号（1996年）4頁以下。

第10章　国家の公共性

　1960年代以降に，資本主義各国において福祉国家が発達するにつれて，福祉国家が国民全体の福祉を拡大できるという確信が頭をもたげてきた。経済学や政治学の中でも福祉国家論が強い影響力をもつようになってきた。[1] マルクス主義法学の中でも，「国家は支配階級の権力機構である」といったおおざっぱな分析では不十分であるとする考え方が強まった。[2] 特に，従来の絶対的窮乏化論や資本主義の全般的危機論の誤りが明らかになるにつれ，より精密な分析が求められるようになった。

1　国家の公共性とは何か

　青木孝平は，マルクスの市民社会の法と権利（人権）に対する批判的なスタンスは生涯変わることはなかったとしながら，法を国家意思として強調することは資本制経済システムの分析の進展とともにしだいに消極化していったとする。ただし，法を支配階級の意思とみなす見解は最後まで維持されていたとする。[3] この評価は是認できる。マルクスは，国家が公共的な任務を果たすということをどのように考えていたのであろうか。

　1848年の『共産党宣言』の中では法は支配階級の意思が国家意思として表明されたものとされ，1867年以降の『資本論』の中では，「生産諸条件の，直接的生産者たちに対する直接的関係こそが，全社会構造の，主権・従属諸関係の政治的形態の，要するにその時々の国家形態の，隠された基礎を見いだす」[4] と

---

1)　詳細は拙稿「福祉国家をめぐる理論状況」『京都府立大学学術報告・公共政策』2号（2010年）および「福祉国家論の現在」『京都府立大学学術報告・公共政策』7号（2015年）参照。

2)　マルクス，エンゲルスが国家の公共性について，どのように述べているかについては高橋眞『日本的法意識論再考―時代と法の背景を読む』ミネルヴァ書房（2002年）185頁以下参照。

3)　マルクス・カテゴリー事典編集委員会編『マルクス・カテゴリー事典』青木書店（1998年）502頁以下。

4)　『資本論』第3部第6篇第47章，新書版第13分冊1381頁。

述べられている。これらはいずれも資本主義的生産に基礎をおく市民社会の国家は，ブルジョアジーの支配を維持するための機構であり，しかも一般的なルールを法として制定することにより，（結果として）支配階級であるブルジョアジーの意思を表明していると述べているのであって矛盾はない。周知のように1870年のパリ・コミューンをみて書かれた「フランスにおける内乱」（およびその草稿）以降は，ブルジョアジーの国家であっても，公共的な任務を遂行させる可能性について言及するようになる。

　かつて，藤田勇の分析を引用して次のように書いた。「マルクスによれば，法が階級支配の道具であるのは商品生産社会の普遍的な内容によるからであった。国民代表機関によって制定され，普遍的な内容を持つものであっても，結果的には労働者階級の貧困を導く論理を保障するものであると考えた。ブルジョア的生産関係そのものが労働者階級の窮乏を導くのである。したがって，国家が普遍的利益の担い手であるとか，公共的機能を持つといったことは幻想ということになる[5]」。

　藤田の評価は正しいと思うが，この引用に対して「国家が公共性を持つことが，国民代表機関によって運営される場合でも常に幻想であるというのは，マルクス，エンゲルスの考えではない」という批判がなされた[6]。その根拠として『エルフルト綱領批判』の1節を参照し[7]，「国家に公共的任務を十分果たさせることは民主的共和制のもとで可能であり……」と述べている。

　私は，マルクスがブルジョアジーの国家に公共的任務を果たさせることは民主的共和制の下で可能である表明していることを認めるし，賛成する。しかし，そのことに幻想を抱いてはならないと考えている。すなわち，ブルジョアジーの国家が公共的な任務を果たすことがあっても，その国家は階級支配の道具であるという意味は失われない[8]。階級支配の道具が，時として公共的任務を果たすことはすでに目撃してきた。それは，藤田が指摘したように，普遍的な

---

5)　拙著『現代日本の国家・社会と法―自由と規制に関する法理論』神戸市外国語大学外国学研究所（1999年）。そこでは藤田勇の執筆した『マルクス主義法学講座〔第2巻〕』36・57頁以下を引用・参照した。マルクスの原典では，「ドイツイデオロギー」『全集』3巻29・70頁にあたる。

6)　高橋眞『日本的法意識論再考―時代と法の背景を読む』ミネルヴァ書房（2002年）。

7)　マルクス，カール／フリードリヒ・エンゲルス／マルクス＝エンゲルス全集刊行委員会訳『ゴータ綱領批判―エルフルト綱領批判』大月書店（1977年）104頁。

8)　『全集』22巻518-520頁。

論理をもつ法制の下で，資本主義的生産関係および資本主義社会の編成のあり方が，資本主義的な生産関係の維持に奉仕しているからである。いずれにせよ，私は「ブルジョアジーの国家がいかなる場合でも公共的な任務をはたすことができない」と述べたことは一度もなく，むしろ逆である[9]。

　高橋の分析は全体としては妥当であり，法学にとって「マルクス主義法学を言うことは，現在ではあまり積極的な意味をもたないのではないか」という結論部分は現在の民主主義法学者の多数の考えであろうと思われる。マルクスやエンゲルスの業績を受け継いで発展させるとしても，現存の制度化された学問領域の枠内で法学や経済学において行うことには限界がある。制度化された諸学会とは別のところで展開するしかない。それが民科法律部会であろう。

　笹倉は，現代法論の中で展開された議論を踏まえて次のようにまとめている。国家や法をめぐっては，階級的本質論とともに，現実にどういう作用をしているかの機能分析が大切である。この機能には，①制度の固有性に規定された機能とともに，②政治上の諸運動の力学に基づく機能，が問題となる。特に現代国家では，その作用が多様化し政治力学が複雑に絡み合い，②の機能が強くなる。現代国家は，抑圧・公安的作用や資本蓄積のための経済的・財政的作用ばかりでなく，資本蓄積の活動をある程度は抑圧する働き，人民の自由を擁護する働き，人民の福祉・文化を推進する働きなどをもつようになる。

　民科の主要な議論のひとつであった「法体系2元論」は，現代において，民主主義や基本的人権，公平な裁判，市民的な行政などが国家制度ないし原理として導入されていることに関連する。すなわち，支配階級の政策が，アメリカの国家戦略に追従しながら，日本の大企業の成長と海外進出をめざすものであったのに対し，憲法の3原理（国民主権，基本的人権の尊重，平和主義）がそれに対抗するものであることを明確にすることによって，階級史観の限界を乗り越えようとするものであった[10]。

---

9)　詳しくは拙稿「福祉国家をめぐる理論状況」および「福祉国家論の現在」，前掲注1）を参照。
10)　笹倉秀夫『法への根源的視座』北大路書房（2017年）253頁以下。

164　　第I部　日本におけるマルクス主義法学

2 日本における公共性論

　室井力は「公共性分析の必要を説く論者は，支配層の説く公共性の虚偽性と
その本質を暴露しつつ，それを無視することなく，……あるべき公共性（理
念）とその法的形態を，解釈論としても立法論としても……探ろうとする。
……公共事業，通信・運輸，法曹などの公共性のあり方を明らかにすることに
よって，……虚飾に満ちた公共性を糾弾し，それにかかわる国家と法の公共性
を論じつつ，変革・建設の法律学的道筋を示そうとするのである」と述べた。

　資本主義国家が資本階級の支配のための機関であることは否定できないが，
支配を維持するためには多数の有権者の支持を獲得しなければならず，そのか
ぎりにおいて公共的な施策を実行しなければならない。しかし，注意しなけれ
ばならないのは，第1に，民主主義体制をとる資本主義国家の場合には，法の
支配が大前提であり，しかもその中身は「個人の尊厳と自由の保障」と「持続
可能な国家の財政」でなければならない。法という形式であれば何でもよいと
いうわけではない。そうなると，現在の日本の福祉国家にみられるような際限
のない財政赤字を繰り返しながら，給付のバラ巻きを行うことによって有権者
の票を集めようとすることは，形式的には「法の支配」や民主主義に合致して
いても，その中身には大きな問題がある。このまま進めば，労働者を中心とし
て一般の国民すべてに大きな被害が発生する可能性がある。

　第2は，会社法の改正にみられるように，一見公共的な法改正を装っていて
も，その中身は財界側の要求を丸飲みするようなものが多々あるということで
ある。金融商品取引法などは一般の人々が読んでもその内容を理解することは
無理で，国民に分かりにくくすることによって，公共性が大きく損なわれてい
る。他方では，特定の産業を保護するための産業競争力強化法などの露骨な内
容の法が増えている。

---

11)　室井力「現代法と公共性論―若干の感想」『法の科学』19号（1991年）6頁以下。
12)　会社法および金融商品取引法については，拙稿「第3者割当増資の問題点」『京都府立大学学
　　術報告・公共政策』1号（2009年），「問われる会社法改正の論点」『前衛』865号（2010年）参
　　照。政府の露骨な産業政策については，拙稿「日本の産業統制と規制緩和」『京都府立大学学術
　　報告・公共政策』6号（2014年）参照。

産業政策においては，特定の産業を保護することが，例えば雇用の確保といった名目で行われ，あたかも公共的であるような主張がなされている。しかし，雇用にせよ，企業経営にせよ，原則は自由で公正な競争であり，政府が介入することは原則として好ましくない。しかも，本当のねらいが雇用の確保よりも企業の保護にあることは，企業支援の条件として必ずリストラによる人員整理が出されることからも明らかである。一方で，民主主義法学を標榜する研究者の中には，国家に対する過度の期待が存在するように思われる。「自由な競争は弱肉強食につながるからよくない」と繰り返し，国家による「適正な規制」に期待する。しかし，国家が適正な規制に乗り出すというのは，その問題が全社会的に許容できなくなったときに初めて起こるのであり，現存する政府の有識者会議の提案する規制のほとんどは，とても適正なものではない。

---

13) 日本で社会編成原理としての自由に対する評価が低いことについては拙稿「社会編成原理としての自由と私的自治」飯島紀昭・島田和夫・広渡清吾編集代表『市民法学の課題と展望―清水誠先生古稀記念論集』日本評論社（2000年）参照。
14) 『資本論』第1部第7篇第24章「いわゆる本源的蓄積」の中に，労働者を保護する諸法律がプロレタリアートの威嚇的態度や革命の圧力によって初めて実現されたことが述べられている。新書版第4分冊1268頁以下。

第11章　福祉国家論

1960年代以降の民主主義勢力の中には，福祉国家をブルジョアジーの欺瞞だとするとらえ方があった。私は2010年に次のように書いた[1]。

マルクス主義者の多くは，福祉国家を欺瞞ととらえていた。新日本出版社から1992年に「社会科学総合辞典」が公刊された[2]。この中で，「福祉国家論」について，次のように書かれていた。

　国家が社会保障や完全雇用政策などを通じて経済・政治過程に介入し，社会福祉の増大をはかることによって，資本主義の民主的改革，さらには社会主義的変革をすることなしに，資本主義の矛盾と階級対立をとりのぞいて，資本主義のもとで平等で豊かな社会が実現できるという幻想を与える議論。主として厚生経済学の理論に基づいている。

この考え方によると，福祉国家を志向する主張は，平等で豊かな社会が実現できるという幻想を与える議論である。このことは，マルクス主義者達が国民の福祉を軽視していたわけではないが，その多くが，国民福祉が福祉国家の下で実現されることを幻想と考えていたことを示している。

1　国家独占資本主義論からの福祉国家論批判

田北亮介は1977年に公刊された『マルクス主義法学講座』第7巻「現代法学批判」の中で「『福祉国家』論批判」を分担した。マルクス主義を掲げての「福祉国家」論批判である。なお当時のマルクス主義者は福祉国家はまやかしであるという意味で，福祉国家にすべて「」をつけていた。

当時は，全国に革新自治体が存在し，社会党や共産党が今とは比べものにな

---

1)　拙稿「福祉国家をめぐる理論状況」『京都府立大学学術報告・公共政策』2号（2010年）。
2)　この本には，執筆者の名前も編集者の名前も記載されておらず，ただ「社会科学事典編集委員会」の名前だけが記されている。

167

らないほどの得票率を得ていた。例えば、76年12月の衆議院選挙で、社会党は20.69％の得票で123議席、共産党は10.38％の得票で17議席を獲得していた。これに対して、2017年10月の衆議院選挙で、共産党は比例で7.89％の得票で12議席、社会党の跡を継ぐ社民党にいたっては比例で1.68％の得票で2議席に過ぎない。したがって、1970年代には国民の多くが革新的な統一戦線を求めるようになるかもしれないとの希望があった。それが、田北論文には反映している。しかし、時代は確実に変化を始めていた。ひとり当たりの国民所得は確実に増加し、持ち家や自家用車の普及など、中流的生活がどんどん拡大していた。「マルクス主義」の福祉国家批判は、そのような時代の変化を取り込めなかった。

　田北は、イギリスとアメリカの福祉国家論の展開を分析した後、日本においては、まず、社民的「福祉国家」論（これは独占資本の譲歩を示す）が登場して、真の社会主義を求める国民の革新的エネルギーをそらすために力を発揮したと述べる。その後、50年代の中頃から独占型「福祉国家」論が登場し、この「福祉国家」論は独占の要求を貫徹するためのものであったとする。

　田北は4人の「福祉国家」批判論を紹介している[3]。小谷義次の批判は次のようなものである。福祉国家は国家独占資本主義の粉飾形態、えせ民主主義形態であり、労働者階級の攻勢に対する独占資本家の譲歩の形態として生ずる。一般に民主的装いをまとって現れているが、その本質は、国家独占資本主義の搾取と収奪のもっとも巧妙な機構を形成するものに他ならない。

　小泉宏の批判は次のとおりである。国家独占資本主義下の生産と資本蓄積の下では、一方ではますます貧困者層と失業者の大群を作り出しながら、他方ではこれに対する社会保障や社会政策による「救済」を行い、同時に労働者および人民の民主的な権利の制限や抑圧を強化して階級闘争の激化の緩和を図ってきた。

　渡辺洋三は、「福祉国家」というような国家形態や理念は存在せず、ただ現にあるのは福祉政策とその理念だけであるとして、次のように述べる。

　この福祉政策は、現代国家が国家独占資本主義段階において展開するさまざまな政

---

3)　天野和夫ほか編『マルクス主義法学講座〔第7巻〕』日本評論社（1977年）47頁以下。

策のうちのひとつの政策である。この福祉政策は，権利制限を前提として展開してくるのであり，近代民主主義の変貌のうえに出てくるものである。資本主義国家権力が帝国主義権力として反動化し，その古典的民主主義をも多かれ少なかれ放棄する条件のもとで，いわゆる福祉国家論は登場するのであって，福祉国家存立の歴史的・客観的条件は，国家権力の反民主主義化であることを認識しなければならない。

針生誠吉は次のように述べる。

「福祉国家」論は，生産力の巨大化した段階において，国家と経済の結びつきによる生産の資本主義的社会化が高い段階に達し，私的独占の利益と国家の公共の利益は一層からみ合って複雑となってくる。ここで国家が私的権力としてではなく，公的権力としての性格を持っているといわれるその実態は，国家が主として私的独占体の資本の効率化と経済成長のために，公共的機能によって，経済の循環過程に介入してくることである。この国家権力が私的資本に奉仕する形で，公共の福祉を打ち出してくることにその本質がある。

いずれの論者も国家独占資本主義という言葉を用いているが，これは1970年代のマルクス主義において，独占資本が国家の全機構を自分たちの要求を貫徹するために動員する体制を表す言葉として用いられていたからである。一般の表現で言えば，財界から政府に対して定期的に要求を提出することや，政府の各種審議会に財界の代表が委員として参加すること，自民党への政治献金を通じて自民党の政策形成に影響を与えること，そして各種のロビー活動などを通じて，財界の要求が政策や法律に取り込まれる体制のことを意味していた。

以上の４人の主張をまとめて，田北は，「福祉国家」論の本質が，国家独占資本主義による搾取と収奪のための，また，それに照応するイデオロギー形態であることが共通認識であるとする。ただし，その共通認識に立っても，形態論の次元ではニュアンスの異なる２つの傾向があると指摘する。

現実の社会保障政策や社会福祉政策，およびそれらの理念に対しては，２つの評価がある。ひとつは，その政策や理念を国家独占資本主義の内在的論理に組み込み，独占の内在的要求に基礎づけるが，他方は，それを独占の側の一定の「譲歩」，別の側面からみれば労働者階級の一定の「獲得物」として把握する。したがって，前者は「福祉国家」論というイデオロギー形態を独占の論理の貫徹形態と評価するのに対して，後者は，そのイデオロギー形態を独占の譲

歩形態と評価することになる。

どうして，このような区別が必要かというと，もし，「福祉国家」が独占の論理の貫徹形態をとる場合には，憲法を頂点とする現民主主義制度とイデオロギーに対する敵対物となる。ところが，独占の譲歩形態をとる場合には，現民主主義制度とイデオロギーが独占にとって内在的な障害要因ではあっても，内容的変貌の対象と位置づけられるからである。

以上の説明を分かりやすく述べると，田北の想定する統一戦線勢力にとっては，独占型「福祉国家」論はとうてい受け入れることはできないが，社民的「福祉国家」論については，それが労働者階級の要求を反映するものである限りにおいて，受け入れることができるということである。

田北は，福祉国家論の内容を社民的「福祉国家」論と，独占型「福祉国家」論に分けて分析し，結論として，この両者は結局内容が同じものであることが露呈し，社民的「福祉国家」論の欺瞞的イデオロギー的本質が明らかになり，それとともに統一戦線イデオロギーが強化されるとする。そして，この欺瞞的な「福祉国家」論は，反動的イデオロギーの方向に追いつめられて，新たな分解と崩壊をたどることは必然である，と述べた。[4]

2010年からみれば，田北の結論は大きくはずれたというしかない。まず，革新統一戦線を求める人々の数は予想したほど増えなかった。むしろ，選挙の得票でみる限り大きく減少した。そして，一方では1993年の細川内閣の誕生以降，各政党が有権者に対して福祉国家的施策を強くアピールするようになった。共産党も例外ではない。この傾向は，2009年の民主党政権の誕生によってより顕著となり，2012年の末に登場した安倍政権においてもしかりである。

田北の分析が現実を鋭く見抜いたものなら，共産党を始めとする革新的統一戦線勢力が「福祉国家的施策」を追求することは自己矛盾である。しかし，現実の政治状況はそうではなかった。有権者の多くが福祉国家的施策を要求し，それが独占資本の要求（法人税の引き下げや企業による社会保障費の負担減など）と激しくぶつかっている。革新勢力が求める方向は，明らかに福祉国家的施策の防衛である。しかし，それは，税金を上げずに社会保障給付を増やせとか，医療や年金などの社会保険料を下げればよいといった単純なものではすまない。

4）　同上，73-76頁。

民科の活動の中では，『法の科学』5号（1977年）で，吉岡幹夫が森下の引用のとおり，「（1960年代の）高度成長政策が進められていくなかで，福祉国家のムードがつくりあげられていく。民主主義法学にとって，なによりも必要であったことは，この福祉国家論の欺瞞性を明らかにすることであった」と述べている[5]。

民科ではそれぞれの学説について議論をすることがあっても，無理に統一することはない。可能なところまですりあわせて合意を得ようとするが，理解し合えない場合もある。吉岡幹夫は民科の機関誌に「民事法学の方法論的軌跡と自覚」を執筆したのであるから，編集委員会および理事会から「民事法を代表する論者」とみなされていたことは事実である。彼は研究面だけでなく実践面でも積極的に行動し，民主主義を定着させる学術活動にも熱心であった。しかし，福祉国家の価値に対する考え方は私とは異なっていた。当時でも民事法分野の会員の中に様々な意見があったのである。

2　経済システム論不在の福祉国家論批判

2012年4月に聽濤弘『マルクス主義と福祉国家』が公刊された。聽濤は現代の様々な福祉国家論を批判的に吟味した上で，日本の福祉が不十分であり，これを拡充していくことが現在の日本の一義的課題であることを認めつつ，次のように述べた。

> 私は理論的にははっきりと社会主義を選択する。資本主義・社会主義を超越した社会構想（様々な福祉国家論のこと）についても，「着想」は分かるが，そういう社会システムがどういう経済システムによって成り立つ社会なのかを明らかにしたものを読んだことがない。資本主義に対する対抗軸となる「新しい社会経済システム」である社会主義を「新しい型」で示さなければならない[6]。

政策についても，社会変革の展望をもったものでなければならない。聽濤は資本主義の限界性が明白になっているととらえており，私とは異なっている。そして，今日の時代が客観的に新しい社会への移行期にあるととらえている。

---

5)　吉岡幹夫「民事法学の方法論的軌跡と自覚」『法の科学』5号（1977年）44頁下段。
6)　聽濤弘『マルクス主義と福祉国家』大月書店（2012年）137頁。

その上で，次のように述べる。

　現実的にはいま日本の福祉はズタズタにされている。これを再建・拡充することが現在の日本における一義的課題であることはいうまでもない。……しかし，そのための政策を提起すればすむのだろうか。ヨーロッパの現実はこれまでみてきたとおりである（福祉水準が大きく低下し，社会民主主義も停滞している）。にもかかわらず日本資本主義を「せめてヨーロッパなみのルールをもった経済秩序」に変えるなら，それは「大局的には大企業の発展の条件を拓くことになる」という主張がある。そして「ヨーロッパなみ」に国民の富が増えれば，「日本経済を健全な成長と発展の軌道にのせる」ことができると主張する。……これは理論的には明白な矛盾である。「大企業の発展条件を開」いて資本主義的大企業と「共存共栄」をはかるとか，日本の資本主義経済を「健全」に「発展」させるとかいうことが，ヨーロッパの現状と資本主義が限界に来ている今日の時代のもとで可能なのであろうか？　もしそうであれば「改良」で自己完結するだけである。……福祉国家が完全に実現できる「新しい社会システム」を理論的にはっきりと示し，そこにいたる道筋を政策的に明らかにすることこそ必要である。[7]

　聽濤は日本の福祉を再建するといっているので，おそらくリーマン・ショック以前の日本が福祉国家としてある程度確立していたとみている。私は彼とは異なり，ヨーロッパの現状と資本主義が今日の時代に限界に来ているとは考えないし，福祉などの具体的な政策の提起こそ，今の日本では一番大事であると考えている。新しい社会システムの提起はもちろん重要であるが，勤労者の中に中流的生活がこれほど普及して安定している現状では，それはきわめて難しい。また大多数の労働者が賃金で生活している以上，企業の発展が労働者の生活改善の前提であることも明白である。もちろん，ただ企業が発展すればよいというものではなく，企業の内部において労働分配率を高めることと，同一労働同一賃金の原則を守らせる不断の努力が必要であることは言うまでもない。

　シュムペーターもいうように，資本主義の生命力はまだまだ強く，それにとって変わる具体的な「新しい社会システム」を提起することは，まだとても難しい。だからといって，資本主義の没落を早めたらよいとか，資本主義はもうダメなんだと声高に叫んでみてもむなしいだけである。私たちの運動の基本は，人々のよりよい生活の改善であって，そのために社会システムの変革をめ

---

7)　同上，139頁。

ざすのであり，その逆ではないからである。

　彼は，政策を作って社会改良を訴えることに対して特に否定的な評価をしている。ヨーロッパの現状と資本主義が限界に来ている今日の時代の下で，福祉政策を追求するのは「改良」で自己完結するとのべている点は，私と全く考え方が異なっている。どのような福祉施策であっても，人々がそれを全力で追求することは，単なる「改良」ではないし，自己完結などすることはない。その運動を通じて参加者の意識は確実に変化する。それが社会的存在と意識の関係なのである。

3　21世紀の福祉国家論

（1）福祉国家をめぐる論点

　経済がグローバル化した現代では，国民国家の枠内で福祉国家を考えることには限界がある。例えば，医療保険や年金については外国人への対応が進められている。また，外国人労働者の受け入れでは，その家族に対する配慮も求められる。同じことは，外国で生活する日本人にも当てはまる。

　ロバート・ライシュの『暴走する資本主義』はグローバル経済を的確に分析している。すでに，カール・ポラニー『大転換[8]』も同様の指摘をした。これらの著作は，資本主義は「容赦のない競争」を宿命として負っていると指摘する。そのような苛酷な競争社会の中でも，私たちは，人々の生活の安定と平和を追求（防衛）し，一歩ずつ社会の改善を実現しなければならない。福祉国家的施策の追求における注意点を列挙すると次のようになる。これらは，主に，限られた財政では福祉に限界があるという意見，反対に経済活性化のためには，増税ではなく国債の発行を続けるべきだという意見に対するものである。

① 社会主義の理論的価値がなくなることはないが，当面の目標とはならない。

② 福祉国家がもつべきイデオロギーを明確にしなければならない。人間の尊厳を基礎とする人々の最低生活の保障とバラマキ政治は異なる。バラマキと

8）ポラニー，カール／吉沢英成・野口建彦・長尾史郎・杉村芳美訳『大転換―市場社会の形成と崩壊』東洋経済新報社（1975年）。原書は1944年に公刊。

　　　　　　　　　　　　　　　　　　　　第11章　福祉国家論　**173**

は、国民から集めた税金を様々な利権集団に分配すること、および選挙前に撒き餌のように有権者に利益（例えば消費税引き上げ前のポイント還元）をばらまくことである。

③　企業の科学的な分析が必要である。すべての企業が従業員を不当に扱っているわけではないが、公正な競争を避けようとする様々な工夫がなされており、それを摘発することが必要である。ここでは、株主主権論を批判して、様々なステークホルダーの利益を守ること、財務や技術の情報をごまかさない仕組みを作ることが求められる。

④　現在の経済システムを正確に理解すること。政治が悪いから不況になったわけではないが、マスコミなどは、政治や経済のトピック的な事件に人々の注目を集めようとする傾向がある。市場の失敗と政府の失敗の内容と関連を国民に理解させる必要がある。

⑤　経済対策の受益者に偏りがあることを明確にし、負担と受益の公平化を図らなければならない。そのためには、ハンディキャップを背負った人々への配慮・社会連帯の思想を強化し、国民的な合意を形成する必要がある。同時に、人間の尊厳を踏まえた個人の自立の援助が必要である。このことは、日本国籍をもつ者に限定されない。

⑥　労働者の状況を正確に理解することも必要である。同一労働・同一賃金の原則がなぜ必要かを明確にすることや高い所得の労働者層の行動の分析も必要である。

⑦　企業の社会的責任論が基本的には「イチジクの葉」であることに注意しなければならない。もちろん企業の中には重要な地域貢献を行っているものも少なくない。また、労働者や地域の住民が社会的責任論を運動のスローガンとして利用できる余地もある。

⑧　日本の社会の改革の原動力が、自主独立の路線を堅持する政治勢力にもある。しかし、最近の選挙では、支持率が低下している。これは民主勢力の社会改良に対する政策提示が十分に説得力をもっていないためであろう。社会の大部分を占める勤労者が抱いている疑問に率直に答える必要がある。彼等は、労働組合の幹部や従来の活動的勢力の自治体労働者などとは、かなり異なった考え方をもっているようである。例えば、生活保護と国民年金の給付水準、マイナンバーカードの必要性（徴税コストの低減）、農水産物・食品に対する政府の

統制などについて意見が分かれている。根本的には「自由競争と最低限必要な規制」,「社会福祉のための財の移転の規模」などについて国民的合意を形成することがポイントとなる[9]。

第2次世界大戦の後,国際政治に大きな影響を与える国々の間で,共通の認識が成立する。戦後の国際社会が平和で安定したものになるためには,自由貿易を確保すること,ベルサイユ条約のような過酷な賠償は有害であること,戦時の国家総動員態勢の経験から,戦後復興や国民生活の安定のためには,国家が積極的にリーダーシップをとることが効果的であること,である。その当時には福祉国家という考え方や,資本主義諸国における経済発展のパターンについてのまとまった考え方は存在していなかった。ミュルダールの指摘によれば,必要に迫られて実施された国家の諸介入が,やがて調整・整理されて福祉国家としてのイメージを形成していく[10]。

戦後の出発点では,ハイエクに代表される,全体主義国家に対する反省から自由を強調する考え方と,経済的排他主義が戦争を招いたことを批判して,国家のリーダーシップの発揮による新秩序の形成を主張するケインズの考え方がぶつかった。いわば自由化か計画化かである。その後の動きについてはケルブレとミュルダールが詳しい[11]。ミュルダールの『福祉国家を越えて』は戦後の資本主義諸国の福祉国家形成の動きを見事にとらえている。ただ,この本は1960年までに書かれた。ミュルダールは,将来の変化について慎重に留保しているが,このときはスミソニアン体制の崩壊も,社会主義国の崩壊やソ連の消滅も知らなかった。そのためミュルダールはソ連型計画経済に多くのページを割いた。それでも彼の著作から教えられることは大きい。西欧の福祉国家が,誰かが設計図を書いたわけでもなく,現実の必要に迫られて行われた国家の度重なる介入の結果として形成されたことを指摘したことは重要である。

70年代にケインズ的マクロ経済政策が見直される中で,福祉国家をめぐる議論が自覚的に行われるようになった。中でもエスピン・アンデルセンは大きな

---

9) 拙稿,前掲注1),参照。

10) ミュルダール,グンナー／北川一雄監訳『福祉国家を越えて―福祉国家での経済計画とその国際的意味関連』ダイヤモンド社(1970年)参照。

11) ケルブレ,ハルトムート／永岑三千輝監訳『冷戦と福祉国家―ヨーロッパ1945-89年』日本経済評論社(2014年)参照。

影響力を与えた。一方でアメリカではボーモルのような考え方も有力である。[12]
2010年代では，社会民主主義的な考え方を基礎とする EU と残余主義的な考え
方をするアメリカ合衆国が大きく対立している。その中で，日本だけは古いケ
インズ的マクロ経済政策を捨てきれない。

　アメリカは残余主義であるがジョンソン大統領のときに社会保障を充実さ
せ，財政にしめる社会保障費の比率は日本と変わらない。政府の歳出にしめる
社会保障給付費の割合は，日本が2014年度で31.70％，アメリカは2010年度で
32.24％と少し上回っている。[13]

　EU でも，北欧，イギリス（～2019年），ドイツ，フランス，その他で大きく
異なっている。しかし，福祉国家を発展させるために再分配政策が必要であ
り，そのためには国民が相応の負担をしなければならないという合意は存在し
ている。それはアメリカにはなく，日本にも実質的には存在していない（国民
年金と厚生年金という 2 本建てに現れている）。

　要するに福祉国家という存在は，戦後の西側世界が必要に迫られて行ってき
た諸施策の結果である。類型化や理論化は，その後から行われた。当初の区分
はミュルダールが行ったように，西欧，ソ連・東欧，アメリカの 3 区分が有力
であったが，1990年以降はアンデルセンの影響の下に，北欧型，保守的コーポ
ラティズム，残余主義の 3 レジームに区分するのが有力である。

（2）日本の現状

　残余主義といっても，日本の社会保障の費用は確実に増加している。しか
し，費用負担については世論は矛盾に満ちている。増税に反対する世論と公的
支援を要求する世論が併存している。真実は，併存しているのではなく，政権
がうまく使い分けているのであろう。それにしても，国民の側が，「借金をし
て社会保障費を捻出する」ことに賛成しなければ，いつまでも続けられるはず
はない。同じことは，苦境に陥った企業を公的資金で救済することにもあては

12）　エスピン＝アンデルセン，G／岡沢憲芙・宮本太郎監訳『福祉資本主義の三つの世界―比較福
　　祉国家の理論と動態』ミネルヴァ書房（2001年）。ボーモル，ウィリアム・J／ロバート・E・
　　ライタン／カール・J・シュラム／原洋之介監訳・田中建彦訳『良い資本主義　悪い資本主義―
　　成長と繁栄の経済学』書籍工房早山（2014年）。

13）　矢野恒太記念会編『世界国勢図会2014/15年度版』矢野恒太記念会（2014年）372頁以下。

176　　第Ⅰ部　日本におけるマルクス主義法学

まる。このような考え方は日本的特殊性かと思っていたが，アメリカでも2008年のリーマンショックの後で同じことが行われた。

公的資金を投入することによってシステムリスクを防いだという意見がある。一部は妥当するかもしれないが，AIG などでは役員たちの高額のボーナスに公的資金が充当された。公的資金の投入は必ずしも国民福祉にはつながらなかった。

日本では2013年４月から日銀による膨大な通貨供給の量的緩和が行われている。先に始めたアメリカは2014年の秋に終了させたが日本はやめていない。EU も2015年３月から量的緩和を始めた。しかし，通貨の量を人為的に操作したり拡大することは，依然として危険であり，株や不動産への投機に流れているとの指摘もある。

将来世代への借金の積み残しも，中央銀行による通貨供給の大規模な人為的操作も，間違っていることが分かっていてもやめられないのはなぜだろうか。選挙の在り方と国民の政治的成熟に問題があると思われる。政府は，国民の支持を集めるために，増税ではなく借金を提起し，破綻企業に公的資金を投入して救済している。また，諸利益団体に既得権の保護を約束することで，構造改革を骨抜きにしている。[14] 公正な競争にもとづく経済成長のあり方と機会均等の原則から出発する教育の充実，雇用機会をすべての労働者に拡大する方策，社会参加型の福祉のあり方等について議論を深めなければならない。[15]

---

14)　日本の構造改革の評価については，拙著『日本の構造改革と法』日本評論社（2002年）参照。
15)　拙稿「福祉国家論の現在」『京都府大学術報告・公共政策』7 号（2015年）参照。

第12章　新現代法論

　同時代法の全体的構造を理論的に把握しようという試みは，高度成長の進行と，それによる新たな矛盾の顕在化を背景にして形成された。最初は，岩波講座『現代法』が1965年から66年にかけて公刊され，中でも第7巻の『現代法と経済』には，注目すべき多くの論文が掲載された。[1]それらの論文が取り組もうとした同時代法の全体的構造の理論的把握に挑戦したのが旧現代法論であった。しかし，資本主義法の時代区分や現代法分析の手法をめぐって，様々な意見が出される中で，議論の成果をうまくまとめることができなかった。笹倉は，現代法をめぐる議論を3期に分け，1960年代後半からを旧現代法論，1987年以降を新現代法論，そして1994年以降を第3の現代法論と分けた。[2]ここでは，新現代法論以下を扱う。

1　『法の科学』の展開

　瀬川信久が，『法の科学』40号（2009年）の巻頭言で『法の科学』における民科の変化をまとめている。

> 　1号（1973年）から8号までは，民主主義の一般的な探求であり，「具体的な問題の展開」に進んでいない。9号から13号までは個別的，実践的な問題を取り上げつつ，12号，13号では市民法論を取り上げている。現代法論争に決着がつかないまま，個別的，実践的な問題に取り組みつつ，現代法論に代わる展望を市民法論に求めたのではないか。
> 　この状況は，16号（1988年）から始まる新現代法論において大きく動き出した。新現代法論は現代法論争の方法論を反省して，オイルショック後の日本の具体的法現象に視野を拡大しつつ現代法を総合的に把握し展望を提示せんとする共同研究企画であった。研究視角として，生活・社会構造の変化と法，国家機能の変化と法，国際比

---

1)　藤田勇「新・現代法論に望む」『法の科学』第16号（1988年）126頁参照。
2)　笹倉秀夫『法への根源的視座』北大路書房（2017年）248頁。

178　第Ⅰ部　日本におけるマルクス主義法学

較という3つを設定し，付随的視点として「法化」を設定した。

　新現代法論が進行していた1980年代後半は，今日に連なる時代の開始期である。……31号と32号は，1990年代の日本社会の変容を「市場とグローバリゼーション」の視角から検討し，その議論の中から「公共性」という観点を浮かび上がらせた。……34号以下では，「新しい公共性」あるいは「市民的公共性」が多くの論考の通奏低音となる……。

　新現代法論以後でみると，『法の科学』の展開の背景は3つある。第1は，福祉国家論の見直しと市場主義による規制改革，第2は，経済のグローバル化，第3は，ソ連社会主義の崩壊である。この世界変動の中で『法の科学』はウイングを広げ，視点を複眼的にしつつ，対抗理論を展開してきた。

　瀬川は，『法の科学』における議論の深化を高く評価した。しかし，直接には触れていないが，この文脈から，現代法論争の総括は不十分であり，民科はより深く総括する必要があることを示唆していた。

2　現代日本法のトータルな分析

『法の科学』15号（1987年）に西谷敏が次のように書いた。[3]

　現代法論争は1967年の民科法律春期学会のためにNJ研究会によって作成された討議資料によって口火を切られ，1970年代初頭まで展開された（以下では旧現代法論と呼ぶ）。民科の研究活動は，その後，論争に明確な決着をつけないまま，個別的もしくは実践的課題に議論の重点を移行させてきた。現代法論争が現代法のトータルな把握を目指して抽象度の高いレベルで議論したのに対し，その後の取り組みはより具体的な次元で実証的に研究していくための作業であった。しかし，今日（1987年）の諸状況を眺めてみるとき，改めて現代日本法のトータルな分析の作業に立ち向かう必要性を感じる。内外の情勢がきわめて複雑になっているからである。

　①　1973年のオイルショックを契機とする長期的な低成長が国民とくに労働者の保守化を進め，国民の意識変化を背景として政治体制が急速に保守化された。

　②　経済的にも経済構造の大幅な変化，経済の国際化，産業の空洞化，新植民地的支配など，新たな現象が広がった。

　③　法現象も複雑化して全体像を把握することがきわめて困難になっている。

　旧現代法論は，現代法を国家独占資本主義の法として把握し，「国家権力の経済過

---

3)　西谷敏「現代法論の新たな展開に向けて」『法の科学』15号（1987年）207頁以下。

程への全面的介入」や「法の政策化」をキイワードとしていた。このような議論の仕方に対しては，「政治的＝法的上部構造の独自の分析を欠いている」といった批判がなされたが，それが独自の分析結果を導くまでには至らなかった。

　「法の政策化」も，田中成明の用語を用いれば，管理型法については妥当しても，依然として大きな領域を占めている普遍主義型法や自治型法については，当てはまらない。[4]西谷は，旧現代法論は対象的限定性をもっていたと指摘する。

　旧現代法論は法を国家政策とあまりにも密着させて把握する一面性があった。国家が存続するためには法が単なる政策の外皮であることはできず，国内の様々な階層の要求を考慮したイデオロギー的色彩を帯びており（国民主権や福祉国家），そこに議会制民主主義の下での法の独自の機能があるということが十分に認識されていないという問題があった。そこでは，政策が法的形態をとることの意味が十分に検討されていなかった。

　西谷は，同時に，日本では法的根拠をもたない行政指導なども重要な機能を営んでいることに注意を喚起する。[5]私も，ウォルフレンが指摘したように，インフォーマルな意思決定が幅を利かせていることが日本の重要な特色だと思う。一口に議会制民主主義といっても，日本，アメリカ，ドイツやフランスなどでは，システム自体に大きな違いが存在している。この違いを理論化することも必要である。

　西谷は，NJ 討議資料が日本の特殊性に対して十分に考慮していなかったこ

---

4)　田中成明『転換期の日本法』岩波書店（2000年）では普遍主義型法は自立型と呼ばれている。田中による 3 区分は，『現代日本法の構図―法の活性化のために』筑摩書房（1987年）で明確に打ち出された。

5)　法的根拠をもたない行政のあり方は日本の深刻な問題である。時として最高裁判所の判決にさえ公然と抵抗する。最高裁判所は2013年 9 月26日に，第 1 小法廷で，出生届に嫡出子かどうかの区別を記載することを義務づけた戸籍法の規定は「必要不可欠とは言えない」との判断を下した。10月 1 日，兵庫県の明石市は，最高裁の判断に基づき嫡出か否かを尋ねる項目を削除した出生届の使用を開始した。すると直ちに法務省が「元に戻すよう」に是正の勧告を行い，明石市は従った。また2013年 1 月には最高裁が大衆薬のネット販売に関して，副作用リスクの高い薬の販売を一律に禁じた厚生労働省の省令を違法と認定した。この判決以降，企業による薬のネット販売への参入が相次いだ。これに対し，政府は「劇薬」に分類される 5 品目はネット販売を認めないとか，大衆薬に転用されてから間もない23品目については，転用後原則 3 年程度の猶予期間を設けるとして，最高裁判決に挑戦した。『日経新聞』2013年10月23日。

とを指摘する。先進資本主義国に共通の性格として国家独占資本主義の法とし
てとらえるとしても，歴史的な諸条件は大きく異なっており，同一の問題に対
してさえも各国家の採用する政策は大きく異なっている。こうした特殊性への
配慮が NJ 討議資料には欠けていた。

　また，旧現代法論争において共通の前提としていた「国家権力の経済過程へ
の全面的介入」という現象そのものが大きく変容している。①1970年代後半か
らの長期的な低成長の下で，ケインズ主義的経済政策が破綻をきたし，新自由
主義といわれる新たな経済政策が展開されてきた。日本でも，「民間活力」重
視と規制緩和を旗印とする臨調路線として打ち出され，福祉の大幅な後退など
として現実化している。②経済の国際化の進展も，国民経済を念頭においた国
家独占資本主義論に一定の修正を迫る要因である。少なくとも，1960年代まで
の国家独占資本主義論が前提としていた資本主義国家のあり方は1970年代以降
かなり大幅に変容した[6]。

　以上の議論を踏まえて，民科法律の企画委員会は，さしあたり３つの視角を
定立した。①「生活・社会構造の変化と法」，②「国家機能の変化と法」，③国
際比較の視点である。その上で，これら３つのテーマを扱っていく際の付随的
視点として，「法化・非法化」という視点を掲げた。

3　3つの視点

　以上のような議論を踏まえて，1987年度の学術総会では「生活・社会構造の
変化と法」というテーマが設定された。これを取り上げたのは，1970年代以降
の日本の生活・社会構造が大きく変化し，それに伴って国民の法意識が大きく
変化し，そのことが日本の政治構造にも規定的な影響を及ぼしているのではな
いかという考えからであった。

　その変化とは，労働力の流動化，地域的共同体や家族の解体，生活の社会

---

[6]　付け加えれば，東欧の社会主義諸国の体制崩壊後の1990年代以降についても，資本主義国にお
　　いて大きな変容がみられる。例えば，冷戦下におけるような福祉国家への財源の集中が見直され
　　たり，国境をまたいだ企業間競争のために法人税の減税が進められるなどである。しかし，一番
　　大きいのは，自由貿易体制の進展（GATT から WTO へ）と途上国による大規模な反発，およ
　　び資本主義の金融化であろう。

第12章　新現代法論　181

化，あらゆるレベルにおける競争の激化であった。その中でも，企業が企業内部にとどまらず，家族，地域，文化にまで支配を拡大しているとされた。[7]

西谷は，この中で生じている中流意識の蔓延や権利意識の後退が，労働者・国民が憲法的諸価値の実現のために主体となるべき役割を果たし得ていない重要な要因をなしているとする。それゆえに，変革の主体そのものの分析が必要であるとした。

生活・社会構造の変化と法を分析する場合には，法化という視点も重要となる。西谷は，日本では，政治的過程が西ドイツやアメリカにおけるほど法化されていない上に，本来法的に扱われるべき領域（基本的人権や外交問題）すらきわめて政治的に，曖昧な形で処理される特徴があることを指摘する。これは，1990年にウォルフレンが指摘して，世界的に共鳴を得た理解である。[8]

西谷は，日本も西ドイツやアメリカと同様の資本主義国であるのに，なぜこれらの国々で言われるような「法化」過程が進行しなかったのか疑問を提起し，資本主義国における法の機能の比較法的分析においては，法化がひとつの視点として有効ではないかとする。

私は，公的な政策形成や意思決定の仕組みがインフォーマルである日本の社会システムは，青木昌彦が言うような歴史的経路依存性と制度補完性によるものと考える。[9]したがって，日本資本主義の形成と変容の中で，国家による統制型の経済システムが1980年代に大きく変化し，1990年代に入ってからは自立を強調する事後チェック型システムに移行してきたと考えている。その法的な現れ方が法化であるが，西谷が『法の科学』15号に書いた当時には，まだ，事後チェック型システムへの移行は顕在化していなかった。

1987年度の学術総会のテーマは「生活・社会構造の変化と法」であったが，1988年度の学術総会のテーマは「国家機能の変化と法であり，1989年度の学術総会のテーマは「国際比較の視点」であった。これらを踏まえて，1990年度の学術総会では「現代日本法の位相—新現代法論の総括」というテーマが設定されて，3年間の取り組みが総括された。これについて『法の科学』19号（1991

---

7) このような考え方は，企業の社会的責任論を追及する考え方とは逆方向である。

8) ウォルフレン，カレル・ヴァン／篠原勝訳『日本／権力構造の謎』早川書店（1990年）。

9) 青木昌彦『比較制度分析序説—経済システムの進化と多元性』講談社（2008年）。同『経済システムの進化と多元性—比較制度分析序説』東洋経済新報社（1995年）の改訂版。

年）に，森英樹が次のように書いている。

4　新現代法論の総括

　新現代法論の出発点においては，法を政策体系として把握しようとした，かっての方法に対し，「社会が法を呼び出す」側面を重視して，「生活・社会構造の変化と法」というテーマが選ばれた。2年目には，「政策と法」という視角で得られる事実，「2つの法体系論」が軸足を置いた「規範」，社会法視座で強調された「運動・権利論」の各視点が統一されるべきとして「公共性論」が示された（いわば統合的視点である）。

　他方で，同じ2年目の総会において，「企業の社会的支配論」が提起され，国家と法の変貌を資本主義の展開にかかわらせて理解する方向も示された（いわば構造的視点である）。ただし，「企業の社会的支配論」は，日本の特殊性がもつ矛盾を，歴史的経緯の中でみることを退け，規範論に傾斜することにも警戒的であるという点で，旧現代法論とは大きな違いがあった。

　3年目の総会の「国際的枠組みの重視」も，もっぱら対米従属的日米関係を機軸に分析していた旧現代法論では，もはや解ききれないという対象の広がりに規定されるとともに，グローバルな国際社会の構造が日本の構造も規定するという側面を理論的に組み込むことが強調された。この3年間の取り組みで新たな体系化に要する問題の所在点が明らかにされたが，しかし，各問題間をつなぐ理論枠組みの構築は入り口に立ったままである。

　旧現代法論を支えていた思想に「民主的変革」があった。新現代法論を論じてきたこの間，民主的変革の見通しは手探り状態にある。問われているのは「時代の変革に向けて法学は何をすべきか」であろう。その観点からみれば，「自由・自治・自己決定と公的・民主的規制の関係」という問題も，民主的変革主体形成にとっての法の役割，法学の任務の問題としてとらえることができる。[10]

このように，森は，法化論の日本的導入のあり方という問題は，変革主体形成の法学にとっての可能性の問題でもあるとする。

この指摘は重要であるが，私はやはり法化の問題の中心は，1980年代以降の世界的な資本主義のあり方，構造問題にあるとみる。それは，日本の場合には統制型経済から事後チェック型経済システムへの変化によるところが大きい。

---

10)　森英樹「『新・現代法論』総括の観点と課題」『法の科学』19号（1991年）8頁以下。

第12章　新現代法論　183

一方でドイツやアメリカの場合には，新自由主義的な規制緩和や民営化の流れと合っている。

　森は，「企業の社会的支配」論と「公共性」論の間には，「国家」概念についても相違があると示唆する。例えば現代日本国家の「相対的自律性の希薄化」という場合の国家（構造的視点）と，「国家・法の公共性の争奪戦」（統合的視点）という場合に想定されている国家とは，その内容においても理論的な範疇においてもかなりの相違がある。森は，本来ならば，相互に応酬されてもよい論題ではないかとする。

　この森の指摘はきわめて重要である。現代法をトータルに分析するときの根本的な論点がここにある。すなわち，「経済過程に対する国家の介入をどう評価するのか」ということである。「良い介入もあれば，悪い介入もある」ではおおざっぱである。現代国家がどのようなものかということが議論の外におかれてしまう。現代の国家が，自由主義原理を維持すべきだという考え方からは，最小限の国家，個人の自由，自立が強調され求められる。これに対して，市場の失敗に対して国家のマクロ政策的介入を要求するケインズ主義的立場からは，総需要拡大や失業対策に対して国家の積極的な介入が要求される。同じく，リベラリズムや社会民主主義の立場からは，福祉国家論が主張され，競争状態を確保するための独禁政策，カルテルの摘発などに向けて国家の積極的な介入が求められる。これに対して，政府の失敗を問題にする新自由主義の立場は，政府の全面的な介入を否定し，小さな政府を要求する。

　伝統的なマルクス主義は，国家のイデオロギー的性格を強調する以上，原則として国家が市民の経済活動に介入することに反対であった。国家の本質規定からすれば，「支配階級の利益に反する介入は本質的にあり得ず，被支配階級を言いくるめるためにしか用いられない」からである。しかし民科法律の中には，新自由主義に反対して「国家の果たすべき役割」を強調し，小さな政府に反対する人々が少なくない。そこが，森下敏男には，欺瞞とみえるのかもしれない。

　『法の科学』19号の巻頭言において，室井力は次のように述べた。

　　公共性分析の必要を説く論者は，支配層の説く公共性の虚偽性とその本質を暴露しつつ，それを無視することなく，……あるべき公共性（理念）とその法的形態を，解

釈論としても立法論としても……探ろうとする。……公共事業, 通信・運輸, 法曹などの公共性のあり方を明らかにすることによって, ……虚飾に満ちた公共性を糾弾し, それにかかわる国家と法の公共性を論じつつ, 変革・建設の法律学的道筋を示そうとするのである[11]。

室井の考え方は正しいと思うが, あるべき公共性を現実の階級国家（伝統的マルクス主義では国家は支配階級の支配のための機関である）が, 本当に実現できるのかが問題となる。これに対するレーニンの答えは, プロレタリアートによる権力の奪取であり, できあいの国家を利用することはできないというものであった。

森下敏男は, 民科の「そもそも」論と「さしあたり」論は2枚舌であり, 「さしあたり」論は欺瞞であり, 不道徳であると非難した。しかし, 室井の述べたところは2枚舌でも欺瞞でもない。

現代の国家は単純な階級国家ではなく, 複雑な利益代表によって構成されている。最も力をもっている階層は経済的な支配力を有する人々およびそれらに仕えることによって利益を分けてもらえる「優れた能力をもつ」人々である。しかし, それだけではなく, 選挙によって, その他の階層の人々の代表も加わっている。さらに, 法律を作るときには, 特定の階層の利益ばかりを主張することができないので, 必ず「国民経済の健全な発展を図る」とか, 「国民生活の安全を図る」とかいう説明が入っている。室井は, 高度に専門化され, 複雑な内容を, 難しい表現でまとった法律が登場するたびに, それが「本当に国民一般の福祉にかなうのか」を暴露することが法律家の役目だと言っている。それができれば, 現代の国家は選挙民の支持をつなぎ止めるために, やむを得ずに福祉国家的施策を取り入れざるを得ない。その意味で, レーニンが言った「プロレタリアートによる権力の奪取」が体制変革の唯一の方法として正しいとは思えない。国民の政治的成長がなければ体制変革の道が切り開けないことは自明である。その国民は, 19世紀的な鉱山や工場の労働者ではなく, その多くが高等教育を受けた様々な形態の多様な労働者である。

---

11) 室井力「現代法と公共性論─若干の感想」『法の科学』19号（1991年）6頁以下。

5 豊かな社会の出現と私法学の課題

『法の科学』19号には瀬川信久の論文も掲載された。[12] 以下，紹介する（筆者の解釈が加えてある）。

瀬川は60年代の末から登場した私法の分野における重要な法律問題を，消費者問題，医療訴訟，公害・環境問題，土地・住宅問題，災害，労働災害と区分し，当時の法律問題の背後にある社会変化の方向を分析した。

社会の余剰資金が増加し「豊かな社会」になったことは，一方で，金利規制の廃止，借地法改正のような規制緩和の政策思想を生み出し，他方で公害問題，土地基本法にみられたように，権利制限の法理としての「公共性」概念を再編しつつある。

簡単に言うと前者は自由化であり，後者は規制強化である。それらが，公共性概念にどのような変化をもたらすのかということが瀬川の問題意識であった。

　日本は70年代以降，間違いなく豊かな社会に入ったが，そのことは4点にまとめられる。①欧米の先進国に追い付くための産業育成政策が不要となった。②技術革新により，それまで自然独占であった分野においても競争が可能となった（電力や通信事業等）。その結果，企業の生き残りの手段は行政指導から競争へと移行した。③経済活動の国際化は国内の規制を無力化し，日本の累積する貿易黒字は市場開放に向けての規制緩和の圧力を一層強めた。④経済成長によって生み出された大量の中間層が生活レベルを向上させ，最低限の生活条件を越える部分について選択の自由を求めるようになった。

こうして先進国では一斉に規制緩和策がとられるようになったが，これに対してどのような態度をとるべきかについて，瀬川は次のように述べる。

　①規制緩和は社会的変化に起因している。規制緩和・競争政策はもともと，民主的政府による公的規制と並んで，民主主義が独占による市場支配に対抗するためのものであることを考えるならば，一律に反対すべきではない。規制緩和の必要な分野と不必要な分野，規制の必要な分野は区別すべきである。②規制緩和が市場を民主化する

---

12)　瀬川信久「『豊かな』社会の出現と私法学の課題」『法の科学』19号（1991年）97頁以下。

かについては検討が必要である。規制緩和は産業調整を恒常化する。資本と技術は容易に移動できるが，労働は簡単に移動できないし土地は不可能である。その結果，産業調整のコストは均等ではなく，労働者や農民，地域の住民の方に大きくのしかかる。このことは民主主義政治体制にも大きな影響を与える。すなわち経済成長重視型と生活基盤重視型に分岐する。

　以上の変化と考慮は，「公共性」概念の再検討へと進む。公害法や廃棄物処理法等にみられる権利（所有権）制限の法理としての「公共の福祉」概念の解体は，「非法化」という形式的に理解にとどまるのではなく，その実体を把握しなければならない。それは社会が豊になったことに起因している。すなわち，一方で生活水準が向上した結果，これ以上の開発を「公益」とは言いにくくなっている。余剰資金が蓄積され，リゾート開発等が増加したことから，開発の私的性格が認識されるようになった。[13]

　他方で，蓄積した剰余資金によって買収や補償が可能となり，わざわざ「公益」や「公共の福祉」をもち出す必要がなくなる。収益事業の場合には買収による解決が一般的となる。公害でも基地訴訟でも「公共性」は，個別的事業のために私権を制限する力を喪失し，一般的な社会構成原理としてのみ存続する。その場合には，私権制限として機能する場合でも権利の内在的制約として考えられるようになる。以上のような公共性概念の転換に対して，憲法的観点からの「公共性」概念の分解をいかに結びつけるかが課題となる。

　瀬川は，この他にも社会連帯論やシステム論などを検討し，次のようにまとめた。

　　新現代法論が明らかにしたように，今日の社会状況は「豊かさ」と「貧しさ」が併存している。今日の第1の問題は，政治経済体制が生み出す巨大な力が，政治という正当化求めるチャンネルを回避して，経済合理性や社会分業上の機能主義の要請から正当化されることによって解き放たれてしまっていることである。[14]法律学はいかにして，この状況に対処すべきか？ ①民主的コントロールか？ これには政府の失敗のおそれがある。②市場によるコントロールか？これでは経済システムの支配を強化してしまう。③権利論か？ これは法曹への権力授権を意味する。④共同体主義的―参

---

13)　社会インフラがかなり整備されてきた結果，公的開発から私的開発へとシフトしてきたともみられる。同時に，企業誘致のための開発も，地域にとっての必要性・有益性が由来できている。

14)　瀬川はウォーリンに言及しているが，ポラニー『大転換』も同様の主張をしている。

加論的方向か？　これは官僚化された現代社会においては非現実的であろう。こうして結局，それぞれの弊害・限界に留意しながら，これらすべてによって「非・市場的／非・機能主義的な構成原理を有する『市民社会』の領域を確保する」ことが重要であり，そのための法理論を構築することが，これからの法律学の課題であるように思う。

6　現代社会における法の課題

　瀬川の指摘を私なりに受け止めると次のようになる。日本では未だに個人の自由を尊重する風潮が弱く，社会の通念に反する少数意見はなかなか評価されない。一方で自己の財産権を優先する余り，社会的な利益や他者の人間の尊厳に対する配慮に欠ける言動もみられる。これは，「人間の尊厳と自由」に対する意識の弱さの反映と考える。また，社会編成原理としての自由の評価も低い。反対に権威に対する従属は社会のあちこちにみられ，ケインズ的マクロ政策であれ，シカゴ学派であれ，マルクス主義でも同じである。知識人の中にリベラリズムやコミュニタリアン的思考が広がっているが，それを社会的な合意形成に向けてすすめようという動きはにぶい。このような思想的伝統の中で，お互いの考え方を認め合った上で，冷静な討議を十分に進めることができてこれなかったように思う。マルクスの経済学と資本主義分析についても，21世紀の日本と世界の現状を分析する中で批判的に深めていく必要がある。

　1997年以降の日本の会社法の改正と企業法実務をみると，柔軟な企業戦略と雇用の確保の名の下に，これまで積み重ねられてきた企業法における平等や安定性がなし崩し的に壊されている。自己株式の取得が原則として自由になったり，株主平等の原則が廃棄され，種類株式がおおっぴらに登場したり，投資組合が有限責任になったりした。他にも特別目的会社の乱造，第3者割当の横行など，少数株主の利益や出資者，取引相手の保護がないがしろにされている。

　このような事態に対して，社会構造の分析から根本的に批判できるのは現状ではマルクス経済学しかない。もちろん，マルクス経済学も万能ではない。近代経済学も，合理的経済人を現実の前提にしたり，一般均衡を現実に可能と考えてはいない。特に制度派の経済学は，市場の失敗と政府の失敗を分析して，効用最大化を達成しうる最適の組み合わせを追求している。こうしてみると，

現実の世界経済の諸秩序と各国の内部における市場・社会を構成する諸制度の関連づけられた分析が必要であり，その説得力が問われている。それは，「一般理論」というレベルでは，無理であろう。

　現在，最も必要なのは，日本の福祉国家を維持し，国民生活を安定したものにするために，どのような制度の改善が必要であるのか，あるいは改悪を防がなければならないのかである。例を挙げると，企業間競争が従業員の処遇を引き下げたり，福祉水準の切り下げを求めたり，法人税の引き下げを求めたりすることに対して，どのような制度的主張を行うのか。一見すると事実に反するようにみえるが，現実には，取引相手に過度な値引きを要求し，有期雇用やパート労働を増やし，技術情報が漏れない範囲で生産現場を海外に移転したりしている。さらに，国の手厚いゼロ金利政策の下で，膨大な社債を発行して資金を集積し，M&A を繰り広げている。

　資本主義経済の生産関係において，金融資本主義とも言える極端な変化が進行し，政府と中央銀行は，空前のスケールで日本の大企業の「戦略の転換」を後押しをしている。それは，1980年代までの日本型雇用や日本型経営とは大きく異なり，世界的規模の投資ファンドや株主にこびへつらい，利益を株主に優先的に分配し，株価を上げて，経営者が保身を図ることを後押ししている。[15]

　マルクスがめざした社会変革の立場は，労働者階級が自己変革を遂げて社会改革を行うというものであった。これを現代にあてはめると，労働者の形態は大きく異なっているが，賃金で生活しているほとんどの人々にとって，現在の株主優先・経営者支配の資本主義は，貧困を強いるものである。この資本主義を支える会社法制度や金融制度は政府が決定している。法律家にとっては，このような制度の根幹を批判して，広範なステークホルダーの利益を守る法律論，ゼロ金利の不公正さを批判する法律論など，個別理論を積み重ねていくことが問われている。特に，政府による1000兆円を超える国債の発行や中央銀行による際限のない国債の引き受けは，日本の経済に計り知れないダメージを与え，将来世代に深刻なつけを残すことになる。福祉国家の費用の公平な負担を含めて，現代の法律学が提起しなければならない課題は大きい。

---

15)　詳しくは原丈人『「公益」資本主義―英米型資本主義の終焉』文藝春秋（2017年）。

第 II 部　マルクスと法学

第1章　マルクスとエンゲルスにおける国家と法の理論

1　マルクスとエンゲルスの法律観の3つの時期

　マルクスやエンゲルスは，史的唯物論の立場から，法律は歴史的にみても支配の道具であり，法律学は支配階級に奉仕するものであると考えた。ただし，マルクスは，経済学の方法と法学の方法を完全に区別していた。というよりも，学問としての法学には興味をもっていなかったという方が正確であろう。ヘーゲル法哲学の批判から学問の道に入ったマルクスは，エンゲルスとの出会いもあり，直ちに，市民社会の経済的な仕組みの解剖学に取りかかる。その研究成果の集大成が1867年の『資本論』第1巻であった。一方で19世紀の近代市民社会の政治的・法的状況もリアルに分析した。そこでは，国民主権，法の支配，基本的人権という思想の下で，市民の権利義務を明確にする立法や裁判も現れた。その動きに対するマルクスとエンゲルスの評価は時代とともに明確になっていくが，やはり断片的である。

　青木孝平によると，マルクスにおける法と権利（Gesetz und Recht）のカテゴリーは3つの時期に区分される[1]。第1は，1843〜44年のヘーゲル法哲学，特にその人権論批判における法の認識であり，第2は，45〜48年の唯物史観の形成過程にみられる国家意思としての法の把握である。第3は，57年以降の経済学批判体系による商品交換における意思関係としての法の理解である。

　一方，藤田勇は，1848・49年の革命期までを国家・法理論の形成期ととらえ，その後の展開過程を1848〜52年，1853〜70年，1871〜95年と分けている。藤田の区分は，マルクス・エンゲルスの現実の運動とも結びつけられており，より分かりやすいように思われる。主として藤田の分析に依拠しながら検討する。

---

1)　青木孝平「法と権利」マルクス・カテゴリー事典編集委員会編『マルクス・カテゴリー事典』
　　青木書店（1998年）501頁。以下では『マルクス・カテゴリー事典』と表す。

2 社会構成体の分析と科学的に正しい方法

（1）経済学批判・序言の定式

　マルクスによる社会構成体の構造に関する基本的な認識について確認しよう。それは，1859年の「経済学批判の序言」と，1857年に書かれた「経済学批判要綱の序説」に明示されている。経済学批判の序言において，マルクスは次のように述べている。[2]

　私の研究の到達した結果は次のことだった。
　①　法的諸関係ならびに国家諸形態は，それ自体からも，人間精神の一般的発展からも理解されうるものではなく，むしろ物質的な諸生活関係に根ざしている。
　②　これらの生活諸関係の総体をヘーゲルは「市民社会」という名の下に総括しているが，この市民社会の解剖学は経済学のうちに求められなければならない。
　③　私の研究にとって導きの糸となった一般的結論は，次のように定式化できる。
　　3-1　人間は彼らの生活の社会的生産において，必然的な，彼らの意思から独立した諸関係に入る。すなわち物質的生産諸力の発展段階に対応する生産関係に入る。
　　3-2　生産諸関係の総体は，社会の経済的構造を形成する。これが実在的下部構造であり，その上に法律的および政治的上部構造がそびえ立ち，
　　3-3　下部構造（あるいは法律的および政治的上部構造）に，一定の社会的意識諸形態が対応する。
　　3-4　物質的生活の生産様式が，社会的，政治的および精神的生活過程一般を制約する。
　　3-5　人間の意識が彼らの存在を規定するのではなく，彼らの社会的存在が彼らの社会的意識を規定する。
　④　社会の物質的生産諸力は，その発展のある段階で，既存の生産諸関係（所有諸関係）と矛盾するようになる。このときに，社会革命の時期が始まる。
　⑤　このような諸変革の考察にあたっては，A：経済的生産諸条件における物質的な，自然科学的に正確に確認できる変革と，B：人間がこの衝突を意識するようになり，これとたたかって決着をつけるところの法律的な，政治的な，宗教的な，芸術的または哲学的な諸形態，簡単に言えばイデオロギー的諸形態とを常に区別しなければならない。

---

2) 『全集』13巻6頁以下。文章の番号は大島による。筆者によって文章は要約され，訳語も一部変えてある。

第1章　マルクスとエンゲルスにおける国家と法の理論　　193

この序言の定式については藤田および吉田傑俊の詳細な分析がある[3]。藤田は，この定式を３つのカテゴリー系列に分解し，「社会的存在―社会的意識」カテゴリー（3-5）は人間生活のあり方を発生論的にとらえるもっとも抽象的なカテゴリーとし，「土台―上部構造」カテゴリー（3-2）はそれとは区別される独自の方法的意味をもつとする。「物資的社会関係―イデオロギー的社会関係」カテゴリー（3-4および⑤）は人間の物質的生産と精神的生産の活動によって存立している社会を社会諸関係の総体としてとらえ，これを客観的実在として分析するのに不可欠のカテゴリーであるとする。このようにみれば，「土台―上部構造」カテゴリーは社会の発展法則をとらえる上で，それぞれの歴史社会の社会諸現象の総体的連関を構造的に認識し，その歴史的な規定性を明らかにするカデゴリーであるとする。

　３つのカテゴリー系列がもつ意味については基本的に納得できる。しかし，藤田が，社会的意識諸形態と上部構造を社会関係の領域的区分に関するものとして区別するのは正当ではないと述べることについては異論がある[4]。私はマルクスの意図は両者を区別するところにあったと考える。社会的意識形態は法的・政治的上部構造のような組織的な制度を指すのではなく，民主主義，国民国家，福祉国家といった体系化または制度化された論理の構造物・イデオロギーのことを意味している。というのも，このような制度化されたイデオロギーは階級社会において，きわめて大きな力をもつにもかかわらず，⑤以外では言及されておらず，しかも，⑤は社会変革における区別について限定されているからである。マルクスの意図としては，3-3において，植民地を保有する国家においてはアダム・スミスのような経済理論が登場し，共和制においてはそれに照応する政治学や法律学が隆盛となり，開発独裁の新興国においては個人崇拝的な政治理論が登場するといったものであったのではないか。

　このような認識の違いは，藤田と私の3-3の理解の仕方にある。藤田は『法と経済の一般理論』24頁２行目において「社会的意識諸形態が照応するところの現実的な土台」という訳文を使用し，社会的意識諸形態は現実的な土台に照応すると理解している。しかし，私は『全集』13巻の６頁以下の訳文か

---

3)　藤田勇『法と経済の一般理論』日本評論社（1974年）23頁以下。吉田傑俊『市民社会論―その理論と歴史』大月書店（2005年）73頁以下。
4)　藤田，前掲注3），29頁以下。

ら，社会的意識諸形態は法律的および政治的上部構造にも照応すると理解する。例えば福祉国家イデオロギーをみた場合，資本主義社会の経済的な下部構造に照応して形成されたとみるよりも，総力戦の中で国民を総動員するために1930年代以降のイギリスから始まったのであり，戦後，ほとんどの資本主義国に広がった法律的および政治的上部構造の変化，福祉国家的施策の拡大によるものである。[5]

なお，1847年6月に公刊された『哲学の貧困』の第2章の第2考察には，以下の文章がある。

> プルードンは，一定の社会的諸関係もまた，麻布，リンネル等と同じように人間によって生産されることを理解できなかった。人間は新たな生産諸力を獲得することによって，彼らの生産様式を変える。そして生産様式を，彼らの生活の質を獲得する仕方を変えることによって，彼らのあらゆる社会的関係を変える。手回し挽き臼は諸君に封建領主を支配者とする社会を与え，蒸気挽き臼は諸君に産業資本家を支配者とする社会を与えるだろう。
> だが，彼らの物質的生産力（1885年のドイツ語版では生産様式）に照応して社会的諸関係を確立するその同じ人間が，彼らの社会的諸関係に照応して諸原理，諸観念，諸カテゴリーをもまた生み出す。[6]

ポパーはこれを踏まえて，マルクスは社会を明らかに3つの層に分析しているとする。第1の層は社会の基本的な層であり，物質的生産諸力あるいは物的生産力と呼ばれる。第2の層は生産関係もしくは社会的諸関係と呼ばれ，第1の層に依存している。第3の層はイデオロギー，つまり法的，道徳的，宗教的，科学的諸観念によって形成される。ポパーは，この3層構造が，プラトンのイデア，感覚できる事物，感覚できる事物の像という区別に酷似するというが納得できない。また，ロシア（革命）では，第1の層が第3の層に合わせて変形されたとし，それがマルクスの理論の反証になるとしたが，これも賛成できない。しかし，このことによって，ポパーがマルクスの考察を形而上学ではなく，経験的意味をもつ学問的分析として承認したことは注目される。[7]

---

5) 詳細は拙稿「福祉国家論の現在」『京都府立大学学術報告・公共政策』7号（2015年）参照。

6) 『全集』4巻，133頁以下を筆者が要約した。

7) ポパー，カール・R／小河原誠夫・内田誠訳『開かれた社会とその敵—第2部』未来社（1980年）329頁，注13。

（2）経済学批判要綱の序説

　マルクスは1857年の恐慌をみて，1857年10月から1858年3月までに7冊の
ノートに経済学の原稿を書き上げた。その一部は1859年の『経済学批判』にも
収録されているが，大部分は公刊されなかった。これらは1939年と41年にモス
クワで出版され『経済学批判要綱』と名づけられた。その最初に「序説」があ
り，その3番目が「経済学の方法」である。その中に，次のような叙述があ
る。

　　　ある国を経済学的に考察するのに人口から始めるのはまちがっている。人口はひと
　　つの抽象であり，その基礎となっている諸要素のことを知らなければ空語である。マ
　　ルクスが人口から始めるとしたら，分析的にもっと単純な諸概念を見いだすであろ
　　う。表象された具体的なものから次第により稀薄な抽象的なものに進んでいって，つ
　　いにはもっとも単純な諸規定に到達するだろう（第1の方法）。そこから今度は再び
　　後方への旅が始められるべきであって，最後に再び人口に到達するであろう（第2の
　　方法）。だが今度は全体の混沌とした表象の人口ではなく，多くの規定と関係よりな
　　る豊富な総体としての人口に到達する。
　　　第1の方法は，経済学がその発生にあたって歴史的にとった方法である。彼らはつ
　　ねに分析によって抽象的な関係，例えば分業，貨幣，価値等を見つけだすことで終
　　わった。これらの個々の契機が固定化され抽象化された後，労働，分業，欲望，交換
　　価値のような単純なものから，国家，諸国民間の交換，世界市場にまでのぼっていく
　　経済学の体系が始まった。このあとの方法（第2の方法）は，明らかに科学的に正し
　　い方法である。[8]
　　　第2の方法は，具体的なものをわがものとするための思惟にとっての様式に過ぎな
　　い。具体的なもの自体の成立過程ではない。しかし，これらの単純な諸範疇は，具体
　　的な諸範疇以前に，独立の歴史的または自然的実存をもたないだろうか？それは時と
　　場合による。
　　　例えばヘーゲルは正当にも法哲学を占有から始めている。だが，どんな占有も，そ
　　れよりはるかに具体的な関係である家族や支配と隷属の関係以前には実存しない。[9]
　　　経済学的諸範疇を，歴史的にそれらが規定的な範疇であったその順番に並べるとい
　　うことは実行できないことであり，また誤りであろう。むしろ，それらの序列は，そ
　　れらが近代ブルジョア社会で相互にもつ関係によって規定されている。その関係は，
　　自然のままの順序として現れるもの，または歴史的発展の系列に相応するものとは全

8）　マルクス，カール／高木幸二郎監訳『経済学批判要綱（草案）〔第1分冊〕』大月書店（1958
　　年）22頁。文書は筆者が要約している。
9）　同上，26頁以下。

196　　第Ⅱ部　マルクスと法学

く反対である。問題なのは，近代ブルジョア社会の内部でのそれらの仕組みである。[10]

3　マルクス主義国家・法理論の形成

　以下では，マルクスとエンゲルスが唯物史観と革命の運動論を形成していく過程をみていく。マルクスとエンゲルスの思想と行動は一貫していたが，最初から完成していたわけではなく，経験と研究によって深められていった。例えばプロレタリアートのディクタツーラという概念は1848年の革命を経験して現れてくるし，議会を通じたプロレタリアートの要求実現について現実的な道筋として語られるようになるのはイギリスの10時間労働法案が登場してからである。どの時代の著作に依拠して議論をするかにより，論者の主張の中身に違いが生まれる。私は，主として青木孝平の言う第3期に依拠して議論を行うが，そこに至る過程として，第1期，第2期が重要であることには疑いがない。

（1）ライン新聞時代
　藤田はマルクスのライン新聞時代（1842年）が国家・法理論の形成の起点であるとみる。ライン新聞は1842年1月1日からライン州の進歩的ブルジョアジーが反政府的政治新聞として発刊し，青年ヘーゲル派が編集の実権を握っていた。マルクスはライン新聞の編集者になるとともに，同紙に約20の論文と記事を書いた。「プロイセン出版法批判」において，「真の法律」と法律の形式をもつに過ぎないものとを対置し，前者は自由の本性＝事物の本性（Natur der Sache）より生じるところの理性的な準則であって，それゆえにまさに法であるのに対し，プロイセン出版法は自由を処罰する検閲を設ける措置に過ぎず，たとえ法律の形式をとっていても不法（Unrecht）にほかならないとした。法律とは事物の本性を法的・普遍的に宣言するものであって，盲目的な「無法な自然本能」である私益を保護するに過ぎないものは「真の法律」ではないとした。[11]近代ブルジョア法思想である理性法の考え方を受け継いでいた。
　藤田は次に，「第6回ライン州議会の議事」第3論文（森林盗伐取締法）および

10）　同上，29頁以下。
11）　『全集』1巻15頁以下。藤田，前掲注3），225頁。

第1章　マルクスとエンゲルスにおける国家と法の理論　197

「モーゼル通信員の弁護」を取り上げる。これらの論文はマルクスが経済問題に取り組む最初のきっかけになった。マルクスは，これらの論文において，国家や法を現実に動かしているのが私的所有，私的利害であることに注目した。プロイセンの国家機構や法律が私的所有者の物的利益実現の手段になっていることを明らかにし，国家の堕落とか法の原理の蹂躙として批判した。藤田は，この時点ではマルクスはまだ国家の理性に信頼を残していることを指摘している。同時に，貧民の慣習的権利と上流身分の慣習的権利，財産所有者の私権と非所有者の私権といったとらえ方の中に，法の階級的把握の萌芽を認めている。[12]

　これらの論文は，諸個人の行為，意思から独立した諸関係の事物的本性から国家の状態をとらえる必要があるとの見地を明らかにしつつあった。また，法律は民衆の意思の自覚的表現とも述べている。この点について，藤田は，マルクスが内的法規の実定法化，民衆の意思の自覚的表現といっているのは，歴史法学派のいう「法の発見」の論理とは異なり，事物の本性という客観的＝理性的なものへの適合・不適合が問題にされているとみる。

（2）ヘーゲル法哲学批判

　1843年3月，ライン新聞はプロイセン政府によって発禁処分を受けた。政府からの攻撃を受けて青年ヘーゲル派の分解が急速に進んだ。マルクスは自己の国家観に決定的な影響を与えていたヘーゲル法哲学の批判に取りかかる。1843年5月から夏にかけてクロイツナハで『ヘーゲル国法論批判』（43年手稿）を書き上げた。

　フォイエルバッハ『哲学改革への提言』（1843年1月）ではヘーゲルの歴史弁証法が放棄されたのに対して，マルクスはこれを保持し，フォイエルバッハが宗教的疎外からの解放を説いたのに対し，マルクスは国家の疎外からの解放へと進んだ。藤田は，マルクスがヘーゲルの『法哲学要綱』の批判ノートを第3部「人倫」の第3章「国家」から始めたことについて，抽象法や市民社会に対する本格的な批判は将来の課題として残されたのではないかと推測する。それでも，43年手稿が中心的な論点として取り上げたのは市民社会と政治的な国家との相互関係，そしてヘーゲルにおけるその逆立ちした理解であった。

---

12)　藤田勇『マルクス主義法理論の方法的基礎』日本評論社（2010年）226頁。

ヘーゲルの市民社会概念は，アダム・スミスの国民経済学を前提にしている。ヘーゲルにとって必要であったのは，国家と社会が未分化である伝統的なsocietas civilis 概念を克服し，人々の経済活動を国家から区別される市民社会という独自のカテゴリーで把握することであった。ヘーゲルにおいては，この両者の分裂が，特殊性と普遍性との統一としての国家において乗り越えられる。マルクスは，このようなヘーゲルの解決は論理的誤りとし，近代社会における市民社会と国家との分離を論理的に突き詰める。マルクスは，政治的国家という抽象物は現代における私的生活という抽象物の成立の結果であり，私的諸圏が自立的現存を獲得することの結果であるとする。こうして，マルクスにおいては，ヘーゲルとは逆に市民社会が国家の前提であり，そこから国家が出てくるのである[13]。

　マルクスは43年手稿では市民社会内部の事物的諸関係に立ち入った考察をしていない。しかし，私的所有と政治制度については立ち入った考察を行っており，政治制度は突き詰めれば私的所有の制度であると述べている。藤田は，この命題は一見したところ，所有諸関係が国家，政治制度にとって規定的なものであるとする唯物史観の定式を想起させるが，ここで言う私的所有は生産諸関係の表現としての私的所有ではないと注意する。ここでマルクスが論じているのは，非依存的所有としての私的所有（偏狭な私的利益のこと）であり，社会構成員の社会的本質に対立するものとしての私的所有権である。同時に，マルクスはゲルマン的展開の私的所有に対して，私的所有権のローマ的展開（譲渡を社会的真髄とする）を対置している[14]。

　ヘーゲル的な市民社会と国家の分離の止揚の理論は神秘的な性格を帯びていたが，ではマルクスは　市民社会と国家との分離に対していかなる止揚の展望をもっていたのか。藤田は，次のように述べる。

　　マルクスの見通しは一言でいえば真の国家，民主制の実現であった。ただし，43年

---

13)　藤田，前掲注12)，230頁以下。『全集』1巻235頁では，マルクスがヘーゲル『国法論』の第262節を言い直して，次のように述べている。「国家は無意識的かつ自由な仕方で国家材料の家族および市民社会から出てくる。家族と市民社会は暗い，生の下地として現れ，ここから国家の火がともり出る」。236頁では，マルクスの言葉で「家族と市民社会は国家の前提であり，……（ヘーゲルにおいては）思弁のなかであべこべにされる」。

14)　藤田，前掲注12)，233頁以下。

手稿における国家（Staat）概念は後の唯物史観成立後のそれとは異なる。このとき
のマルクスの国家は，一方では政治体制そのものを意味し，他方では社会体制全体を
指して使われていた。後者の意味の国家は，後に Gesellschaft という概念に成熟して
いくものとみられる。

　マルクスにとって市民社会と国家の相互関係の未来像は，民主制があらゆる国家体
制の本質であり，そこでは普遍的利益と特殊的利益が現実的に一体となることによっ
て官僚制は廃絶される。真の国家，真の民主制においては政治的国家はなくなる。体
制は人間の自由な産物というそれ本来のあり方において現れる[15]。

（3）ルーゲへの手紙

　マルクスは1843年 9 月にルーゲに宛てた手紙の中で「われわれが何かある教
条的な旗印をかかげることに賛成できない」として，次のように述べた。

　　共産主義はひとつの教条的な抽象である。私がここで念頭に置いているのは，あり
　うべき共産主義のことではなく，カペーやデザミやヴァイトリング等が説いているよ
　うな現実に存在する共産主義のことである。この共産主義はそれ自体，それの対立物
　である私有制度に感染した，人道主義的原理の特殊な一現象にすぎない。だから，私
　的所有の廃止と共産主義とは決して同一のものではなく，したがって，フーリエやプ
　ルードン等の学説のような他の社会主義学説が共産主義に対立して発生するのは偶然
　ではなく必然なのである。なぜなら共産主義は社会主義的原理のひとつの特殊な一面
　的な表現にすぎないからである。
　　しかも，社会主義原理は，真の人間的存在の実在に関する一面に過ぎない。われわ
　れはもう一方の面，すなわち，人間の理論的なあり方についても同じように顧慮しな
　ければならない。……ドイツの同時代人に働きかけたいと思う。第 1 に宗教が，第 2
　には政治が，今日のドイツの主要な関心事である。……ここから出発すべきである[16]。

（4）パリ時代

　マルクスは1843年10月にパリに亡命した。それから1845年初頭までのパリ時
代は，マルクスの新しい世界観形成にとって決定的であった。1843年10月に執
筆した『独仏年誌』への寄稿論文「ユダヤ人問題によせて」において，人間の
政治的解放と社会的解放の関係を考察した。政治革命は，直接的に政治的性格
をもつ旧市民社会を粉砕して，その政治的性格を廃棄することにより，一方で

---

15)　同上，234頁。『全集』 1 巻263頁。
16)　『全集』 1 巻381頁。

200　　第Ⅱ部　マルクスと法学

は，市民社会の特殊的諸要素から観念的に独立した普遍的な領域として政治的
国家を構成するとともに，他方では市民社会を利己的な個々人に解体し，これ
を欲望（私権）の世界として完成する。これによって，人間は「天上と地上の2
重の生活」を営むことになり，利己的な個人としての人と公民（citoyen）とに分
裂し，2重化される。こうした政治的解放によって人間は自己を宗教からも政治
的に解放し，宗教は公法から私法へと追いやられる。ユダヤ人がユダヤ教から解
放されなくても，政治的に解放され，公民権を認められることは可能である[17]。

　藤田によれば，マルクスは「ユダヤ人問題によせて」の中で，ブルジョア的
人権概念の歴史的限界について分析している。マルクスはフランス人権宣言に
おける人権を，政治的国家と市民社会との関係，政治的解放の本質から説明す
る。市民社会と政治的国家の分離の下では，市民社会の利己的人間，すなわち
私的所有者＝ブルジョアとしての人間（homme）が必然的に自然的な人間
（Mensch）としてあらわれ，政治的共同体の政治的人間は人為的な人間として
現れる[18]。私的所有者，利己的諸個人の相互関係たる権利は，人の権利，自然権
としてあらわれる。そして，政治革命は欲望と労働と私利と私権の世界として
の市民社会に対して，自分（政治革命）の存立の基礎として臨む。

　マルクスは次のように結論づけている。市民社会の成員としての人間は，本
来の人間，公民とは区別された人であると考えられる。というのは，政治的人
間が単に抽象された人為的な人間であるのに対して，市民社会の一員としての
人間は，その感性的・個別的・直接的なあり方における人間であるから。現実
の人間は利己的な個人の姿で初めて認められ，真の人間は抽象的な公民の姿で
初めて認められる[19]。

　「ユダヤ人問題によせて」でマルクスが分析した市民社会と政治的国家の関
係は，翌1844年に書かれた『聖家族』において再論される。藤田は，それがほ
ぼ唯物史観に到達していることを示しているとする。以上のように政治的解放
の内容を明らかにしたマルクスは，そのことによって，それがいまだ人間的解
放，社会的解放ではないことを示す。人間的解放，社会的解放は，人間の人と
公民への分裂の止揚によってなしとげられるものであり，「市民社会の原理」

---

17)　藤田，前掲注12)，236頁。『全集』1巻392・406頁以下。
18)　藤田，前掲注12)，237頁。『全集』1巻，406頁。
19)　『全集』1巻406頁

第1章　マルクスとエンゲルスにおける国家と法の理論　201

からの人間の解放によって完成されることを明らかにした。

> 現実の個別的な人間が，抽象的な公民を自分のうちに取り戻し，個別的人間のまま
> でありながら，その経験的な生活において，類的存在になったとき初めて，つまり人
> 間が自分の固有の力を社会的な力として認識し，もはや政治的な力の形で自分から切
> り離さないときに初めて，人間的解放は完成されたことになる。[20]

「ユダヤ人問題によせて」は，最後のパラグラフが，それ以前の文脈から飛躍している。すなわち，それまでの文章は，政治的革命が市民社会の政治的性格を止揚し，封建社会を利己的な人間へ解消したこと，市民社会・欲望と労働と私利と私権の世界を自分の存立の基礎にしたことを述べてきた。ところが，最後のパラグラフは唐突に，「現実の個別的な人間が，抽象的な公民を自分のうちに取り戻し，個別的な人間のままでありながら，その経験的な生活において……類的存在になったときはじめて，……人間的解放は完成されたことになる」と締めくくっている。「ユダヤ人問題によせて」は，明らかに，政治的解放が「市民社会＝利己的で独立した個人への還元」と「政治的国家＝抽象的な公民への還元」という分離を主題としており，しかも，政治革命が達成したのは宗教的解放ではなく宗教の自由だとしている。この点で，「ユダヤ人が人間的解放を達成するためには，ユダヤ人がユダヤ教から解放されなければならない」という主張は，明らかにブルーノ・バウアーの主張であって，マルクスは少なくとも「ユダヤ人問題によせて」の中では，そのようなことは語っていないと思われる。[21]

（5）経済学研究の開始

　マルクスは市民社会の根本的要因を私的所有にみたが，私的所有については，1840年にプルードンが『所有とは何か』を公刊し，所有とは盗みであると結論づけていた。マルクスはこれを，私的所有に最初の科学的な検討を加えたものとして高く評価した。1843年には，エンゲルスが『独仏年誌』に「国民経済学批判要綱」を発表し，国民経済学を批判した。エンゲルスは，私的所有が資本と労働との本源的分離，資本家と労働者への人類の分裂をもたらすと同時

---

20)　同上，407頁。この文章は「ユダヤ人問題によせて」の最後の部分。

21)　笹倉秀夫『法思想史講義〔下巻〕』東京大学出版会（2007年）256頁参照。

に，一方では資本の様々な分裂を，他方では労働の分裂をもたらし，労働生産
物が賃金として労働に対立し，労働から分離される結果をもたらすと強調し
た。エンゲルスの私的所有批判はマルクスに大きな刺激を与え，マルクスの経
済学批判の最初の手がかりとなった。

1844年の『経済学・哲学手稿』で，マルクスは私的所有の起源への問いを，
外在化された労働と人間発展の歩みとの関係への問いに転換することにより，
新しい解決に達する。私的所有が外在化された労働の根拠，原因のようにみえ
るとしても，それは逆で，そのような労働の帰結である。これがマルクス的な
私的所有の批判の方法となった。[22]

（6）国家と法の唯物論的把握

エンゲルスは1845年3月に『イギリスにおける労働者階級の状態』を書き，
プロレタリアートの状態を科学的に分析し，国家の階級性，法律や裁判の階級
性を鋭く暴いた。2人は，1845年から46年にかけて『ドイツ・イデオロギー』
を書き上げ，その中で，唯物史観に基づく国家と法の理論をまとめあげた。[23]

ドイツ・イデオロギーでは，国家と法は，特定の発展段階にある物質的生産
諸力によって条件づけられる市民社会（交通 Verkehr 形態と表現されている）を
基礎とする観念的上部構造として明確にとらえられている。[24]

次に，生産諸力と交通形態（生産諸関係）の歴史的な展開に対応する国家・
法の歴史的諸形態をとらえる基礎としての分業・所有・階級カテゴリーによっ
て国家・法を唯物論的に把握した。人間の歴史を理解する根本的な前提は労働

---

22) 藤田，前掲注12），242頁以下。
23) ドイツ・イデオロギーは『全集』3巻の590頁を占める大著で，「聖マックス篇」が390頁も占
めている。2人は1845年11月から1846年5月にかけて共同で執筆したが，フォイエルバッハ篇だ
けが残された。このフォイエルバッハ篇の2人が残した原稿は，大小2つの束にまとめられ，大
きい束にはエンゲルスがボーゲン番号をつけ，マルクスが頁番号をつけている。小さい束にはマ
ルクスの頁番号はない。このため，断片的な原稿をどのように配列するかは編集者によって異な
る。詳しくは，マルクス，カール／フリードリヒ・エンゲルス／広松渉編訳『新編輯版ドイツ・
イデオロギー』岩波書店（2002年）301頁以下。ここでは，1932年のアドラツキー版を元にした
『全集』3巻と広松編訳，前掲書を用いる。
24) 従来は Basis を土台とか下部構造（Unterbau）と訳してきた。しかし，土台は建築用語でもあ
り，意味は下部構造ではない。原語にしたがって，以下ではできるだけ基礎か下部構造を使用す
る。交通形態が市民社会を表すことは『全集』3巻32頁上段。

第1章　マルクスとエンゲルスにおける国家と法の理論　203

＝生産にあり，諸個人の社会的関係の歴史的なあり方を規定するのは分業である。この分業の展開が私的所有の発生，社会の階級分裂，階級的支配＝従属関係の展開に対応している。これが国家・法の存立の基礎をなす[25]。

　分業と階級分裂の発展したブルジョア社会では労働を分担する諸個人の相互依存性の中で支配している人々の個別利害＝特殊利害が，生産諸関係そのものの確保を志向する共同利害へと独立化して，社会の全成員にとっての普遍的利害として現れる。国家は，この普遍化された共同利害の担い手として，諸個人・諸階級に対して自立した存在として現れる。支配する階級は，自らを国家として構成することによって，彼らの支配を公的権力として構成することによって，階級支配を保障できる。国家が普遍的利害の担い手として登場する限り，共同性は幻想である。法律もまた，本質的に支配階級の生存諸条件，相対的利害の表現であるが，階級利害，階級支配の諸関係を普遍化する形態である点に特殊なイデオロギー的意味がある[26]。

　階級的利害を普遍化する国家と法は観念論的上部構造であり，その基礎は市民社会である。この文章は，『全集』3巻の32頁の「市民社会は生産力のある特定の発展段階の内側における諸個人の物質的交通の全体を包括する」という出だしで始まるパラグラフの要約である。しかし，全集の配列では前後が繋がらなかった。広松訳・岩波文庫版ではマルクスがつけた頁番号にしたがって，「本論3‐2」に掲載されている。これは，元々は「聖マックス」で書かれたものが，移された[27]。

　基礎と上部構造という論理は，後者が物質的生活の生産を基礎とする精神的生産の帰結として，観念的形成物として形成される論理を前提としている。換言すると，観念的形成物が現実的生活過程によって規定される，あるいは生活のイデオロギー的反映であることを前提にしている。観念的上部構造の国家は，実体的には生産に従事している諸個人の形成する政治的関係，政治的編成，政治的組織であるとされる[28]。

---

25)　広松編訳，前掲注23)，201頁以下の国家と法の発生と展開も参照。

26)　藤田，前掲注12)，248頁。『全集』ではアドラツキー版に従って，「聖マックス」の「我が自己享楽」の中に出てくる。『全集』3巻，453頁。なお広松編訳，前掲注23)，115頁参照。

27)　広松編訳，前掲注23)，200頁。

28)　藤田，前掲注12)，247頁。『全集』3巻25頁。広松編訳，前掲注23)，28頁。

藤田は，分業の論理と階級利害の普遍化の論理の統一は，観念的上部構造論と結びつけて理解しなければならないとする。その際留意すべきなのが，物質的労働と精神的労働の分割が，支配階級の思想をこの階級から独立させ，社会全体に対して普遍化する帰結をもたらすという論理である。

　次に，ドイツ・イデオロギー以降の所有概念についてまとめている。ドイツ・イデオロギーでは，所有概念は生産諸関係を基礎とする実在的所有関係あるいは交通形態というレベルでとらえられる。この実在的所有関係と法的所有は峻別される。法的所有すなわち私的所有はブルジョア的生産関係の総体であって，マルクスは『哲学の貧困』において，ブルジョア的所有に定義をくだすことはブルジョア的生産の社会的諸関係のすべてを説明することであり，これら生産諸関係の総体の解明を抜きにして所有を独自の範疇として論じようとするのは法学的幻想に過ぎないと述べた。[29]

（7）階級闘争と革命

　プロレタリア革命の不可避性についてはドイツ・イデオロギーで述べられていたが，それが公式に表明されたのは1847年の『哲学の貧困』であった。それをさらに明確にしたのが1848年にエンゲルスと共同で書いた『共産党宣言』であった。これが書かれた動機は，近づきつつあった1848年の革命である。藤田の簡潔なまとめに従って整理する。

　ブルジョアジーが独占的な政治的支配をうちたてる際に，旧社会の独立の諸地方はひとつの国民国家に統合され，自由競争に適合した社会・政治制度が出現する（当時のドイツは全く当てはまらない）。そこにおいて代議制形態をとる国家権力はブルジョア階級全体の共同事務を処理する委員会に過ぎない。ブルジョアジーの法は，彼らの意思を法律に高めたものである。ブルジョア的生産関係の下では，自由とは自由な商業のことである。法律も道徳も宗教もプロレタリアートにとってはブルジョア的偏見に他ならない。[30]

　ブルジョアジーの経済的・政治的支配に対するプロレタリアートの闘争は，労賃をめぐる経済闘争から政治闘争に不可避的に発展する。この中でプロレタ

29）　藤田，前掲注12），249頁。『全集』4巻374頁。
30）　『全集』4巻491頁。藤田，前掲注12），251頁。

リアートは政党に組織される。この階級闘争の中で，プロレタリアートはブルジョアジーの内部の分裂を利用して，法律の形で労働者の個々の利益の承認を強要する。[31]

　イギリスで普通選挙が実施されるずっと前に，ドイツの統一が果たされない中で，マルクスとエンゲルスが労働者の利益を守るために法律の利用をめざすことをかかげたことは驚くべきことである。当時の日本では議会や法律という観念すらなく，法度と沙汰の時代であったことを思うと，同じように商品生産が発達していたにもかかわらず，市民社会の内的編成および上部構造の違いの大きさに驚いてしまう。

　なお，現在から振り返ってみると，プロレタリアートの闘争は，発達した資本主義諸国においては，労賃をめぐる経済闘争から政治闘争になかなか発展せず，プロレタリアートが組織されている政党も，社会民主主義やキリスト教などの影響下にあるものがほとんどである。世界的には共産党を名乗る政党も少なくないが，必ずしもプロレタリアートが多数を占めているわけではない。さらに，現在の労働者の多くは高学歴の者やサービス産業や自由業に従事しており，19世紀的なプロレタリアート像は大きく変貌している。

　『共産党宣言』の示した展望は，かなり長期のものであって，（マルクスとエンゲルスはそう考えなかったかもしれないが）100年くらいでは実現可能性は薄かった。後にレーニンの下で1905年からロシアで革命運動が始まるが，どうみてもマルクスやエンゲルスが想定していたものとは異なっていた。さらに，その後のロシアの歴史が社会主義を名乗りながらも独裁政治に転落していったことは周知である。『共産党宣言』はプロレタリア革命によって登場した国家は真の民主制を実現することによってやがて国家が死滅するとした。そして，宗教，道徳，哲学，政治学，法などの社会的意識諸形態は階級対立が全く消滅するときに，はじめて完全に解体するとした。[32]こうして，階級と階級対立の上に立つ旧ブルジョア社会に代わって，各人の自由な発展が万人の自由な発展の条件であるようなひとつの協同社会（Assoziation）が現れるとした。[33]

31）『全集』4巻484頁。
32）『全集』4巻493頁以下。
33）藤田，前掲注12），253以下。『全集』4巻494-496頁。

206　第Ⅱ部　マルクスと法学

4 マルクス主義国家・法理論の展開

　ヨーロッパでは1848年から49年にかけて革命の嵐が吹きすさんだ。マルクスとエンゲルスの国家と法の理論はどのように展開していったであろうか。

　藤田は，1848年以降を３つの段階に分け，1848～52年を，革命やイギリスの立法運動等の分析によって原理的考察が具体的歴史認識によって深められる時期とし，1853～70年を，世界の情勢を見渡しながら民族問題や国家・法の歴史に関する考察を発展させ，経済学批判の基礎を確立させ，ブルジョア国家・法批判の方法的基礎を深めた時期とする。1871～95年は，エンゲルスが亡くなるまでの時期であるが，プロレタリア革命と国家をめぐる新しい歴史段階での理論展開があった。[34] パリ・コミューン分析やゴータ綱領批判などである。マルクスが1883年に亡くなったことが反映されていないが，ドイツ社会民主党内におけるイデオロギー闘争やマルクス主義の俗流化傾向との闘いは，引き続きエンゲルスが担っており，そこに段差はなく，藤田の区分は是認できる。

（1）ブルジョア国家の内的編成

　マルクスとエンゲルスは1948～49年のヨーロッパ革命を分析することによって支配階級であるブルジョアジーの具体的な内部編成をいきいきと描き出した。これにより議会的共和制についてもブルジョア階級全体の支配を本質にすることを明らかにした。[35] さらに革命の分析から，ディクタツーラの概念を確立する。この概念は，執行権力や立法や司法の権力を個別に問題にするのではなく，全権力を掌握するものとして形成された。ただし，その掌握の仕方は，国王と議会が対立するという当時の権力構造の下では，革命派が多数を占める議会への執行権力の統合という特定の歴史的形態を取らざるを得なかった。[36]

　マルクスはフランスの48年革命の具体的分析を通じて，ブルジョアジーの経済的支配あるいは物質的利害がその政治的支配と一致しない場合があることを指摘し，実在的基礎と政治的上部構造との関係を複合的・ダイナミックにとら

34）　藤田，前掲注12），255頁以下。
35）　『全集』8巻133頁以下。
36）　藤田，前掲注12），259頁。

えることを示した。同じことはエンゲルスもドイツについて分析した。[37]

　藤田は、「ブリュメール18日」（1851年）においてマルクスが行ったボナパルト政権の分析が、国家権力の内容の分析として貴重な方法的意義をもつと指摘する。いわゆるボナパルティズムの社会的基盤の問題である。[38]

（2）ブルジョア法の分析

　1948〜49年のヨーロッパ革命では政治権力獲得の闘争が君主制・民主制などの国家形態をめぐって行われたので、必然的に憲法を取り上げることになった。マルクスとエンゲルスは、憲法がブルジョアジーの政治的支配の認可形態であり、あるいはブルジョアジーと土地貴族の妥協の表現であることを明らかにした上で、憲法が普通選挙権その他の民主主義的権利をうたっている場合には、2重の政治的意義を読みとるべきとした。

　それらの民主主義的権利は、一方では、ブルジョア支配を主権をもつ人民の意思な明白に表現された行為として示すというイデオロギー的意味をもっており、他方では、普通選挙権が労働者にとって政治的な力と同じである限りにおいて、ブルジョア社会の基礎を脅かすことを意味するということである。[39]

　ブルジョアジーは名目上は無条件の自由を宣言する場合でも、公共の安全などの但し書きをつけ、これと結びつけて原則の適用を将来の組織法（実現するための手続法）にまかせるという策略を用いて自由を制限しようとする。したがって真の憲法は憲章（Charta）にではなく、組織法にみるべきである。[40]

　マルクスは「フランスにおける階級闘争」（1850年）の中で、フランスの1848年憲法草案の中に「労働の権利」が入ったことを高く評価して、次のように述べている。

　　労働の権利はブルジョア的な意味ではひとつの背理であるが、他方ではプロレタリアートの革命的要求をまとめた最初の不器用な公式であって、資本＝賃労働関係の廃

---

37)　同上、260頁。「ブリュメール18日」『全集』8巻133・148頁。「ドイツ国憲法戦役」（1850年）
　　　『全集』7巻201頁。エンゲルスは「ドイツでは、ブルジョアジーは支配する能力をもたないことを明らかにした」と述べた。
38)　詳しくは、藤田、前掲注12)、260-262頁を参照。
39)　同上、262頁以下。『全集』7巻27・40・90頁。
40)　「フランス共和国憲法」『全集』7巻511頁。「ブリュメール18日」『全集』8巻119頁以下。

208　　第Ⅱ部　マルクスと法学

止という客観的要求を背後に持つ6月反乱を背景として可能になった。[41]

エンゲルスは「10時間労働問題」(1850年)の中で,10時間労働法の成立が,直接的には反動的諸階級の力によるものであることを認識しつつ,それによって労働者階級の運動が強化され,また労働者階級に政治権力の獲得の必要性を自覚させることになったことを評価した。[42]エンゲルスはイギリスの労働者たちに次のように述べた。

> 発達を妨げられた子どもたちや殺された子どもたち,家庭や子どもたちから引き裂かれた婦人たち,慢性病についばまれた幾世代もの人々,一国全体にわたって破壊された人間の幸せ。この恥ずべき制度をあえて取り除こうとする要求を持ち出す者は誰もいなかった。工場労働者の代弁者たちが,経済学者たちの議論(競争に勝つためには労働時間を制限してはならない)を反駁することができず,わたりあおうとする者さえごくまれであった。その理由は,資本が少数の手中にあり,多数の者は,その労働力を売らざるを得ない限り,これらの議論はいずれも事実であるからである。

10時間労働法は,それ自体として,また最終的な措置としては誤った一歩であり,反動的でさえもある。1847年6月に成立したこの法律は,労働者階級の手によってではなく,その一時的な同盟者である反動的な社会諸階級(地主や公債所有者など)によって成立をみた。そして,この法律に続いて資本と労働の関係を根本的に変更する他の措置はなにも取られなかったのだから,これは反動的な措置であった。

一方,工業家たちは生産物の需要の増大によって,うるさい工場監督官の抗議に我慢できなくなって,財務裁判所(Court of Exchange)に提訴した。この裁判所は1850年2月に,10時間労働法に違反した工場主たちを無罪と判決した。エンゲルスは言う。

> この10時間労働法が失われても労働者階級は利益を得る。40年にもわたる10時間労働法のための運動に費やされた時間と努力は,そのまま失われてしまいはしない。労働者階級はこの運動においてお互いに知り合い,自分たちの利害関係を認識するようになり,組織を作り,自分たちの力を自覚するための有力な手段を見いだした。

---

41) 『全集』7巻39頁。
42) 藤田,前掲注12),264頁。『全集』7巻235頁以下。

さらに，労働者階級は経験を通じて，他人に頼ってはどのような恒常的利益も獲得することが出来ないことを知り，なりよりもまず，政治権力を掌握することによって，それを自ら獲得しなければならないことを知った。彼らはいまや，労働者の多数を下院に送ることを可能とする普通選挙権によらない限り，彼らの社会的地位の改善のための，どのような保証も決して存在しないということを知らねばならない。[43]

（3）経済学批判と国家・法理論

　1948〜49年のヨーロッパ革命ののち，マルクスは49年8月にロンドンに亡命し，経済学の研究に戻る。『経済学・哲学手稿』において開始し，『哲学の貧困』において方法的基礎を築き，『経済学批判要綱』，『経済学批判』において骨格を作った経済学批判の体系は，『剰余価値学説史』（1861-63年）を経て『資本論・第1部』（1867年）に結実する。[44]この流れの中で到達した内容を藤田は，次のようにまとめている。[45]

　第1に，唯物論的歴史把握の方法が完成する。社会構成体の成立と発展における社会意識諸形態ないし法律的・政治的上部構造の位置が明確にされ，社会の発展法則の把握の方法が示され，上部構造認識の方法の基礎が与えられる。これは，『経済学批判要綱』の序説，『経済学批判』の序言などを指している。

　そこでは，法律的・政治的上部構造が社会の実在的基礎によって制約されるという唯物論的把握の第1原理が明確になっている。基礎（社会の経済構造）の内的編成の分析を通じて，特定の歴史的社会構成体における制約や規定という関係のあり方の具体的な分析を踏まえて第1原理が解明されている。このうち上部構造の相対的自立性や反作用については，晩年のエンゲルスが重要な補完を行った。マルクスも『資本論』の「本源的蓄積」（第1部第24章）の中で国家の経済的力能について触れている。

　第2に，経済学批判の根本的動機となっている資本家的私的所有批判がブルジョア的法学的世界観の批判となっている。したがって経済学批判の体系は同時に（ブルジョア的）法学的世界観の批判となっている。その批判の筋道は，『経済学批判要綱』や『資本論』において展開されている「領有法則の転回」

---

43)　『全集』7巻236頁以下。
44)　藤田，前掲注12），267頁以下。
45)　同上，268-273頁以下。

第Ⅱ部　マルクスと法学

の論理に示されている。

　ブルジョア的法学的世界観は，自己労働を本源的な所有名義として説き，それによって自由と平等の王国を基礎づける。これは価値法則・剰余価値法則のブルジョア社会の表面における現象形態である「商品生産の所有法則」，すなわち，独立・平等の商品所有者たちが交換過程において意思行為を媒介として相互に他人の商品を所有する関係をこの社会の根本的前提とみることによって成立している。

　藤田が「ブルジョア的法学的世界観は，自己労働を本源的な所有名義としている」と指摘したことは重要である。つまり，資本主義経済における市民社会は，自己労働を所有の法的根拠においている。すでに述べたように資本主義的所有とは，生産関係の総体を示すものである。マルクスは「諸商品に支出された人間的労働が使用価値として認められるのは，この労働が他人にとって有用な形態で支出された場合に限られる。その労働が他人にとって有用であるかどうかは，ただ諸商品の交換だけが証明できる」と述べ，生産と交換の前提に，自己労働があることを指摘する。このことから，ブルジョア的法学的世界観は自由と平等の王国の基礎を自己労働においている。小ブルジョア社会主義者が利潤・地代・利子に対して「永遠の正義」をもち出すのも，そこからきている。

　マルクスは，交換過程にみられる「所有法則」が，資本主義的生産の内部において，実はその正反対の物，すなわち資本家的領有法則に転回することを明らかにした。そこでは，所有関係が，資本家にとっては「他人の不払い労働またはその生産物を所有する権利」として現れる。所有と労働の分離は外見上は同一のものから生じた，ひとつの法則の必然的帰結である。

　マルクスは，この資本家的領有法則を通じて，物質的生産関係の運動がブルジョア社会の表面においては顛倒した外観で現れることを明らかにした。この外観においては，単純商品生産も資本家的生産も同一であるところから，「労働にもとづく私的所有」という小ブルジョア的イデオロギーが支配的なものと

---

46)　『資本論』第 1 部第 7 篇第22章，新書版第 4 分冊1001頁。
47)　藤田，前掲注12)，279頁。
48)　『資本論』第 1 部第 1 篇第 2 章，新書版第 1 分冊147頁。
49)　『資本論』第 1 部第 7 篇第22章，新書版第 4 分冊1000頁以下参照。

第 1 章　マルクスとエンゲルスにおける国家と法の理論　211

して確立され，これによって私的所有が弁護されることを批判した。したがっ
て，領有法則の転回の論理は，ブルジョア社会の表面を覆っている法的形態の
正当性を覆す上で決定的な意味をもつ[50]。なお，領有法則の転回については，
『資本論』第1部第3篇第3章2-(5)で詳しく説明されている。

(4) 法律的・政治的上部構造について

　藤田は，マルクスが経済学批判を展開する過程で，いたる所で法律的・政治
的上部構造について叙述していることに着目し，3つの側面をまとめている。
第1は，ブルジョア社会の物質的生産関係が物をめぐる人と人との関係として
現象する論理をそれぞれの論理段階で追究しているが，この経済活動をめぐる
人と人との具体的な関係が法的形態をとっている限りで，マルクスはその都
度，法的関係や法的イデオロギーの問題に立ち入っている。そこでは，法を経
済の表現もしくは媒介形態としてとらえている。

　第2は，国家と法の階級的性格を基礎づけている。階級的支配＝従属関係の
全社会的編成の形成の論理が分析され，ブルジョア社会の経済過程における国
家の役割，国家諸機構の機能が具体的に解明されている。そこでは，法的現象
が，法的関係というレベルのみでなく，国家の立法，規範の現実化過程，法意
識，権利闘争を含む多元的なレベルで考察されている。

　最後に，後年には生産様式の前資本主義的諸形態も比較分析されており，ブ
ルジョア法の生成と展開の理解に重要な示唆を与えている[51]。

5　ゴータ綱領批判

　『ゴータ綱領批判』は，マルクスとエンゲルスがドイツ社会民主党の誤った
綱領の作成を防ぐために書かれた実践的な文書であるが，その後，レーニンに
よって独自の解釈をされてしまったために，現実の社会主義運動に大きな影響
を与えた文書である。

　『ゴータ綱領批判』については，不破哲三が『マルクス未来社会論』[52]で，マ

---

50)　藤田，前掲注12)，271頁。
51)　同上，272頁以下。
52)　不破哲三『マルクス未来社会論』新日本出版社（2004年）。

212　　第Ⅱ部　マルクスと法学

ルクスの書き残した論文を綿密に検討して，マルクスの考えた社会主義の未来
像について興味深い分析を行った。同書は，それまでに書かれたりしたものを
まとめて，2004年に新日本出版社から出版された。その第1部が，マルクスが
ラサールの安易な分配論に対して根本的な批判を展開した「ゴータ綱領批判」
の読み方についてである。

（1）批判の要点

『資本論』第1部の初版が1867年に出版され，1872年から75年にかけて，フ
ランス語版や第2版が出版された。『ゴータ綱領批判』は，1875年に書かれた
ので，マルクスが資本論の全体像を描き終わった後であった。ところが，この
論文は，マルクスが亡くなる1883年までに公表されなかったし，その内容につ
いてマルクスが語ることもなかった。エンゲルスも1891年に公表するまで，そ
の内容を語ることはなかった。不破は，この論文は，一般に公表するために書
かれたのではなく，ドイツの労働者党の指導部に対する内部的な忠告の書であ
ると指摘している。[53]

ゴータ綱領批判の中で，マルクスは，提案されているゴータ綱領草案が社会
主義の未来像を語っていることは非科学的であるばかりでなく，できもしない
ことを労働者に約束して運動を困難にさらすと警告し，次のように述べた。

> 私が，一面で「労働の全収益」ということに，他面で「平等の権利」，「公正な分
> 配」ということに詳細に立ち入ってきたが，それは，一方で，時代遅れの決まり文句
> のがらくたとなってしまった観念を，わが党に再び教義として押しつけようとし，他
> 方で，党内に根付いた現実的な見解をおなじみのたわごとで再び歪曲するとき，どれ
> ほどひどい罪をおかしているかを示すためである。……消費手段の分配は，生産諸条
> 件のそのものの分配の結果に過ぎない。生産諸条件の分配は生産様式そのもののひと
> つの帰結である。……俗流経済学者はブルジョア経済学者から，分配を生産様式から
> 独立したものとして考察することを受け継いだ。なぜ，再び逆戻りするのか。[54]

マルクスにあっては，社会変革の道は「平等の権利」，「公正な分配」をめざ

---

53) 正確には，ドイツ労働者党という名称の党はなく，ラサール派のドイツ労働総同盟とリープク
　　ネヒトのアイゼナハ派が，1875年にゴータで開かれた大会で合同して，社会民主党となった。
54) 『全集』19巻21頁以下。筆者が簡略化している。

すといった政治的スローガンによるものではなく，資本主義社会の動態的変化
の中に，現存の生産関係が，生産力の発展のための形態から，その桎梏に変わ
るときを明らかにすることであり，経済的生産条件における物質的変革を自然
科学の正確さで確認することであった。その上で，人間が，この衝突を意識し
て社会変革へ参加することを呼びかけるものであって，扇動的な要素は全く存
在せず，科学的な認識を呼びかけるものであった。ゴータ綱領批判をめぐる不
破の分析にみられるようにマルクスの態度は科学的なものであって，未来を予
言するようなものではなかった。マルクスは確かに「共産主義のより高い段
階」とか，「各人はその能力に応じて，各人にはその必要に応じて」と書いて
いる[55]。しかし，これはよく読めば，社会主義の青写真に言及するものではなく
て，資本主義社会における不平等が克服されたならば，わざわざ分配というこ
とが問題になることはないという意味であって，後にレーニンが歪曲したよう
な社会主義の2つの段階を述べたものではない[56]。

（2）共産党の綱領の改定

　マルクスは，未来社会の土台をなすものとして，生産手段の社会化をあげ
た。マルクスは，具体的な社会情勢には不確実性がある上に，社会変革の道筋
は一様ではないことから，未来社会の詳細な青写真を描くことは決してしな
かった。エンゲルスは，「われわれは進化主義者である。終局の掟はない」と
述べ，固定的な青写真を描くことをいましめている[57]。

　以上の認識から，日本共産党は2004年1月の23回大会において，綱領を改定
し，未来社会論に大きな変更を行った。

　従来の「第7章　真に平等で自由な人間社会へ」では，「……いっさいの搾
取からの解放にある。……そのためには……労働者階級の権力の確立，大企業
の手にある主要な生産手段を社会の手に移す生産手段の社会化，……社会主義
計画経済が必要である。（以下略）」としていた。そして，未来社会について

55）『全集』19巻20頁以下。

56）不破，前掲注52），60頁以下。マルクスが社会主義社会を詳細に論じることを控えた点につい
　　ては，シュムペーター，ヨセフ・A／東畑精一・中山伊知郎訳『資本主義・社会主義・民主主
　　義』東洋経済新報社（1995年）91頁以下。

57）不破，前掲注52），19頁。『全集』22巻535頁以下。

「社会主義社会は共産主義社会への第1段階である。……社会主義日本では『能力におうじてはたらき、労働におうじてうけとる』原則が実現され、……共産主義社会の高い段階では、……社会は、『能力におうじてはたらき、必要におうじてうけとる』状態に到達する」としていた。

改定後の「5、社会主義・共産主義の社会をめざして」の(15)では、

> （最初は略）発達した資本主義の国での社会主義・共産主義への前進をめざす取り組みは、21世紀の新しい世界史的な課題である。
> 社会主義的変革の中心は、主要な生産手段の所有、管理、運営を社会の手に移す生産手段の社会化である。……生産手段の社会化は、人間による人間の搾取を廃止し、……社会のすべての構成員の人間的発達を保障する土台を作り出す。……社会主義・共産主義の日本では、民主主義と自由の成果をはじめ、資本主義時代の価値ある成果のすべてが、受けつがれ、いっそう発展させられる。……社会主義・共産主義の社会がさらに高度な発展をとげ、搾取や抑圧を知らない世代が多数を占めるようになったとき、原則としていっさいの強制のない……真に平等で自由な人間関係からなる共同社会への本格的な展望が開かれる。

とし、(16)では

> ……社会主義的改革の推進にあたっては、計画性と市場経済とを結合させた弾力的で効率的な経済運営、農漁業・中小商工業など私的な発意の尊重などの努力と探求が重要である。国民の消費生活を統制したり画一化したりするいわゆる「統制経済」は、社会主義・共産主義の日本の経済生活では全面的に否定される。

と改定した。

綱領の改定における論点1は、旧綱領の第7章が見出しにおいていた「平等」を削ったことである。一般的な平等に対してはマルクスの批判があった。機会の平等と結果の平等は区別されなければならない。改定された綱領のアンダーライン部分の平等は何の平等かが問題である。文脈からすれば機会の平等を指していると思われる[58]。

論点2は、なぜ社会主義・共産主義と並列表記されるのかである。これは、社会主義という表現だけでは不十分ではないかという意味と受け止められる。

論点3は、自由は資本制生産様式の下で拡大すること、自由の成果とは、資

---

58) 不破、前掲注52)、53・54・59頁以下。

本主義的生産の下で，生産力の発達に伴って人々の自由の領域が拡大していることの確認である。『資本論』第1部第7篇第24章のところで検討する。

（3）分配で未来社会を説明する誤り

　ゴータ綱領批判の問題の部分は，次のように要約できる。「共産主義社会のより高い段階において，……労働そのものが生活の第1の要求となったあとで，……はじめて，ブルジョア的権利の狭い限界が完全に乗り越えられ，社会はその旗に次のように書くことができる。各人はその能力におうじて，各人にはその必要に応じて！」[59]。

　不破は，マルクスの主張を，以下のようにまとめる。一見平等の権利にみえるものも生産物の総量が限られている間はブルジョア的権利である。生産力が飛躍的に増大し，分配ということが問題にならないような段階を迎えたときに，初めてこのスローガンは意味をもつ。この段階では「公正な分配」や「平等の権利」などは意味を失っている[60]。したがって「必要に応じて分配される」と表現することは，そもそもマルクスの意図を根本的に理解していない。

　吉田傑俊も，不破が引用したマルクスの文章の理解について，歴史的段階論や理想世界待望論などと読むべきではなく，協同社会への原理的観点と現実的観点を結節する観点であり指針と読むべきとしている[61]。

（4）マルクスの注意書きの意味

　不破は著作の中で，分配を生産様式から独立したものとして考察し，分配に主たる力点をおくことは誤りであることを指摘する[62]。

　分配が物質的生産様式の必然的な帰結であるならば，それを生産様式の変革から切り離して「公平な分配」を主張することはまやかしに過ぎない[63]。もし，レーニンが，「ゴータ綱領批判」における分配論から，共産主義の第1段階についてのマルクスのそこでの記述を「記帳と統制」の決定的な重要性を指摘し

---

59)　同上，60頁以下。『全集』1919頁以下。
60)　不破，前掲注52)，61頁以下。
61)　吉田傑俊『市民社会論―その理論と歴史』大月書店（2005年）112頁。
62)　不破，前掲注52)，65頁以下。
63)　同上，67頁以下。

たものだとの結論を引き出し，それを「記帳と統制」の組織化を通じての社会主義への移行という構想と結びつけたのだとしたら，そこには，ひとつの理論的な錯覚があったとする。

（5）未来社会論における自由の位置

マルクスは，いわゆる「三位一体的定式」の中で，次のように述べた。[64]

　自由の王国は，事実，窮迫と外的な目的への整合性とによって規定される労働が存在しなくなるところで，はじめて始まる。それは当然に本来の物質的生産の彼岸にある。……自分の生活を維持し再生産するために，自然と格闘しなければならず，すべての社会諸形態において，人はそうした格闘をしなければならない。彼の発達とともに，諸要求が拡大するため，自然的必然性のこの王国が拡大する。同時に，この諸要求を満たす生産諸力も拡大する。この領域における自由は，ただ，社会化された人間，結合された生産者たちが，自分たちと自然との物質代謝によって，支配されるのではなく，自然との物質代謝を合理的に規制し，自分たちの共同の管理のもとにおくこと，この点にだけありうる。これは依然として必然性の王国である。この王国の彼岸において，それ自体が目的であるとされる人間の力の発達が，真の自由の王国が始まる。労働日の短縮が根本条件である。

ここで述べられている自由は，人間が生きていく上での自然を理解し，利用する自由である。[65]技術的，精神的自由と言える。これに対して，17世紀以降のイギリスで有力となる政治的な自由は，[66]おそらく自明のこととして，ここでは触れられていない。

ただし，必然性の王国を乗り越えて初めて達成される真の自由の王国における自由は，人間の力の発達の自由である。これは，人間が外的な目的には左右されずに，自分の能力を発達させ，自由な生活を楽しむことなどを指す。[67]

マルクスによる自由の構想と，資本主義の下における自由主義との関連が問題となる。ハイエクは，自由の最大の目標は，「自分の能力を発揮すること」

---

64)　同上，74頁以下・194頁以下。『資本論』新書版13分冊，1434頁以下（第48章「三位一体的定式」）。

65)　迷信や因習や掟からの自由。

66)　政治的自由，および精神的自由。ヨーロッパでは，これは世俗の権力からの自由と同時に教会からの自由，ギルド的統制からの自由をさす。

67)　不破，前掲注52），76頁。

第1章　マルクスとエンゲルスにおける国家と法の理論　217

であり，そのために政治権力や政府規制からの自由を主張する。[68]マルクスももちろん，このブルジョア的自由を高く評価するが，それは「自明のこと」として，未来社会における人間発達の自由を論じているものと思われる。

（6）結合した生産者たち

　分配論で未来社会を描くことは誤りであるが，共産主義社会において，それまで国家が担ってきた役割・社会的な機能を，どのようにして引き継ぐのかは問題となる。マルクスは，結合した生産者たちが引き継ぐと考えた。[69]

　「社会の資本主義的形態が止揚されて，社会が意識的かつ計画的な結合体として組織される」[70]。また「社会化された人間，結合した生産者たちが，自分たちと自然との物質代謝……を合理的に規制し，自分たちの共同の管理のもとにおく……社会」[71]という記述もある。

（7）社会主義運動に与えたインパクト

　1875年にベーベルやブラッケに対して書かれたマルクスの私信は，当時の運動の指導者達の自尊心を考慮して，15年間も公表されなかったのではないかと考える。もちろん，その後猛威をふるうことになるビスマルクの社会主義者取締法（1878〜1890年）を控えて，運動内部での見解の違いを公にしたくないという配慮もあったであろう。しかし，分配論に引きずられる傾向は依然としてなおらず，エンゲルスはとうとうこの私信を，エルフルト綱領の作成に当たってあるべき方向を示すために1891年1月に公表した。カウツキー宛の2月3日付けの手紙には，「リープクネヒト以外の人々は公表に感謝しているだろう」と書かれている。そして7月4日にエルフルト綱領草案が公表された。

　社会主義の2段階論の誤りや分配論の誤りといった重要かつシンプルなことが，なぜ今まで議論の俎上に登らなかったのか。社会主義運動の歴史を振り返ると，権威に対して反論することはかなり難しいことが分かる。自由な討論が

68）ハイエクの自由論については，拙著『自由主義と社会主義—社会編成原理における自由と計画』神戸市外国語大学外国学研究所（2005年）107頁以下参照。

69）不破，前掲注52），171頁以下。『資本論』新書版10分冊758頁（第27章）。

70）『資本論』新書版12分冊1161頁。

71）『資本論』新書版13分冊1435頁。

218　第Ⅱ部　マルクスと法学

組織の内部では認められているにもかかわらず,「異端に対するレッテル貼り」の風潮があり，最悪の場合に組織から排除されてしまう。また，学問と信条の区別がなされていなかったように思われる。ただし，革命運動の中では，そのような余裕はなかったのであろう。

レーニンの解釈に含まれる問題点は不破が初めて全面的に分析したもので，ゴータ綱領批判から，どのような道筋で「2段階社会主義論」，「ブルジョアなきブルジョア国家」と「分配論による共産主義」の図面を引き出したかを解明した。レーニンはもちろんロシア革命という実践的目的のために図面を引いたが，スターリンは自己の独裁の正当化のためにそれを使用した。分配論からの社会主義像及び記帳と統制を根拠とする計画経済は，独裁制へと進んだ。

6　エンゲルスによる唯物史観の発展と法学的世界観批判

マルクスの死後もエンゲルスはドイツ社会民主党の指導部に対して，史的唯物論の理解，労働運動の方針など，情勢に応じて適切な助言を続けた。表現の仕方には変化があるが，その内容は一貫したものである。まず，法学的世界観がブルジョアジーの古典的な世界観であると一貫して指摘する。しかし自由は必要であり，それは必然性の認識であるとする。ただし，プロレタリアートにとって重要なことは世界を変革することであって，観察することではない。そしてプロレタリアートが自分たちの生活状態を完全に認識できるのは，法学的な色眼鏡をはずして，ものごとをその現実の中で眺めるときだけである。

政治闘争はすべて階級闘争であり，すべて結局は経済的解放を中心としている。ここでは国家すなわち政治的秩序は従属的なものであって，市民社会すなわち経済的諸関係の領域が決定的要素である。

市民社会の必要は法律の形で一般的な効力を得るためには，すべて国家の意思を通過しなければならない。問題は，この単に形式的な意思が，どんな内容をもっているのか，どこからこの内容がくるのかということだけである。結局は生産諸力と交換諸関係との発展に規定されている。

国家および国法が経済諸関係に規定されるとすれば，私法ももちろんそうである。私法はその本質上個人間の現存の経済的諸関係を認可するだけのものである。しかし，この認可が行われる形式は非常にさまざまである。

ある階級の共通した利益から生じる要求は，ただこの階級が政治権力を獲得し，自分たちの要求に法律の形式で普遍的な効力を与えることによってのみ実現されうる。以上の論点を，エンゲルスの著作に即して確認してみよう。

（1）フォイエルバッハ論の書き直し

　『ルートヴィヒ・フォイエルバッハとドイツ古典哲学の終結』（以下ではフォイエルバッハ論と呼ぶ）の中に，「国家と法は経済的諸関係に規定される」という文章がある。「フォイエルバッハ論」は，1888年に公刊されたが，その評価は難しい。青木が言う第2期の著作かそれとも第3期のものか。「フォイエルバッハ論」の前書きには，マルクスとエンゲルスが1845年に「ドイツ哲学のイデオロギー的見解に対立するわれわれの見解」を書き上げたが出版できなかったこと，その原稿は，その後40年以上もほこりをかぶっていたことが述べられている。1886年の『ノイエ・ツァイト』4・5号には「フォイエルバッハ論」を書くことになったいきさつが述べられている。エンゲルスはそこで，40年前の原稿は経済史について当時の彼らの知識が不完全であったことを示していて使えないため役に立たなかったとしているが，当時のマルクスの1冊の古いノートの中に発見した「フォイエルバッハに関する11のテーゼ」は，新しい世界観の天才的な萌芽が記録されている最初の文章として計り知れないほど貴重なものだと述べた[72]。

　「フォイエルバッハ論」は，1886年にエンゲルスによって改めて書き直された。エンゲルスは第4節において，ヘーゲル哲学から自分たちが分離したことを，「唯物論の立場へ復帰する」と述べ，唯物論とは「現実の世界を観念論的幻想なしに，どの人間にも現れるままの姿で把握」することとし，「これ以上の意味をまったくもっていない」と述べた[73]。

　そうすると世界をできあがった諸事物の複合体とみるのではなく，諸過程の複合体とみなければならないが，それを可能にしたのは3つの偉大な発見であったする。細胞の発見，エネルギーの転化，ダーウィンの進化論である。こうして経験的自然科学そのものが提供してくれる諸事実を用いて，自然の連関

72）『全集』21巻268頁。

73）『全集』21巻297頁。

の概観をほぼ体系的な形で描くことができるところまできた。こうして，ひとつの歴史的発展過程であることが知られるようになった自然について言えることは，また社会の歴史についてもすべての部門にわたって言えるし，人間的な事物を取り扱うすべての学問全体についても言える。

　ところで，社会の発展史はひとつの点で自然の発展史とは本質的に違っている。社会の歴史の場合には，行為している人々はすべて意識をもち思慮や熱情をもって行動し一定の目的をめざして努力している。しかし，この差異は歴史の経過が内的な一般法則で支配されているという事実を変えることはできない。すべて個人が目標を意識的に意欲したにもかかわらず，表面上ではだいたいにおいて偶然が支配しているようにみえるからである。歴史の領域では無数の個々の意思や個々の行為が衝突する結果，無意識の自然を支配しているのと全く類似の状態が生まれてくる。この偶然は常に内的な隠れた諸法則に支配されている。大切なのは，ただこうした諸法則を発見することだけである。様々な方向に働いているこうした多数の意思と，外界に加えられるこうした意思の多様な作用との合成力が，まさに歴史なのである。だからまた，この多数の個人がなにを意欲しているのかということも大切なのである。意思は熱情や思慮に規定される。しかし，一方では，歴史の中で働いている多数の個々の意思は，たいてい，意欲されたのとはまったく違った結果をもたらす。だから個々の意思の動機には，全体的結果に対して従属的な意義しかない。他方では，こうした動機の背後にさらにどのような推進力があるのか，どのような歴史的原因が行為する人間の頭の中であのような動機に変形するのかという問題が生じてくる。

　古い唯物論は，歴史上で働いている観念的な推進力を究極的な原因とみて満足し，その背後にいったい何があるのかを研究しない。ヘーゲルは探求する必要を認めた。しかし，歴史哲学は，こうした力を歴史そのもののなかで探すことはせず，かえって外部から，哲学的イデオロギーから，歴史の中に輸入した。

　　問題が，歴史のうちで行為している人間の動機の背後にあって，歴史の真の究極の推進力となっている原動力を探求することであるとすれば，肝要なのは卓越した人間のもつ動機よりも，むしろ大衆を，諸民族の全体を，そして各民族においてはさらに

第 1 章　マルクスとエンゲルスにおける国家と法の理論　　221

その諸階級全体を，動かしている動機である。……大きな歴史的変化をもたらす持続的な行動を起こさせる動機である。行動している大衆と指導者たちの頭脳の中に反映されている推進的原因を探求すること―これが，全体としての歴史をも個々の時代と個々の国の歴史をも支配している諸法則をつきとめることのできる唯一の道である。人間を動かすものは，すべて人間の頭脳を通過しなければならない。しかし，それが人間の頭脳の中でどのような形をとるかは，そのときの事情しだいである[74]。

　現代の歴史においては次のことが証明されている。政治闘争はすべて階級闘争であり，すべて結局は経済的解放を中心としている。ここでは国家すなわち政治的秩序は従属的なものであって，市民社会すなわち経済的諸関係の領域が決定的要素である。ヘーゲルも採用している旧来の見方では国家が規定的な要素で，市民社会は国家に規定される要素とみられていた。外見はそれに一致している。市民社会の必要は法律の形で一般的な効力を得るためには，すべて国家の意思を通過しなければならない。問題は，この単に形式的な意思が，どんな内容をもっているのか，どこからこの内容がくるのかということだけである。このことを調べてみると，現代の歴史では国家の意思がだいたいにおいて市民社会の必要・欲求の変化に，どの階級が優勢であるのかということに，結局は生産諸力と交換諸関係との発展に規定されていることが分かる[75]。

　国家および国法が経済諸関係に規定されるとすれば，私法ももちろんそうである。私法はその本質上個人間の現存の経済的諸関係を認可するだけのものである。しかし，この認可が行われる形式は非常に様々である。

　国家という形で人間を支配する最初のイデオロギー的な力がわれわれに対して現れる。社会は内外からの攻撃に対してその共同の利益を守るためにひとつの機関を作り出す。この機関が国家権力である。この機関は発生するやいなや，社会に対して自立するようになる。そうなると，ただちにもうひとつのイデオロギーを生み出す。それは，法律的形式がすべてで，経済的内容は無であるというイデオロギーである。

　職業的政治家たち，国法の理論家たち，私法の法律家たちにあっては，経済的事実との連関が著しく消え失せてしまう。経済的諸事実は，法律の形式で認可されるためには，法律的動機という形式をとらなければならないし，その際，すでに施行されている法体系全体を考慮しなければならないから，法律的形式がすべてで経済的内容は無であるとされる。国法と私法とは自立した分野として取り扱われる。独立した歴史的発展をとげ，また内的矛盾をすべて徹底的に除去することによって，それ自身として体系的に叙述できるし，またしなければならない，そういう分野として取り扱われる[76]。

74）『全集』21巻301頁。

75）『全集』21巻305頁。

76）『全集』21巻307頁以下。このエンゲルスが言う第2のイデオロギーについては大島の解釈が含まれている。

マルクスが，法制度が資本主義的経済組織の原因ではなく結果であると述べたものに，1969年9月にバーゼルで開催された国際労働者協会（インタナショナル）大会での報告がある。バクーニンから出された相続権廃止の提案に対して，次のように述べた。

　相続法は……生産手段……の私的所有に基礎をおく社会の経済組織の原因ではなく，結果であり，その法的既決である。……われわれが取り組まなければならないのは，原因であって結果ではなく，経済的土台であってその法制的上部構造ではない。……相続権の消滅は，生産手段の私的所有を廃止する社会変革から当然に生まれる結果であろう。これに反して，相続権の廃止は，けっしてそのような社会改造の出発点となることはできない。[77]

（2）反デューリング論

　エンゲルスが法および法学について書いたものに「反デューリング論」と「法曹社会主義」がある。まず，前者の中で「道徳と法律」について書いたものをみてみよう。[78]

　エンゲルスが批判したデューリングは1875年に社会主義の大家・改革者として名乗り出て『哲学教程』，『国民＝社会経済学教程』，『国民経済学および社会主義の批判的歴史』を次々と公刊した。そのあまりにも杜撰な内容が社会主義運動に有害な影響を及ぼすことを心配したエンゲルスは詳細な批判を書き，1878年にその荒唐無稽さを暴露した。

　デューリングは歴史，道徳，法といった歴史科学にも数学的方法を適用すれば確実な真理が得られると主張し，社会は，もっとも単純な諸要素である2人の人間から成り立っているとして，そこから分析を出発させるべきと主張した。この2人の人間が公理的に運用されると，自ずから次の道徳上の根本原理が生まれるとする。[79]

　2つの人間意思は，それ自体として完全に平等であって，はじめは一方が他方に対して何かを強要することはできない。これが法的正義の根本形式を特徴

---

77) 『全集』16巻360・361頁。不破哲三『マルクス，エンゲルス革命論研究（上）』新日本出版社（2010年），331頁から示唆を得た。訳文も同書による。

78) 『全集』20巻99頁以下。同書は，1876年から78年にかけて執筆された。

79) 『全集』20巻100頁。

づける。というのも，法の原理的な諸概念を展開するのにわれわれが必要とするものは，2人の人間の全く単純で要素的な関係だけであるから。これがデューリングのいう法的正義の根本形式の基礎づけであった。

エンゲルスはデューリングの没歴史的定義に激しくかみつく。

　　平等という観念は，そのブルジョア的な形態でも，プロレタリア的な形態でも，それ自体ひとつの歴史的な産物であって，それを生み出すためには一定の歴史的諸関係が必要であった。平等の観念が永遠の真理でないことだけは間違いがない。この観念が今日多数の公衆にとって自明の事柄となっているのは，この観念が公理的な真理性をもっていることの結果ではなく，18世紀の諸観念がひろく普及し，いまでも時代に適合していることの結果である[80]。

エンゲルスはさらに言う。「道徳と法についてちゃんと論じようとすれば，いわゆる自由意思の問題，人間の責任能力の問題，必然性と自由の関係の問題にゆきあたる[81]」。

　　自由とはヘーゲルが述べたように必然性の洞察である。自由は自然法則を認識すること，これらの法則を特定の目的のために計画的に作用させる可能性を得ることにある。意思の自由とは，事柄についての知識をもって決定を行う能力をさすものに他ならない。他方，無知に基づく不確実さは，異なった，相矛盾する多くの可能な決定のうちから，外見上気ままに選択するようにみえても，そのことによって，自らの不自由を，すなわち，それが支配するはずの当の対象に自ら支配されていることを証明する。自由とは自然的必然性の認識に基づいて，われわれ自身ならびに外的自然を支配することである。したがって，自由は，必然的に歴史的発展の産物である[82]。

エンゲルスは，この章の中で責任能力については触れていないが，意思の自由についての叙述から推測すれば，自然法則を認識できる能力，および，自らの行為を制御できる能力に比例することとなろう。

（3）法曹社会主義
　マルクス主義の法律観についてはエンゲルスの「法曹社会主義[83]」がよく引用

80）『全集』20巻111頁。
81）『全集』20巻117頁。
82）『全集』20巻118頁。
83）『全集』21巻494頁以下。1886年にカウツキーとの共同論文として発表された。

される。しかし，この論文はエンゲルスによって公刊されたものではない。エンゲルスはアントン・メンガーの『全労働収益権史論』に対する回答として1886年10月に，この論文を計画したが，病気等により中断した。そこでカウツキーが書き上げて『ノイエ・ツァイト』の1887年2号に無署名で発表した。ところが，その後1904年にフランス語で雑誌『ムヴマン・ソシアリスト』132号にエンゲルスの論文として掲載された。なぜエンゲルスの執筆とされたかは不明である。[84] なお，公表された1887年にはエンゲルスは元気だったので，この論文の公表後になんのリアクションもとっていないということは，カウツキーが書いた内容に対して異議はなかったものと推測される。したがって以下ではエンゲルスを著者として述べる。

エンゲルスがメンガーを批判した要点は2つである。ひとつは，労働の全収益という概念の曖昧さと，マルクス以前にトムソンが剰余価値概念を確立したという過ちの指摘である。2つ目は，社会主義を導く新しい法哲学という考え方の間違いの指摘である。ここでは，後者について触れる。

資本主義的生産関係の登場，封建制の枠内で市民層の勢力が発達するにつれて神学的世界観に代わって法学的世界観が登場した。ブルジョアジーの古典的な世界観である。ブルジョアジーの絶対王政に対する闘争が政治闘争でなければならず，法的要求をめぐって行われねばならなかったという事実が法学的世界観を確立する後押しをした。その後，ブルジョアジーはプロレタリアートを生み出し，いっしょに新しい階級闘争を生み出した。プロレタリアートもまた，最初のうちは法学的な見方を受け継ぎ，その中にブルジョアジーに立ち向かう武器を求めた。プロレタリアートの初期の党的結合も，まったく法学的な「法の基盤」にとどまっていた。ただ，彼らはブルジョアジーのそれとは別な法の基盤を組み上げた点だけが違っていた。

平等の要求が拡大され，法的平等を社会的平等で補うべきということになり，他面では，労働生産物の現在の分配は不正であって，廃止されるか，労働者に有利に修正されなければならないという結論が引き出された。しかし，このように問題を単なる法学的な「法の基盤」にとどめる限り，資本主義的・大工業的生産様式によって生み出された弊害を取り除くことなどできないと感じたことから，サン・シモン，フーリエ，オーエンは，法学的＝政治的領域をまったく捨て去って，政治闘争はすべて不毛だと言明するに至った。

しかし，どちらの考えも不十分である。労働者階級はブルジョアジーの法学的な幻

---

84) 『全集』21巻645頁，注464参照。

想のうちに，自分たちの生活状態をあますところなく表現することはできない。彼らが自分たちの生活状態を完全に認識できるのは，法学的な色眼鏡をはずして，ものごとをその現実の中で眺めるときだけである。

　ブルジョアジーの世界観とプロレタリアートの世界観の間のたたかいはまだ続いている。それは，プロレタリアートとブルジョアジーとの間だけでなく，とらわれずに考える労働者と，古い伝統になお支配されている労働者との間においても。一般的には古い考えは凡俗な政治家たちによって擁護されているが，さらに科学的法学者もいる。それがアントン・メンガー法学教授である。[85]

　エンゲルスはメンガーの主張を次のようにまとめている。社会主義の諸理念が，際限のない国民経済学的かつ博愛的な議論の殻を脱ぎ捨てて，まじめな法的概念に変わったときにはじめて，現代の法哲学のもっとも重要な課題である社会主義の法学的改造に手をつけることができると。さらにメンガーは，全社会主義は，法学上３つのスローガンに，つまり３つの基本権に還元されることを発見する。①労働の全収益を要求する権利，②生存する権利，③労働する権利，である。

　このうち，労働する権利は，マルクスがすでに1850年の「新ライン新聞，政治経済評論」の中で，フランスにおける階級闘争を分析したおりに，「プロレタリアートの革命的要求をまとめた最初の不器用な公式」として取り上げているので省略する。[86]

　問題となるのは①と②である。また，ここには平等の要求が取り上げられていない。実際にメンガーが取り上げて議論したのは①の労働の全収益に対する権利だけである。

　マルクスは「労働の全収益に対する権利」などどこでも要求していないし，その理論的著作の中ではおよそどんな種類の法的要求もしていない。マルクスの理論的な諸研究においては，常に特定の社会の経済的諸条件を反映しているにすぎない法学的権利は，全く副次的に考察されているにすぎない。[87]

　メンガーは社会主義の法学的改造を現代のもっとも重要な課題であると考える。彼は社会主義をひとつの法体系として叙述することによって，この改革に

85）『全集』21巻495-498頁。

86）『全集』22巻507頁。

87）『全集』21巻506頁。

226　第Ⅱ部　マルクスと法学

とりかかろうとする。そして、これらの基本的な法理念によって完全に支配された法体系の完成は遠い将来のこととされる。そうすると、当面の任務はどうなるのか。メンガーは、現在の社会秩序の病弊を人為的に重くしてはならないとし、自由貿易および国家や地方自治体が今以上に負債を作ることをいましめる。これでは、メンガーが言う法体系としてはあまりにもみすぼらしいのではないか。そこで、エンゲルスは言う。「社会主義者たちはメンガーに彼の基本権なるものをそっくり返上する」と。このあとでエンゲルスはとても重要なことを述べている。

　だからといって社会主義者が特定の法的要求をかかげることをあきらめるわけではない。活動的な社会主義政党が法的要求をしないで存在するわけにはいかない。ある階級の共通した利益から生じる要求は、ただこの階級が政治権力を獲得し、自分たちの要求に法律の形式で普遍的な効力を与えることによってのみ実現されうる。

　私も、民主主義体制の安定している現在の福祉国家においては、政治権力を獲得していなくても、条件さえあれば、当然、自分たちの要求に法律の形式で普遍的な効力を与えることは可能であり、めざさなければならないと考える。エンゲルスは続ける。

　戦いつつある階級はどれも、自分たちの要求を法的要求のかたちで綱領の中に定式化しなければならない。だが、どの階級の要求も、社会の改造が進む中で変化する。それは、各国の特質や社会的発展度に応じて国ごとに違っていると。
　したがって、個々の政党の法的要求も、究極目標は一致していても、どの時代、どの民族でもまったく同じというわけではない。それは変わりうる要素であって、ときおり修正される。そのような修正にあたって考慮されるものは、事実諸関係である。現存する社会主義政党で、その綱領から新しい法哲学を作り出そうなどと思いついた者はいまだかつてないし、将来もないだろう。[88]

　ここには、エンゲルスの運動論が図式的なものではなく、現実の政治情勢を冷静に分析したものであることが示されている。各国の特質に応じた運動ということは、国ごとに社会編成のあり方を比較せよということであり、青木昌彦の言う、比較制度論における経路依存性と制度補完性という2つ柱に沿って分

---

88) 『全集』21巻514-516頁。

第1章　マルクスとエンゲルスにおける国家と法の理論　　227

析せよという理論に通じるものがある。

（4）「フランスにおける階級闘争への序文」

この序文はエンゲルスが亡くなる直前の1895年の2月から3月にかけて書かれた。ドイツにおける普通選挙がプロレタリアートの闘争にとって，どれほど役に立つかを説いたことで有名である。このことから，武装闘争から選挙闘争に転換したのではないかという理解があるが，よく読めばそうではない。しかし，普通選挙と議会を通じた運動のとらえ方は説得的である。

「フランスにおける階級闘争」は，1850年にマルクスが32歳のときに書かれた。1848-49年の革命の経過と失敗の原因を分析したものである。その後，マルクスが亡くなるまで，2人はこの内容について再検討し，2回の検証を行った。第1回の検証では，ひとつの本質的な訂正を行った。それは「新しい革命は新しい恐慌に続いてのみ起こりうる」ということであった。第2回の検証では，1848年のヨーロッパ大陸における革命は，経済発達の水準が当時まだとうてい資本主義的生産を廃止しうるほどに成熟していなかったことを歴史が証明したと認めた。

その後の産業革命こそ，いたるところで階級闘争を明白にし，マニファクチュア時代から引き継いだ多くの中間的存在を除去して，本当のブルジョアジーと本当のプロレタリアートを生みだした[89]。

エンゲルスは2人の再検討を踏まえて，1895年に公刊された「フランスにおける階級闘争」に序文を書いた。選挙を通じた戦いの重要性を述べたが，国家・支配階級が契約を破った場合にはプロレタリアートの軍団はそれなりの反撃に出るべきことも書かれていた。しかし，それはドイツ社会民主党の執行部によって削除を求められたようである[90]。

エンゲルスは次のように述べている。

1870-71年の戦争とコミューンの敗北は，ヨーロッパの労働運動の重点をしばらくの間フランスからドイツに移した。ドイツでは工業が急速に発展したが，それよりもさらに迅速に，さらに根強く社会民主党が成長した。ドイツの労働者が1866年に実施

89）『全集』22巻505-511頁。

90）『全集』22巻661頁，注433参照。

された普通選挙権を懸命に利用したおかげで，党の成長は争う余地のない数字となって示された。1893年には得票数が178万7000票となり，全投票者数の1/4以上に増加した。

　ドイツの労働者はもっとも急速に増大する社会主義政党として存在していることによって労働者階級のために奉仕しているが，その他に，なお大きな奉仕を行った。普通選挙がどう使われるものかを万国の労働者に示して，彼らにひとつの新しい武器を供給した。

　ドイツの労働者は第1回の憲法制定議会にアウグスト・ベーベルを送り込んだ。そのとき以来，彼らは選挙権をたくみに使って，千倍もの報酬を得るとともに，万国の労働者のために模範として役立つような使い方をしてきた。これまでは欺瞞の手段であったものを，解放の道具に変えた。選挙はわれわれの仲間も反対党の人数も正確に知らせてくれる。選挙運動という形で人民大衆と接触する絶好の機会を与えてくれる。われわれの代表者に議会内の敵や議会外の大衆に話しかけられる演壇を開いてくれる。

　普通選挙権がこのように有効に利用されるとともに，プロレタリアートのまったく新しいひとつの闘争方法が用いられ始め，その方法は急速に発達した。種々の国家機関は，労働者階級がそれを利用してこの国家機関そのものとたたかうことのできる，さらにもっと多くの手がかりをあたえるものだということが分かった。ブルジョアジーと政府は，労働者党の非合法活動よりも合法活動をはるかにおそれ，反乱の結果よりも選挙の結果をはるかに多くおそれるようになった。闘争の条件が根本的に変わったからである[91]。

　将来において市街戦はもうなんの役割も演じないのか。断じてそうではない。ただ，1848年以来いろいろな条件が市民の戦士にとってずっと不利になり，軍隊にとってずっと有利になったというだけの意味である[92]。

　ドイツ社会民主党はひとつの特別な立場をもち，当面特別なひとつの任務をもっている。同党が投票所に送る200万の有権者と彼らの後ろに従っている選挙権のない青年や婦人は，国際プロレタリア軍のもっとも多数の決定的な強力部隊（Gewalthaufen）である。この成長を不断に進行させて，ついには今日の統治制度の手に負えないまでにすること，これがわれわれの主要任務である[93]。

　この文章の中に「強力部隊を決戦の日まで無傷のまま保っておく」というくだりがあることが論争を引き起こす。しかし，これは，「国家が契約を破ったとき」のことであり，決して暴力革命でけりをつけるという意味ではない。

91）『全集』22巻513-515頁。
92）『全集』22巻518頁。
93）『全集』22巻520頁。

第1章　マルクスとエンゲルスにおける国家と法の理論　　**229**

エンゲルスは続ける。

　ドイツの社会主義的戦闘力のこの不断の成長を一時おさえてとめ，しばらくでも退却させることのできる手段はひとつしかない。それは軍隊との大規模な衝突であり，1871年のパリにおけるような出血である。
　いまは法律を守ることによって生きている社会民主党の転覆活動を取り押さえるには，法律を破らずには生きられない秩序党的な転覆をやるほかはない。[94]しかし，忘れてはいけない。ドイツ帝国もすべての近代国家と同様に，契約の所産であることを。一方の側で契約を破れば，その契約は全部解消し，他方の側でもそれに拘束されない。そのとき党が何をするか，それはいま諸君に漏らすわけにはいかない。[95]

エンゲルスは，社会主義的戦闘力の不断の成長を一時おさえてとめ，しばらくでも退却させることのできる手段はひとつしかないと書いたが，この状況は大きく変化した。それは福祉国家の登場であった。

（5）エンゲルスの手紙

　エンゲルスは1890年から94年にかけて，K. シュミット，J. ブロッホ，F. メーリング，W. ボルギウスなどに宛てた，いくつかの手紙で，唯物史観の俗流化の傾向を批判し，史実を裁断する型紙ではなく，歴史的研究の導きの糸として唯物史観を正しく理解することを求めた。というのも，マルクスとエンゲルスは初めのうちに政治的・法的上部構造やその他のイデオロギー的諸観念を，基礎にある経済的諸事実から導き出すことに重点をおいていたために，若い世代の社会民主党員の中に過度に経済的側面に比重をおく者が現れたからである。

　　ヨーゼフ・ブロッホに宛てた手紙　1890年9月21日
　唯物論的歴史観によれば歴史において最終的に規定的な要因は現実生活の生産と再生産である。それ以上のことをマルクスも私も主張したことはありません。もし誰かがこれを歪曲して経済的要因が唯一の規定的なものであるとするならば，ばかげた空文句になります。経済状態は基礎です。上部構造のさまざまな諸要因，階級闘争の政治的諸形態，法形態等，これら現実の諸闘争のすべての関与した者たちの頭脳への反

94）　エンゲルスは，この少し前の文章で，合法手段で勢力を増す革命家に対して，秩序党と名乗っている政党が宿命的な合法性を自分でぶちこわすようになると指摘している。
95）　『全集』22巻520-522頁。

映，すなわち政治的，法律的，哲学的諸理論……の発展が，歴史的な諸闘争の経過に作用を及ぼし，多くの場合に著しくその形態を規定するのです。（階級闘争の形態は）これらすべての要因の相互作用であり，そのなかで結局はすべての無数の偶然事を通じて，必然的なものとして経済的運動が貫徹するのです。[96]

　ここで，エンゲルスが偶然事といっているのは，相互の内的関連が証明不可能なものを指している。

　この手紙は，アルチュセールによって引用され，「最終審級における決定」として表現され理解された。それは，歴史における経済以外の諸要因の規定性を認めつつも，長期的にみれば，結局のところ決定的なのは経済的な前提と諸条件であるという意味である。この理解に基づき，植村は，重層的決定を重視するアルチュセールはエンゲルスの考え方と決別すると述べる。[97]

　コンラート・シュミットに宛てた手紙　1890年10月27日
　　分業が社会的な規模で行われているところでは，部分労働相互間の自立化もあります。……生産物取引が本来の生産に対して自立するや否や，それはそれ自身の運動に従うのであり，全体としては生産によって支配されているものの，しかし個々には……新しい要因の性質にもとづく独自の法則にしたがい，……生産の運動に作用しかえすのです。
　　貨幣取引が商品取引から分離するやいなや，一定の条件のもとで，独自の発展をとげます。さらに貨幣取引が発展して，証券取引にまで拡大され，国債ばかりでなく，産業の株式にまで拡大すると，全体としては貨幣取引を支配している生産の一部に対する直接的支配権を獲得するようになり，貨幣取引の生産に対する反作用はさらに強力に，また複雑になります。……これらの生産手段は２重の顔を持つようになります。その経営があるときは直接生産の利益に，またあるときは，株主である貨幣取引業者の要求に従わなければなりません。[98]
　　……社会は社会にとって不可欠ないくつかの共同の機能を作り出します。この機能に指名された人たちが，社会の内部に分業の新しい部門を作ります。彼らは委任者に対して特別の利害を持つことになり，委任者に対して自立化し，国家がそこに生じま

---

96)　『全集』37巻401頁以下。
97)　植村邦彦「重層的決定と偶然性―あるいはアルチュセールの孤独」『関西大学・経済論集』54巻３・４号（2004年）６頁。ページ数は，この論文のみのもの。
98)　これは，現在の株主本位のコーポレート・ガバナンスに対する批判を先取りしている。投資ファンドなどの株主への過度の利益分配が，企業の長期的経営を阻害し，経営者の資質を歪めている現状を予見しているかのようだ。

第１章　マルクスとエンゲルスにおける国家と法の理論　　231

す。新しい自立した権力は，全体としては生産の運動に従わなくてはなりませんが，与えられた相対的自立性のおかげで，生産の諸条件と進行に対して反作用するのです。それは2つの等しくない力の相互作用です。

経済発展に対する国家権力の反作用は3通りありえます。その作用が同じ方向に進む場合，経済発展に相反する場合，経済発展の一定の方向をさえぎって，他の方向を指定する場合です。[99]

法律についても同様です。……職業的法律家がつくられるやいなや，再び新しい自立した領域が開かれ，それは一般的に生産および商業に従属しながらも，なおかつこれらの領域に対して特別の反作用をもつことになります。近代国家においては一般的な経済情勢に照応し，その表現でなければならないばかりか，内部矛盾によって自分の面を打つことがないような，それ自体としてまとまった表現でなければなりません。そのために，経済的諸関係が忠実に反映されることはますます失われていきます。しかも，法典というものが，1階級の支配のそっけない，欺瞞なしの表現であるということは滅多になく……。

法発展の進行が，大部分，まず経済諸関係の法的諸原則への直接の翻訳から生じる諸矛盾を除去し，調和のとれた法体系をつくりだそうとつとめ，ついで経済のいっそうの発展の影響と強制のために，この体系が繰り返し突き破られ，新しい諸矛盾に巻き込まれていくということです（さしあたり民法だけを問題にします）。[100]

エンゲルスはこの手紙の中で，貨幣市場（金融市場）が産業と世界市場の運動の反映であることをおさえながら，貨幣市場もまたそれ自身の恐慌をもちうることを指摘する。

ニコライ・フランツェヴィチ・ダニエリソーンに宛てた手紙　1892年6月18日

ロシアにおける近代的な大工業の突然の成長は，輸入禁止的関税や国家の補助金などの人為的な諸方策によって引き起こされたものです。同じことはフランスにおいても，スペインにおいても，イタリアにおいても，そして1878年以来はドイツにおいても起きました。……そして，アメリカも丁度同じことをやって，アメリカの製造業者たちが同じ条件の下でイギリスと競争しなければならなかった期間を短縮したのです。……私は，このような世界的な保護関税への復帰を，単なる偶然事だとは思わないのであって，耐え難いイギリスの工業独占に対抗するひとつの反作用だと考えているのです。……このような反作用の歴史的必然性は私には明瞭に目に見えるように思

---

99) 現在の安倍政権がとっている金融の量的緩和と国債の日銀引き受けは，まさにこの第3の場合にあたる。

100) 『全集』37巻422-424頁。

232　第Ⅱ部　マルクスと法学

われます。[101]

　この手紙は，国際貿易において，イギリスの圧倒的な競争力に対抗するために各国がとった保護貿易政策について，エンゲルスが言及したものである。

W. ボルギウスに宛てた手紙　1894年1月25日

　われわれは経済的諸条件を，究極において歴史的発展を条件づけるものと見ます。……しかし，2つの点を見落としてはいけません。

a　政治的，法律的，哲学的，宗教的，文学的，芸術的な発展は，経済的発展に立脚しています。しかしそれらの発展はまたすべて，相互に反作用し合いますし，経済的な基礎にも反作用します。経済状態が原因で，それだけが能動的で，他のものはすべて受動的な結果にすぎないのではありません。そうではなくて，究極的にはつねに自己を貫徹する経済的必然性という基礎の上での相互作用なのです。たとえば，国家は保護関税，自由貿易，財政状態の良し悪しを通じて作用を及ぼします。1648年から1830年に至るドイツの経済的貧困状態から生まれた，ドイツの素町人のひどい無気力・無能力でさえも，経済的な作用をもたらさずにはいませんでした。それは再興の最大の障碍のひとつであり，革命戦争とナポレオン戦争とが慢性的窮乏を急性的なものにしたことによって，はじめてぐらつかされたのです。[102]

---

101)　『全集』38巻317-319頁。
102)　『全集』39巻185頁以下。

第1章　マルクスとエンゲルスにおける国家と法の理論　　233

第2章 商品交換と法

1 マルクスの言う「経済的関係を反映する意思関係」

マルクスは，「ブルジョア的法学的世界観は，自己労働を本源的な所有名義として説き，それによって自由と平等の王国を基礎づける。これは価値法則・剰余価値法則のブルジョア社会の表面における現象形態である『商品生産の所有法則』，すなわち，独立・平等の商品所有者たちが交換過程において意思行為を媒介として相互に他人の商品を所有する関係をこの社会の根本的前提とみることによって成立している」と述べたが，パシュカーニス以降，この中から商品交換を法的意思の端緒的な範疇として取り上げる動きかあったことを述べた。そこで，この点について検討する。

『資本論』第1部第1篇第2章の冒頭に次のパラグラフがある。

諸商品は，自分で市場におもむくこともできず，自分で自分たちを交換することもできない。したがって我々は，商品の保護者，すなわち商品所有者たちをさがさなければならない。……これらの物を商品として互いに関連させるためには，商品の保護者たちは，その意思をこれらの物にやどす諸人格として互いに関係し合わなければならない。それゆえ，一方は他方の同意のもとにのみ，したがってどちらも両者に共通なひとつの意思行為を媒介としてのみ，自分の商品を譲渡することによって他人の商品を自分の物にする。だから，彼らは互いに私的所有者として認め合わなければならない。契約をその形式とするこの法的関係は，法律的に発展していなくても経済的関係がそこに反映する意思関係である。この法的関係または意思関係の内容は，経済的関係そのものによって与えられている。……展開が進むにつれて，諸人格の経済的扮装はただ経済的諸関係の人格化にほかならないことを見いだすであろう。

---

1) 『資本論』第1部第7篇第22章，新書版第4分冊1001頁。

2) 『資本論』第1部第1篇第2章，新書版第1分冊144頁。

稲子は，パシュカーニスが，この部分に依拠して，彼の説を展開したことについて次のように述べている[3]

パシュカーニスは『法の一般理論とマルクス主義』（1924年）で，法律的関係である意思関係は，商品所有者の相互関係であり，商品交換における商品＝物の関係は，商品所有者すなわち権利の主体である人の関係によって補わなければならないという，「法の商品交換理論」を展開した。彼がこの理論の足場としたのが，『資本論』第1巻第2章「交換過程」の冒頭の部分であった。

マルクスは『資本論』で法的関係が意思関係であることを指摘しているが，『共産党宣言』では，萌芽階級意思の表現であることを強調した。後者の観点はエンゲルスも『フォイエルバッハ論』の中で，『市民社会のあらゆる要求もまた—いかなる階級がこの社会を支配していようと，法律の形で一般的効力をもつためには，国家意思を通過しなければならない』と述べた[4]。

要するに，マルクスとエンゲルスにおいては，法における意思的契機は，一方では意思関係としての法的関係において，他方では階級意思の表現としての法律においてとらえられていた。この2つの契機をどのように構成するかはマルクス主義法理論の基本的な問題であるが，パシュカーニスは法における意思的契機を主として前者の点でとらえていた。その後，1930年以降，パシュカーニスは法における階級意思の要素，政治的関係との照応などに言及するようになるが，具体的な展開には及ばなかった[5]。

2　商品形態から法形態の分析へ—パシュカーニスのこだわり

パシュカーニスは初版を公刊した後で，「法の商品交換理論」に対して様々な批判を受けた。そこで，それに応える形で1926年に第2版を公刊し，その序文で批判に対する反論を行った。

まず，彼の『法の一般理論』は，法の一般理論についてのマルクス主義的入門書ではない。国法と民法についてはマルクス主義的批判はかなり行われているが，国際法ではまったく行われていない。訴訟法や刑法，法制史においても

---

3)　パシュカーニス／稲子恒夫訳『法の一般理論とマルクス主義』日本評論新社（1958年），8頁以下。以下では，稲子訳『一般理論』と表す。パシュカーニスに関しては，第Ⅰ部の1の2でも取り上げた。

4)　『フォイエルバッハとドイツ古典哲学の終結』『全集』21巻300頁。

5)　稲子訳『一般理論』8頁以下。

第2章　商品交換と法　235

同じである。したがって，パシュカーニスの分析は，それらの法分野には及んでいない。

　法の形態と商品の形態を接近させる試みはマルクス主義の文献の中に見いだされる。ひとつは，すでに述べた『資本論』第1部第2章「交換過程」の冒頭の部分である。さらにエンゲルスの『反デューリング論』の「道徳と法。平等」の章にもある。彼は「ブルジョア社会の経済的諸条件から平等についての近代的な表象を導き出すことは，マルクスが『資本論』の中で初めて述べたことである[6]」と述べた。だからパシュカーニスに残された仕事は，マルクスとエンゲルスの提起した個々の思想をひとつにまとめ，これからいくつかの結論を導き出すことだけだったとした。法律理論の扱う権利の主体は，商品所有者と密接な関係にある。この基本命題はマルクス以降改めて証明する必要がなかったと[7]。

　ここでパシュカーニスは，エンゲルスの文章から「平等と価値法則のつながり」を引き出し，これが法の形態と商品の形態を接近させるものであるとしている。ただし，注意しなければならないのは，エンゲルスがここで平等について述べているのは「平等は永遠の真理である」というデューリングの誤った主張を批判する目的であり，その限りにおいて法的カテゴリーとしての平等が経済関係によって規定されることに言及している。「平等の観念は，いずれにせよ，永遠の真理でないことだけは間違いない。……この観念がすでに人民の先入観として強固さをもっているとすれば，それは，この観念が公理的な真理性をもっている結果ではなく，18世紀の諸観念がひろく普及しており，いまでも相変わらず時代に適合していることの結果である[8]」。

　自己決定の能力をもつ主体を基礎的なカテゴリーとしている法哲学は，本質的には商品経済の哲学であるということも，何ら目新しいことではない。われわれは，法体制の抽象的な基礎の擁護は，ブルジョアジーの階級的利益の擁護のもっとも一般的な形態であると確信する。商品形態に関連する主体の形態のマルクス主義的な分析は，法的上部構造の研究のためには，今まであまり利用されてこなかった。その理由は，以下のとおりである。

---

6)　『全集』20巻109頁。
7)　稲子訳『法の一般理論』37頁。
8)　『全集』20巻111頁。

236　第Ⅱ部　マルクスと法学

法の問題に従事するマルクス主義者は強制的・社会的な規制の契機を，法的現象の中心的な，基礎的なメルクマールとみることに疑問をもたないできた。彼らは，商品形態の分析から直接に導き出される権利の主体のマルクス的な批判は，法の一般理論とは関係がないと思ってきた。彼らは次の2つのことを忘れていた。

　権利主体性の原則は，階級の廃止というプロレタリアートの闘争に対抗するため，ブルジョアジーが使う単なるごまかしの道具や偽装の所産ではない。権利主体性の原則はブルジョア社会が封建的・家父長的社会の中から生まれ，そしてそれを解体させるときに，ブルジョア社会によって具現化され，実際に作用してきた原則である。

　第2に，この原則の勝利は，単なるイデオロギー的過程ではない。この原則の勝利は，商品＝貨幣経済の発展に続いて起こり，全面的な客観的変化を引き起こした人間関係の法律化という現実の過程である。この過程は，（近代的な）私的所有の発生とその確立，すべての主体および客体について私的所有が普遍的になること，支配＝服従関係からの土地の解放，あらゆる財産の動産化，債権関係の発展とその支配，最後に政治権力が（市民社会から）分離し，貨幣が純粋に経済的力として現れ，公法と私法が分離することが含まれる。

パシュカーニスの主張は間違っていないと思うが，次の主張に飛躍する。

　このように商品形態の分析は，主体というカテゴリーの具体的・歴史的意味を暴露し，法律的イデオロギーの抽象的な図式の基礎を明らかにする。そうすれば，商品＝貨幣経済および商品＝資本主義経済の歴史的な発展過程は，具体的，法律的な上部構造の形をとるこの図式の現実化を伴うことになる。人々の関係が主体の関係として構成されるにつれて，形式的な法律，裁判所，訴訟，弁護士等を伴う法律的上部構造の発展の条件が現れてくる。したがって，ブルジョア私法の基本的特徴は法律的上部構造一般の性格を示す決定的特徴でもある。[9]

　すでに藤田が指摘したように経済的基礎に法的上部構造が規定されるというのは，法的上部構造の全体と，その構成論理が規定されるという意味であって，個々のカテゴリーが規定されるわけではない。18，19世紀のフランスやドイツがローマ法を継受したのは，体系としてのローマ法（あるいは普通法）であって，個々のカテゴリー（例えば行為能力）ではない。もちろん，ばらばらなローマ法を体系化することは大変な作業ではあったが。したがって，商品所有権とか，商品所有者を取り上げても，それだけでは法律的上部構造一般の性格

---

9)　稲子訳『法の一般理論』39頁。

を明らかにすることはできない。

パシュカーニスは，ブルジョア私法の基本的特徴が法律的上部構造の性格を示す決定的特徴であるとし，将来の社会主義的な生産組織の下でも等価交換が分配の範囲で残るとすると，社会主義社会をブルジョア法のせまい地平線の中に一時的に閉じこめると述べる。

また，商法が民法の発展の方向を示し，動態におけるもっとも純粋な図式へと運動しつつある民法そのものであるとする。しかし，20世紀以降の商法，特に会社法の動きをみると，取引主体，組織の原則や再編，取引ルールなどは民法のような抽象的な規定とは大きく異なり，どんどん細分化されている。特に株式をめぐる取り扱いは，企業側の要請を受けて頻繁に改正され，企業行動の監視や規制，会計原則などは，明らかに民法とは異なる分野として発達している。おそらく，パシュカーニスが生きていた当時のソ連において，整備された企業制度が存在していなかったのではないだろうか。

パシュカーニスは権利主体性の原則などは商品＝貨幣経済の諸条件から絶対的にもたらされるとする。しかし，もっと深く理解するためには，国家機構のなんらかの技術的な装備が市場を地盤として成長したということだけでなく，商品＝貨幣経済と法律的形態のカテゴリー自体の間に切り離すことのできない内的なつながりが存在することを理解することだとする。やはり，これがパシュカーニスの最大の論点であろう。パシュカーニスは言う。

> 商品＝貨幣経済が全面的に展開する社会ではじめて，政治権力は純粋に経済的な力と対立することができるようになる。これとともに法律の形態も可能になる。だから法の基本的な定義を分析するために，法律の概念から出発したり，法律を導きの糸として使ったりする必要は全くない。なぜなら法律の概念自体が，市民的なものと政治的なものへの社会の分裂がおこり，それが強化され，そのため法的形態の基本的な契機がすでに現実化されている発展段階の付属物だからである。マルクスは次のように言っている。「政治的国家の創設と独立した個々人への市民社会の解体は，同一の行為によってなしとげられる[10]」。

ここで，パシュカーニスは「個々人への市民社会の解体」における個々人の関係が権利だとし，それは身分やギルドに属するものの関係が特権であったの

---

10) 『全集』1巻406頁。稲子訳『法の一般理論』41頁。

と同じだと述べている。

　このパシュカーニスの主張は，いくら彼が「自分は経済決定論ではない」と
いっても，経済決定論にみえる。特に「法の基本的な定義を分析するために，
法律の概念から出発する必要がない」という主張は，法律家にはまず理解でき
ない。所有，占有，訴権，合意，人格といった法概念がローマ法の遺産として
ヨーロッパに受け継がれたことは，それが商品生産経済と適合的であったから
だとしても，「資本主義社会の発展段階の付属物」とは，とても思えないから
である。また，法律の定義そのものが，「市民的なものと政治的なものへの社
会の分裂」に基礎をおいており，これではブルジョア法しか考慮に入れていな
いとする批判が起こるのは当然である。パシュカーニスは「法的形態が普遍的
な意義をもつようになり，法律的イデオロギーが優先的なイデオロギーとな
り，階級的利益を擁護することが権利主体性という抽象的な原理の擁護の姿を
とることにより，きわめて成功している」からだとする。[11]

　法の本質が，階級意思を一般化した命題で示すものであったとしても，程度
の差はあれ，古代の社会から現代に至るまで，社会秩序維持のルールとして存
在し，法的形態が普遍的な意義をもつはずにもかかわらず，現代において「普
遍的なルール」が様々な形で無視されているという現状をみるときに，パシュ
カーニスの理解は，あまりにも図式的な思いこみではないかと思わずにはいら
れない。[12]

---

11)　稲子訳『法の一般理論』43頁。
12)　その典型は，日本国憲法9条と安保条約および自衛隊であろう。独占禁止法の運用，労働基準
　法の遵守などもあてはまる。

第3章　マルクスと学問

1　実践と統一された学問

　マルクスは自らの研究を実践と学問の統一として取り組んだ。フォイエル
バッハについてのテーゼにみられるように，学問と実践を不可分とみていた。
その後の人々は自分たちの言説を正当化するためにマルクスとエンゲルスの研
究成果に言及し，彼らの言説に忠実に従うことを主義に祭り上げてしまったよ
うに思われる。主義ということになると，マルクスの研究に対して疑問を挟む
ことは異端として排斥されてしまい，学問的な議論はとても難しくなる。その
極端な例が旧ソ連のマルクス＝レーニン主義であった。マルクスとエンゲルス
は，もちろん革命の到来を熱望していた。マルクスとエンゲルスが階級概念を
強調したのは『共産党宣言』（1848年）で30歳と28歳のときであった[1]。そのとき
に革命を強く志向していたことは間違いない。マルクス34歳の時には，「1852
年3月5日・ヴァイデマイアー宛ての手紙」の中で，階級闘争は必然的にプロ
レタリア独裁へと進むと書いている[2]。

　その後は，経済学批判や資本論にみられるように，きわめて緻密な分析を行
い，それに基づいて資本主義社会の全体像を描いた。資本の蓄積過程や資本の
有機的構成の高まりによる利潤率の低下などは，近代経済学の基礎といっても
おかしくない。私は，労働価値説や窮乏化論には疑問をもっているが，彼が初
めて提示した動態的経済分析は近代経済学の基礎をなすものだと考える。マル
クスは1859年に『経済学批判』を公刊し，その「序言」において，有名な公式
を述べた[3]。

　マルクスは，学者として生活していくために学問をしたのではなく，革命の

---

1)　『全集』4巻505頁以下。
2)　『全集』28巻407頁。
3)　『全集』13巻6頁。

道筋を明らかにするために学問をした。フォイエルバッハに関するテーゼで述べたように，世界を解釈するつもりはなく，変革するつもりであった[4]。しかし，その後のマルクスの活動は，変革を根拠づける条件の解明，すなわち資本主義社会の経済分析に向かう。この成果が，もっともはっきりと示されたのが，ゴータ綱領批判であった。

2　ポパーによるマルクスの社会変革の評価

　人々の政治的運動が社会変革を促進させることはあっても，それが原因ではないということになると，物資的生産の内部における変化に対して，社会変革の動きにはどのような意味があるのかということが問題となる。この点についてポパーは次のように述べる。

　マルクスの著作は暗黙のうちに倫理教説を含んでいる。体制が弾劾されるのは，この体制に内在する残忍な不正が十分「形式的な」正義と公正に結合されているからである。マルクスが自由主義の讃美者たちを攻撃したのは，自由主義者の自己満足の故であり，彼らが「自由」を形式的自由と同一視したからである。それゆえ，マルクスは「自由」を愛していた。マルクスは哲学者としては，全体論を偏愛していたが，国家は死滅するであろうと期待していたのであるから，集団主義者ではなかった。このようにポパーは，マルクスの信仰を基本的に開かれた社会への信仰であったと信じている[5]。

　マルクスの『フォイエルバッハに関するテーゼ』の最終テーゼは，「哲学者は世界を様々に解釈してきたに過ぎない。しかし，重要なことは世界を変革することである」と述べているように，マルクスは終始実践的な思想をもっていた。しかし，こうした実践主義的傾向は彼の歴史信仰によって相殺されている。彼は，少なくとも資本主義の下では，われわれは「不可避の法則」に服従せねばならないし，なしうることはせいぜい，「その進化の自然的時期」の「産みの苦しみを短縮し緩和すること」であると考えた。ポパーは，マルクスの実践主義と歴史信仰との間には巨大な淵が存在するとしている。というの

---

4)　『全集』3巻5頁。1845年，27歳のときに書いた。
5)　ポパー，カール・R／小河原誠夫・内田誠訳『開かれた社会とその敵―第2部』未来社（1980年）184頁。

第3章　マルクスと学問　**241**

も，彼はわれわれの理性を未来のための計画に使用するような一切の試みを
ユートピア的として否定するために，理性はより合理的な世界の構築に参加で
きないからである。

　現実には，マルクスはその生活の実践的諸決定においてきわめて厳格な道徳
的信条に従ったし，その協働者に高い道徳的準則を要求した。人々はマルクス
に対して「なぜあなたは，被抑圧者を助けようと試みるのか」と質問したであ
ろうし，実際に質問した。マルクス自身は，出生によっても教育や生活様式に
よっても，この階級には属していなかった。

　ポパーは，この質問がマルクスの以下の定式を生んだのではないかとする。
「私がある陣営を選択したとき，私はもちろん私の道徳に決定を下したことに
もなる。だが，この根本的な決定を下す以前においては，私は自分の階級の道
徳的前提から解放されており，如何なる道徳的体系も採用していなかった。私
の根本的な決定は全くもって『道徳的』ではありえない。それは科学的決定で
ありうる。ブルジョアジーが，そしてそれとともにその道徳体系が消滅せざる
をえないこと，プロレタリアートが，そしてそれとともに新しい道徳体系が勝
利せざるをえないことは歴史の法則であり，この発展に抵抗しようと試みるこ
とは気違いじみたことなのであると。要約すれば，私の根本的な決定は被抑圧
者を助けようとする感傷的な決定ではなく，科学合理的な決定であるというこ
とである[6]」。

　ポパーは次のように結んでいる。「マルクスの道徳的ラディカリズムは今で
も生きている。これを活かし続け，彼の政治的ラディカリズムがたどるであろ
う道を進まないようにすることがわれわれの課題である。『科学的』マルクス
主義は死んだ。その社会的責任感と自由への愛が生き延びなければならない」。

　ポパーが分析したように，マルクスは資本主義の没落と社会主義への移行を
歴史的必然としてとらえたため，社会主義をめざす人々の運動は科学的な性格
を帯びるとした。したがって，歴史的必然というものが証明し得ないものであ
れば，運動も科学的ではあり得ない。私も，基本的にポパーと同じ考えであ
る。ただし，そのことは「科学的でない」運動が無意味ということではない。
むしろ，社会改革の運動は，学問的な分析に「支えられる」ことによって，よ

---

6)　同上，186・187頁。

242　第Ⅱ部　マルクスと法学

り強力になりうる。

3　シュムペーターによるマルクスの学問の評価

シュムペーターもポパーも，全面的ではないがマルクスを高く評価しているが，その歴史主義や弁証法については批判的である。もちろんマルクス主義に立つ研究者の中には様々な意見がありうるし，統一を図る必要があるとは考えない。マルクスをめぐる自由な討論の場において結論を強制する必要はない。

シュムペーターはマルクスの経済過程の理論を偉大な業績と呼んだ。[7]ポパーは道徳的ラディカリズムと自由への愛を高く評価した。しかし，科学的社会主義という用語には大きな問題があった。

シュムペーターはマルクスの社会主義論について次のように正当に評価している。およそある秩序が永遠のものではなく，いつか崩壊するものであることはなんの疑いもない。正統的マルクス主義者が予想していたと思われる特定の型の社会組織は，多くの可能な場合のひとつのものに過ぎない。マルクス自身は，賢明にも社会主義を詳細に論ずることを差し控えて，その出現の条件を強調するにとどめた。マルクスは，一方で巨大な生産支配単位の存在を強調し，他方で，搾取されているばかりでなく規律と統一とをもっている多数のプロレタリアートの存在を社会主義出現の条件として強調した。このことは，最終闘争について多くの暗示を与える。

いかなる場合においても社会主義的秩序は自動的には実現しない。たとえ資本主義の発展がマルクス的な方法で社会主義秩序を実現するための一切の条件を準備したとしても，それを実現するためにはなお別個の行動が必要であろう。これがマルクスの教義である。

シュムペーターはマルクスの社会主義論について次のように結論を下す。社会主義を生み出すものは革命か，それとも進化か。マルクスによれば答えは進化である。彼は社会的事物の内的論理の意義をきわめて強く心に染み込ませていた人であったから，革命が進化の仕事の何らかの部分にとって代わりうるな

---

7)　シュムペーター，ヨセフ・A／東畑精一・中山伊知郎訳『資本主義・社会主義・民主主義』東洋経済新報社（1995年），69頁以下。

第3章　マルクスと学問　243

どとは信じなかった。革命はそれにもかかわらず生まれる。マルクスのいう革命は、その本質と機能とにおいて、ブルジョア急進主義者や社会主義陰謀家のいう革命とは全く趣を異にするものである。それは本質的に満期における革命である。

マルクスの思想は『資本論』の分析的構造を通じて、誤りなく語られている。事物の内的論理という観念によって明白に保守的な意味をおびている。およそまじめな議論ならば、決して無条件になんらかの「主義」を支持するものではない。特殊の言葉づかいを離れてマルクスをみれば、彼が保守的な意味での解釈を許容するということは、彼がまじめな取り扱いを受けるに値するということに他ならない。[8] マルクスの業績は主義を表明するものではなく、まじめな学問的営為の積み重ねであった。[9]

4 マルクス主義の有効性

20世紀には、マルクス主義をめぐって様々な議論が深められた。例えば、イタリアのグラムシやドイツのフランクフルト学派やフランスのアルチュセールなどである。この中からアルチュセールのみたマルクス主義の有効性についてみてみよう。

植村邦彦は、アルチュセールがフロイトの影響を受けながら、マルクス主義の有効性について、以下のような考え方の変化をなしたと分析した。[10] なお、アルチュセールはレーニンについてもマルクスと並べて批判しているが、マルクスとレーニンを同列に論じることは難しいので、マルクスにしぼって紹介する。

アルチュセールはフロイトの「重層的決定」という用語を用いて、歴史的出来事を単一の内的原理に還元することが不可能であるとし、様々な偶発的出来事や不確実なことがらによって決定されるとする。そして、マキャヴェリの思考と実践を分析する中で、国民を実現する可能性と限界は、経済的要因だけで

---

8) 同上、93頁以下。
9) 科学的社会主義に対するシュムペーターの考えは、同上、90頁以下に詳しい。
10) 植村邦彦「重層的決定と偶然性—あるいはアルチュセールの孤独」『関西大学・経済論集』54巻3・4号（2004年）。

なく，地理的，歴史的，言語的，文化的な一連の存在要因全体に依存してお
り，それらの所要因が，いってみれば不確定空間を形成して，国民はその中で
具体的形態をとることになると述べた。[11]

　マルクスは重層的決定という類の説明はしていないが，エンゲルスは1980年
以降の活動家たちに送った手紙の中で，経済的基礎と上部構造等の反作用につ
いて述べている。これに対してアルチュセールはエンゲルスの説明は「上部構
造の相対的自立性」と「最終審級における決定」であるとして批判した。[12]アル
チュセールは，マルクスとエンゲルスの説明は十分でなく，上部構造やその他
の状況の独自の有効性についての理論は，大部分が今後練り上げられるべきも
のであると考えた。その後，アルチュセールは位相論に引かれていくが，植村
によれば，それは成功していない。なお，アルチュセールは1960年代に構造的
因果性という考え方を，『経済学批判要綱』序説第3章を材料に展開したが，
私の理解では，あまり深化できなかったようにみえる。

　アルチュセールは70年代に入ると，重層的決定という概念を放棄し，進化論
の目的論的弁証法を批判するようになる。マルクスの歴史哲学も批判の対象と
なる。ただし，全否定ではなく，限定された有効性が認められる。植村による
と，その批判と限定は1978年に集中的に行われた。以下は，植村からの引用で
ある。

　2月に書かれた「今日のマルクス主義」では，アルチュセールはマルクスに
おける「歴史の方向」という「歴史哲学的観念」を厳しく拒絶する。

　「マルクスのもとには，常に歴史の方向という観念が現前する。この方向は，
特定の生産様式の後に特定の生産様式がくる漸進的時期の継起として具体的に
示され，共産主義の透明性に向かっていく。必然性の王国の後に来る自由の王
国なる観念的表象が，マルクスのもとにはみられる。その共同体では，国家と
商品関係と同様，余分となった社会関係に，諸個人の自由な発展が取って代わ
るとの神話が」。[13]

　3月に書かれた「『有限』な理論としてのマルクス主義」では，マルクスの

11）　同上，5頁。
12）　同上，5・6頁。エンゲルスの「ブロッホへの手紙」『全集』37巻402頁の説明を取り上げてい
　　る。
13）　同上，14頁。様々な括弧はほとんど省略した。

第3章　マルクスと学問　　245

理論を資本主義的生産様式の批判的分析へと限定することによって，その有用性を確認しようとした。

　　ぼくの考えでは，マルクス主義理論は『有限』である。資本主義的生産様式の分析，資本主義の矛盾した傾向―資本主義を廃止して，それを別のもの，空洞としてすでに資本主義社会の内部に描き出されている『別のもの』で置き換えることへと移行の可能性を開く傾向―の分析に，それは限定されている。マルクス主義理論は『有限』であると述べることは，マルクス主義理論は歴史哲学とは正反対のものである，との本質的観念を主張することである。……マルクス主義理論は，現在進行中の局面，資本主義的搾取の局面に限定されている。将来についてこの理論の言いうることは，現在進行中の傾向がもつ複数の可能性の，点線で引かれる消極的延長線以上のものではない。……移行について何を言っても，そこで問題になりうるのは，現在進行中の傾向から導き出される指針でしかありえない。

　植村は，次のようにまとめている。「マルクスの思考から今なお学ぶものを批判的に救い出すとすれば，それは発展段階論でも歴史的必然性の論理でもなく，様々な生産様式が資本によって接合され再編成される複合的過程を対象とした構造としての世界史だということである[14]」。

5　21世紀のマルクス研究の課題

　不破哲三は共産党の活動家であるが，マルクス，エンゲルス，レーニンの著作を研究しており，しかも実践と結びついている。2001年1月3日の機関紙「赤旗」に，「21世紀の展望と結びつけて」という対談が掲載され，その中で，「マルクス研究の今後の2つの課題」について発言した。マルクスの最大の業績は動態的経済分析であり，それは『資本論』第2部の再生産論で主として展開されている。剰余価値を生み出す資本主義的生産過程が，どのようにして展開していくかを扱い，生産化の拡大→繁栄→恐慌という循環を研究している。不破によると，この第2部では，再生産論を恐慌に結びつける肝心の分析が出てこない。次の第3部で恐慌を論じるときには，マルクスは当然のことのように再生産論を踏まえてものを言うが，第2部には，その分析がない。再生産論

---

14)　同上，15頁。

246　第Ⅱ部　マルクスと法学

が，恐慌の周期的な到来の仕組みを解明する理論的な指針にまで，仕上げられないままで，書かないままに終わった部分—ミッシング・リンクではないかと推測した。

　マルクスは恐慌について語っているが，それは，まとめて語られたわけではなく，流通手段としての貨幣に関連して述べられたり，資本主義的生産の無政府性において語られたり，利潤率の低下の結果として述べられている。マルクスは，恐慌を攪乱された均衡を再建するために一時的で暴力的な爆発とみなしていた。[15] 恐慌後には産業循環が再開される。マルクスは，恐慌の役割と何が循環を決定するかを検討した。その物質的基礎として固定資本の更新をあげている。[16] しかし，資本の回転時間についての分析は，必ずしも明瞭ではなく，何が産業循環の周期を決定するかはマルクスによって解決されていない。また，資本論の様々な箇所を手がかりに資本の蓄積過程における恐慌発生のメカニズムについて議論されているが，過小消費説，利潤圧縮説，利潤率の低下傾向説など，様々な見解が提出されている。[17] ただし，総再生産過程における恐慌の原因については，商人資本の運動を原因としている。[18]

　なお，不破が言う，第2の課題は未来社会論に関して，分配を基礎にした青写真を描くことのいましめであった。

　不破は，マルクス以降，経済の問題で一番大きな変化は，20世紀に入って帝国主義の時代がきたことをあげる。しかし，第2次世界大戦後は植民地体制が崩壊し，新たな段階を迎えている。資本輸出が，いつでもどこでも経済侵略だとは単純に言えない段階になっている。そういう時代に，ある国を帝国主義と呼ぶには，他民族に対する侵略と抑圧の一連のまとまった行動と政策がなければならないと述べた。[19] 2019年段階では，アフガニスタン，イラクやイランに対するアメリカの「制裁」，同じくベネズエラに対する警告，イスラエルによるパレスチナ人の抑圧，ロシアのクリミア併合などが連想される。

　不破の指摘は説得力がある。実践的であるために学問的にも説得力が必要で

---

15)　『資本論』第3部第15章，新書版・第9分冊425頁。

16)　『資本論』第2部第9章，新書版・第6分冊290頁。

17)　『マルクス・カテゴリー事典』112頁以下。

18)　『資本論』第3部第4篇第18章。

19)　『赤旗』2001年2月4日。

ある。全般的危機論とか絶対的窮乏化，国家資本主義とか無限定な帝国主義論などは，もはや説得力を失っている。一方でマルクスの景気循環分析や恐慌論の研究は，一層の重要性を増している。

6　まとめ

　マルクスとエンゲルスによれば，資本主義社会の構造とその動態については，経済学批判の序言の定式が基本である。彼らは一貫して現実の労働者階級の運動に参加し，1857年以降には，実践的な情勢分析や安易な社会主義理解に批判的な文書・手紙を通じて，運動の基本方針を提示し続けた。それらは，上部構造との関係に焦点を当てると，次のようにまとめられる。

①　革命運動は自覚的な労働者階級が中心とならなければならない。都市住民，農民，自営業者たちは，自分たちのプロレタリア化が不可避と悟ることによって革命運動に参加する。反対にブルジョア化した者たちは反動化する。

②　法的・政治的上部構造，イデオロギー的諸形態が生産関係とますます合わなくなることによって，体制破綻を迎え，その変革を階級闘争が後押しする。もちろん，規定的要因は生産力と生産諸関係の矛盾である。

③　法的・政治的上部構造は，究極的には生産関係に規定されつつ，独自の反作用を行う。例えば，保護貿易・自由貿易，金本位制・管理通貨制，金融引き締め・量的緩和，財政均衡・積極財政などである。さらに，個別的には特定の産業に対して支援したり，抑制したりもする。

④　この中で，支配階級の意思が法律形態をとるが，そこでは「特殊利益が一般的利益」に転化される過程がある。同時に，その一般化によって支配階級の行動が制約される場合もある。法の支配のパラドックスとみることができる。

⑤　法や裁判の長い歴史をみれば，明らかに商品生産が全社会的規模に広がる前から存在している。それらは，様々な階級社会の中から自生的に生まれたものもあるが，中心を占めるのはやはり支配階級の意思である。

⑥　議会制民主主義を採る国々では，議会を通じて労働者階級の利益を守ることができ，その運動の経験が，やがて多くの労働者たちの社会主義運動への参加を導く。

第Ⅲ部　市民社会とマルクス主義

第 1 章　市民社会概念の歴史

1　はじめに

　近時になって様々な市民社会論が提示されている。[1] 市民社会概念を重視した渡辺洋三は，自分の市民社会論・市民法論は歴史的な概念ではなく，論理的な概念であるとし，念頭に置かれている市民は市民革命時の小商品生産者であるとした。しかし，歴史的な市民社会の生成過程を，論理的な概念と完全に切り離すことが可能だろうか。

　まず，商品生産者たちが革命を通じて何を求めたのかが重要である。彼らは自らの商品生産の規模の拡大と収益の増加を求めて努力し，その中から成功した者たちは，やがて産業資本家となっていった。また，小商人や前期的資本家の中からは金融業者として成長していった者もある。これらをブルジョアジーとして，前期的市民と区別する見解が多い。果たして，そんなに明確に区別できるものだろうか。

　マルクスとエンゲルスは，1847年12月から48年 1 月にかけて執筆した『共産党宣言』の中で，「中世の農奴の中から，初期の都市の城外市民がでてきた。この城外市民のなかから，ブルジョアジーの最初の要素が発展してきた」[2] と述べ，「マニファクチュアに代わって近代的大工業が現れ，工業的中間身分（同職組合の親方たち）に代わって工業的百万長者，一大工業軍の統率者，すなわち近代のブルジョアが現れた」[3] と書いている。

　マルクスとエンゲルスは，この後にブルジョアジーが作り出したプロレタリアートがやがて自分たちを階級として意識し，組織し，革命に至る過程を描く。その中で，中間身分の人々が革命的ではなく，保守的であり，反動的です

---

1)　吉田傑俊『市民社会論―その理論と歴史』大月書店（2005年）が注目される。
2)　『全集』 4 巻476頁。
3)　『全集』 4 巻477頁。

250　第Ⅲ部　市民社会とマルクス主義

らあると述べる。彼らが革命的になるとすれば，それは自分たちがプロレタリアートの中に落ち込むときが迫っていることを悟ったときだと。さらに，「ルンペン・プロレタリアートは……その生活上の地位全体からみて，むしろ喜んで反動的陰謀に買収されるであろう[4]」とも述べた。この時代のマルクスとエンゲルスにとっては，市民は分解して，ブルジョアジーとプロレタリアートに分かれるという認識であった。しかも，プロレタリアート全体が革命的に行動するわけではなく，自分たちを階級として意識し，組織されたプロレタリアートが中心になると考えた。それは，1948年当時のヨーロッパにおける大工場の労働者たちを念頭においており，工業的中間身分は，やがてどちらかに分解されると考えていた。

　こうなると，現在の時代に市民を求めることが，果たしてマルクス主義の考え方とどのように整合するのかが，まず問題となる。次に，現在の市民とは，一体どういう人々を想定するのかも問題となる。というのも，現代では，大工場で働く労働者は賃金で生活する者の２割もおらず，就業者はきわめて多様な働き方をしているからである。まず市民社会論の流れをみてみよう。なお，引用元の文献では，どの論者も括弧書きをきわめて多く使用しているが，重要と思われるもの以外は，その多くが省略されていることをお断りする。

2　日本における市民社会概念受容の特殊性

　平子友長は，市民社会に関する日本の社会科学の伝統的理解をなしてきた常識を克服するとして以下のように述べた[5]。

　市民社会は西欧古典古代に由来する伝統的社会概念であり，西欧の歴史はそれぞれの時代に自らの歴史的社会編成を市民社会（societas civilis）という用語で説明してきた。その際，各歴史社会は自らの歴史的個性を市民社会概念の再定義ないし再解釈として表現してきた。西欧近代社会が自己を市民社会として定義したのも，この歴史的伝統にしたがったまでのことである。

　西欧近代市民社会の歴史的個性が，市民社会＝経済的社会という等式で要約

---

4)　『全集』4巻485頁。
5)　平子友長「市民社会概念の歴史」『法の科学』27号（1998年）191頁以下。

第1章　市民社会概念の歴史　　251

されることは，西欧近代の歴史的経験に限ってみても，むしろ例外的現象である。ラテン語の societas civilis を起源とする用語（civil society など）が日常語として定着している諸地域においては，政治的社会結合を表示する概念としての市民社会が，その伝統的意味を喪失することはなく，近代市民社会の近代性は，むしろ政治概念の意味変容の問題として了解されてきた。

この例外現象がマルクスによる市民社会概念だったのである。ヘーゲルは『法哲学』において，市民社会を「欲望の充足をめざす諸個人の全面的依存性の体系」として描いた（第183節）。ヘーゲルは政治を国家の機能に還元した上で，市民社会（bürgerliches Gesellschaft）を分業によって織りなされる経済人の経済的社会統合として定義した。ここからマルクスは市民社会と政治的国家の分裂を説き，前者が規定的なものであることを明らかにする。この bürgerliches Gesellschaft を civil society と英訳することはできないというのが，平子の指摘である。ヘーゲルそしてマルクスによって，西欧社会思想史上はじめて政治的社会としての含意をもたない市民社会概念が登場した。

日本の市民社会概念の受容が特殊だったのは，civil society と bürgerliches Gesellschaft を明確に区別する視座をほとんどもたずに，ともに「市民社会」という言葉を当ててきたことである。さらに，ドイツ社会科学の概念枠組みの圧倒的影響の下に，最初に bürgerliches Gesellschaft の用法に基づいて市民社会を概念規定し，ドイツ語以外の社会科学の古典における civil society の用法も前者に整合的に解釈する（結局は誤解する）という手法をとったことである。

3　市民社会概念の変化

平子は，アリストテレスの『政治学』におけるポリスの定義からオイコス（家）との対抗関係を説明し，次いでマキャベッリの政治的共同体への説明へと進む。

マキャベッリは西欧語の中に初めて国家（stato）という政治概念を導入した。国家がもたらした西欧の政治理論上の革命は，①支配者と被支配者を含む政治的共同体の構築の可能性を発見した。②伝統的な市民社会を構成していた中間諸団体を解体し，ばらばらの諸個人に分解した。③政治は次第に専門的職業集団によるものとなり，市民社会は脱政治化されていく。④政治機能を国家

に吸収された市民たちは，経済的活動に邁進することになった。国家の導入は，国家と社会という新しい2元論を生みだし，これが伝統的なポリスとオイコスという2元論に取って代わった。

マキャベッリは，市民社会と政治的国家の分離を政治の専門家集団による掌握の方に原動力を求めるので，市民社会の変化に基礎をおくヘーゲルやマルクスの考え方とは逆であるが，歴史的経過をみたときにマキャベッリの眼にはそう映ったのであろう。

平子は言う。近代個人主義は，国家によって作為的に創出された観念形態であり，市民社会は本来個人主義を必ずしも前提としない。以上の過程において，市民社会概念は本質的な変質をとげた。①市民社会は国家型の政治支配の抵抗の原理として生き続けるが，国家なき政治共同体の構築というラディカルな主張を貫くことができず，国家によって導入された枠組みを前提とした政治的機能の市民たちへの返還要求となった。例えばルソーである。②より妥協した形態においては，国家型の政治支配への抵抗という原理的対決点さえも消失して，国家型の政治支配の枠内で，君主的形態から市民たちの政治的合意を調達する機能を備えた，より民主的な市民政府に転換することを市民社会と呼ぶ慣行が生まれた。ジョン・ロックである。③国家型の政治支配が立憲君主制の形態をとり，欽定法の支配が確立すること自体を，市民社会と呼ぶ慣行も生まれた。ホッブズやカントである。

脱政治化された社会の内部でも決定的な変化が生まれた。前近代的生産関係から資本主義的生産関係へ移行する過程で，家政と経営が分離し，家族は消費共同体へと変化した。J.S.ミルやデイヴィッド・ヒューム，アダム・スミスらによって学問世界に政治経済学が導入されると，ポリス―オイコスの2項図式の上に成立していた市民社会はほとんど理論的意味を失った。それに代わって文明化された社会（civilized society）という概念が前面に出てきた。ポリティカル・エコノミーとは，商品生産と分業に基づく生産諸力の上昇の結果として人々の生活様式が次第に裕福となる過程を表示する経済学的概念とされる。

平子は，アダム・スミスが civilized society と civil society を厳密に区別していたと注意する。『1766年の法学講義』における用法に従えば，前者は分業に基づく生産諸力の高度な発展を意味し，その社会を指すのに対し，後者は正義の原理の貫徹する社会という意味で，あくまでも政治的社会を意味していた

第1章　市民社会概念の歴史　　253

という。

4　Bürgerliches Gesellschaft 概念の特殊性

　平子によると，ヘーゲルの『法哲学』の革新的性格は，西欧近代社会におい
て市民社会の意味が失われつつあるときに，それに代わって登場してきた「政
治的国家―政治的経済社会―家族」という新しい3項的状況をリアルタイムで
理論化することに成功したことである。ヘーゲルの『法哲学』における
bürgerliches Gesellschaft は，市民社会（civil society）ではなく，政治的経済社
会の成立を基礎とする civilized society を意味している。考察の対象は，法に
おいては人格，道徳的立場では主体，家族ではその構成員，bürgerliches
Gesellschaft ではブルジョアジーとしての市民であった。ここでは，
bürgerliches Gesellschaft の構成員が citoyen ではなくブルジョアジーである
ことが明言されている。マルクスの bürgerliches Gesellschaft の用法は基本的
にヘーゲルの『法哲学』のそれを踏襲している。つまり，これは政治的国家と
は明確に区別された経済的社会を指している。平子は言う。

　　マルクスの市民社会論はむしろ市民社会概念なき市民社会論として展開されてい
　　る。……マルクスの国家の死滅論は，国家によって統制された政治とは異なるレベル
　　における市民達の自治的な政治を再建する構想として理解すれば，伝統的な市民社会
　　概念の継承という一面をもっている。マルクスが『資本論』第3巻で示唆した必然性
　　の国と自由の国の区別は，自由と必要性との2分法を採用した伝統的な市民社会論の
　　継承という思想史的意義を持っているが，このことに想到したマルクス主義者は一人
　　もいない。[6]

　平子は，市民社会が西欧史の脈絡の中で伝統的に保持してきた意義は，①経
済社会の利害関係に基づく論理とは異なる地平で独自な政治的共同の構築を志
向する理念および運動を意味すること，②政治的社会の内部では，「国家」の
登場以降支配的となった機構ないし装置による政治に対抗して，市民自身によ
る水平的でかつ自治的な政治的関係の領域を確保し，定着させ，拡大させてい
こうとする理念および運動を意味することだとする。この伝統にもっとも忠実

---

6)　同上，195頁。

254　第Ⅲ部　市民社会とマルクス主義

に，かつ独創的に市民社会理論の再生を試みた思想家がアントニオ・グラムシであったとする。

5 市民社会の概念史

　吉田傑俊はリーデルの市民社会の概念史を紹介している[7]。それは，市民社会論の歴史的・理論的考察における現在までのもっとも精緻な研究であるとされる。リーデルはヨーロッパ政治哲学における市民社会概念の展開を，古典古代的，近代的，そしてマルクス主義的概念という3つの段階に分けて，おおよそ次のように規定する。

①　アリストテレス以来18世紀中頃まで通用した市民社会 bürgerliches Gesellschaft 概念は，市民が自由で平等に共存し，政治的支配形態に自ら服する社会または市民的共同体であり，ラテン語のソシエタスキビリス（societas civilis）で表現される。支配団体としての市民共同体と，その公的＝政治的組織を意味した。したがって，市民社会は国家（ポリス）と同義であった。

②　19世紀初頭に始まる新しい用法では，中世の封建社会の政治的支配から解放された市民たる私人からなる社会を意味した。市民社会は市民たる私的所有者からなる釈迦であり，非国家的非政治的領域を指示した。ただし，自由主義の伝統が政治変革に成功したイギリスやフランスなどの西欧諸国では，civil society やソシエテ・シヴィルは依然として政治社会と同義語であった。この点は，平子も指摘したところである。

③　市民社会概念が近代世界の社会的連関のなかで多義的となった18世紀から19世紀への移行期に，この概念の新しい用法を指示したのがマルクスとエンゲルスである。彼らにとって市民社会は，自由な所有者からなる人格的結合体という自由主義的モデルではなく，労働力だけをもつ人間に対する所有者の支配を意味した。この市民社会は，プロレタリア階級と区別されたブルジョア階級の社会であり，資本と労働の対立に基礎を置く，19世紀のブルジョア社会を意味する。

---

7)　吉田，前掲注1），36頁以下。リーデル，マンフレート／川上倫逸・常俊宗三郎編訳『市民社会の概念史』以文社（1990年）。

リーデルは，市民社会概念の言語連関性を次のように述べる。

　古典期ギリシャ政治学から近世初頭の自然法論におよぶギリシャ＝ラテン語的連関性における市民社会のポリスモデルは，近代自然法の契約モデルにおいても作用していたが，後に，自由主義的自然法を放棄して社会主義的・革命的連関において語られるようになると，初めて継承されてきた原型が最終的に解消される。ここにいたって，初めて市民社会概念のイデオロギー化の問題，つまりその複雑系ないし多義性の問題が現れる。

吉田はリーデルの市民社会の系譜論を次のように整理した。

①　ギリシャのポリスに実現した市民社会＝国家としての古典古代的市民社会論。

②　近代のイギリスやフランスで展開した非国家的非政治的領域としての市民的＝自由主義的市民社会論。

③　自由主義的伝統から離脱したブルジョア社会としてのマルクス主義的市民社会論。

④　マルクス主義成立以後の市民社会論，である。

第2章 マルクスの市民社会論

1 市民社会史観と階級社会史観

　吉田によれば，マルクスこそ，西欧における市民社会論の伝統の正統な継承者であり，理論的総括者である。吉田は次の2つの歴史観に着目する[1]。

　A-1　これまでのすべての歴史的諸段階に当然存在した生産諸力によって規定され，逆にそれを規定しかえす交通形態（Verkehrsform）とは，市民社会（bürgerliches Gesellschaft）のことである。……この市民社会が，全歴史の真のかまどであり，舞台である[2]。

　このA-1の文章は，マルクスとエンゲルスが1845年から46年にかけて書いた「ドイツ・イデオロギー」の中のもので，全集3巻の32頁，廣松渉『新編輯版ドイツ・イデオロギー』の74頁にある。この歴史観を吉田は「市民社会史観」と名づける。というのは，A（ドイツ・イデオロギー）は，すべての社会の歴史過程を「生産と交通」に基づく市民社会の展開として描いているからである。

　B-1　これまでのすべての社会の歴史は，階級闘争の歴史である[3]。階級と階級対立の上に立つ旧ブルジョア社会に代わって，各人の自由な発展が万人の自由な発展の条件であるようなひとつの共同社会（eine Assoziation）が現れる[4]。

　このBの文章はマルクスとエンゲルスが1847年12月から48年1月にかけて書

---

1)　吉田傑俊『市民社会論─その理論と歴史』大月書店（2005年）53頁以下。
2)　『全集』3巻32頁。マルクス，カール／フリードリヒ・エンゲルス／廣松渉編訳『新編輯版ドイツ・イデオロギー』岩波書店（2002年）74頁。
3)　『全集』4巻475頁。
4)　『全集』4巻496頁。

257

いた『共産党宣言』の中のものである。この歴史観を吉田は「階級社会史観」と呼ぶ。

　マルクスとエンゲルスは，生涯を通じて，市民社会や社会構成体について，様々な説明を行ったが，「ドイツ・イデオロギー」以降も，基本的な考え方には変化がなかったと思われる。そうすると，ＡとＢの説明は，市民社会を論じるときの目的によって，市民社会のどの属性を取り上げるかの違いに過ぎないと考えられる。

　「ドイツ・イデオロギー」の中には，次のような叙述がある。

　Ａ-２　この歴史観は，次のことに基づいている。現実的な生産過程を，それも直接的な生の物質的な生産から出発して展開すること，そしてこの生産様式と関連しながらこれによって創出された交通形態を，したがって市民社会を，そのさまざまな段階において全歴史の基礎として把握すること，そして市民社会を，それの国家としての営為においても叙述すること，ならびにまた，宗教，哲学，道徳等々，意識のさまざまな理論的創作物と形態のすべてを，市民社会から説明し，それらのものの生成過程をそれから跡づけること，そうすれば当然，事象がその全体性において叙述されうる。この歴史観は，観念論的な歴史観のように各時代の中にひとつのカテゴリーを探し求めることはせず，絶えず現実的な歴史の地盤にとどまり，……理念的構成物を物質的な実践から説明する。[5]

　Ａ-３　市民社会は生産力のある特定の発展段階の内側における諸個人の物質的交通の全体を包括する。それはひとつの段階の商工業生活の全体を包括し，その限りにおいて，国家や国民を超え出る。もっとも，他面では，市民社会の側でも，対外的には国民的なものとして自己を押しだし，別の面では対内的には国家として自己を編成せざるを得ないのだが。市民社会（bürgerliches Gesellschaft）という言葉が登場するのは18世紀，つまり所有関係が中世的な共同体から脱却しおえた時である。……生産と交通から直接に発展する社会的組織（これが国家およびその他の観念的上部構造の土台をなしている）はいつもこの名で呼ばれてきた。[6]

　このようにマルクスとエンゲルスは，市民社会を説明するのに，生産諸力によって規定され，逆にそれを規定しかえす交通形態（Ａ-１）とか，生産様式と関連しながらこれによって創出された交通形態（Ａ-２），生産と交通から直接

---

5)　『全集』３巻では33頁。廣松訳，前掲注２），86頁以下。
6)　『全集』３巻では32頁。廣松訳，前掲注２），200頁。

に発展する社会的組織（A-3）と述べているのであるから，ヨーロッパの古代からの伝統的な市民社会（societas civitas）という意味は含まれていない。それゆえ，マルクスとエンゲルスは「bürgerliches Gesellschaft という言葉が登場するのは18世紀である」と述べた。

　吉田も，マルクスとエンゲルスの２つの歴史観は，対立的関係にあるのではなく，補完的関係にあるとし，市民社会史観が階級社会史観を包摂するより広い史観であるとする。同一対象としての近代社会がその視角によって異なった性質のものとして表されるのは，市民社会史観では協同的な生産と交通の展開という広い歴史的パースペクティブから社会的連関を普遍化させ，個々人を発展させる歴史的段階と規定されるのに対し，階級社会史観ではその社会の特性が私的所有においてとらえられ，その廃止による階級対立社会の廃絶が強調されるからである。

　重要なことは，この２つの歴史観が国家の止揚についても２つの方向を示すことである。階級社会史観はブルジョア国家の打倒の方向を示すのに対し，市民社会史観は社会の疎外物としての国家を市民社会に再吸収するという方向を示す。吉田はこれを，国家の打倒という実践的方向が，国家の止揚という歴史貫通的視角において根拠づけられ，接合されているとみる。そして，マルクスの市民社会論を重層的なものとみるのである[7]。

2　マルクスの重層的市民社会論

（1）市民社会論の重層的な規定

　マルクスの市民社会論が重層的なものであることは，様々に指摘されているが，吉田の整理は明快である。上で引用したマルクスの命題，A-1，A-2，A-3，B-1の他に，以下の「哲学の貧困」と「フランスにおける内乱」の命題を挙げる。

　　C-1　労働者階級は，その発展において，諸階級とその敵対関係を排除するひとつの協同社会（association）をもって，古い市民社会（société civile）に置き換えるであろう。そして，本来の意味での政治権力は存在しなくなるだろう。なぜなら，まさに

---

7)　吉田，前掲注1），53-58頁。

政治権力こそ市民社会における敵対的権力の公式の要約だからである[8]。

　D-1　コミューン—それは，社会による国家権力の再吸収であり，社会を支配し抑圧する力としてではなく，社会自身の生きた力としての，人民大衆自身による国家の再吸収であり，この人民大衆は，自分たちを抑圧する組織的権力に代わって，彼ら自身の権力を形成する[9]。

　吉田は，マルクスによる市民社会の歴史的段階区分は，以下の3段階に規定されるとする。第1は歴史貫通的な土台たる市民社会として規定するもので，ドイツ・イデオロギーにおけるA-1の文章である。第2は，18世紀に現れブルジョアとともに発展する，特殊歴史的な近代ブルジョア社会として規定する。ドイツ・イデオロギーにおけるA-3の文章である。第3は，政治権力＝国家の存在しない将来の市民社会または協同社会と規定する。C-1およびD-1で示唆される協同社会である。なお，D-1の文章は，A，B，Cよりもおよそ25年後のものである。

　マルクスは，歴史貫通的な市民社会をまず想定し，そこから近代ブルジョア的市民社会を導いたのでない。逆に，近代ブルジョア的市民社会から歴史貫通的市民社会を抽象化した。中世的封建社会では，領主と農奴のように経済的支配関係は直接に身分的な政治的支配関係を意味した。ブルジョアによる私的所有の発展は，この共同体を打破し，国家の一切の干渉を排する市民社会を，国家と並んで樹立した。この認識において，マルクスは，国家がいつの時代にも，市民社会が必要とする政治的組織形態であることを解明した。ここに，個々の国家を規定する歴史貫通的な市民社会概念が導き出された。

　吉田は，マルクスが，ブルジョア的市民社会において極度に発展した私的所有によって疎外された生産と交通を再転倒し，逆にこの生産や交通を人間社会の本質として再設定したとする。これによって，2つの市民社会を普遍と特殊，歴史貫通的なものと歴史的なものに峻別したとする[10]。

　また，マルクスの市民社会の用語について，bürgerliches Gesellschaft という言葉はA-1では歴史貫通的な市民社会を表すが，A-3では，近代ブルジョ

---

8)　「哲学の貧困」『全集』4巻190頁。
9)　「フランスにおける内乱・第1草稿」『全集』17巻514頁。
10)　吉田，前掲注1），61頁以下。

ア社会を指しているとする。平子の分析では，この後者の使用方法が重視されていた。société civile の市民社会概念は，C‐1の用法から近代ブルジョア市民社会を指すとする。しかし，1846年12月に書かれた「アンネンコフへの手紙」と「哲学の貧困」の文章に注目する。

　　E　その形態がどのような形態であれ，社会（la société）とはいかなるものでしょうか。人間の相互行為の産物です。人間はあれこれの社会的行為を自由に選択できるでしょうか。全くできません。人間の生産力の一定の発展段階を前提にしましょう。そうすれば生産・交通・消費のあれこれの形態がみられます。生産・交通・消費の一定の発展形態を前提にしましょう。そうすれば，あれこれの社会制度，あれこれの家族や身分や階級の組織が，一言でいえばあれこれの市民社会（société civile）が見られます。このような市民社会を前提にするならば，そこにはこの市民社会の公的表現に他ならない政治的状態があるでしょう。[11]

　　C‐2　ブルジョアジーが勝利を占めるやいなや，封建制度の良い面も悪い面も，もはや問題ではなくなった。封建制度のもとでブルジョアジーによって発展させられていた生産諸力は，ブルジョアジーの掌握するところとなった。すべての古い経済組織，それに照応していた市民間の諸関係（私法的諸関係），旧市民社会（société civile）の公的表現であった政治状態が打破された。[12]

　吉田は，この2つの文章から，市民社会（société civile）概念が，あれこれの家族や身分や階級の組織を指したり，市民間の諸関係を意味していることを指摘し，この概念が，市民社会一般の上部構造，すなわち社会的生活過程を表すことを指摘した。

　マルクスは association または society としての市民社会という言葉も使用している。これはC‐1の協同社会またはD‐1の社会による国家の再吸収の段階を指しており，将来社会における市民社会の用法である。[13]

（2）マルクスにおける3層構造

　吉田は，文献の分析を通じてマルクスの市民社会論を次のように整理した。

　第1層は，歴史貫通的な市民社会（bürgerliches Gesellschaft）である。これ

---

11)　「アンネンコフへの手紙」『全集』4巻563頁。

12)　「哲学の貧困」『全集』4巻145頁。

13)　吉田，前掲注1），65頁。

第2章　マルクスの市民社会論　**261**

は，平子が指摘したヨーロッパの伝統的な societas civilis という概念とは全く
の別物である。

第2層は，18世紀に現れた近代ブルジョア的市民社会（bürgerliches
Gesellschaft）である。

第3層は，諸階級とその敵対関係を排除するひとつの協同社会
（Assoziation），将来社会における市民社会である。

吉田の整理の中で，ひとつの疑問がある。それは，第2層に関するもので，
吉田は18世紀に現れた近代ブルジョア的市民社会のことを「あれこれの社会制
度，あれこれの家族や身分や階級の組織と，市民間の諸関係，諸階級とその敵
対関係を併存する，その上部構造としてのブルジョア的市民社会（société
civile）」と述べている。しかし18世紀に現れた歴史的個体としての近代ブル
ジョア的市民社会についてマルクスが述べたことは，「bürgerliches
Gesellschaft という言葉が登場するのは18世紀，所有関係が中世的な共同体か
ら脱却しおえたときである……生産と交通から直接に発展する社会的組織（国
家およびその他の観念的上部構造の土台をなしている）は，いつもこの名で呼ばれ
てきた[14]」である。

また，他の箇所を読んでも，bürgerliches Gesellschaft を上部構造の意味で
使っているようには思えない。やはり，下部構造を意味して使用されているの
ではないだろうか。この点について，吉田の綿密な検討をみてみる。

（3）土台としての市民社会論

すでにドイツ・イデオロギーなどでみてきたように，マルクスが bürgerliches
Gesellschaft という言葉で物質的生産のあり方を総括する概念として使用して
いることは間違いがない。ドイツ・イデオロギーでは交通形態という言葉が使
用されているが，これについて吉田は「生産によって規定され，またはそれを
規定し返す諸個人による社会的関係の総体」と規定している。さらに，生産様
式という言葉については，「生産過程における労働と技術との結合様式」と解
している[15]。

14）『全集』3巻32頁・前出。
15）　吉田，前掲注1），69頁以下。

262　第Ⅲ部　市民社会とマルクス主義

問題は，社会─市民社会─国家という立体的な重層構造の理解である。吉田は，「アンネンコフへの手紙」の文章（E）から，ここでの市民社会は，人間の相互行為の産物である社会の一定の発展段階，すなわち生産・交通・消費の展開の一定の発展形態に現れるものと規定する。それは，家族や身分や階級の組織としての社会制度であり，市民社会の公的表現としての国家を導くものも規定される。この社会制度としての市民社会（société civile）は，家族や身分や階級の組織であり，国家を導く点で歴史貫通的であり，上部構造的なものであるとする。こうして，吉田は，生産と相互に規定し合う交通形態が家族や身分や階級の組織としての社会制度として具体的に規定されることにより，下部構造的な市民社会と上部構造的な市民社会がいったん複合されたようにみえるとする。[16]

　しかし，「アンネンコフへの手紙」の文章は，要約すると，生産力の発展段階に照応して，一定の生産，交易，消費の発展段階があり，さらにそれらに照応して一定の社会的構成の形態，家族や諸身分や諸階級の組織（市民社会）があるというものである。これらは，それ自体は観念的関係でもイデオロギー的関係でもなく，まさに「生産にあたって諸個人が取り結ぶ物質的な関係」に他ならない。上部構造的なものとは読めない。

　吉田は，『経済学批判』の「序言」で書かれた社会構成体の定義から，マルクスは下部構造的な市民社会と上部構造的な市民社会の複合性を明確に分離したとする。この「序言」の定式については，第Ⅱ部第1章の2-(1)で詳しく紹介した。この定式の理解から，吉田は，マルクスが歴史貫通的な土台としての市民社会について，明確化したとする。それは，生産と相互規定し合う交通形態，すなわち社会的相互関係という初期の規定を，後に生産力と相互規定し合う生産諸関係の総体であり，上部構造やイデオロギー的諸形態を規定する土台へと発展的に定義したというものである。[17]

　私は，歴史貫通的な市民社会について，当初からマルクスの理解は下部構造的なものであったと考えるので，序言の定式は，下部構造的な市民社会と上部構造的な市民社会の複合性を分離したのではなく，資本論を書くに当たって，

16）　同上，71頁以下。

17）　同上，76頁以下。

社会構成体の構造と，各要素の動態的な関連を述べたものと理解する。

（4）ブルジョア的市民社会論——生活過程としてのソシエテ・シヴィル

　吉田によれば，マルクスは1847年当時には，ブルジョア的市民社会における上部構造領域を société civile というフランス語を用いて表現していた。前述のC-2とEの文章である。まず，『哲学の貧困』からみる。

　C-2　ブルジョアジーによってすべての旧経済形態が，それに照応していた市民間の諸関係（私法的諸関係），旧市民社会の公的表現であった政治的状態が打破された[18]。
　C-1　労働者階級は，その発展において，諸階級とその敵対関係を排除するひとつの協同社会（association）をもって，古い市民社会（société civile）に置き換えるであろう。そして，本来の意味での政治権力は存在しなくなるだろう。なぜなら，まさに政治権力こそ市民社会における敵対的権力の公式の要約だからである[19]。

　これはブルジョアジーによって打破された旧市民社会の形態を示しているが，近代ブルジョア的市民社会も歴史貫通的な土台的市民社会によって規定されている限り，ドイツの形態を示すとする。したがって，近代ブルジョア的市民社会も，経済形態，それに照応する市民間の諸関係（société civile），市民社会の公的表現としての国家という3重構造において把握されているとする。これは，マルクスが，ブルジョア社会の垂直的構造を，土台としての市民社会（bürgerliches Gesellschaft），上部構造としての市民社会（société civile），そして国家という，3層の構造において把握したことを示している[20]。

　「アンネンコフへの手紙」を再びみてみよう。これは『哲学の貧困』のおよそ半年前に書かれた。

　E　その形態がどのような形態であれ，社会（la société）とはいかなるものでしょうか。人間の相互行為の産物です。人間はあれこれの社会的行為を自由に選択できるでしょうか。全くできません。人間の生産力の一定の発展段階を前提にしましょう。そうすれば生産・交通・消費のあれこれの形態がみられます。生産・交通・消費の一定の発展形態を前提にしましょう。そうすれば，あれこれの社会制度，あれこれの家族

18）『全集』4巻145頁。
19）『全集』4巻190頁。
20）吉田，前掲注1），79頁。

264　第Ⅲ部　市民社会とマルクス主義

や身分や階級の組織が，一言でいえばあれこれの市民社会（société civile）が見られます。このような市民社会を前提にするならば，そこにはこの市民社会の公的表現に他ならない政治的状態があるでしょう[21]。

　ここでは歴史貫通的な家族や身分や階級の組織としての市民社会（société civile）が，生産・交通・消費の形態（土台）と国家（上部構造）の間に挟まっている。マルクスは歴史的個体としてのブルジョア社会の分析から抽象した土台としての市民社会，上部構造としての市民社会，そしてその上位に立つ国家を一組とする歴史貫通的な社会構成体を構築しているとする[22]。ただし，私は，これらの文章から，「あれこれの家族や身分や階級の組織が，一言でいえばあれこれの市民社会（société civile）」が，上部構造であるとは理解しない。

　吉田は，上部構造的市民社会（société civile）概念の具体的な内容を検討する。ソシエテ・シヴィルは，生産様式としての歴史貫通的な下部構造的市民社会によって規定されつつ，その上に立つ国家に規制・包摂される個々の歴史的な上部構造的市民社会概念であるとする。したがって，この概念はすべての市民社会段階における上部構造を表す概念として，市民間関係と階級間関係が拮抗・相克しあう領域を示すとする。そして，その答えが『経済学批判』の序言の命題にみられるとする。再び引用すると

　3-1　人間は彼らの生活の社会的生産において，必然的な，彼らの意思から独立した諸関係に入る。すなわち物質的生産諸力の発展段階に対応する生産関係に入る。
　3-2　生産諸関係の総体は，社会の経済的構造を形成する。これが実在的下部構造であり，その上に法律的および政治的上部構造がそびえ立ち，
　3-3　下部構造（あるいは法律的および政治的上部構造）に，一定の社会的意識諸形態が対応する。
　3-4　物質的生活の生産様式が，社会的，政治的および精神的生活過程一般を制約する[23]。

　吉田によると，ソシエテ・シヴィルに対応するのが，3-4の「社会的，政治的および精神的生活過程」である。この３つの生活過程の内容は，マルクス

---

21)　『全集』4巻563頁。
22)　吉田，前掲注1），79頁以下。
23)　『全集』13巻6頁。

第2章　マルクスの市民社会論　　265

がすでに『共産党宣言』の中で描いていた。

　B-2　生産の絶え間ない変革，あらゆる社会状態のたえまない動揺，永遠の不安定と
変動，これが以前のあらゆる時代と区別されるブルジョア時代の特徴である。あらゆ
る固定した，錆び付いた関係は，それに伴う古びて貴い観念や見解とともに解体し，
新しくできあがった関係はみな，固まる暇のないうちに古くさくなる。身分的なも
の，恒常的なものはすべて煙となって消え，神聖なものはすべて汚される。[24)]

　B-3　ブルジョアジーは，生産手段や財産や人口の分散状態をますます解消する。彼
らは人口を密集させ，生産手段を少数の人間の手に集積させた。その必然の結果は，
政治の中央集権であった。別々の利害，法律，関税をもっていて，ほとんど単なる連
合関係にあったにすぎない独立の諸地方が，ひとつの国民，ひとつの政府，ひとつの
法律，ひとつの全国的な階級利害，ひとつの関税区域に結び付けられた。[25)]

　B-4　昔の地方的，また国民的な自給自足や閉塞に代わって，諸国民の全国的な交
通，その全面的な依存関係が現れてくる。また，精神的な生産の部面でも，物質的生
産の場合と同じことが起きる。各国民の精神的な産物は共有の財産となる。国民的な
一面性や偏狭性はますます不可能となり，多数の国民文学や地方文学からひとつの世
界文学が生まれてくる。[26)]

　吉田は，B-2を社会的生活過程，B-3を政治的生活過程，B-4を精神的
生活過程の説明としている。マルクスは，このように人間の現実的な生活過程
すなわち市民生活や市民社会の様態を具体的にとらえ，社会構成体論における
土台―上部構造関係は，それらを理論的に抽象化・構造化したものだとした。
両者の関係は，構造から過程への転換としてとらえることができるとした。
　では，これらの生活過程を上部構造としての市民社会ととらえる意義はどこ
にあるのだろうか。それは，従来のマルクス主義の通説が，土台としての生産
諸関係の総体と，上部構造としての法律的および政治的上部構造と社会的意識
諸形態が対応することを強調し，その結果，土台と上部構造を媒介する様々な
生活過程としてのソシエテ・シヴィルを考察することが基本的に少なかったこ
とにある。この生活過程としてのソシエテ・シヴィルの内実を明らかにするこ

---

24)　『全集』4巻479頁。
25)　『全集』4巻480頁。
26)　『全集』4巻479頁。

とが，土台と上部構造の拮抗的結節を具現化できるとする[27]。

　この吉田の考え方には同意できる。むしろ，生活過程が土台と上部構造を拮抗的に結節する（作用と反作用）ことにポイントがあり，その意味で，これらの生活過程は土台と上部構造の中間を占めるといえる。

　吉田によると，戦後の日本では，これらの生活過程論を市民社会の実質としてとらえる先行研究が少なからず存在した。このうち社会的生活過程を特に重視したのが田中清助であった。その他にも，中野徹三，富沢賢治などの研究をあげている[28]。

（5）土台と上部構造，国家との関係

　マルクスは，すでに述べたように初期から後期まで一貫して近代市民社会を商品生産・交換関係と資本・賃労働関係の結節の一般化・普遍化としてとらえた。では，ブルジョア的市民社会の土台と上部構造，特にその中核たる国家との関係をどのようにとらえたであろうか。『ドイツ・イデオロギー』で，次のように述べている。

　A-4　中世から現れてくる諸民族の場合には，部族所有は様々な段階―封建的土地所有，組合的動産所有，マニファクチュア資本―を通して，現代の大工業と普遍的競争とによって引き起こされた資本にまで発展する。この資本は，共同体所有という一切の外観を脱ぎ捨て，私有の発展への国家のどのような干渉もすべて排除した，純粋な私的所有である。この現代的所有に対応するのが，現代の国家である[29]。……国家とはブルジョアが外に向かってもうちに向かっても，彼らの所有と利害を相互に保証し合うために必要とした組織形態にほかならない[30]。

　A-5　国家は支配階級に属する諸個人が，彼らの共通の利害を実現し，その時代の市民社会の全体が総括される形態であるから，そこから一切の共通の制度は，国家に媒介されて，ひとつの政治的な形態をとることになる。そこから，法律は，意思に，しかもその現実の土台から引き離された自由な意思に基づくかのような幻想が生じる。そうなれば今度は，権利の方も同じように法律に還元される[31]。

---

27)　吉田，前掲注 1)，80頁以下。
28)　同上，83-86頁。
29)　『全集』 3 巻57頁以下。廣松訳，前掲注 2)，202頁。
30)　『全集』 3 巻58頁。廣松訳，前掲注 2)，203頁。
31)　『全集』 3 巻58頁。廣松訳，前掲注 2)，204頁。

吉田は，Ａ-４の命題は，ブルジョア的国家が現代の私的所有に対応する組織としてのブルジョア国家論を規定するとする。これに対し，Ａ-５の命題は，支配階級がその共通の利害を実現するために，市民社会全体を総括する政治形態，すなわち階級国家論が示されているとする。さらに，国家が市民社会内部の様々な個人や集団の活動やそれが織りなす社会編成，つまり社会的・政治的・精神的生活過程を，政治的に包摂することを示し，それによって国家が自由な意思に基づくかのように，自らを普遍化・一般化することによって幻想的な形態をとることを示しているとする。そして，吉田は，従来は後者のような階級社会論の観点からの国家論が支配的であったと述べる。[32]

　マルクスは，ブルジョア国家を単に階級支配の機関とみただけはない。ブルジョア的私的所有を根拠としながら，それが転回することによって階級支配が一般化，普遍化する過程を解明した。彼はそれを単純商品生産の段階における生産物の所有から，資本主義的生産の段階における所有への「領有法則の転回」として説明した。そのことによって，国家の制定する法の本質が変わらないにもかかわらず，法が一般化・普遍化することを解明した。吉田は，この根拠となる文章を『経済学批判要綱』の中から引いている。

　Ｆ-１　単純流通においては，諸個人の相互的行動は，その内容からすれば，ただ彼らの諸必要を相互に利己的に満足させるにすぎず，その形態からすれば，交換すること，等しいものとして措定することであれば，ここでは所有もまたせいぜい，労働による労働の生産物の領有（Appropriation）として措定されているにすぎず，また自己の労働の生産物が他人の労働によって買われる限りで，自己の労働による他人の生産物の領有として措定されているにすぎない。他人の労働の所有は自己の労働の等価物によって媒介されている。所有のこの形態は─自由と平等とまったく同様に─，この単純な関係のうちに措定されている。[33]

　Ｆ-２　資本家と労働者の間で行われる交換は，交換の諸法則に完全に照応しており，しかも，交換の最終的な完成である。……だが，資本家が交換によって手に入れた，価値という使用価値は，それ自身が価値増殖の要素および価値増殖の尺度である。つまり，生きた労働および労働時間である。しかも，それは労働能力に対象化されてい

---

32)　吉田，前掲注１），90頁以下。
33)　マルクス，カール／高木幸二郎監訳『経済学批判要綱（草案）〔第１分冊〕』大月書店（1958年）156頁。以下では，『要綱』Ⅰと表示する。Ⅱ以下も同じ。

る労働時間よりも多くの労働時間，すなわち生きた労働者の再生産に要する労働時間よりも多くの労働時間である。……この交換において労働者が彼のうちに対象化されている労働時間の等価物と引き替えに与えるのは，価値を創造し増加する彼の生きた労働時間である。彼は結果として自分を売る。彼は資本によって吸収され，資本の中に組み込まれる。こうして，交換はその反対物に転回し，そして私的所有の諸法則—自由，平等，所有—，すなわち自己労働に対する所有とそれの自由な処分とは，労働者の所有喪失と彼の労働の権利の放棄（Entäusserung）とに，彼が自分の労働に対して他人の所有に対する仕方で関わることに，またその逆に転回する。[34]

F-3　等価物の交換は，自己労働の生産物の所有を前提にするようにみえ，だからまた，労働による，つまり我が物にするという現実的な経済的過程による取得と，客体化された労働の所有とを同一のものと措定するようにみえる。

　以上のことは，さきには実在的な過程として現れたが，ここでは法的関係として，すなわち生産の一般的条件として承認され，したがって，また法的に承認され，一般意思の表現として措定されている。

　この等価物の交換は転回して，必然的な弁証法によって，それが労働と所有との絶対的分離であり，また，交換なしに，等価なしに行われる，他人労働の取得であることが明らかになる。交換価値に基づく生産の表層では，かの，等価物の自由かつ平等な交換が行われているが，この生産は土台においては，交換価値としての対象化された労働と使用価値としての生きた労働との交換である。[35]

F-4　他人の所有としての労働の客体的諸条件に対する労働の関係は，労働の譲渡（Entäusserung）である。他方では，交換価値の条件は，労働時間による交換価値の測定であり，したがって諸価値の尺度としての生きた労働である。労働の価値ではない。あらゆる生産状態において，生産と社会がたんなる労働と労働との交換に基づいている考えるのは幻想である。……労働者の所有関係は，彼の労働の結果ではなくて，その前提である。労働が構成している特殊な種類の所有は，たんなる労働または労働の交換に立脚しているのではなく，労働者と，共同体（Gemeinwesen）および彼の眼前にあり，彼の出発する基盤をなしている諸条件との客観的関連に立脚しているということは，土地所有では明らかであるし，同職組合制度でも明らかになっている。……外見上は労働者の所有の条件に見える労働と労働との交換は，その基盤としての労働者の所有喪失に基づいている。[36]

34）『要綱』Ⅲ624・625頁。

35）『要綱』Ⅲ450頁。

36）『要綱』Ⅲ450・451頁。

マルクスが分析した領有法則の転回こそ，国家とブルジョア法を特徴づける
ものである。吉田は，F‐1の文章から，単純商品生産・交換段階では，交換
が労働の等価物の交換である限り，相互の所有が自由・平等な関係を措定する
ことを示す。しかし，F‐2の文章によれば，交換の最終的な段階で，すなわ
ち資本家と労働者の間の交換において，労働者は彼の生きた労働時間を交換す
ることによって，自己の労働とその所有そのものを失うことが明らかとなる。
このことは，F‐4の文章からも明らかである。

　吉田は，さらに，マルクスが領有法則の転回にもかかわらず，法はこの所有
権の転倒を一般化することを述べたことに言及する。それが，E‐3である。
ここでは，法が労働力の所有の転倒，労働と所有の絶対的分離を承認し，それ
があたかも一般意思の表現であるかのように現れることを指摘する。吉田は次
のように結論する。マルクスの解明が示したのは，単純商品交換における等価
物の自由・平等な交換は表層であり，資本主義的交換における等価物の自由・
平等な交換が基層である。両者はその生成形態と発展形態である。この形態に
おいてこそ，ブルジョア的市民社会と資本主義社会が，区別と連関の統一にお
いて把握されなければならない根拠がある。

3　協同社会としての市民社会論

　マルクスの第3層としての協同社会について，吉田は次のようにまとめてい
る。初期マルクスの協同社会論の方向を端的に示すのはヘーゲルとルソーへの
批判的対決である。ヘーゲルの「政治的国家」論の完成とそれによるブルジョ
ア的人間と公民の分裂という議論に対しては，人間的解放を対置する。ルソー
によるブルジョア的人間からの抽象的な「政治的人間」への飛躍論に対して
は，類的人間の樹立を対置した。近代市民社会における利己主義的人間と抽象
的公民の分裂に対して，マルクスは，政治的解放を踏まえた上で，人間的解放
への止揚を求めた。[37]マルクスは次のような協同社会論を展開した。

　G‐1　政治的解放は，人間の，一方では市民社会の成員への，利己的な独立した個人

---

37)　吉田，前掲注1），102頁以下。

への，他方では公民への道徳的人格への還元である。現実の個別的人間が，抽象的な公民を自分のうちに取り戻し，個別的な人間のままでありながら，その経験的な生活において，その個人的な労働において，その個人的な関係において，類的存在となったときに初めて，人間的解放はなされる。類的存在とは，人間が自分の固有の能力を社会的な力として認識して組織し，社会的な力を政治的な力の形で自分から切り離さないときに初めて達成される。[38]

吉田は次のように述べる。

　マルクスのこの命題は，ブルジョア的市民革命が利己的な個人と道徳的人格への分裂を必須のものとするとき，ルソーの提起は不可能であることを示す。マルクスは個々人の固有の力を社会的なもの，政治的なものと接合する類的人間を創出する。それが人間的解放を達成すると考えた。ただし，マルクスのこの当時（1843年）の協同社会論はまだ理念的なものであった。[39]

マルクスが人格性の発展形態として協同社会論を展開したのが，『経済学批判要綱』の中であった。

　F-5　最初は全く自然発生的な人格的な依存諸関係は最初の社会諸形態であり，この形態においては人間の生産性はわずかな範囲においてしか，また孤立した地点においてしか展開されない。第2の大きな形態は，物的（sachlich）な依存性のうえに築かれた人格的独立性である。この形態において初めて，一般的社会的物質代謝，普遍的諸関連，全面的な欲望，全面的な力能といったひとつの体系が形成される。第3の段階は，諸個人の普遍的な発展のうえに築かれた，また諸個人の社会的力能としての彼らの協同体的，社会的な生産性を服属させることのうえに築かれた自由な個性である。第2段階は第3段階の諸条件を創り出す。[40]

この文章から以下は，「人類史の3段階」論と呼ばれているようで，社会諸形態における人格性（人格の自然および社会に対する依存関係）の発展段階と社会の生産性の発展段階が不可分のものとして述べられている。

　F-6　交換や交換価値や貨幣の未発展な制度を生み出しているような，あるいはそれ

---

38)　「ユダヤ人問題によせて」『全集』1巻407頁。
39)　吉田，前掲注1），105頁。
40)　『要綱』I 79頁。

第2章　マルクスの市民社会論　　271

らの未発展な段階がそれに照応しているような社会的諸関係が考察される場合には，諸個人は，彼らの諸関係がより人格的なものとして現れるとはいえ，ただある限定性を受けた諸個人として相互に関連を持ち合うだけである。例えば，封建君主と家臣，領主と農奴などとして，あるいはカストの成員などとして，または身分に所属する者などとして関連を持ち合うだけであるということは，初めから明らかである。貨幣諸関係において，つまり発展した交換制度においては（そしてこの外観が民主主義を誤った方向に導くのであるが），もろもろの人格的依存の絆は打ち砕かれ，引き裂かれてしまっており，血筋の違いや教養の違いもそうである。……だが，こうした外的諸関係は「依存諸関係」の除去とはほど遠いのであって，依存諸関係を一般的な形態に解消するだけのことであり，むしろ人格的な依存諸関係の一般的根拠を作り出すものである。……（この物的依存諸関係は，外観上は独立した諸個人に自立的に対立する社会的な諸連関にほかならない。すなわち諸個人自身に対立して自立化した相互的な生産上の関係にほかならない）。[42]

F-6で指摘されているのは，交換や貨幣が未発展な第1段階では，各個人は身分的な限定を受けて，相互の連関の中にあるが，交換制度が発展した第2段階では，このような個々の人格的依存関係は打破されること，しかし，諸個人の外的・物的な諸関係は打破されず，むしろその一般的根拠を創出するということである。この段階が，近代ブルジョア的市民社会を指す。[43]

F-7　かのひたすら物的であるような関連を，個体性の本性から（反省された知識や意欲とは対立して）分離できない，自然生的な，しかも個体性の本性に内在する関連として把握することはばかげている。この関連は諸個人の産物である。それはひとつの歴史的産物である。[44]……普遍的に発展した諸個人は，彼らの社会的諸関係を，彼ら自身の協同体的諸関係として，やはり彼ら自身の協同体的な諸統制に服させているのであるが，このような普遍的に発展した諸個人は，自然の産物ではなくて，歴史の産物である。こうした個体性が可能になるための諸力能の発展の程度と普遍性とは，まさに交換価値の基礎の上での生産を前提にしており，この生産は，一般性とともに，個人の自己および他者からの疎外を初めて生産する。だが，同時にその対外関係と能力との一般性と全面性もまた初めて作り出すのである。[45]

---

41)　『要綱』Ⅰ84頁。
42)　『要綱』Ⅰ85頁。
43)　吉田，前掲注1），107頁。
44)　『要綱』Ⅰ82頁。
45)　『要綱』Ⅰ83頁。

吉田は，ここに人類史の第3段階である協同社会の段階が，普遍的に発展し
た諸個人が，その社会的な諸関係（対外関係）を自ずから協同体的諸関係に服
属させる段階として規定されているとする。重要なのは，各個人の諸力能の発
展と普遍性が，その疎外形態の根拠であると当時に，その疎外を止揚するもの
としての「交換価値の基礎の上での生産」に根拠づけられていることである[46]。
この生産に根拠づけられた個人の普遍的な発展は自然の産物ではなく，歴史の
産物であるとされる。では，どうやって達成されるのか。

　F-8　ブルジョア社会，つまり交換価値に立脚した社会の内部で作り出される生産諸
　関係ならびに交易諸関係こそは，同時にまた，それらの諸関係の数と丁度同数の，ブ
　ルジョア社会を爆破するための爆弾ともなる。（社会的統一の多数の対立的諸契機。
　だが，その対立的な性格は，けっして静穏な変態によっては爆破されるべくもない。
　他方また，もしわれわれが今日あるがままの社会のうちに，ひとつの無階級社会のた
　めの物質的な生産諸条件とそれに照応する交易諸関係とが隠されているのを見いださ
　ないならば，一切の爆破の試みはドン・キホーテ的な愚行となるだろう[47]）。

　この文章が明確に，ブルジョア社会の生産諸関係ならびに交易諸関係こそ
が，それを爆破するための爆弾であることを示している。この爆破は静穏な形
態変化によっても，あるいは生産諸条件の中に変化の鍵があることを無視した
ドン・キホーテ的な愚行によっても不可能であると述べられている。

　次に，吉田は，協同社会に向かう変革の道筋についてマルクスとエンゲルス
の思考をたどる。まず，『共産党宣言』に注目する。そこでは，「労働者革命の
第1歩は，プロレタリアートを支配階級の地位に高めること，民主主義を闘い
とること」とした上で，次のように述べられている。

　B-5　プロレタリアートは，その政治的支配を利用して，ブルジョアジーから次々に
　一切の資本を奪い取り，一切の生産用具を国家の手に，すなわち支配階級として組織
　されたプロレタリアートの手に集中し，生産諸力の量をできるだけ急速に増大させる
　であろう。もちろんこれは，最初は，所有権とブルジョア的生産関係とに対する専制
　的な侵害によらなければ，したがって，経済的には不十分で長続きしないと思われる
　方策によらなければ不可能であるが，しかし，これらの方策は運動の進行につれてそ

---

46)　吉田，前掲注1），108頁。
47)　『要綱』Ⅰ80頁。

第2章　マルクスの市民社会論　　273

れ自身の枠を超えて進むものであって，生産様式全体を変革するための手段として，避けることのできないものである。[48)]

　問題は，どのようにして「一切の資本を奪い取るのか」である。最初は，所有権とブルジョア的生産関係とに対する専制的な侵害を避けられないとしているので，戦後の日本の財閥解体や農地改革のように，権力的に収奪するのかと考えられる。しかし，マルクスとエンゲルスが，「もっとも進歩した国々では，次にあげる諸方策がかなり全般的に適用できるだろう」として掲げた方策は，土地の国有化は含まれるものの，累進課税，中央銀行の確立，運輸機関の国有化，国有工場の増大などであって，所有権とブルジョア的生産関係を一挙に専制的に侵害することは含まれていない。これについて，吉田は，「彼らの協同社会の実現形態が原理的観点と現実的観点との確固とした結節」において考えられているからだとする。[49)] そのことは，「これらの方策は運動の進行につれてそれ自身の枠を超えて進む」という表現にも現れている。

　なお，マルクスのこの観点は，『ゴータ綱領批判』にも現れているが，これについては，第Ⅱ部第1章第5節で，すでに述べた。

　最後に，協同社会に向かう変革の主体についてマルクスとエンゲルスの思考をたどる。吉田は，マルクスの『ヘーゲル法哲学批判序説』や「1852年3月5日付・ヴァイデマイアーへの手紙」，エンゲルスの『反デューリング論』などの文章を検討した上で，次のように述べる。

　　現代社会において，労働者階級はすでに市民社会の成員として市民でもあり，ますます普遍的市民の概念が要請されている。この普遍的市民は，古代的な（奴隷に生産領域を委ねた限りでの）政治・文化主体でもなく，近代的な（ブルジョア階級に政治と文化領域を占有されている）生産主体でもない。現在，および将来における生産・政治・文化のすべての領域にわたる主体といえる。この市民性の存在は，階級制と結節した現在社会の止揚者でありつつ，協同社会の建設者でもある。この意味において，現在，階級制と市民性は内在的に補完し結節しているし，両者は手段と目的の関係にある。
　　現在社会の変革主体としての階級は，普遍的力能としての市民性を必要とし，将来

---

48)　『全集』4巻495頁。
49)　吉田，前掲注1），110頁。

274　第Ⅲ部　市民社会とマルクス主義

社会の主体としての市民は実践的・変革的能力としての階級性を急務とする。現在の
ブルジョア社会そのものが，この両契機とその接合をますます育成しつつある。[50]

　これだけでは，はなはだ抽象的ではあるが，マルクスの市民社会論を正確に
理解する上で，吉田の分析とまとめはとても有益である。

---

50)　同上，121頁以下。

第 3 章 現代の市民社会論

1 西欧の現代的市民社会論

（1）ヨーロッパにおける市民社会論

　吉田傑俊は，19世紀後半からのヨーロッパにおける市民社会論について，次のように述べている。

　　イギリスのJ.キーンは，民主主義とは，市民社会と国家機構が2つの必須のモメントとして機能する特殊な政治制度であること，この2つのモメントが区別されつつ相互依存し，家族・共同集会場・政府の省庁のどこであれ，権力の行使が公共的な議論や妥協や合意に基づくという内的な相互関係システムであるとする。キーンのこの市民社会概念は，東欧における市民革命の3段階によって形成されたとする。すなわち，ポーランドの市民や労働者が全体主義国家と闘った1976〜78年の段階，この闘いが自己統治的市民諸組織によって「自己限定的革命戦略」として継続された1981年の段階，「ヴェルヴェット革命」がソビエト帝国やその構成体制を崩壊させた1989年の段階である。

　市民社会の東欧での足跡は，ヨーロッパの範囲を超えて拡大した。キーンは，この市民社会概念の地球規模の拡大が，非政府的市民段階の国際的なレベルでのドラスティックな拡大という肯定的側面とともに，国民のアイデンティティを刷新し再秩序化する倫理的主体としての地域国家のヴィジョンの衰退という否定的側面も招いたとしつつ，われわれの前にあるのは，市民社会の隆盛と国家と非国家的諸団体の新しい均衡の世界的規模での探求であるとする。

　吉田は，現代的市民社会論が，主として東欧の市民革命から導き出された市民社会論を主軸にして，国家と市民社会の区別と連関を理論的骨格とする民主主義論また社会変革論として登場したことが，今なお楽観的に示されているとする。楽観的というのは当たっている。その後の東欧の市民社会の展開をみると，ナショナリズムとポピュリズムの高揚が顕著であり，ハンガリーとポーラ

276　　第Ⅲ部　市民社会とマルクス主義

ンドでは特にそうだからである。

キーンは国家と非国家的市民社会領域の区別が何を意味するのかという考察が，東欧での全体主義への抵抗や西欧での新保守主義の勃興，社会運動の成長や福祉国家の将来のような対照的な現象を明確化できるとし，市民社会の国家からの分離と両者の民主化こそが，真の多元性をもった個人や集団が，他人や集団の理想や生活形態に私有に連帯を表明できる必須の条件であるとする。

吉田は，キーンの現代的市民社会論が，旧社会主義の全体主義や西欧の新保守主義への対抗として現れたとする。しかし，他方でこの現代的市民社会論は，国家と市民社会を分離し，しかもその市民社会はポスト資本主義的市民社会であり，その民主化運動に主軸を置くことが特質である[1]。

J. ハーバーマスは，東欧での市民革命を踏まえて次のように述べた。

> ラディカルな民主化の目標は，もはや自立した資本性的な経済システムと自立した官僚制的な支配システムとの止揚などではなく，生活世界の領域を植民地化しようとするシステムの命令の干渉を民主的に封じ込めることである。近代を特徴づけるものとしてヘーゲルやマルクス以来慣例となっている市民社会（societas civitas）から市民社会（bürgerliches Gesellschaft）への翻訳とは異なり，市民社会（Zivilgesellschaft）という語には，労働市場・資本市場・財貨市場を通じて制御される経済の領域という意味はもはや含まれていない。市民社会の制度的な核心をなすのは，自由な意思に基づく非国家的・非経済的な結合関係である。例として，教会，文化的サークル，学術団体，独立したメディア，スポーツ団体，レクリエーション団体，弁論クラブ，市民フォーラム，市民運動があり，さらに同業組合，政党，労働組合，オルタナティブな施設にまで及ぶ[2]。

吉田によると，ハーバーマスがここに規定した市民社会論は，その後の現代的市民社会論の機軸をなすものである。それは，第1に，市民社会を非国家的・非経済的な結合関係ととらえることである。第2に，このような市民社会の主体は，そこに内在する様々なアソシエーション（自主的中間団体）にあるとし，自己限定的革命を任務にするとしている。第3に，この市民社会論は，経済・国家・市民社会という3領域論をとることになるが，それはマルクス主義

---

1) 吉田傑俊『市民社会論―その理論と歴史』大月書店（2005年）16-18頁。
2) 同上，18頁。ハーバーマス，ユルゲン／細谷貞雄・山田正行訳『公共性の構造転換〔2版〕』未来社（1994年）の「1990年版への序言」から引用している。

第3章 現代の市民社会論　277

に対して意識的に批判的観点をとることになる。なぜならば，マルクスは市民社会をブルジョア社会ととらえ，その実践的な変革＝全体的な止揚をめざすからである[3]。

　しかし，東欧諸国の社会主義体制からの離脱は，2019年時点でみる限り，国家からのアソシエーションの解放というよりも，豊かな西側諸国の消費文化に対するあこがれが，経済の統御機能を失った社会主義国家体制を崩壊させたというべきであろう。というのも，トルコ系移民に対する厳しい排斥，ポピュリズムの台頭，基本的人権に対する配慮の弱さなどをみると，20世紀の社会主義の弱点がもろに顔を出しており，そこで育った人々が労働を基礎にする自己決定・自立の精神を十分にはぐくむことができず，その結果，他人に対する思いやりが不十分となり，政治における民主主義の弱さから，ハンガリーやポーランドにおける排外的な政権を誕生させてきたと思われる。とても，市民社会論の参考になるとは思えない。

（2）アメリカとイギリスの理論状況

　アメリカの現代的市民社会論は，主としてハーバーマス理論に基づいて展開する。吉田は，コーエンとアラートの『市民社会と政治理論』を紹介する。

　彼らにとっての市民社会は，経済と国家の間の社会的媒介領域であり，なによりも親密圏，諸団体，社会諸運動，公的なコミュニケーションの諸形態を構成するものである。市場経済の領域＝ブルジョア社会と国家との中間領域として，市民社会を設定する3層構造を軸として，自由民主主義の下では市民社会を経済や国家と対立的とみなすのは誤りになるとする。彼らの経済社会や政治社会の観念は，市民社会がこれらを通して政治的・行政的，経済的な過程に影響力を行使できる調停領域であるとする。この市民社会論が「新しい社会運動」と結びついて，革命的社会改革を放棄させ，自己限定的ラディカリズムへと進む。

　「新しい社会運動」は，1970年代中期から西洋で拡大してきた平和，フェミニズム，エコロジー，地方自治運動に同調する理論家たちに広く斬新なものとして迎えられた。この新しさは，国家に向けられたラディカルな改革という革

3）　吉田，前掲注1），19頁。

命的な夢を棄てるという自己了解であり，彼らは，構造的差異性を受け入れ政治的・経済的システムの無欠陥性（？）を承認する市民社会の防衛と民主化のプロジェクトを自己限定的ラディカリズムと名づける[4]。

コミュニタリアンの M. ウォルツァーは，現在の欧米で活発化しつつあるラディカル・デモクラシーの観点に立って，市民社会という言葉は非強制的な人間のアソシエーション空間に付けられた名前であり，家族，信仰，利害，イデオロギーのために形成され，この空間を満たす関係的なネットワークにつけられた名前であるとしている。そのネットワークの例として，様々な組合，教会，政党，そして運動，生活協同組合，近隣，学派などを上げている。これらの例は，確かにハーバーマスが例示した自由な意思に基づく非国家的・非経済的な結合関係の例と重なっている。

しかし，このような市民社会の構想に対しては，強い批判もあり，吉田は J. エーレンベルクが，アメリカの現代的市民社会論は，市民社会を地域の中間団体を支える一連の日常的規範とする新トクヴィル主義的ヘゲモニー論であるとして批判しているのを紹介する。

現代アメリカの市民社会論は，トクヴィル的観念によって完全に支配されている。いまや市民社会こそが，コミュニティを再興し，有能な市民を訓練し，尊敬と協同の習慣をうち立て，私的利害に対する道徳的選択肢を提供し，肥大化した官僚制を統制し，公共的領域を生き返らせると主張されている。これらすべてが，小さな政府と地域政治という条件の下で唱えられている。しかし，コミュニティ主義と地域中心主義の論理には，活気に満ちた市民社会と民主主義とを簡単に同一視する疑わしい何かが，もともと存在している。中間諸団体，諸組織，さまざまな運動が，恣意的で無責任な国家権力を限定し，民主主義に貢献してきたことは疑問の余地がないが，しかし，市民社会が構造的な経済的不平等の結果を克服できるかは，それほど明らかではないとする[5]。

吉田は次に A. ギデンスの主張を紹介している。ギデンスは1985年の『国民国家と暴力』において，マルクスを批判して，市民社会論を展開した。

マルクスは，国家は市民社会に基盤を置き，国家が市民社会を超越するので

4）　同上，22頁。
5）　同上，23頁。

はなく，市民社会の階級構成を国家が反映しているとした。さらにマルクス
は，市民社会の概念を，経済的なことがらだけではなく，国家装置そのものの
直接的勢力領域を超えたすべてのことがらにも拡大適用した。ヘーゲルは市民
社会が国家によって創り出されていく（正確には，国家と市民社会は互いに連携し
て出現する）と考えていたから，マルクスの見解は，市民社会についてヘーゲ
ルが行った洞察の重要な部分を犠牲にしている。

　ギデンスは，第3の道の路線のひとつに，「市民社会の再生」を挙げ，市民
社会よりも国家が重要とする古典的社会民主主義と，自律的な市民社会を唱え
るサッチャリズムの双方に対抗しようとする。その方向は，政府と市民社会の
協力関係，地域主導によるコミュニティの再生，第3セクターの活用，地域の
公的領域の保全などとしている。ギデンスは再生されるべき市民社会を，政
府，市場，市民的秩序のバランスがとれた社会だとしている。[6]

　これに対する批判として，吉田はユルゲン・ハーバーマスの主張を紹介して
いる。彼は言う。

　　資本主義が不正と不安定を産み続ける限り，その改革を求める運動が登場し，資本
　主義に挑戦し続ける。しかし，こうした運動は，改良主義に内在的な古典的諸問題
　（おそらく体制内化のことであろう）に直面する。こうした限界に直面すると，この
　運動は，もっと人間らしい世界を実圏しようとする試みを放棄すべきか，それとも，
　このシステム自体を廃棄すべきかという問題が浮上することになる。すると，社会の
　民主的再編を目指す組織的労働者を中心とした大衆運動の展開が求められることにな
　る。資本主義の権力を経済と国家に集中した中枢に効果的に対抗しうるのは，この道
　をおいてほかにはない。[7]

　吉田は，西欧で展開されている現代的市民社会論の特質について，次のよう
にまとめている。第1に，既成社会主義の崩壊と，その後の東欧での市民革命
に対して肯定的である。第2に，新自由主義による世界の市場席巻に対して対
抗する。

　適切な評価であると思う。2019年の時点で，この現代的市民社会論の広がり
をみると狭いものにとどまっている。東欧社会は今，イスラム難民の流入を受

6）　同上，24頁。
7）　同上，25頁。

けて，移民排斥の動きが強くなっており，それは西欧よりも激しい。1990年までの社会主義体制の下で，他者の苦難に対する理解とか連帯といった思想が十分に育たなかったように思われる。その意味では，東欧社会こそ，これから自由な意思に基づく非国家的・非経済的な結合関係の成長が期待される。

新自由主義が何を指すかは難しいが，それが市場原理主義のことだとすると，この問題は市民社会論だけで解決することは無理で，社会編成あるいは経済システムの問題も含めて，議論しなければならない。

（3）市民社会のルネッサンス

広渡清吾も，1980年代以降，欧米の社会科学において「市民社会のルネッサンス」という状況が生まれたとする[8]。歴史学者の J. コッカは，市民社会という語のカムバックについて2つの歴史的文脈を提示している。ひとつは独裁制批判であり，もうひとつは現代国家・社会に対する政治的・知的批判である。後者は，①干渉主義的福祉国家に対するオルタナティブとしての市民社会，②グローバル化する資本主義の制御のための媒体としての市民社会，③高度に分散化，個人化し，連結力を欠いた社会の変化の方向づけとしての市民社会である。

広渡によると，英米圏における市民社会をめぐる議論の整理もほぼ同様であるが，ニュアンスに差がある。ロンドン経済政治大学の3名の研究者が2004年に編集した『模索する市民社会』という本によると，市民社会論の背景には，①欧米先進諸国の新たな社会運動の中で民主主義の再検討と方向の模索が行われており，そこでの手がかりとして市民社会概念が用いられている。そこに，東欧諸国の社会主義体制からの離脱をめざす民主主義運動が影響を与えて，市民社会論の論議が加速した。②グローバル化の中で，グローバル・レベルの市民の活動を基礎にしてグローバル・イシューに取り組む「グローバル市民社会」の展望が議論されている。③経済のグローバル化が発展途上国のグローバル市場への接合をうながし，開発投資の条件として社会システムの整備が求められている。そこでは，西欧型市民社会に対して，途上国型（それぞれの地域に

---

8)　広渡清吾「現代ドイツの市民社会論と市民法についての覚書」水林彪・吉田克己編『市民社会と市民法―civilの思想と制度』日本評論社（2018年）217頁以下。

第3章　現代の市民社会論　281

応じた）市民社会のモデルが議論されている。これらはいずれも1980年代に展開を始めた。[9]

次に広渡は，チェインバースとキムリッカの編になる『市民社会のオルタナティブな概念』[10]（2002年）を取り上げて，新たな市民社会論の試みを紹介している。彼らは，「市民社会」が現代社会科学のトピックであると同時に，「規範的な社会理論」であるとし，後者にかかわる議論を市民社会論議と呼んでいる。その発信源のひとつは，トクヴィル思想の再発見である。[11]トクヴィルはアメリカ社会のリベラル・デモクラシーの強さと安定度が，自律的組織的な参加の活力をもった健全な領域が存在していることにあるとみた。

トクヴィル思想の再発見の動きは，アメリカのみならず，西欧，東欧，中欧，さらには南アフリカにも広がった。それらにおいては，リベラルな市民社会論に対してオルタナティブな概念が探求されているが，それは西洋の主流的市民社会論に先取り的に前提とされており，思想の伝統に埋め込まれている概念自身の中に探し求められている。その視点として取り上げられているのは，古典的自由主義，キリスト教，自然法，ユダヤ教，イスラム教，儒教などである。[12]こうなってくると，やはり西欧型の古典的市民社会への回帰といった感じもうかがえる。

広渡によると，ヘーゲルやマルクスによる bürgerliches Gesellschaft は，観察者の分析の対象であり，規範的社会理論として設定されたものではない。こ

---

9) 同上，230頁以下。

10) Chambers, Simone and Will Kymlicka eds., *Alternative conceptions of civil society*, Princeton University Press (2002), pp. 2-10.

11) アレクシ・ド・トクヴィル（1805-59年）は，フランスの貴族の家に生まれ，1848年の2月革命の後では外務大臣も経験した。アメリカの政治体制を現地で調べた後，1835年に『アメリカの民主政治』を公刊し，民主主義の進展が人々の地位の平等をもたらし，それによって，伝統的な中間的集団が崩壊し，個人を原子化させると分析した。その上で，アメリカとフランスを比較し，アメリカでは，自分たちのかかえる問題を自力で解決するための組織（アソシエーション）を作り出す慣習が生まれたと結論する。このようなアソシエーションが多数存在することが，アメリカの民主政治を支えていると考えた。このアソシエーションは，ギルドや教会，村落共同体など諸個人が運命的に帰属する伝統的な共同体とは異なり，これらの共同体が衰退するなかで，原子化し無力化した諸個人が社会的影響力を回復するために組織する自発的集団であるとみた。トクヴィル，アレクシス・ド／井伊玄太郎訳『アメリカの民主政治（上）』講談社（1987年），岩波文庫にもある。

12) 広渡，前掲注8），231頁以下。

282 第Ⅲ部 市民社会とマルクス主義

れに対して，ロック，ルソー，カントは，社会契約論に基礎づけられる近代社会のあり方を市民社会（civil society）として示した。かれらの市民社会概念は，ひとつの規範的社会理論である。

　以上の理解に立てば，1980年代の新しい市民社会論はマルクス的なそれから離れ，ロック・ルソー・カント的な系譜，規範的社会理論の系譜に再接続するものとして特徴づけられる。そのような文脈は，マルクス的市民社会概念を擁護する側からの批判を呼び起こす。イギリスのマルクス主義者E・ウッドは，現在の市民社会論の隆盛の背景に，20世紀末以降の社会主義的体制の解体の中で，マルクス主義的左派の戦線後退があるとみた。すなわち，「社会主義による資本主義の克服」から「資本主義における民主主義への擁護」である。ウッドは，このような後退は，「資本主義のアリバイ」作りに手を貸すことになると警告している。

　J. ローゼンバークは，労働力の商品化と自由意思による等価交換の形態を通じて剰余価値の搾取が行われる場が市民社会であり，市民社会の非政治的性格と国家の公共性のイデオロギーの下で市民社会こそ資本主義的階級支配の構造的基礎であるとして，新しい市民社会論を批判する。[13]

　広渡は，このような批判に対して，新しい市民社会論に資本主義を批判する改革的な要素があるのかどうか，また社会主義的オルタナティブにつながる要素がないのかを，新しい市民社会が多様に論じられるなかで，見極めることが必要であると述べるにとどまる。市民社会論が社会主義的変革をめざすものでないことは明らかであるが，そもそも，現在の日本や欧州や北米において，社会主義的な改革が当面の課題とはなりえない。貧困化どころか，世界全体の人々の中で，もっとも平和と繁栄を謳歌している地域である。これらの地域で人々が求めているのは，所得の格差の是正や様々な差別の解消であり，それは人間の尊厳の確保であるといえる。それゆえ，現在の我々が立ち向かわなければならないのは，様々な不公正や差別の解消であり，労働と生活における人間の尊厳の確保である。そうすると，今までの日本社会において根強く生き続けてきたお上への信頼，集団的協調主義といったものから脱却して，自由な意思に基づく非国家的・非経済的な結合関係をめざすということは，素晴らしい目

---

13)　同上，234頁以下。

標のように思われる。しかし，その道筋が，西欧ではキリスト教に代表される
西欧社会の歴史的経路と文化に求めれていることを考えると，日本でその真似
をすることはできない。『経済学批判』の序言命題でマルクスが述べたように，
私たちの存在自体が，経済的な生活のあり方に規定され，そしてそこで生まれ
てくる社会的な意識が究極的には社会的存在に規定されることを考えると，日
本において可能な市民社会（広渡が言う規範的社会理論として）は，集団的協調
主義を取り込み，非宗教的な自発的人間の結合という，非西欧的市民社会にな
らざるを得ないと思われる。なお，強調したいのは，集団的協調主義を取り込
むといっても個人主義を排斥するという意味ではなく，両者のバランスを図る
という意味である。社会編成一般について当てはまるが，ある考え方や主義を
取り入れるという場合には，２者択一と言うことはあり得ず，その調和をどう
図るかということが問題となる。もちろん，現実の問題に当てはめることは，
とても難しいことであるが。

　広渡は，現代市民社会論の相対する２つの傾向として，ゴーゼウィンケル/
ルフトがあげる「市民社会概念の本質化」と「市民社会の領域関係的概念」に
言及する[14]。この後者は，ひとつの限界づけられた領域として市民社会の概念化
をはかるもので，国家，市場および私的生活領域との狭間の領域として，社会
科学的に市民社会の概念化が行われる。この領域的概念としての市民社会は，
歴史的行動主体の思想形成と社会的実践が展開する場であり，この概念によっ
て歴史的行動主体の社会的行為の自由な空間のための，社会変革をとらえるこ
とができる。広渡は，この領域関係的概念としての市民社会は，規範的要素の
混合を免れて社会学概念として，歴史的状況の分析に適用でき，具体的な考察
を進めれば市民社会はひとつのダイナミズムとして分析できるという両者の見
解を紹介している[15]。

　まさに，もっとも重要な指摘が「具体的な考察を進める」である。というの
も，私のみるところでは，具体的な問題に即して狭間の領域として市民社会を
分析する研究者は，あまり多くないように思われるからである。

14）　なお，現代ドイツにおける市民社会論争については，中村健吾「現代ドイツの『市民社会』論
　　争—ハーバマス，グラムシ，ヒルシュ」大阪市立大学経済学会『経済学雑誌』97巻１号（1996
　　年）が詳しい。
15）　広渡，前掲注８），234頁以下。

広渡は，ゴーゼウィンケル/ルフトの，市民社会を善良で，平和的で，かつ連帯的な社会として規範的に留保なく理解することを克服しなければならないとする主張を，市民社会の記述的概念化として当然であるとする。そして，次のように述べる。

　現代の市民社会論が社会科学的実証研究であるためには，どのような方法論によって展開しうるかが重要な争点になる。他方で市民社会論は，現代国家・社会における諸問題に対する処方箋としての規範的社会理論の性格を色濃く持つ。これが市民社会論のルネッサンスの歴史的背景をなし，支配的傾向である。この両者の関係を結びつけることが現代的市民社会論に求められている[16]。

広渡の主張は，論者が実証的な批判に耐えうる方法に基づいて，規範的社会理論としての現代市民社会論を展開することが求められるとするものである。

2　日本における市民社会論

　日本でも戦後，市民社会論が活発に議論され，最近はさらに活況を呈している。しかし，最近の日本における現代的市民社会論の展開は，必ずしも日本固有の政治経済学の重大研究課題としてではなく，基本的に海外での論調のバリエーションである[17]。

　その基調となるのは，規範的な市民社会論の構成であり，国家・市場・市民社会の3層構成論である。吉田は，坂本義和，篠原一，浅野清，篠田武司，千葉眞，山口定などの主張を概観した後に，次のように述べている。

　日本の現代的市民社会論の特徴は，西欧での主としてキーンやハーバマスなど，初期の現代的市民社会論に依拠していることである。その理論的骨格は，東欧の市民革命論，市民が主体となる市民社会によって国家と市場を規制するという規範的市民社会論，ブルジョア市民社会のマルクス的な否定などが，自明の前提として論拠となっている。その関連で，西欧での現代的市民社会論のその後の論争による理論的深化が十分に把握され展開されていない[18]。

---

16)　同上，236頁。
17)　吉田，前掲注1），29頁。
18)　同上，33頁。

第3章　現代の市民社会論　　285

ただし，この吉田の指摘に従えば，いつまで経っても西欧の最新の議論を
チェックせよということにならないだろうか。

　もちろん，吉田の真意はそこにあるのではない。現代的市民社会論に対し
て，どのような態度をとるべきかについて，次のように述べる。

　　現代的市民社会論は自らの理論的構成をより強靭にする必要がある。第1に，市民
　社会・国家・市場の3層構造論という理論構成が十分であるのか，さらに市民社会の
　自立論が本当に実現可能なのかを自己吟味しなければならない。そして，それらを分
　析する鍵になるのが，マルクスの市民社会論であり，それゆえ，その正確な理解が求
　められるのであった。[19]

　私は日本社会の本格的な近代化は1920年代から始まると考えるが，吉田は，
第2次大戦の敗戦後から始まると考え，その後，高度経済成長によるブルジョ
ア的市民社会の形成に進んだと考える。同時に，明治維新を日本の近代化の開
始とする限りは，そこになんらかの市民社会論が存在するとして，福沢諭吉以
降の市民社会論も検討している。[20]　しかし，それらはすべて省略して，「市民社
会派マルクス主義」の検討から始める。これは，内田義彦や高島善哉などが展
開した考え方で，綿密な古典研究を基礎として市民社会と資本主義社会を結節
しようとする試みであった。これに関して異色の体系を展開したのが平田清明
であった。

（1）平田清明の市民社会論

　平田清明『市民社会と社会主義』（1969年）が出版された当時は，アメリカの
ベトナム戦争への反対運動が高まると同時に，社会主義国においても多くの問
題が噴出し初めていた時期であった。吉田によると，市民社会と社会主義を結
節させる平田の主張は，従来のマルクス主義理論に対して根本的な問題提起を
行ったことで，大きな衝撃を与えた。

　平田は市民社会と資本主義社会は不可分な連関性があるとする。マルクスの
近代社会概念は，商品経済社会や資本主義社会ではなく，市民社会と資本家社
会にあるとする。

19）　同上，34頁。
20）　同上，274頁以下。

マルクスの考えは，資本家社会から区別された市民社会が歴史的な1段階をなすのではなく，市民社会段階なるものがそれ自体として存在するわけでもない。「市民社会が資本家社会に不断に転成する過程として現実の市民社会が存在する」とする。[21]

　平田によれば，マルクスの市民社会は，私的所有の個人が対等な所有権者として自由に交際する社会であり，個体的所有を保持する状態である。この個体的所有は，現実には生産手段・生活手段が私有されることによって私的所有の形態規定を受ける。ゆえに市民的生産様式は，競争的自己展開において自己解体的な運動を展開し，資本家的生産様式に転変する。この転変においても自由・平等という市民的原理は形式的に保存されているが，それはすでに質的転変をとげた私的所有の不平等によって「おのれの仮象」に過ぎない。

　吉田は，平田が市民社会と資本家社会を内在的連関においてとらえようとしたことについて，この連関がマルクス的に「転倒」ではなく「転変」とすることに，平田の市民社会概念への過度の思い入れがあるとみた。また，この市民社会概念が歴史的には存在しないものとされる限り，一種の理念的抽象物と言わざるを得ないとした。[22]

　次に，平田は独自の唯物史観を主張した。近代概念の再発見を伴わない粗野な階級一元論的なマルクス理解は，マルクスの考えを歪めるものであるとし，近代概念の再発見を主張した。それは，近代的市民社会が古代や中世の古い市民社会とは異質で対立するものであるということであった。古い市民社会は共同体（アジア的生産様式を原型とする）の解体の上に成立しているものではなく，逆に共同体の上に，共同体の固有の属性として成立している。それゆえ，共同体の解体の上に成立すると同時に，この解体を完成させるものとしての近代市民社会と対立する。近代市民社会は古い市民社会を含めた協同体的なものを否定することに意義がある。その結果，次のような論理に到達する。

　資本家的生産様式にすでに転変した市民的生産様式は，その自己否定としてのコミュニズムを生み出すのであるが，そこにおいて実現するものは，かの近代形成過程において喪失した共同体の再建であり，同じく，形骸化された個体

21）　平田清明『市民社会と社会主義』岩波書店（1969年）52・53頁。吉田，前掲1），301頁による。

22）　吉田，前掲注1），302頁。

的所有の真実化，つまり共同体的所有との統一におけるその再建である[23]。

　吉田は，生産と交通とその成果としての個体的所有を主軸とした平田の，共同体→近代市民社会→コミュニズム，という歴史把握が「粗野な階級一元論」を批判するものであると認めつつ，この市民社会史観が，近代市民社会の意義を強調するあまり，階級史観との結節を捨象する結果に導いたと批判した[24]。

　平田は社会主義について，市民社会の継承であると規定した。社会主義における社会的所有は，近代市民社会の個体的所有の否定たる資本家社会の資本家的所有を否定する，否定の否定としての個体的所有の再建にあるとする。この個体的所有の内容は，生産・交通・消費における自己獲得であるが，特に，情報における個体としての自己獲得を抜きにして社会主義を論じるのは社会主義についての空語を語るに過ぎないとした[25]。

　これについて，吉田は，当時の社会主義の実態への正統で厳しい批判であると評価する。その上で，平田が言う個体的所有は現実には将来の社会主義において実現されうるものであり，現実の社会主義（果たして，そう呼んでよかったのか疑問ではあるが）を市民社会一般の継承の名において批判することが適切かは疑問とした。

　平田理論は，市民社会の継承としての社会主義に核心がある。市民社会の本性をなし，資本主義において私的所有と化した個体的所有の，社会主義における再建を主軸とした。これにかかわって，市民社会の伝統の欠如した既成社会主義国家の実態への鋭い批判を内在していた。それまでマルクス主義において重視されなかった「生産と交通」史観に強い照明をあてたが，吉田によれば，結果としてその分「階級」史観を軽視するものとなった。ただし，資本主義から社会主義への移行に関する重要な問題提起であったことは否定できない[26]。

（2）ラディカルな民主主義としての社会主義

　平田清明が亡くなった1年後に八木紀一郎・大町慎浩編『市民社会思想の古典と現代』が公刊された。ルソー，ケネー，アダム・スミス，マルクス，グラ

---

23)　平田，前掲注21)，70頁。
24)　吉田，前掲注1)，303頁。
25)　平田，前掲注21)，108頁。
26)　吉田，前掲注1)，304頁以下。

ムシに関して平田が書いた論文が集められ，編者の解題が付けられていた。[27]

　この中に納められている「市民社会論の現代的読み方」は1988年に書かれたものであるが，平田はフランスの雑誌の1987年の特集「今日のマルクス」に寄せられたＪ・ビデとテグジェの２人の論文を紹介する形で自己の考えを展開している。彼は２人のフランス人の論文に異議をはさまず紹介し，同意もしているので，同じ考えとみてよい。

　平田によれば西欧では，市民社会の諸構造が，資本主義的商品経済の諸構造および産業主義の諸形態とともに展開してきた。だからといって，これらが分かちがたく結合すると結論するのは間違いである。市民社会の論理と資本の論理そして最後に産業資本主義の論理との間の脱結合をはかることは可能だと考える必要がある。ラディカルな民主主義としての社会主義は，人が市民社会の論理とアソシアシオニズム[28]の論理とに依存してこそ，資本の論理を廃棄していくことができるということを前提にしている。資本の論理との結合から脱却した市民社会の論理においてこそ，社会主義の自主管理的ならびに代表的な諸制度が根づくことかできる。これを平田は，自主管理と代表制の社会主義と呼び，日本の「市民社会派」が1968年以来追求してきたことではないかとしている。

　フランスでは，市民社会と歴史認識という主題が議論されている。そこではマルクスの『経済学批判要綱』の３段階把握，すなわち人格的依存―抽象的依存の上での人格的自立―自由な人格的自立，のテーゼが採用される。[29] フランスの論者は，グラムシ市民社会論を『要綱』のマルクスの歴史認識につなごうとする。一方で『資本論』における領有権法転回論の中に，ブルジョア民主主義に対するマルクスの過小評価（マルクスに対するグラムシの評価）をかぎ出す。[30] 領有権法転回論とは，市民の所有権を保護することが，ブルジョアジーの資本所有を保護することとなり，その結果，プロレタリアートの労働成果に対する所有が否定されることを指す。グラムシのマルクス理解は，疎外＝抽象化論の

---

27)　平田清明著／八木紀一郎・大町慎浩編『市民社会思想の古典と現代―ルソー，ケネー，マルクスと現代市民社会』有斐閣（1996年）。

28)　アソシアシオニズムとは，自立した人々の自由な結合による運動を指しており，日本語の訳は難しい。association とか Vereinigung で表されるが，連合または結合と訳す。

29)　『要綱』Ⅰ84頁以下。

30)　資本家的領有法則については，『資本論』第１部第７篇第22章，『要綱』Ⅱ393頁ほか。

第３章　現代の市民社会論　　289

基礎に立っており，ヘーゲルやルカーチへの傾斜をあらわにしていると評価している。

　フランスのマルクス主義的市民社会論者はいま，次のように主張する。市民社会に固有な人格的自由の原理は，資本家的私的領有への，この人格的自由の発展ということに必然的に結びつくのではない。逆にこれは，自由に連合した生産者たちによる社会的領有へと発展するのである。

　平田によれば，この提言は，個体的所有の再建としての社会的所有の生成・発展というマルクスのテーゼをフランスの編者たちなりに表明したものである。このマルクスのテーゼは日本においてもフランスにおいても，今日に至っている国家主義的な社会主義の根元的な誤謬を理論的につくものである。市民社会と人格的自由という基本原理が社会主義の前提条件となるものである以上，人は商品関係を純粋かつ単純に消滅させれば，そして市場を指令経済に変えれば，社会主義を建設することができる，などということがありえようか[31]。

　平田の市民社会派マルクス主義は，必ずしも階級史観を退けているとは言えないが，体制変革の主体としてアソシエーションに強い期待をいだいていたことが分かる。

（3）集団主義の否定と個人の自立

　同書の編者である八木紀一郎は，解題の中で，次のように述べている。

　　戦後の日本には利益誘導型の政治はあっても，政府の基礎となると同時に政府に吸収されえない公共性をつくりだす市民的な政治理念が存在しなかった。それは経済発展が政治を支配した結果であるが，同時に，反体制を標榜した労働運動や社会主義政党，そして知識人達が社会の意思形成の媒介者となることを放棄したせいでもあった。反体制の社会運動を支配していたのは，変革主体は市民ではなく階級であり，それを代表する政党の指導を通じて，資本主義を否定し社会主義を実現する革命が遂行されなければならないという「マルクス主義」であった。それは自立した個人の創造的活動を促進するよりも集団的忠誠心を醸成するイデオロギーの典型であった。

　平田は1969年に出版された『市民社会と社会主義』で，こうした集団主義的なマルクス主義を否定した。平田はマルクスを近代西欧の市民思想の流れに結

31）　平田，前掲注27），316-320頁。

290　第Ⅲ部　市民社会とマルクス主義

びつけ，同時に，市民社会思想を物質的・経済的基礎とともに把握することを教えた。近代の経済社会は自由で平等な個人という市民社会原理を承認するが，そのうちに不断に資本主義的な生産・領有関係を生み出すことにより，個人の所有を内実を欠いた形式的なものにしてしまう。しかし，それにより，発展した経済的社会関係の下で個人の所有の実質を回復するという課題が人々に認識される。平田は，近代市民社会のこの固有の弁証法を「個体的自由の再建」というマルクスの一語に集約した。

　20世紀末になって資本主義の矛盾は社会主義革命で解決されるというような安易な歴史的展望を語ることは，もはや不可能になった。現実に課題となり，また進行しているのは市民革命である。かつては社会主義革命に託されていたような社会的内容の実現も，いまでは永続的な過程としての市民革命に託されるであろう。それは市民社会の内部に，経済から相対的に独立した社会的・文化的領域が確保され，また国家をコントロールしうる政治的意思形成の契機を発展させることを要求するだろう。しかし，戦後日本の経済学史や思想史の研究者は，この思想的課題に応えてこなかったのではないか。これが，平田の最後の問いかけだとしている[32]。

　この関連で，平田は戦後のアダム・スミス研究のある種の総括の仕方に不満をもっていた。それは，市民社会を商業的社会としての相においてとらえ，法的・政治的な性格をもつ市民社会（civil society）論から切り離すものであった。これは，先述の平子も指摘している。

　八木の解題はとても分かりやすいが，同意することはできない。市民社会の内部に，経済から相対的に独立した社会的・文化的領域が確保される必要や，自立した市民たちのアソシエーションが必要なことには異論がないが，まず，① 自立した個人が，どのような人々を指すのが明確ではない。自立した個人が存在することは間違いがないが，それは，いわゆる自由業の人々か，高給取りの経営者またはサラリーマンか，それとも株や債券の運用で生活をしている人々なのか，あるいは一般のサラリーマンや個人事業者，公務員……なのかが明確でない。自立していても，それは従属的労働によって賃金を得ている限りであって，いざ離職すれば，直ちに自立が難しくなることは，マルクスの言う

---

32)　同上，321-324頁。

「生産手段からの自由」が指摘するとおりである。人々の自立の条件そのものが，やはり大きなテーマであり，生産手段の社会的所有，ひいては社会主義への移行を避けては通れない。もちろん，それまでの間は人々が自立していないといっているのではなく，少数であるということである。

② その関連で，どうやって個人の所有の実質を回復するのかも明確でない。

③ 現実に進行している市民革命が，何を指すのかも分からない。確かに，世界各地で革命は続いているが，発達した資本主義諸国における革命については「現実に進行している」とは思えない。

④ 社会主義革命に託されていたような社会的内容の意味が分からない。おそらく，市民社会の内部に，経済から相対的に独立した社会的・文化的領域を確保することを指しているのであろうと推測するが，やはり託されていた主たる任務は，生産手段の社会化と，その前提としての労働者階級を中心とした政治権力の確保であろうと思われる。

⑤ 国家をコントロールしうる市民たちの政治的意思形成の契機を発展させてこなかったと，戦後の思想家（おそらく活動家も）を批判し，反体制を標榜した労働運動や社会主義政党が階級闘争を前面にかかげたことが，そのひとつの原因であるとするが，納得できない。事実としては，1950年代の政治運動が政治主義的で階級的であったことは間違いないが，それは，占領，赤狩り，安保条約の締結と進んだ戦後の日本の状況下では当然のことであり，60年代以降も，石炭産業や電力産業で労働法制を無視する組合弾圧が続けられたことによる。80年代以降は，「政治の季節」が遠ざかって，人々の生活が安定し，その結果，政治や国家から相対的に独立した独立した社会的・文化的領域が拡大しつつあるが，それが経済社会からも相対的に独立していると言えるかは疑問である。比較的，生活基盤の安定している人々の間で広がっているのではないか。

⑥ 西欧，とりわけ EU の中心をなす国々をモデルとして議論する傾向があるが，2019年において，それぞれの国の福祉国家のあり方，社会編成のあり方，ポピュリズムの強さ，そして民主主義の質は大きく異なっており，とりわけ平田が強い関心をもっていたフランスは今，移民受け入れ問題をきっかけに極右の台頭が著しい。資本主義的な国民国家の繁栄という枠組みが大きく揺れている。比較的，生活基盤の安定している人々の間にも生活に対する不安が急拡大しており，価値観の分断が目立つ。

（4）現代の市民社会論

　吉田は，平田清明の問題提起を受けて，その後，市民社会論を深めてきた論者として望月清司，森田桐郎をあげ，全体として，市民社会派マルクス主義の理論は，スミスやウェーバーなどの西欧市民社会論の観点からマルクス主義との接合を図り，ついに独自な市民社会論的マルクス論の構築に至ったとする。それはマルクス理論の主体的側面を過度に強調することにおいて，その客体的側面を軽視する帰結を導いた。しかし，人間的解放論を中軸にして，その基盤たる市民社会論を理論的に措定することによって，戦後日本におけるマルクス理解，特にその市民社会論の理解を深め活性化した意義は否めないとする[33]。これに対して，マルクス主義はどのように対応したのか。

　吉田によると，1970年代の後半から，市民社会論的マルクス論を踏まえて，マルクスの市民社会論自体を深化する議論が登場する。その論者として，藤野渉と重田澄男をあげている。両者の研究は，マルクスにおける重層的市民社会論を分権的理論的に周到に検討したものであった[34]。

　藤野は，マルクスにおける市民社会は，①従来のあらゆる歴史的段階上に存在する生産諸力によって条件づけられた，またこの生産諸力を条件づけもする交通形態，諸個人の物質的交換全体であり，あらゆる歴史の本当のかまどであり現場であり，いつの時代にも国家およびその他の観念的上部構造の土台をなしているものであり，②エゴイズムの領域，類的存在者としてでなく私的人間としての個人たちの社会，人間と共同体から分離されたモナド的エゴイスト的人間の社会であり，③フランス革命とナポレオン以降，ブルジョアジーによってポジティブに代表される，階級社会としてのブルジョア社会である。この3つの側面をひとつも見失ってはならないとした[35]。

　重田は，領有法則展開論における商品論的関係と資本＝賃労働関係，この2つの過程の重層的関連を，市民社会的関係と階級的な資本家社会的関係との関連と重なり合うものとしてとらえた[36]。これは吉田のいうブルジョア的市民社会

33）　吉田，前掲注1），305頁以下。

34）　同上，315頁以下。

35）　藤野渉「マルクスにおける市民社会の概念」『マルクス主義と倫理』青木書店（1976年）213頁。

36）　重田澄男『資本主義の発見』御茶の水書房（1983年）。改訂版（1992年）308頁。

第3章　現代の市民社会論　　293

と資本主義社会との，また市民社会史観と階級社会新との結節の観点と基本的に一致するものである[37]。

　平田理論とマルクス主義との論争以降は，両派とも大きな展開はみられなかった。しかし，1989年から始まる冷戦の終結と既成社会主義の崩壊を期にして，内外で一挙に現代的市民社会論が隆盛となる。この中で，吉田は，小松善雄の論稿が重要な問題提起をなしていると注目した。

　小松は，平田清明らを中心とする市民派マルクス主義の市民社会論の特質を，マルクスの bürgerliches Gesellschaft 概念を「同市民関係」，「専門人として自立した個人の結合の場」としての市民社会というふうに，上部構造としての市民社会に「同面化」させていることから，その市民社会概念に加重負担が付与されていると指摘した[38]。

　小松は，下部構造的な bürgerliches Gesellschaft と上部構造的 société civile 概念を特に区別し，その上て関連づけるという問題意識を明確にし，マルクス社会＝社会構成体論の3層構造論を展開する。マルクスの社会構成論は，「交通と消費の一定の形態」ないし「生産・交通・消費の一定の発展段階」としての bürgerliches Gesellschaft ＋「家族・諸身分・諸階級の一定の組織」から構成される société civile ＋国家＝政治的国家という3領域＝3層構成をもって存立するとする[39]。

　société civile ＝市民社会論は，静的にみれば市民間の諸関係と家族・諸身分・諸階級の一定の組織からなる社会的編成の2重性であるが，動的にみれば，支配階級が自己の特殊利害を社会の共通利害として示し，ヘゲモニーを獲得しようとする階級闘争の場＝舞台となる。それは，構造論としては土台からの国家の相対的自律性を承認し，動態論としては支配階級からの国家の相対的自律性を弁証するものとなる。この3層論によって，マルクスの私的唯物論が経済決定論ではないことが明らかになるとした。以上が吉田の小松に対する評価である[40]。

---

37)　吉田，前掲注1），320頁。

38)　小松善雄「現代の社会＝歴史理論における市民社会概念の考察―戦後日本の市民社会論史によせて」『オホーツク産業経営論集』8巻1号（1997年）56頁以下。

39)　同上，73頁。

40)　吉田，前掲注1），322頁。

しかし，吉田は問題点も指摘した。第1は，概念の問題で，小松は bürgerliches Gesellschaft としての市民社会をほぼ土台的なものとして特定し，市民社会をほぼフランス語で表される société civile に限定した。これに対し，吉田は，第III部第2章第1節で取り上げた『共産党宣言』の中のB-1の文章などを根拠にして，bürgerliches Gesellschaft は上部構造としても規定されていることは明らかであるとする[41]。確かに，「ドイツ・イデオロギー」や「共産党宣言」を書いた1845～48年当時のマルクスとエンゲルスの市民社会の用法には，土台を指す場合と上部構造まで含める場合の両方がみられる。しかし，「ドイツ・イデオロギー」のA-3の文章では，市民社会はまぎれもなく土台のことであり，「観念的上部構造の土台である」と書かれている。また，1859年の『経済学批判』以降は，土台としての理論の展開が中心となっている。したがって，私は，初期には紛らわしい用法がみられるものの，bürgerliches Gesellschaft はやはり，経済的土台，すなわち生産諸関係を指すという小松の理解の方が正確ではないかと考える。

第2は理論的な問題で，小松の市民社会論が社会構成体論の枠内で設定される制約についてである。従来のマルクス主義における土台—上部構造論に，上部構造的市民社会概念を中間領域として介在させることは重要な意義をもつ。しかしその反面，この枠付けによってマルクスの（中間的）市民社会概念が主としてソシエテ・シヴィル概念に限定される。確かに，「土台—ソシエテ・シヴィルとしての市民社会—国家」という社会構成の3層論は，社会縦断的な構成を明確にする。しかし，ブルジョア社会を経て，将来的に協同社会として発展する歴史横断的な市民社会論，市民社会史観とは全面的には重ならない。というのも，吉田のいう，マルクスの市民社会史観と階級社会史観との結節の意味は，すべての歴史を通して，生産と交通を機軸にした人間の協同的活動の場たる市民社会が，その疎外的形態としての階級社会と結節しつつ，それを止揚していく過程ととらえるからである。小松の場合には，ソシエテ・シヴィル概念の明確化と，それを軸にしたマルクスの市民社会の理解であるために，マルクスの意図する市民社会の一部に比重がかかりすぎているとする。ただし，そのような問題点はあるとしても，ソシエテ・シヴィル概念を軸とした考察の成

---

41) 同上，323頁。

第3章 現代の市民社会論 295

果が大きいことは間違いない。[42]

（5）現代の市民

　現代の市民は都市に住む給与生活者が大半を占める。近代市民社会の開始時点（1700年頃）の市民は都市の住民である自営業の親方や，農村のマニファクチュアに従事する農民や，前期的商人などであったろう。マルクスとエンゲルスの時代（1840年以降）には，一方ではブルジョアジーたちが市民の代表となり，他方では炭坑，鉄道，大工場で働く労働者たちがプロレタリアートと考えられるようになっていた。しかし，2019年の現代では，プロレタリアートの典型である工場労働者は全就業者の2割もいない。日本の総務省の調査では，2017年に製造業で働く人々は16.1%，卸売・小売業では16.5%，医療・福祉では12.5%となっている。[43]伝統的な3分類では，2017年に1次産業が約200万人，2次産業が約1600万人，3次産業が約5700万人となっている。さらに重要なことは，高等教育の普及で2017年の大学進学率は52.6%に達し，これに短期大学や専門学校への進学を加えると，進学者の比率は限界に近づいている。[44]この結果，ソシエテ・シヴィルの構成員としての現代の市民には，ブルジョアジーのみならず給与生活者の多くも含まれることを示している。

　さらに，現代の市民の多くは，いつまでも小商品生産者や俸給生活者でありたいと願うわけではなく，企業社会の中で自分の能力を伸ばし，できれば新しい事業を立ち上げて成功させたいと願っている。つまり，起業家，あるいは経営者としての成功を目指している。もちろん，既存の企業の中で定年まで安定した暮らしを求めるとか，農山村や漁村の中で，自然を相手に暮らしていくという選択肢もありうる。

　安定した生活を維持したり，子どもに高等教育を受けさせたりするためには，それに必要な生活手段を稼がなければならない。資本主義社会においては，①自己の能力を高く評価してくれる企業に就職するか，②国家によって参入が規制され，営業権が保護されている医者や弁護士などの免許職・資格に就

42）　同上，323頁以下。

43）　矢野恒太記念会編『日本国勢図会2018/19年度版』矢野恒太記念会（2018年）70頁。総務省統計局「労働力調査」第13回改定日本標準産業分類による。

44）　同上，445頁。

296　　第Ⅲ部　市民社会とマルクス主義

くか，③能力を発揮して投資家ないし投資ファンド・マネージャーとして配当・報酬を受けるか，④自らが起業して利益を確保する，などの道を選ばなければならない。いずれにしても職業能力を発達させ，発揮することが求められる。したがって，企業等が，当該労働者の労働力の価値を評価しない場合には，生活手段を稼ぐことはかなり困難になる。ということは，現代社会では職業能力を基礎に「職を得る」ということが，生活手段を稼ぐ基本であり，市民たる基礎ということである。

現代の市民が企業社会の中で自己の能力を伸ばしたいという人々で構成されているとすれば，どのような市民社会がもっとも望ましいのか。そのひとつの答えが福祉国家であろう。

企業社会の中で自己の能力を伸ばすということが，企業に勤める人々とのみ関係するとは限らない。企業で働く人々を形成するための教育，医療さらには映画や文芸などの分野も，企業社会を前提にして存在している。弁護士，会計士などはいうまでもないが，公務員も企業社会で暮らす人々を主たる対象として公共サービスを提供している。それらのサービスの需要者が企業社会の中で働く人々であり，その子どもたちである。

また，貿易や外交なども企業社会によって成り立っている国々との関係が主であり，国際社会の協調や ODA などは，途上国の人々の生活の支援と同時に，開発を支援することも大きな目的としている。

企業・資本の発達が，景気変動の不確実性など，生産力と生産関係の矛盾をきたし，その制御が不能になることによって，新たな社会体制が求められるとしても，現在の時点では，企業社会と資本主義を前提とした社会の中で，人々の生活をどう改善していくかが，主たる目標であることは疑いがない。その中で，人々の意識が「巨大な生産力と生産手段の私的所有の矛盾」に気づくように働きかけることが重要になるだろう。

この矛盾は実は現在でもかなり鮮明になっている。例えば納税の極端な不平等がある。勤労者に偏った税や社会保険料の負担，高所得者ほど負担が軽くできる税制などである。資本主義社会と国家の歪みは，この他にも，民主主義に

---

45) 詳しくは拙稿「福祉国家の病理—租税回避」『京都府立大学術報告・公共政策』9 号（2017年）参照。

おける政権維持のためのバラマキとポピュリズム，自国ファーストの風潮と排外主義・保護主義の台頭，グローバル競争による国家間の格差の拡大などで目立っている。

　日本のような発達した資本主義国においては，社会改革の主要な手段はまず選挙を通じた政権の獲得，それを生み出す労働者や市民の運動であろう。同時に，市民のアソシエーションによる社会改革も重要である。その前提は市民が「政治と経済の現状」を理解し，討議することである。「理解」というのは，国と地方の財政，税制，福祉の財源，企業法制と労働者保護制度の内容などが現状ではあまりにも複雑になり，専門家でなければ分からなくなっているために，それを分かりやすく説明し討議することが求められているからである。制度の複雑さ自体が政権と財界の狙いのように思われる。その結果，官僚機構に依存する度合いはますます大きくなっている。

　現代の資本主義社会の最大の問題は，市民間の分断である。企業社会の中で，労働者，下請け企業，零細な取引先はきわめて不利な条件で働かされる一方，巨大企業の経営者，投資ファンドのマネージャー，金融取引のトレーダーなどは高額の報酬・利益を手にしている。また，その経営者や投資家の仲間たちは，インサイダー取引，株価操作，社外取締役としての報酬，ストックオプション，第3者割当増資など，様々な手段で「合法」に法外な利益を手にしている。その仕組みはあまりにも複雑であるため，株主平等の原則に違反しているとか，資本市場の公正原理に違反していると言っても，専門家以外にはおそらく理解できない。これは，資本主義経済が実物経済から大きく道をそれ，金融資本主義の泥沼にはまっていることに根本的な原因があるように思われる。金融取引が必要であることは否定しないが，投機的な金融取引が今のように異常に増大することは，地獄の縁に向かって進むようなものである。

　以上のことから，自立した市民のアソシエーションをめざすとすれば，まず，第1に「自立」の内容を明確にしなければならないし，次に，どのような人々に「自立的アソシエーション」への参加を呼びかけるかを考えなければならない。そのために，「自立」を妨げている現実との闘いを避けることができない。[46]

---

46)　西谷敏『規制が支える自己決定─労働法的規制システムの再構築』法律文化社（2004年）が↗

（6）日本の市民社会の特徴

　自由な意思に基づく非国家的・非経済的な結合関係という西洋の議論は魅力的であり，いつの時代にも日本に輸入され続けている。[47] 専制的国家と抑圧的な市場万能資本主義に対する自立した市民たちと市民社会による規制は確かに求められている。しかし，そのためには，今までみてきたように，経済的土台・市場—生活世界としての市民社会—国家という3層構造の中で，どこに対してどのような改革の働きかけが可能であり，効果的かを検討しなければならない。さらに，日本における生活世界としての市民社会が，西欧と比較可能なものなのかも検討する必要がある。

　まずキリスト教が果たすフォーラムのようなものは無理である。日本にも寺や神社があるが，そこにはほぼ儀式があるのみで，メンバー間の議論はほとんどない。おそらくその教義に関心をもっている者さえ少ないだろう。

　次に，ハーバーマスもウォルツァーも例として政党をあげている。欧米の政党は，支持者たちからの献金と選挙活動でなりたっており，非国家的で自発的な運動が若い人々の間で草の根として繰り広げられている。しかし，日本では選挙活動において個別訪問が禁止され，ポスターやビラの数まで制限されている。許されているのは，宣伝カーや駅前でスピーカーから叫ぶことだけである。しかも，1995年から5人以上の国会議員を有する政党は，税金から政党助成金を受けとっており，支持者たちの自発的な活動や献金という基礎が存在していない。政党助成金を受けとっていない政党はひとつだけである。その政党以外では自発的な結合はほとんど存在せず，地縁的，宗教的，労働組合的つながりだけが存在する。そこに現代的市民社会の要素をみつけることは難しい。

　要するに，西洋型の現代市民社会の議論をいくら日本に輸入しても，都市部のインテリゲンチアを除けば，そのような議論が根づく可能性は現在の日本ではまだ乏しい。むしろ，依然として人々の生活の中に地域的利害や，宗教団体，政治組織，企業，農村の地域組織などにおけるつながりが大きな影響力を行使し続けている。それは，各種の選挙の結果に如実に現れている。この独特の因習的で保守的な風土をどのようにして変えていくのか。その中で個人主義

　　＼参考になる。
47)　吉田，前掲注1)，29・33頁。

思想に対する低レベルの批判（利己主義との混同）をどう克服していくのかが，依然として大きな課題である。さらに，SNS（ソーシャル・ネットワーク）の世界が若者の生活世界を占領している現在，生身の人間と面と向かってコミュニケーションを図ることがいよいよ難しくなっている。このような中で，冷静な討論を通じて，政治と経済の問題点を洗い出し，主体的に社会変革に参加できる人間をどう形成していけるのだろうか。個体としての自覚をもつこと，自らの社会的存在を見つめ直すこと，その結果，日本の社会に蔓延する集団主義や様々な既得権を見直すことに，進まなければならないと思われる。これこそ，労働組合をはじめ，学校や職場，地域で社会改革運動を進めることによって得られる一番大きな効果ではないか思われる。

（7）グローバル化と価値観の分断

　グローバル化の進展は，それまで国家レベルで決定してきた事柄の多くを，国際的な組織や機関の決定に委ねることになった。それによって，各国の市民の間に新しい問題を生み出した。まず，情報化・IT 化の進展により，グローバル・バリューチェーンの上流に位置し，知識やアイデアを駆使して利益をあげる高技能労働者と，輸入で代替できない低賃金のサービス業従事者の仕事は国内に残るが，中間に位置する労働者の仕事は失われつつある。20世紀後半から中間層の所得が停滞している理由のひとつである。

　グローバル化は人口と資本の都市部への偏りも生み出している。高度人材は都市に集まり新たなアイデアを競うが，地方は産業衰退と人口流出の危機にさらされる。実際に，2016年のイギリスの国民投票で EU からの離脱に投票し，アメリカ大統領選挙でトランプを支持したのは主に地方の有権者だった。[48]

　イギリスのジャーナリストであるデビッド・グッドハートもグローバル化による価値観の分断を説く。彼は，先進諸国の国民が 2 つの階層に分断されるとして，エニウェア族（Anywheres）とサムウェア族（Somewheres）と名付けた。エニウェア族は，仕事があればどこでも移動して生活できる人々である。地元を離れて大学に進学し，そのまま都市部で専門職に就いている。進歩的な価値

---

48)　柴山桂太「グローバル化の功罪（下）価値観の分断，政治を二極化」『日本経済新聞』2019年4月26日。以下のグッドハートの主張も柴山の論評による。

観を身に付け，成果主義や能力主義を好む。グローバル化やEUの統合に賛成し，移民の受け入れや同性婚にも寛容である。社会の上位層を占めるため，政治はこの層の意見を反映して動く傾向にある。

　一方，サムウェア族は，中学・高校を出て地元で就職・結婚し子どもを育てる。個人の権利よりも地域社会の秩序を重視し，宗教や伝統的な権威を尊重する傾向にある。従来型の生活を守る普通の人々である。多数派であるが，政治的意見を表明しないことが多く世論への影響力は小さい。この両者の間の価値観が強く対立するようになって，排外主義やポピュリズムが台頭してきたというのが，グッドハートの見解である。

　説得力があるが，これらは主に欧米の有権者たちを念頭においている。日本では，事情は異なっている。まず，日本のサムウェア族は政治的意見を常に表明し，大きな影響力を行使している。与党自民党の政治家たちの出身地域をみれば明白で，彼らの支持基盤は都市部ではなく，地方である。そこでは，代々，圧倒的な支持を得て，中には世襲で国会議員に選ばれるものもいる。また，農業保護政策や公共事業，規制緩和や国家戦略特区の認定などにおいてもサムウェア族の意見表明と影響力は大きい。一方，都市部のエニウェア族は，欧米のそれと似ているが，大きな違いもある。政治的には既得権益に批判的な者が多いが，成果主義や能力主義を好む者が多いとはいえない。ここには，日本型の協調主義的な思考と行動が影響している。さらに，移民の受け入れや同性婚に寛容な人々も多いとは言えない。少なくとも，外国人労働者に対する不当な処遇に関心をもっている人は少ない。また，都市部に住んでいても，最近のNIMBYの主張にみられるように，身近な自己の利益を優先するあまり，公共的な利益を重視しない人々も少なくない。もちろん，これらは量的な問題でもあって，欧米にも似たようなエニウェア族はいるだろう。

　グッドハートは言う。「エニウェア族はサムウェア族を，時代から取り残された進歩のない人々と感じ，サムウェア族はエニウェア族を鼻持ちならない連中だと感じている。グローバル化もEU統合も，結局は都会のエリートが自分たちの働きやすい社会をつくるために進めたことで，本当の意味で公のことを考えているのではないと憤慨している。その不満がピークに達したことが，最近の英米を揺るがす政治動乱につながった」と。

　同様のことは，他のヨーロッパ諸国でも生じている。EU統合に反対し，移

民の受け入れ拒否を掲げる極右勢力が大きく影響力を伸ばしている。グッドハートは，価値観の次元で生じた対立は解決が難しいと指摘する。現に，イギリスの離脱派の人々の中には，EU からの離脱が自分たちの生活にマイナスであると分かっていても，「EU に残留することが我慢できない」という人々もいる。

　現代の知識産業の発展には，高等教育の充実や大都市の競争力を高める政策が不可欠である。このことが，結果的に都市と地方の，エニウェア族とサムウェア族の分断を広げるという副作用を生む恐れがある。

　柴山は次のように述べている。

　　民主政治が安定するには，異なる利害や価値観の間に相互了解がなければならない。ところが，現在は，民主政治の土台となる社会の結束が掘り崩されている。グローバル化が生み出す新たな利益機会を活用できる知識階層と，そうでない普通の人々の間で，経済的機会や価値観の面で埋めがたい溝が広がっている。グローバル化を進めるべきだとする人々と，その流れを押しとどめて共同体を保護すべきだという人々で政治が 2 極化している（ただし，日本では様子が異なる—筆者）。アメリカとヨーロッパのポピュリズムは，この分断を養分として成長していく政治運動である。

　柴山は，日本でも，中間層の没落や価値観の分断が広がっており，欧米のような政治的混乱の可能性はあると推測している。

　ラグラム・ラジャンは言う。

　　イギリスはよろめきながら EU 離脱に向かっている。経済的大惨事になるリスクをはらむ「合意なき離脱」を支持する者の多くは，中高年で教育水準があまり高くなく，イングラントを中心としたあまり都市化していない地域に住んでいるようだ。彼らの懸念は，移民や貿易だけではなさそうである。[49]

　　離脱派は，最初は高い教育を受けたエリートであふれるロンドンに不満を抱き，最近ではさらに離れた EU に政策の主導権を奪われたことに憤りを感じている。EU 離脱によってもかれらは満たされず，さらに恨みが募るだろう。

　　地域社会の無力化は，英国特有の現象ではない。国境を越えて市場が拡大する中，参加者は，煩わしい規制の違いや取引コストを排除する共通の枠組みを望むようになる。国は，地方や地域社会を犠牲にし，政府の権限と機能を拡大した。グローバル化が加速すると，国は，自らの主権を制限する国際的な協定や条約に参加するように

---

49) ラジャン，ラグラム「『離脱派』の怒り 鎮めるには」『日本経済新聞』2019 年 4 月 4 日。

なった。政府の権限の一部を国際機関に譲り渡すこともあった。こうした流れが、英国のような政府の権限を取り戻そうとする運動の触媒となった。

権限や資金が地方から国へ、国際レベルへと移行する中、グローバル化した市場と技術革新の影響は地域によってまちまちだった。巨大都市が繁栄する反面、半農村地域は経済活動と機会が減少した。

無力化はさらに副次的な被害をもたらす。経済的に底辺にある地域から機会が失われると通常、絶望が広がり、社会が機能不全に陥る。住民は、ナショナリズムを含むアイデンティティーや連帯について別の源泉を探すようになる。

ポピュリストでナショナリストの指導者は、国際的な協定や機関に押しつけられた制約を取り除き、自国を「再び偉大にする」と約束する。国際システムを批判し、苦境は外部の悪者のせいだと強調する。例えばEU離脱派の多くは、英国が移民を厳しく制限する一方で、貿易には開放的な姿勢で臨むべきだと考えている。しかし成長が鈍化し人口の高齢化が進む中、先進国は一定の移民と輸出市場の両方を必要とする。「壁」を作れば、現在の不平等な繁栄が、集団的な貧困に変わるのは確実だ。

ナショナリストは、国家間の法律や規制の標準化と調和の動きが行き過ぎていると考えているようだが、正しいだろう。今は人工知能の時代なのだから、企業などは国家間の規制の多少の違いに対応できるはずだ。グローバル市場の開放を条件に、一部の権限を国家レベルに取り戻すことはできないだろうか。

英国のEU離脱派が忘れてはならないのは、衰退する地域社会では、是が非でも新しい経済活動が必要になり、住民はグローバル化や技術革新にもっと適応しなければならないということである。政府の支援が必要になることもある。

地域社会が前向きなアイデンティティーを強く意識できるようになれば、ナショナリズムの魅力は薄れてしまう公算が大きい。将来を自分たちで決められるようになれば、自らの苦境を他者のせいにする可能性は低くなる。

この記事には、編集委員の大林尚の意見が書かれていた。グローバル化の負の面としての国民分断は、もっぱら欧米の現象だととらえる日本人が多いが、2019年4月1日に施行された改正出入国管理法によって海外からやってくる労働力が増えれば、欧米と同じ現象が起きるかもしれないと警鐘を鳴らす。

柴山・グッドハートもラジャンも、先進国における価値観の分断を指摘した。その基本はエニウェア族とサムウェア族の価値観の対立である。

しかし、エニウェア族の多くは、自分たちが勤める国際的な企業の成長、マーケット・シェアの拡大に強い関心をもっており、経済成長と企業利益を重視するという点で、環境保護、生物多様性、ダイバーシティ（多様な価値観の承認）については、必ずしもひとくくりにはできないのではないか。例えば、企

業の社会的な責任，人間の尊厳，ディーセント・ワークなどについては，意見が分かれるのではないか。企業のガバナンスについても，株主重視かステークホールダー重視かで分かれるし，ケインズ型財政政策，量的金融緩和を続けてもよいのか，それとも健全財政に配慮しなければならないのかについても意見が分かれている。突き詰めれば，市場の調整能力の評価についてはエニウェア族の内部でも価値観は一致していないと思われる。

第 4 章　市民社会論と市民法

1　戦後の市民社会論と法

　戦後の市民社会論に法学の分野で大きな影響を与えたのは川島武宜であった。その特徴を広渡は 4 つにまとめている。[1]第 1 は，市民社会を資本主義的経済社会ととらえた。マルクスの用語に忠実であるが，広渡によれば，この理解では「包括的な政治社会としての市民社会」という観念が視野に入らないとされる。

　第 2 は，市民社会発展の歴史的類型として英仏とドイツの区分を強調し，これによって市民社会理解について複数のパターンを示している。それによれば，典型的な市民社会は英仏において成立し，その典型性は，国家の市民社会に対する関係に求められる。典型的な市民社会にあっては，国家の使命は，資本主義経済に対する障害の除去という消極的なものに過ぎず，国家は社会に奉仕するものであり，市民社会に対立するものではなく，市民社会の投影に過ぎない。

　この典型的な市民社会を基準にして，市民社会の 3 つのパターンが指摘される。①国家が社会に奉仕する市民社会の投影にすぎないもの（英仏）。②国家が市民社会に対抗し，その上位にあり権力作用を及ぼすもの（ドイツ）。③国家が市民社会を後見し，育成するもの（日本）である。ここで，重要視されているのは，市民社会と国家の関係を基礎にした個人と国家の特殊近代的な関係であり，個人が直接に国家と対峙し合う状況となっているか，社会になお個人を拘束する中間団体が存在するかが，典型性の基準となっている。

　第 3 は，「公と私」の関係である。川島の公は，市民社会の政治的反射としての近代国家を指している。公の本体は，私と等質な平等な主体者の総体であ

---

1)　広渡清吾『比較法社会論研究』日本評論社（2009年）248頁以下。

る。市民社会における機関としての国家と個人の関係は，個人と個人の関係と同様のものとして存在し，かつ，相互に権利義務の関係に立つものである。したがって，公法が私法に同化させられるのは当然である。このような事実が存在してはじめて，国と人民の間の権力とその強制の関係が，単なる権力関係ではないところの独立の法的関係として安定しうるとした。広渡によれば，この川島の「公法の私法への同化」論は，市民社会の法の体系を公法私法2元論として理解するものではなく，市民社会の法体系を一元的に理解することに道を開いた。

第4は，市民社会の内部構造として，対等で独立した人間によって構成されるインパーソナルな人間関係が支配する社会である。この原理を表現するものが，権利義務関係としての法的関係に他ならない。そこで市民社会は法的な社会となる。さらに，近代市民社会は権利義務ルールに服する内面的自発性を基礎づけるものでもある。したがって，このような内面的自発性を欠く社会は近代市民社会の本質的要件を欠くことになる。

川島の市民社会論に対して，広渡は次のように評価した。まず，資本主義経済がそれ自身に倫理的な基礎をもつものとして市民社会そのものと互換的に考えられており，資本主義へのネガティブな側面にほとんど注意が払われていない。この点では戒能通孝の市民社会論と対照的である。それゆえ，戦後日本経済の発展によって，日本資本主義の未発達を語ることが時代錯誤的になるとき，川島の市民社会論は，政治経済体制全体にかかわるものとしての意味を失い，権利意識と対比される遅れた法意識の議論に収斂することになる。

第2に川島の市民社会論は，市民社会と国家の関係についての考察，および市民社会の内部構造の分析によって，その後の市民社会論に大きな影響を与えた。順法精神論から展開した法意識論は，日本社会と法の特殊性を理解し，それを比較法的に研究する分野を開拓することとなった。

広渡が特徴づけた川島市民社会の第3と第4の特徴は，資本主義的経済社会（経済的土台）を超えており，包括的な政治社会としての市民社会（ソシエテ・シヴィル）も含む議論になっている。しかも，権力の恣意性に対して理論的な制約を課すものとして説得力があった。それだけに，戦後日本社会に与えた影響は大きなものであった。

また，川島の議論が実はソシエテ・シヴィルのレベルにまで及んでいるため

に，経済的に豊かになった現代日本においても，思わず連想する分析が残されている[2]。私は，川島の市民社会論が政治経済体制全体にかかわるものとしての意味を失っているとは考えないが，権利意識と対比される遅れた法意識の議論に収斂するという広渡の指摘は鋭いと考える。比較制度論で議論されたように，資本主義社会のあり方は，単一ではなく，アメリカ型が優れているわけでもなく，西欧型がスタンダードでもない。日本のように長期的な関係を重視したり，ステーク・ホールダー型のコーポレート・ガバナンスも十分にありうる。そして，その基礎となっているのが，経路依存性と制度補完性であり，その意味では日本型の集団主義や分かり難いコミュニケーションの方法も，十分に適合的で，決して遅れているわけではない。もし，川島が生きていて，現在のアメリカの訴訟社会を目前にしたら，一体何と思うであろうか。

　広渡は，川島の公法私法同化論が，法解釈学における体系論に大きな影響を与えたことに注目する。19世紀以来，近代法典が整備されるにつれて，実定法を公法と私法に分けて考えることは当然となり，裁判所の編成も民事と刑事に並んで行政が区別されるのが普通であった。学問的にも私法は私人と私人の関係，公法は私人と国家の関係というふうに分けて考えられ，妥当する法原理も異なるものと考えられていた。

　これに対して，高柳信一は，公権力に法的に特別な優越的地位を認めるべきではなく，公権力と国民とが対等に法の支配に服すべきことを市民社会の原則として主張した。そこには，川島の公法私法同化論が影響を与えていた[3]。

　高柳にとって市民社会の内部法は私法を意味するが，この私法の妥当性を確保するための刑法や訴訟法も内部法に含まれる。このいわば外部に存在するのが公法である。公法には，特殊な領域として，国家の存立にかかわる税法や選挙法など，秩序維持のための警察法など，市民法上の法益保護のための交通制度，災害防止制度など，そして市民法を修正する労働法や経済法などが含まれる。高柳は，この公法の特殊な領域の存在を認めた上で，この公法も市民社会の法として，市民法と同じ原理に従うべきとした。公法が共通の原理に立つために，①公法も意思自由の原則に立つべきであり，②公法領域の処理も原則と

---

　2)　例えば，川島武宜『日本人の法意識』岩波書店（1967年）など。
　3)　広渡，前掲注1），252頁以下。

して市民法に服するべき，と考えた。[4]

　民法学者では，広中俊雄が，川島の公法私法同化論を受け止め，さらに展開した。[5]広中にとって市民社会は，実定法体系を論じる前提としての実証的存在であり，批判的分析のためのモデルではない。広中は，日本では1960年代に市民社会の定着が明確となった結果，現在の日本社会をひとつの市民社会としてとらえることができると考えた。市民社会と認める基準として，①資本主義的生産関係が支配的である，②民主主義形態の国家をもつ，③人格の尊厳を承認する社会的意識が一般に浸透している，の３つをあげた。広中の市民社会は，欧米と日本の社会と法を比較するための理念型とされる。

　広中の市民社会は実証的な存在であるが，日本社会の現実の姿ではない。それゆえに，上記の市民社会の法体系は日本社会の現実との緊張関係をもち，規範的な批判性をもちうる。

　広中の市民社会は，民主主義形態の国家をもつとされる。ここでは，市民社会は経済的な土台・生産諸関係として考えられているのではなく，包括的な政治共同体としてとらえられている。これによって市民社会の法体系の一元性を基礎づけている。

　広中の市民社会論は，権利一般ではなく，人格の尊厳を承認する社会的意識の浸透という基準をあげている。このような基準が承認されてくるのは第２次世界大戦以降であることを考えると，彼の市民社会論は現代的な市民社会論であるといえる。

　広中は，３つの指標によって把握する市民社会について，その基本的諸秩序を次のように分析した。第１は，財貨秩序とその外郭秩序であり，第２は，人格秩序およびその外郭秩序であり，第３が権力秩序である。[6]これらの秩序と外郭秩序のとらえ方は，具体的な法解釈においても有用であり，きわめて示唆に富む。

　広中は，市民社会の基本的秩序の考察を実質的な意義における民法を把握する方法の基礎に据えるように主張する。法秩序は実証的な存在としての市民社会との関連性において把握されるべきだからである。したがって，実質的な意

---

4)　同上，252-255頁。

5)　同上，256頁以下。

6)　詳細については，広中俊雄『新版民法綱要〔第１巻─総論〕』創文社（2006年）13頁以下を参照。

308　第Ⅲ部　市民社会とマルクス主義

義における民法の把握は，市民社会が成立する諸秩序と関連させつつ民事裁判の実体法的規準を具体的に日本で立法および判例の中に確認していくことを通して行われるべきことになる。

　広中は市民社会の内部法（私法）に対して，その外縁に公法的な領域を認めながら，両者を統一して市民社会の法ととらえ，その法原理を合意による権利変動，すなわち民法的原理に求めた。

　実質的意義における民法の中核の民法典は，市民社会の基本的秩序である財貨秩序および人格秩序をカバーしている。財貨秩序とその外郭秩序にかかわる特別法的なものとして環境法などがある。このような特別法的領域は，実質的な意義における民法にとりこまれるものと，それに対する特別規制的なものと，さらに行政的規制にかかわるものとに分けられる。これらの特別法的領域は，それぞれ市民社会の法を構成するが，その法原理は異なっている。民法や商法は自由を保障する法原理であるのに対し，労働法，経済法，環境法などは自由を制限する法原理として現れる。

　権力秩序にかかわる法領域では，特別法的領域においても行政的規制の役割は大きい。さらにより一般に制度化された権力の行為を媒介する法規制がある。権力秩序にかかわる法規制の例外性は，それを間接的に正当化しうる立法的枠内でのみ許容されるのであって，定められた限界の外では，権力といえども「人格秩序」や「財貨秩序」に，すなわち実質的な意義における民法に服さなければならない。広中によれば，実質的な意義における民法と権力の機能を定めた法律の規定とは，一般法と特別法の関係に立っている。広渡は指摘する。広中の市民社会の法は，実質的な意義における民法を一般法とし，その他の法領域・法規制を特別法として位置づける包括的な一元的法体系である。[7]

　広中の国家と階級については，広渡は次のようにまとめている。市民社会の構成員相互の関係は，様々な利害対立にもかかわらず，相互依存関係にあり，対立する階級も同一の生産関係において相互依存的に結び合わされている。「われわれ」の統合の可能性は，国家においてではなく，すでに市民社会に基礎をもっている。[8]

7）　広渡，前掲注1），261頁。
8）　同上，263頁。

2　日本の市民社会の変化と市民法論

　広渡によると,「近代法と現代法」のテーマが論争された1960年代後半から70年代には,「市民社会」は議論の主役を交代し,制御能力を拡大する国家が主役となった。経済に対して介入と制御を行う国家機能の肥大化は,近代法から現代法へという議論と結びついた。

　1980年代に入ると日本の経済成長が安定的に進むとともに,日本の企業経営のあり方が世界的に評価されるようになり,会社主義とでもいうような風潮が高まった。日本の大企業グループは系列関係を維持する中で長期的な関係を重視し,利益を内部にため込み,外部からの乗っ取りを防ぐ体制を構築していた。この体制は,経営者が短期的な業績に左右されず,会社内部での評価によって従業員から抜擢されること,その結果,会社と従業員の中に共同体の意識が形成され,一丸となって乗っ取りに対抗する(ブルドック・ソース事件など)という奇妙なものであった。その中で企業の業績を伸ばしていたことが,アメリカ型の企業経営と比較して「ジャパン・アズ・ナンバーワン」と評価された。このような美化された日本型経営はバブル崩壊とともに変容するが,この1980年代に,会社主義的資本主義の風潮に対する批判として,市民社会論・市民法論が改めて登場した。

(1) 渡辺・市民法論

　この時期の市民法論として注目されるものに,渡辺洋三の市民法論がある。広渡の整理によると,1980年代以降の渡辺市民法論は第3期にあたるが,日本の社会を「市民社会」と「資本主義社会」,「市民法」と「ブルジョア法」の対抗する状態ととらえる。渡辺がいう市民社会は,近代の市民革命によって作られる近代市民社会を指し,そこで言う市民とは,市民革命の担い手であり,市民社会の理念は,革命と人間解放の理念を原点にしている。これに対応して,市民法は,従来のような「商品交換の法」としてとらえるべきではなく,「市民的所有制度」を市民法の原点に据えるべきとされる。この対立的契機の展開

---

9)　これについては,第Ⅰ部の第6章と第11章で述べた。

310　　第Ⅲ部　市民社会とマルクス主義

が，市民革命以降の市民社会の歴史を規定すると考えた。

　渡辺によれば，戦後の日本社会が，おそまきながらも市民社会の成立を論ずることができるようになり，それを背景にして戦後日本の法体系における市民法の定着も論じられるようになる。しかし，それは，ブルジョア化した市民社会であり，ブルジョア的市民法である。このような現状認識の下で，市民社会と市民法の実現をめざす道は，ブルジョア的市民社会を民主的に変革し，労働者を中心とする勤労市民の市民社会を下から形成することとされた。[10]

　渡辺が，現代のブルジョア市民社会・ブルジョア法に対抗するものとして，市民社会・市民法を掲げたことは，実践的な運動論としては分かりやすいが，マルクスの分析した市民社会概念からすると，異質なものとなっている。というのも，マルクスは現実の市民社会を，19世紀に登場した bürgerliches Gesellschaft ととらえており，それは領有法則の転回によって，「労働者が彼の生きた労働時間を交換することによって，自己の労働とその所有そのものを失う」社会である。[11]そして，自発的な市民の自由な結合を表す協同社会（渡辺の市民社会に近い）は，現在では，将来社会における市民社会とされている。私も，ブルジョア的市民社会（資本主義社会）に対する対抗軸は，おそらく市民革命時の家父長的な市民たちの原理ではなく，労働者の労働条件の改善，生産手段の社会化といった，マルクス・エンゲルスが繰り返し述べた道筋を追うべきだと考えている。その過程で，福祉国家的施策が重要な働きをすると考える。

（2）清水・市民法論

　1990年代に入ると清水誠が新たな問題提起として市民法論を展開する。これについても，広渡の簡潔なまとめを紹介する。[12]

　清水は，市民法論を以下の理論的思考であるとした。それは，近代市民社会の原理である自由，平等，友愛という理念を，思考および行動の基準として貫徹させつつ，そこにおける法制度，法体系を理解し，運用しようとする思考である。近代市民社会の理念は，資本主義経済の存立の必要条件であり，近代市民社会の成長と資本主義の発展はほぼ平行して進むが，資本主義経済の爛熟は

10）　広渡，前掲注1），264頁以下。

11）　『要綱』Ⅲ450頁以下。

12）　広渡，前掲注1），266〜268頁。

市民社会の理念の実現と貫徹にとって妨げ・桎梏となる。したがって，資本主義的理念の欺瞞性を暴露することは重要であるが，近代市民社会の理念について理念そのものの歴史的真実性を否定することは誤りである。むしろ，自由にして平等，独立の市民たちによって公正に構成された市民社会の実現が，今日の人類にとって当面の目標である。

広渡は，清水の市民法論は，それまでの論者とは大きく異なり，近代市民社会が一貫して理念として位置づけられ，その実現が目標として明示されていることを指摘する。清水にあっては，自由，平等，友愛を構成原理とする社会は実際には実現しておらず，しかも資本主義的経済の発展が，そのような社会の実現を阻んでいると考える。清水は，2005年の座談会で，市民社会は壮大なフィクションであり，このフィクションによって社会の真実にできるだけ接近したいと述べた。[13]

渡辺洋三や清水誠の市民法論の基礎となっている市民社会像は，近代市民革命時の市民を原初的なモデルにしているが，当時の市民の歴史的な分析に基づくものではないし，マルクスが述べた市民社会論をめぐる文献的な基礎づけを伴うものでもない。しかし，法律家が現代社会の変革に実践的に取り組む上では，強力な論拠を提供しうる。

支配的な議論では，労働法や独禁法は古典的市民法の修正であり，その修正原理は「弱者保護」とか「競争の確保」であった。これらの原理を伴う法体系を現代法と呼ぶこともある。それは，資本主義経済が発展するに伴って，当初は予想されていなかった社会矛盾があらわとなり，それに対応するために市民法の体系全体が変容するのだと説明された。

これに対し，渡辺や清水の議論は，現代的な法の変容は認めつつ，近代市民社会は，そもそも出発点からブルジョア市民社会的理念とは異なる「本来的市民社会」の理念を内包していたとする。その大きな特徴は，近代市民社会は，その登場のときから変革主体としての市民を伴っているのだとするところにあり，現代社会が変容するから，変革主体も変容するとはみないところにある。さらに，所有権や契約は，資本主義社会が発展することによって変容するので

---

13) 同上，267頁。広渡は，清水の構想する市民社会論が来栖三郎のフィクション論に通じるものがあると指摘する。なお，清水については，同書204頁以下も参照。

312　第Ⅲ部　市民社会とマルクス主義

はなく，市民社会において本来的に制約を内包しているとする。その制約原理
は人間の尊厳であり，労働に基づく権原である。人間の尊厳が国際社会で言わ
れるようになったのは，第2次世界大戦以後であるが，それ以前でも市民社会
の原理として存在していたと考える。

　企業が自らの活動に関連して発生した社会的費用を負担しなければならない
とか，非正規労働者の待遇が同一労働同一賃金の観点から許されないとか，最
近目立ってきた制度的契約に対して国家の規制が必要だという議論は，ブル
ジョア法ではブルジョア的所有権，ブルジョア的契約の自由の観点から解決で
きなかったが，本来的な市民法であれば，当然に解決されうると考える。これ
は，実は，第Ⅰ部第8章で述べたこととも関連する。

3　近代市民社会の現代市民社会への変容

（1）市民社会の3層モデル

　瀬川が1991年の『法の科学』で述べた「非・市場的／非・機能主義的な構成
原理を有する『市民社会』の領域を確保する」こと，そのための法理論を構築
することを，民法学において追求したのが吉田克己で，現代市民社会の構造分
析と私法の課題を研究した。その成果は1996年から98年にかけて『法律時報』
に連載され，それが書き加えられて1999年に『現代市民社会と民法学』[14]として
公刊された。

　同書は民法学の新たな理論動向を主たる内容としているが，それらの基盤と
なる現代の市民社会についても分析している。吉田は市民社会が多義的に用い
られる概念であることを踏まえて，3つに区分した。これは，本書の第4章ま
でに述べてきた市民社会の3層構造と似ているが，ソシエテ・シヴィルを γ と
呼び，マルクスの言う bürgerliches Gesellschaft を α，政治的社会を β と呼ぶ
点で，順序が異なっているし，内容も同じではない。

　第1が，アリストテレス以来使用されてきた概念で，政治的な社会（ポリス）
である。これを市民社会 β と呼ぶ。第2は，19世紀に始まる新しい用法で，市
民たる私人からなる社会を意味し，人格および所有権の自由という原理によっ

---

14)　吉田克己『現代市民社会と民法学』日本評論社（1999年）。

て者に対する経済的支配だけが承認される脱国家的・脱政治的な領域である，経済社会としての市民社会である[15]。これを市民社会αと呼ぶ。第3は，20世紀になってハーバーマスなどが有力に提示した，自由な意思に基づく非国家的・非経済的な結合関係としての市民社会概念であり，ここで問題とされるのは意思形成を行う協同社会（association）である。これを市民社会γと呼ぶ[16]。

この区別は，第4章までにみてきたが，吉田はこの区別を踏まえて法学の現代的な課題を明確にしようとした。これら3つの市民社会概念は相互に排他的なものではなく，全体として現実に対する批判原理として相互補完的な役割を果たすものとみる。したがって，閉ざされた概念ではなく，その境界も明快に引けるものではない。

吉田は，同書における市民社会が，民法学の現代的課題を模索するための手がかりとして措定されているとして，民法学が対象とすべき市民社会は，市民社会αを中心としつつも，それに限定されないとする。とりわけ，市民社会γの重要性が，近代市民社会から現代市民社会への構造変容の中でますます顕著になっているとする。

この市民社会に関する開かれた概念の分析を押し進めた例として，吉田は広中俊雄が展開する市民社会論をあげている。すでに述べたように，広中は，吉田が言う市民社会αから出発しつつ，現代社会の構造変化を踏まえて，「人格秩序」を析出するとともに，財貨秩序と人格秩序のいずれについても，その外部に存在する「外郭秩序」を析出して，法的な対応のあり方を区別する。また，市民社会における国家形態のあるべき姿から出発して「権力秩序」を析出する。これは市民社会βに対応する。このようにして，広中も市民社会αから出発しながらも，市民社会βさらには市民社会γと重なり合う問題領域を発見している[17]。

吉田は次に市民社会の発展モデルに関して次のように述べる。

近代市民社会は，資本主義が確立し，独占段階に移行する19世紀末葉からその構造

---

15) マルクスは，bürgerliches Gesellschaft という言葉は18世紀に登場したとする。『全集』3巻32頁。

16) 『全集』3巻107頁以下。市民社会のこのような呼び方は，吉田克己「総論・現代『市民社会』論の課題」『法の科学』28号（1999年）で，初めて用いられた。

17) 広中俊雄『民法綱要第1巻総論上』創文社から1989年に初版が，2006年に新版が公刊された。

314　第Ⅲ部　市民社会とマルクス主義

変化を開始し，この時期に「現代市民社会」の端緒的成立を見る。家父長制が崩壊し行為能力者の範囲が拡大する。しかし，収入水準をはじめとするさまざまな問題があったために，法規範レベルでの市民社会の拡大が，現実の市民社会の拡大に結びつかなかった。この側面で大きな変化が生じるのは，第2次世界大戦後の高度成長期である。この過程における福祉国家といわゆる大衆社会の出現によって，法規範レベルの市民社会と現実の市民社会とのズレが大きく埋められていく。

吉田はこれを「現代市民社会」の成熟と特徴づける[18]。

（2）市民社会の発展モデル

　吉田の基本的な考え方は，近代市民社会を市民革命期から産業革命を経て，資本主義が確立するまでの時期とみる。そして，資本主義が確立し独占段階に移行する19世紀末葉から現代市民社会が端緒的に成立するとみる。経済史での通説的説明は，独占の形成とアンチ・トラスト法の制定が，この区分の規準とされるが，吉田は，家父長制家族の崩壊と，行為能力の拡大，すなわち法規範レベルの市民社会の拡大に重要な意義を見いだす。

　ただし，この段階では，形式的に行為能力を求められた主体が，現実に市民社会の中で大きな枠割りを果たすところまではいっていない。法規範レベルの市民社会の拡大が，現実の市民社会の拡大に結びつくのは20世紀の後半，第2次世界大戦後の高度成長期である。この過程において福祉国家と大衆社会が出現し，法規範レベルと現実レベルの市民社会のズレが埋められていく。吉田はこれを現代市民社会の成熟と特徴づけた。

　これを欧米ではなく，日本に当てはめれば，行為能力の拡大は戦後に待たなければならないが，家父長制家族の崩壊と，独占の形成という面では1920年代が当てはまる。人口が都市部に集中し，工業が発展するとともに独占が形成される[19]。1917年からは労働争議が続発し，1925年3月には普通選挙法が成立する。ただし，日本の場合には，天皇制の下で，基本的人権が制限されたまま，法の支配が確立していなかったため，この過程は常に，軍部や政府による総力戦に向けた「治安法体系」と並行していた。

---

18)　吉田，前掲注14），112頁以下。

19)　1920年代に寡占化が進み，財閥の支配力が最高の強さになったことについては，中村隆英『日本経済─その成長と構造〔第3版〕』東京大学出版会（1993年）104頁を参照。

近代市民社会の理解については，川島武宜の初期の著作を参考にして議論する。すでに広渡の分析でも紹介したように，川島の市民社会は資本主義経済社会であり，その特徴は絶対主義権力に対抗して獲得された自由な市民社会であり，自立した個人による自由な取引社会・資本主義経済である。この前者は吉田のいう市民社会βであり，後者は市民社会αである。しかし，川島の議論の中心は，資本主義経済と自立した個人による取引・所有にあり，そのことから戦前の日本社会の遅れを批判していた。このことから，吉田も，川島の市民社会論は資本主義経済の論理が社会全体に浸透していく日本の高度成長期以降の社会に対して，批判の対象を失った形になったとする。これに対し，渡辺洋三や清水誠の市民法論は，市民社会の市民法を近代市民社会の構成原理としてとらえ直そうとするものであり，市民社会βを再生しようとするものであったと評価する。[20]

　吉田は市民革命によって登場した歴史的な近代市民社会を次のように特徴づけた。典型的な市民革命であるフランス革命は人権宣言において人間の自由と平等をうたいあげた。しかし，その後の社会の現実は，制限選挙制度が採用され公民の範囲は厳格に限定された。1804年のフランス民法典においても家父長制の存続は認められた。近代市民社会は，このような家父長制に支えられた自律的個人によって構成された社会であった。さらに家長として市民社会の経済的活動主体になるためには財産私有者であることが前提になる。財産から切り離されていた人々は近代市民社会の公民とはみなされなかった。このことを吉田は近代市民社会の狭隘性と呼んでいる。近代市民社会においては，その法的主体は限定されており，社会の構成員も強い自律的個人のみであった。[21]

　このような観点から，日本の近代市民社会の確立をめざした川島市民社会論をみると，フランスの強い自律的な家長たちの市民像とは大きく異なっている。川島は市民法には倫理性を伴わないとしつつも，市民社会においては倫理性を備えた自主的人格が成長すると考えていた。資本主義経済の論理の中に，他者の人格の尊重，公正な競争といった倫理性がひそんでいると考えたからである。しかし，吉田は現実の過程は逆であるとする。資本主義経済の発展は，

20）　吉田，前掲注14），124頁。
21）　同上，128頁。

倫理性を備えた自律的個人を生み出すどころか，目先の利益ばかりを追求する利己主義者を増加させてきたとする。では，なぜ川島は倫理性を備えた自主的人格が成長すると考えたのだろうか。吉田は，その秘密は，ヨーロッパ社会の伝統の中にあると考えた。

　近代市民社会は，マックス・ウェーバーが指摘したように，倫理的自律性を備えた主体によって支えられていた。一方で近代市民法は，この社会を脱倫理的な商品所有・交換法として支えていた。法の脱倫理的性格が主体の倫理的性格と不可分一体のものとして結びついていた。[22]

　吉田は，ヨーロッパの近代市民社会における法は，形式的には脱倫理性を特徴とするが，その主体のあり方まで含めて実質的にみれば，そこには強い倫理性が見いだされるとし，それを支えたのは，資本主義の論理ではなくて，ヨーロッパの伝統を受け継いで倫理的自律性をなお保持する家長たちであり，彼らが担う伝統社会の論理であったとする。

　これを日本の場合にあてはめてみよう（以下は筆者の意見）。日本がヨーロッパ型の政治制度や法制度を取り入れたのは明治時代であるが，その推進役は薩長を中心とする下級武士たちと，それに同調する旧藩主層・公家・権門であった。江戸時代からの裕福な商人や豪農も支持していた。

　近代市民社会にふさわしい憲法が成立するのは1946年であったが，資本主義的経済体制を基礎とする市民社会そのものは明治以降に着々と建設されていく。政府は1872年8月に学制を公布し，1889年2月に帝国憲法を発布，1890年7月に第1回総選挙を行い，1898年7月に民法全編を施行するように進めた。しかし，これらもまだ薩長を中心とする門閥政治家たちが強い指導力を発揮していた。

　しかし，議会政治が少しずつ定着し，国民の教育レベルも上がり，産業が発展するに伴い，都市部の住人が増加し，自律的に行動する市民が増加する。1920年代には政治的に行動する都市住民が増加し，日本の近代市民社会が誕生したと考えられる。また，農村部でも，江戸時代からの教育の積み重ねであろうが，明治中期までに各地で憲法草案等の作成運動などが行われていた。

---

22)　同上，130頁。村上淳一『ドイツ市民法史』東京大学出版会（1985年）や水林彪の諸稿を基礎にして議論を展開している。

ところが，日本の場合には近代市民社会が確立する1920年代に，すでに社会問題が深刻化して，いわば現代法的な現象も同時に現れてきた。1920年には八幡製鉄でストライキ（2月），東京で普通選挙を求めるデモ（2月），最初のメーデー，労働組合同盟会の結成（5月），21年には神戸三菱，川崎造船所ストライキ（7月），22年には日本農民組合結成（4月・神戸），日本共産党結成（7月），日本労働組合総連合結成大会（9月・大阪）と続く。このような動きを受けて1922年4月に治安警察法が改正されて婦人が政談集会に参加することが許可され，1929年4月に救護法，5月に小作調停法が施行される。しかし，他方では1928年に治安維持法に死刑と無期懲役が追加されたように治安体制も強化され，いわゆるムチとアメの政策が行われた。日本が戦争に突入することを防げなかった事実からすると，やはり，ヨーロッパ的伝統を基礎にした自律的市民層に対応するような市民たちが，戦前の日本では多く育たなかったということになろう。

　都市や農村部における市民たちの精神的な基盤は，もちろんキリスト教でもなければヨーロッパ型の伝統思想でもない。他方，仏教や儒教が思想基盤となっていたとも思えない。いわば和魂洋才をかかげていたと思われるが，その和魂というのが難しい。だからといって，日本に近代市民社会が実現できないというものでもない。おそらく，川島は，資本主義の経済システムが日本人に経済合理的な倫理をもたらすと考えたのであろう。

（3）近代市民社会から現代市民社会Ⅰへ

　狭隘性を特徴とする近代市民社会は，19世紀の後半に入って欧米諸国において変容を開始する。それまで市民社会から排除されていた無産者や女性の市民社会への参加と，その役割の増大が進み，市民社会の大衆化ともいうべき過程が進行する。この過程は19世紀の末には転換が完了する。これを吉田は「現代市民社会Ⅰ」と名づけた。そして，1960年代の高度成長を経て成立する社会を「現代市民社会Ⅱ」として区別した。

　現代市民社会Ⅰは，選挙権の拡大，家父長制の解体，女性の権利能力の拡大，農民層の農村からの分離と都市部の労働者層の拡大，それらによる法的空間の拡大などにより特徴づけられる。

　この過程は同時に，生産過程における生産主体としての家が，法人形態をと

る企業に置き換えられていく過程でもあった。吉田は，近代市民革命を支えた家父長的市民たちの倫理性は，資本主義的生産の発展と生産主体の法人化の中で失われ，「むき出しの自己利益の追求」に取って代わられたと考えた。他方，シュムペーターや戒能通孝らは，産業革命時の企業家精神には高い倫理性があったが，その後の資本主義の発展とともに，惰性的な精神（シュムペーター）や営利の動機（戒能）に変質するとみた。

家父長的な市民が姿を消し，資本家と労働者大衆が登場してくると，労働契約と消費契約の2つの領域において新たな問題が登場する。吉田は，それ以前の社会では契約当事者の間に大きな力関係の差はなかったとみているが，おそらく明確に「契約」形態をとる関係が少なかったのではないかと思われる。日本の場合には，奉公やのれん分けなどが主流であり，これらは暗黙の了解に支えられていた。

欧米では，19世紀の末に，それまで市民社会から排除されていた大衆が市民社会の構成員になることによって，市民社会と市民法の理念が現実と大きく乖離していることが明らかとなる。例えば，財産と交渉能力の格差を無視した「契約の自由」などである。この乖離に対応するために，国家法による市民社会への介入が開始される[23]。これらは社会法・社会権の登場と言われている。

（4）現代市民社会Ⅱ

この現代市民社会Ⅱは，戦後の高度成長期を経て登場した，主として日本の社会を想定している。それは，現代市民社会Ⅰの基本構造（市民社会の大衆化）を維持しつつ，新たな特徴を備えている[24]。

生産レベルでは，産業構造の変化と生産力の飛躍的な上昇である。この点は，量的な変化だけでなく，質的な変化もみれば，様々な区切り方がある（以下は筆者の意見）。工業技術の進歩とイノベーションという観点では，1950年代と80年代を境にする考え方が一般的である。すでに1910年代にはT型フォードが流れ作業方式で大量生産を実現していたが，生産の機械化・自動化がアメリカ以外にも拡大したのは，1950年代で，動力源の石炭から石油への転換，配送

23）吉田，前掲注14），131-133頁。
24）同上，134頁以下。

の自動車化・通勤のモータリゼーション，そして電気技術の発展が基礎にあった。一般には第2次産業革命と言われる。ベル研究所のショクレーらがトランジスタを発明したのが1948年であった。

トランジスタ・半導体はやがてコンピュータ技術と結合して1980年代に第3次産業革命を引き起こす。パソコン，インターネットなど通信技術は，それまでの社会を一変させ，情報化社会を登場させた。

生産主体のレベルでは，家族から企業へとほぼ完全におき換わった。吉田は，家父長制のほぼ完全な喪失，企業の社会権力化いう特徴をあげる。ただ，私の考えでは，欧米と異なり，日本では家父長的な個人が存在していたのは，旧武士階級，官吏，軍人，富農，豪商らで人口の1割程度ではないかと思われる。その他の階層の人々は女性が家計を大きく支えていて，当然，発言権もそれなりにもっていたと思われる。1920年代に入って急速に都市化[25]，核家族化が進行するに伴って，労働者世帯でも専業主婦が登場し，遅ればせながら，日本にも家父長的な市民が増加する。その意味では，戦前の民法の戸主制度に当てはまる財産保有の家は，あまり多くなかったのではないか。このころから性的役割分担が大衆化する。このサラリーマン家庭の性的役割分担と企業本位主義の組み合わせは，基本的に現在まで続いている。

吉田は，巨大企業の出現が市場の論理が機能する平面を縮減したとみる。それまで市場で行われていた財の交換の一部が企業が成立し巨大化することによって，その組織内の財の移転に取り込まれるからである。組織内では財は法的関係（契約）によらずに（権原によって）移動する。企業の外でも，水平的・垂直的なネットワーク・協調関係や，下請けなどとの縦の依存関係も進む。吉田は，このような関係を中間組織と呼び，この拡大が，それだけ競争的な市場が機能する場を縮小させるとみる。孤立した経済主体間の競争の場としての市場というイメージが崩れてくる。日本の場合には，中間組織の重要性はとりわけ大きい。経済学者の伊丹敬之らの見解を引用して，「日本の産業組織では，製造業の中核に大規模組織が存在するものの，後方には小規模組織の部品メーカーが，前方には零細小売店を含む多様な流通企業が存在し，それらが系列の

---

25) 1920年代から30年代にかけて，第1次産業の就業者が全体の半数を下回る。三和良一・原朗『近現代日本経済史要覧〔補訂版〕』東京大学出版会（2010年）7頁。

関係で結ばれて，中間組織を形成している」と紹介している。このことが，財の移転における市民法的論理の後退と，さらには一定部分の非法化を意味することになろうと述べた。[26]

　この説明は，意欲的で注目される。しかし，私の考えは異なる。まず，伊丹敬之らが対象にした日本企業は1980年代までの日本企業であった。

　日本の企業のあり方は，1980年代以降に大きく変化した。日米円ドル委員会，プラザ合意，日米構造協議などを通じて，アメリカから日本の市場開放と閉鎖的な企業集団のあり方が強く批判され，EU（当時は EC）も同調した。特に，乗っ取り防止のための株式の持ち合いと閉鎖的な系列関係がやり玉に挙がった。こうして，それまで暗黙の契約に託されていた多くの部分が明示の契約に移行させられることになった。経済のグローバル化がここまで進んできた。規準やルールの国際的な統一である。その結果，日本独自の規準が通用しなくなり，企業情報の開示，不透明な総会屋との関係の打ち切り，企業再編をめぐる法制の整備がなどが進められる。中でも，伊丹らが中間組織と呼んだ垂直的，水平的な企業間の関係は大きく見直されることとなった。株式の持ち合いは大きく減少する。長期的な関係よりも短期的な経営の成果が問われるようになる。経営者は，このころから株主（その多くは機関投資家）に対する利益の還元に本気で向かうようになった。

　1990年代には護送船団方式と呼ばれた政府の金融機関に対する過剰な保護は見直され，1998年には破綻した銀行を処理するための法制が初めて作られた。金融機関をめぐる法化の動きである。また，その他の企業再生のルールも大きく整備された。例えば事業再生のための ADR が認められる。この時期の法化は，少数株主の利益を軽視して，支配的な株主や有力なスポンサーに対して不公正な優遇措置を進めることが目立った。自己株式の取得，第3者割当の横行，そして種類株式の承認である。[27]グローバル競争に勝ち残るためというのが言い分であったが，そのやり方は不当なものであった。2005年の会社法の制定や有限責任投資組合の創設などは，経済界の要求をくみ上げ，それまで重要な役割を果たしてきた株主平等の原則や資本充実の原則を廃棄し，株主や投資家

---

26)　吉田，前掲注14），136頁。
27)　例えば，アメリカの配車大手リフトは2019年3月末に上場したが，創業者の2人は，通常の20倍の議決権をもつ種類株式を取得した。『日本経済新聞』2019年4月5日。

第4章　市民社会論と市民法　　321

の保護を弱めた。しかも，手続面でも大きな後退があった。それまでは法制審議会での審議を十分に行うという慣習があったのに，それを一方的に変更し，経済産業省の官吏，銀行家，実務に詳しい弁護士などによる議論がリーダーシップを握ることになった。要するに，現在に至るこの時期は，経済界と官僚たち，実務に携わる弁護士たちによる法化が目立った。一方，株主や投資家からの反撃は，かなり弱いように思う。株主や投資家といっても，その多くは機関投資家（年金基金や保険会社）であり，勤労市民の資産を預かっている。経済システムや企業組織における「支配株主たちのための法化」に対して，市民の側からの批判が十分にはできていない。

　吉田は，企業の経済分析にも踏み込んだ。基本的な理解は間違っていない。企業の規模と取引の関係については，すでに1937年にコースが「企業の性質」という論文の中で解明している。[28]企業の規模は，市場における取引コストと企業内における管理コストの比較によって決まるというもので，企業が巨大化して管理コストが市場における取引コストを上回るようになると，企業はもはや拡大できないとするものであった。[29]GMや東芝の場合をみれば，他にも原因はあるものの，それでも巨大化した企業における管理コストがいかに大きくなるか分かる。なお，現在では取引費用アプローチの限界も指摘されている。[30]

　また，企業を分析する視角として，企業が契約の束であることを指摘したのは，アルチャンとデムゼッツであった。彼らは，組織とは契約の束（nexus of contracts）であり，各種の取り決めおよび個々の組織構成員相互の間の合意の集合に他ならないとした。企業とは，その企業への部品供給業者，労働者，経営者，そして顧客と比較期簡単な双務契約を交わす法的擬制である。[31]こう考えると，吉田がいう中間組織の規模と密度は，企業の利潤最大化へ向けての動きと，日本と欧米の制度比較の問題が絡み，複雑なものとなる。ただし，一般的な傾向としては，暗黙の了解に基づく長期的な関係が，契約を基礎とする短期

---

28)　コース，ロナルド・H／宮沢健一・後藤晃・藤垣芳文訳『企業・市場・法』東洋経済新報社（1992年）39頁以下。

29)　拙稿「法の経済分析について」『法の科学』19号（1991年）197頁以下。

30)　ミルグロム，ポール／ジョン・ロバーツ／奥野正寛ほか訳『組織の経済学』NTT出版（1997年）36頁以下。

31)　同上，21頁。

的な関係に移行するとともに，企業間の多くの契約が制度的な契約に移行することが指摘される[32]。

　最後に，中間組織という言葉について述べる。経済学者の使い方には様々なバリエーションがあるが，吉田の使い方は，企業間結合のあり方という意味に近い。しかし，制度とか組織という概念については，人によって様々な使い方があるように思われ，整理が必要と思う。

　経済学では，経済組織とはまず「人為的に作られた活動体」ととらえる。これでいけば最上位には経済全体がくる。マルクスの言葉で言えば生産諸関係である。その下に，様々な個人と組織のネットワークが成り立っている。これに対して狭義の組織は，法人企業，パートナーシップ，個人経営体，労働組合，政府機関，大学，教会，その他の組織である。この段階の組織の主要な特徴は，独立した法的な存在であることであり，その結果，組織に所属する個人とは独立に契約を結んだり，その契約の実行を求めることができる。それらは組織自体の名義で行われる[33]。

　このような考え方からすると，中間組織という言葉は誤解を招きやすい。というのも，ミルグロム／ロバーツの言う組織の定義（私も賛成だが）では，中間とはある上位の組織と下位の組織の間にはさまれている組織という意味になり，企業間結合のあり方とはとりにくいからである。

　しかし，吉田が，日本の現代市民社会Ⅱを高度成長期以降ととらえ，日本型の社会と企業組織の特殊性を浮き彫りにしたことは貴重である。法学者の中で，市民社会の経済システムにここまで踏み込む者は少ない。

（5）現代日本社会の構造と法

　吉田は，現代市民社会Ⅰの社会法の登場を法化の第1形態，現代市民社会Ⅱの家族や地域の弱体化によるサービス産業の成長を法化の第2形態，生活共同体における自律的紛争解決機能の弱化による法の介入を法化の第3形態と呼び，現代市民社会Ⅱを次のように総括した。生産レベルでの法的空間の縮小と

---

32)　典型的なものは，石油や鉄鉱石などの資源をめぐる契約で，1年ごとにチャンピオン契約で締結され，その他の企業は，それを参考にして契約を結んでいる。ただし，2018年には東北電力とグレンコアの間で波乱があった。『日本経済新聞』2018年10月4日。

33)　ミルグロム／ロバーツ，前掲注30)，21頁以下。

第4章　市民社会論と市民法　　323

非法化と，反面での生活世界レベルでの法的空間の拡大すなわち法化の同時進行である。その帰結は，法的空間の拡大と位置の移動である。これに伴って民法の適用領域，民法学の対象領域も移動し，民法は「市場における商品交換を媒介する法」から「市場における商品交換とともに生活世界における人格的関係をも媒介する法」へと変容している[34]。

　吉田は，この基本的視角を基礎にして，現代市民社会の構造と民法学の課題を検討した。ここでは，その中から企業間の取引の部分を取り上げる。すでに述べたように，1980年代以降の日本の企業間の関係について，私は法化ととらえているし，破綻した企業（金融機関も含めて）の処理についても同じである。この点は，吉田も異なってはいない。ただし，雇用関係については，吉田の『現代市民社会と民法学』が出版された後に，2008年に労働契約法が施行され，個別的労働紛争に対する労働調停制度が増加し，2019年4月からは働き方改革関連法が施行されるなど，法化の動きが強まっている。

　吉田は市場における企業間取引を2つの類型に区分する。第1は，純粋市場型の企業間取引で，スポット市場における自律的取引主体による単純な交換関係で，私的自治と契約自由が支配する場である。第2は，吉田の言う中間組織における企業間取引で，一定の信頼関係を前提とした長期的・継続的な交換関係とされる。これは，経済学の用語に直すと，1回限りの取引関係と継続的な取引関係と区分することができる[35]。

　吉田は，数量的な確定は困難としながらも，大企業の取引においては当事者間の信頼関係が優先的に考慮され，個々の条項についての細かい議論は好まれない傾向があるとする。このような契約関係は中間組織における契約関係の特徴であり，日本においては，中小企業間だけでなく，大企業間においても中間組織の展開が顕著であるとする。この理解に立って，継続的契約関係の終了に関する裁判例を綿密に検討している[36]。

　吉田は，日本の企業間取引が，長期的な企業関係の形成と，その中における暗黙の了解が重要な役割を果たしたと分析した。これは，経済学の分野におい

---

34)　吉田，前掲注14)，139頁。
35)　経済学における契約の分析は，限定合理性と機会主義に対応するために，契約の回数やあり方が決定づけられるとする。ミルグロム／ロバーツ，前掲注30)，134頁以下。
36)　吉田，前掲注14)，151頁以下。

ても1980年代までは通説であった。しかし，80年代の前半に市場開放と規準の
グローバル化が要求され，80年代後半に日本企業の海外進出が本格化し，90年
代に上場企業に対するガバナンス強化の動きが広がると，状況は大きく変化し
た。株式の持ち合いを基礎にしていた長期的な関係は見直され，株主からの利
益還元の声が強まるにつれて，経営者たちは短期的な利益の追求に傾斜して
いった。また，世界的にも企業の国籍を超えて，契約の共通化，会計の統一，
そして優秀な経営者の引き抜きが強まった。日本的特殊性が薄まってきた。

　契約が国境を越えて結ばれるようになると，不思議なことが分かってきた。
スポット市場における単純な交換関係が増えると思われていたのに，実態は逆
で，国際的な交渉能力をもつチャンピオンたちによる長期的な取り決めが大き
な力を発揮するようになった。例えば，資源契約や海運契約などである（紙数
の制限があり，詳細は別の機会に譲る）。

おわりに

　1989年にベルリンの壁が崩壊し，1991年にソ連が消滅したことによって20世紀の社会主義国家の大部分は姿を消した。社会主義の影響，とりわけマルクス主義の影響が大きく後退したようにみえる。もちろん西欧では今でも社会民主主義の潮流が大きな影響力をもっているが，これらは社会革命による体制の転換よりも，福祉国家の発展を重視する点で，伝統的なマルクス主義とは異なっている[1]。

　マルクスがめざした社会主義への道は，具体的な青写真があるわけではない。現実の運動の積み重ねが，やがて社会主義への道を切り開くと考えた。資本主義の生産諸力が，それまでの経済的，政治的諸制度ともはや適合できないほど拡大して，政治的・法的上部構造も経済システムも社会を有効に制御できなくなり，生産手段の私的所有の体制を維持できなくなるという過程を想定していた。20世紀の社会主義国は，資本主義諸国の植民地支配に対抗するために社会主義体制を採用した国々がほとんどであり，生産力の発達は遅れていた。政治的・法的上部構造も独裁的か未発達なものが多かった。そのため，政治権力が特定の人々に集中され，個人崇拝に陥った国も少なくない。そのような，独裁的な政治支配が崩れたことが，社会主義の理論の誤りと誤解されたかもしれない。

　20世紀の社会主義から学ぶべき事は，①発達した資本主義国における社会主義にとって教訓となり，参考となることを引き出すこと，②特定の党や個人の独裁を防ぎ，民主主義と法の支配を守るための制度設計を考えること，③経済計画や政府規制の限界を明らかにすること，④権力的な資源配分に頼らずに，福祉国家の経済的基礎を確保する道を探すこと，⑤最後に，社会主義をめざす道筋に関して，自由な議論の場を確保することである。

---

1)　藤田勇『自由・民主主義と社会主義—1917-1991：社会主義史の第2段階とその第3段階への移行』桜井書店（2007年）672頁は，発達した資本主義諸国の共産党は，1970年代に「社会主義への民主主義的な道」路線を明確にしたが，そのことがただちにその「道」を切り開く現実の力量を保障したわけではなかったとする。

第2次世界大戦後に登場した福祉国家は，先進国に平和と豊かさをもたらし，人々の能力を最大限に引き出す体制を作りつつあるようにみえる。しかし，民主主義体制の下で多くの有権者は負担の先送りによって「低負担で高福祉を求める」矛盾した態度に陥り，多くの政権が選挙のたびにそうした有権者に媚びる傾向にある。ヨーロッパではイスラム原理主義者のテロから逃れる難民の流入の急増に対して，2015年ころからナショナリズムやポピュリズムの影響が拡大している。資本主義的な経済体制および民主主義政治体制が，このまま福祉国家を維持していけるのかは大きな問題となっている。[2]

　1970年代まではマルクス主義法学の影響力は大きかったように思う。その現れが1976・77年に日本評論社から刊行された『マルクス主義法学講座』全8巻であった。この講座は民主主義科学者協会法律部会の会員が中心になって執筆した。この学会には，マルクス主義法学を研究する者がたくさん所属していた。しかし，その後，マルクス主義を取り上げる法学の論文は激減する。藤田勇が一貫してマルクス主義法学の変化を追求しているが，民科法律の中でさえ，マルクス主義法学に関する報告の数は減ってきた。しかし，マルクス主義法学の火が消えたわけではない。戦後の日本の民主主義の実体化や資本主義国家の問題点の解明への熱意が薄れたわけでもない。この問題意識は市民法学の展開として続いている。

　日本では，戦前から知識人や労働者の中にマルクス主義の影響が強かった。天皇制下の限定された政治的自由の中でも，資本制生産が急速に発展していた日本にあって，旧制高校や帝国大学の学生の中にマルクス主義にひかれる者が多く，その後，官僚になった人々の間にも影響が残った。1922年に共産党が結成され，労働者や知識人の中にも影響が広がる。急速な工業化と軍事化の中で噴出してきた社会問題に対し，マルクスの経済学や政治分析が大きな説得力をもっていた。一方で支配層は有力な分析のツールも展望も示すことができず，軍事力による植民地の獲得によって国民の支持を得ようとした。法律学においても「マルクス主義法学」に関する著作が次々に発表された。

　ただし，これらの中には資本論でマルクスが展開した「商品から資本への論

---

2)　アンドルー・ギャンブルはとても困難ではあるが，めざしていかなければならないと主張する。彼はクリアすべき4つの課題を提示している。Gamble, Andrew. *Can the Welfare State Survive?* Polity (2016).

理展開や剰余価値における不払い労働のあり方の分析」をそのまま法律関係に類推したり，「国家は支配階級の階級支配の道具である」というレーニンの定義をもとに，国家の虚偽性（支配階級の道具なのに中立的な仮面をかぶっていること）を暴露することを主たる任務にするものが少なくなかった。戦前の天皇制国家の時代には，特に1925年以降に急速に戦争に傾斜していく中では，天皇制国家の侵略戦争の狙いを暴露する研究に大きな意義があった。しかし，そのようなマルクス主義的な研究も，1937年以降は完全に発表の場を奪われた。

　敗戦によって状況は大きく変わる。1945年10月に GHQ の民主化指令が出され，7年間のブランクを経て，マルクス主義法学に関する著作や天皇制を批判する研究が次々と発表れた。1947年5月には新憲法が施行されたが，日本は引き続き1952年4月までアメリカ軍の占領下にあり，手に入れたばかりの基本的人権は大きく制限されていた。このような厳しい政治情勢を反映して，政治主義的な発言が目立った。また，自らと同じ政治的信条をもたない人々の業績に対して，教条的な批判を行う人々も現れた。戦争中の官憲による弾圧から解放された闘士にとっては，やむを得ないことであったかもしれないが，学問の発展にとっては不幸なことであった。

　戦争中にマルクス主義法学を封印していた平野義太郎のような学者も戦後は華々しく復活するが，そこにおいても，弁証法的唯物論とか階級抑圧の機関，全般的危機といった決まり文句が多用され，日本の現実を事実に即して分析するという姿勢は弱かった。

　その後，マルクス主義法学の研究は深化する。1976年から80年にかけて公刊された『マルクス主義法学講座』全8巻は意欲的な内容であったが，その膨大な内容と論点が，必ずしも十分に引き継がれて議論されたとは言えない。

　1989年から91年にかけて東欧の社会主義体制が崩壊し，ソ連が消滅するに至って，マルクス主義は経済学においても法律学においても，その影響力を大きく失う。東ヨーロッパではマルクス主義を講義していた多くの人々が職を失った。一方でアルチュセールやハーバーマスにみられるような，新しい展開も現れた。[3]

3）　最近では，アンダーソン，ケヴィン・B／平子友長監訳『周縁のマルクス—ナショナリズム，エスニシティおよび非西洋社会について』社会評論社（2015年）のようなアメリカの政治情勢分析の面からのマルクス研究も注目される。

21世紀に入った今日でも,「マルクス主義法学」から学ぶべきことはたくさんある。ただし,「主義」という言葉の使用は避けたい。この言葉は思想上の立場を示すものであり,首尾一貫することが求められるが,「その正しさが学問的に論証される」ことまでは要求されない。

学問研究に「マルクス主義」とか,「社会主義」という言葉を使用することを避けたい。マルクスとエンゲルスには「哲学者たちはただ世界を様々に解釈してきたにすぎない。肝心なのは,世界を変革することである」という有名なテーゼがある。このテーゼからすると,主義と学問はマルクスにあっては統一されているように思われるが,『資本論』におけるマルクスの分析を読む限り,学問的な分析と総合の手続きが,主義によって影響を受けているようには思えない。つまり,「何を研究するか」は主義と関係があっても,「論理的な分析のプロセス」が主義によって影響を受けることはない。マルクスは実践的問題意識に立って,資本主義社会の解剖を学問的に行った。マルクスは次のように言う。「経済的生産諸条件における物質的な変革は自然科学的な正確さで分析できる」と[4]。したがって,マルクス経済学とかマルクス法律学と呼んだ。マルキシズム法学とかマルクス主義法学と呼ぶ場合には,引用する研究者が,その用語を使用している場合と,「社会の発展法則に基礎を置く社会の法的上部構造を弁証法唯物論という方法で分析・展開しようとする法学」(伝統的なマルクス主義に立つ法学)という意味で使用した。それは,必ずしもマルクスの意図に合致しているとは思えない。マルクス・エンゲルス自身は「自分たちの法学」を主張する気はなかった。ブルジョア法を批判し,それを活用することには熱心であったが,「自分たちの考え方に基づく法学」は,ついに展開しなかった。

現代の法律学にマルクスの精神で取り組むとしたら,「マルクス主義法学」ではなく,「現状分析に基づく法学」である。資本主義の現局面を学問的に分析した上で法律上の問題点を指摘したり,法解釈をするものでなければならない。その際にマルクス主義を名乗る必要はどこにもない。このような研究はすでにかなり行われている[5]。ただ今までのマルクス主義法学がもっていた理論的

---

4) 『全集』13巻7頁。

5) 例えば,奥平康弘『治安維持法小史』筑摩書房(1977年),瀬川信久『日本の借地』有斐閣(1995年),本間重紀編『コンビニの光と影』花伝社(1999年),晴山一穂『行政法の変容と行政の公共性』法律文化社(2004年),吉村良一『環境法の現代的課題—公私協働の視点から』有↗

問題点を正面から取り上げて批判するものは，森下敏男「わが国におけるマルクス主義法学の終焉」を除くとあまりない[6]。

これまでマルクス主義法学が果たしてきた役割を過少評価はできない。しかし，これからの法律学を，マルクスが資本主義社会を分析して，変化の必然性を解明しようとした精神で進むとすれば，マルクス主義法学の多くが採用した外在的な批判では不十分であるし，「歴史の合法則性で国家・法をとらえる[7]」といった実証不能の方法に依拠することも無理である。また，末弘が指摘したように他者に対する傲慢な態度も慎まなければならない。

私たちは，人間の尊厳を基本理念として，国民福祉の増大と社会の平和・安定を追求している。それは，福祉国家の持続的な成長を基礎にしている。そのためには，人々の行為の中で，何が持続的な成長を阻害しているのか明らかにしなければならない。換言すると社会の漸次的改良の中で，社会変革を考えなければならない。このような考え方は，一昔のマルクス主義者からは「社会改良主義」とか「修正主義」と呼ばれて非難された。

1950・60年代には，東西冷戦の中で多くの国々において安全保障が大きな問題となっており，労働運動や政治活動において「社会主義を明確な目標とするのかどうか」が大きく問われていた。しかし，当時はソ連や中国の国際的な影響力が大きく，他国の社会主義運動に露骨に介入することも少なくなかった。1989〜91年以降は，東ヨーロッパの社会主義国が崩壊し，ソ連も消滅することによって，当面の政治的選択において「社会主義を明確な目標とする」ことは重要な問題でなくなった。それは，「社会主義が幻想だった」のではなく，「20世紀の社会主義に大きな欠陥があった」からである。イデオロギーを振りかざす個人独裁の弊害と基本的人権の軽視という弱点，民主主義の軽視と人間の尊

＼斐閣（2011年），吉田克己『市場・人格と民法学』北海道大学出版会（2012年）などは，綿密な現状分析を踏まえた独創的な法律研究である。また，鈴木禄弥・篠塚昭次編『民法新教科書3・不動産法』有斐閣（1973年）は，法律の教科書でありながら，当時の日本社会を具体的に分析した優れた著作であった。これが，その後の日本で定着しなかったことは　まことに残念である。

6)　森下敏男「わが国におけるマルクス主義法学の終焉」『神戸法学雑誌』64巻2号，65巻1号・2号・4号，66巻1号（2014-2016年）。マルクス主義が真理はひとつしかないとしたり，マルクス主義が最高の科学であるとしたりする考え方の問題点については，笹倉秀夫『法思想史講義〔下巻〕』東京大学出版会（2007年）312頁以下に的確な批判がある。

7)　平野義太郎「マルキシズム法学」鵜飼信成・福島正夫・川島武宜・辻清明編『講座日本近代法発達史〔第8巻〕』勁草書房（1959年）154頁。

厳に対する敬意の喪失があった。当然，そのような体制の元で育った人々にも
傷跡が残った。東西ドイツ統一後の旧東ドイツ地域においては，外国人労働者
に対する迫害が特に大きかった。最近ではハンガリーやポーランドにおいて移
民排斥の運動が激しさを増していることも，それを物語っている。

　人間の尊厳を基礎に福祉国家・社会を維持していくことは，社会主義の実現
の妨げになるだろうか。これは，21世紀におけるマルクス主義の発展の問題で
ある。すでに述べたように，マルクス主義とは，「資本主義の動態的分析に基
づいて，社会発展の方向を明らかにすること」であって，社会の歴史的発展法
則とか，矛盾の弁証法的転回とは無関係であると考える。

　資本主義社会が，大きな問題を抱えていることは明らかである。まず，先進
国の福祉国家に対して多くの難民が流入しようとしている。それに対して，既
存の福祉国家はできるだけ移民の入流を防ごうとしているが，人道的見地から
ある程度は受け入れざるを得ない。それにより，比較的貧しい福祉国家の中で
は，ポピュリズム的政党が，ナショナリズムに訴えて勢力を伸ばし，「自国第
1主義」を唱える国が増えている。芥川龍之介の「蜘蛛の糸」を想起させる。

　福祉国家の側も，増え続ける債務の増大と，総体的に減り続ける税収にはさ
まれて，財政のあり方を見直さざるを得ず，それが，国内における所得の格差
を反映して政治的緊張を生んでいる。ここでも，ポピュリズム的政党が「減税
と福祉給付の拡大」を叫んで票を伸ばしている。

　第Ⅱ部および第Ⅲ部でマルクスの考えたブルジョア社会の変革，市民社会の
解剖学をみてきた。それを踏まえて，マルクス法学の課題について，列挙する。
これらは，一般理論をめざすものではなく，個別研究の道標と考えている。

①　ブルジョア国家と法の役割については，『経済学批判要綱』の中の文章を
何度も引用したように，領有法則の転回が，私的所有権の意味を大きく変え
た。特殊的利益の保護が，一般的な利益に姿を変えた。ここからは，私的所有
権一般の議論ではブルジョアジーの特殊的利益の擁護になることが示唆され
る。そうなると，各特殊的利益ごとに，所有権に与えられる保護の内容を検討
しなければならないことになる。これが，片岡がこだわった労働者の特殊的利
益の分析であろう。現代では，消費者や農民・漁民などの利益も含まれる。ま
た，ジェンダーにもかかわってくる。

332

②　『資本論』第1部第1篇第2章冒頭の，商品交換が所有者の意思を媒介にて行われるという「交換過程」の文章を無視できない。しかし，この文章は，『経済学批判』「序言」の，「人間は彼らの生活の社会的生産において，必然的な，彼らの意思から独立した諸関係に入る」という命題の理解につき，「意思からの独立」が「意思を通過しない」ことではないことに注意を喚起するものと考える。第I部第8章で述べたように，当事者の意思に基づく契約も，全くの自由ではなく，彼らの社会的な存在，生産諸関係とのかかわりによって規定されることを意味している。自動車にせよ，住宅にせよ，売買価格の設定には自ずと制限があることは明らかである。ただし，売主または買主が，生産諸関係から切り離された生活をしている場合には，そのような制限はなくなるが，それは例外というべきであろう。

③　土台―上部構造を中心とする『経済学批判』「序言」の命題からは，私法だけでなく，公法も含めた資本主義法の構造が問題となる。ここでは，広渡が指摘したように，川島武宜が展開した「公法私法同化論」が重要である。公的なもの（上部構造）が，資本主義的生産，市民社会を基礎にする以上は，法的主体の対等性，抽象性の論理に従うはずであり，現代的市民社会論の観点からも，対等性は導かれる。

④　吉田傑俊が指摘したように，マルクス現代的市民社会論は，決して階級的市民社会論を排斥するものではなく，中間領域としての市民社会ソシエテ・シヴィルの重要性に光を当てるものである。そこにおける自発的な結合が社会変革の力を形成するひとつの契機であるとすれば，そこにおける自生的な秩序やルールは無視できない力をもつ。人によっては，権力的なルールよりも自生的なルールの方を根源的とする見方もある。

　日本社会も含めて，現代の資本主義国家を実践的に分析していくためには，市場の失敗と政府の失敗に対して，どのように改革の道筋を示していくかが重要である。1970年代以降は，先進国が福祉施策を進めた結果，2つの大きな問題にぶつかった。財政の赤字が拡大し，将来世代に大きな負担が被さったこと，貧困や政治不安を抱える国から大量の移民が押し寄せてきたことである。この結果，福祉国家では政治と財政のあり方が大きく見直されることになった。市場原理主義からの批判が目立ったが，リベラリズムの側からも反省の声

があがった。

　日本の場合には，1990年代の後半から，橋本内閣，そして小泉内閣の元で構造改革が進められた[8]。この改革に対しては「新自由主義によるもので格差を拡大した」と非難されることが多い。しかし，「事前規制から事後チェックへ」とか「民でできることは民で」（行政の補完性）という考え方は，お上や権威に依存することが依然として強い日本において，市民に対して自立を求めるという面では積極的な意義をもち，それを基礎に福祉サービスなどの契約化を進めようとした。国と自治体の関係においても同じである。その意味で，橋本龍太郎も小泉純一郎も自立した近代的市民を作ろうとしていた。そのような考え方は，支配的政党である自民党の中では，あまり受け入れられなかったようである。しかし，介護保険制度にしても，地方分権にしても法化の大きな一歩であったと思う[9]。道路公団や郵政の民営化も同じである。それでもまだ，農協の中央組織や日本医師会など，特権的な力をもつ団体が残っている。さらに，様々な審議会には大企業の代表者達が網の目のように入り込んでいる。現代の市民達は，そのような特権的な組織や団体を監視しつつ，自分たちの改革提案を示して行かなければならない。本書に登場した多くの論者は，現代型の自律した市民が，法化する現代社会の中で，社会改革を主体的に実践することによって，協同社会への展望を切り開こうと考えたように思う。

---

8)　詳しくは，拙著『日本の構造改革と法』日本評論社（2002年）参照。

9)　詳しくは，拙稿「社会編成をめぐる理論的対抗」『神戸外大論叢』58巻1号（2007年）。

あとがき

この本の着想は2015年に生まれた。これまで何度もお世話になってきた元法律文化社の秋山泰さんに励まされて書き始めた。しかし，何回も中断があった。年を重ねるについて授業の準備に時間がかかるようになったことと，新しい本を読むスピードが落ちたことによる。つまり，新しいことを理解して，それを再構成することがだんだん難しくなってきた。それでも，書き上げられたのは，これまで私を励ましてくれた妻，そして友人たちのおかげである。

とりわけ民科法律部会の仲間達からは計り知れない多くの刺激とアイデアをいただいた。一人ひとりのお名前をあげることは控えさせていただくが，心から感謝している。

ほとんどが書き下ろしであるが，第Ⅰ部3章「法社会学論争」の大半は2007年に公刊した『関西民科の60年』に発表したものを使用した。その他の部分は，2000年頃から書きためたものであるが，公刊するのは今回が初めてである。

本書の内容のうち，日本社会の分析の基礎になったのは，2000年8月31日に民科民事法分科会で行った「21世紀を迎える日本の経済システムと法」であり，理論的な整理は「社会編成をめぐる理論的対抗」（神戸外大論叢58巻1号・2008年3月），「福祉国家論の現在」（京都府立大学公共政策7号・2016年1月）である。素晴らしい研究環境を提供してくださった両大学に感謝する。

最後に，私の原稿を受け止めていただいた法律文化社の野田三納子さんと，不十分な原稿に何度も目を通してくださり，的確なアドバイスをくださった八木達也さんに心からお礼を申し上げる。

文献一覧

〔全集・講座・機関誌・事典〕

ドイツ社会主義統一党中央委員会付属マルクス＝レーニン主義研究所編集／大内兵衛・細川嘉六監訳『マルクス・エンゲルス全集』大月書店（1959-91年）。

ベルリンのディーツ社から1956年に刊行された，ドイツ社会主義統一党・中央委員会付属マルクス＝レーニン主義研究所編集の『カール・マルクス＝フリードリヒ・エンゲルス著作集』を，1959年から1991年にかけて翻訳・刊行した。全53巻。文中では『全集』と表示している。

マルクス，カール／資本論翻訳委員会訳『資本論〔第 1 -13分冊〕』新日本出版社（1982-89年）。

日本共産党・中央委員会付属社会科学研究所監修。委嘱により50余名の研究者が翻訳に参加した。文中では『資本論』新書版 n 分冊と表示した。

マルクス，カール／高木幸二郎監訳『経済学批判要綱（草案）〔第 1 - 5 分冊〕』大月書店（1958-1965年）。

マルクス・カテゴリー事典編集委員会編『マルクス・カテゴリー事典』青木書店（1998年）。

『法の科学』日本評論社。

民主主義科学者協会法律部会の機関誌で1973年創刊，毎年 1 冊刊行。

天野和夫・片岡昇・長谷川正安・藤田勇・渡辺洋三編『マルクス主義法学講座〔第 1 - 8 巻〕』日本評論社（1976-80年）。

鵜飼信成・福島正夫・川島武宜・辻清明編『講座日本近代法発達史〔第 1 -11巻〕』勁草書房（1958-67年）。

『岩波講座現代法〔第 1 -15巻〕』岩波書店（1965-66年）。

碧海純一ほか18名で編集。第 7 巻は渡辺洋三編。

〔単行本・論文〕

Berle, Adolf Augustus and Gardiner C. Means, *The Modern Corporation and Private Property*, Macmillan (1932).

Gamble, Andrew, *Can the Welfare State Survive?* Polity (2016).

青木孝平「法と権利」『マルクス・カテゴリー事典』青木書店（1998年）。

青木昌彦『経済システムの進化と多元性―比較制度分析序説』東洋経済新報社（1995年）。

―――『比較制度分析序説―経済システムの進化と多元性』講談社（2008年）。1995年の改訂版。

アルベール，ミシェル／小池はるひ訳・久水宏之監修『資本主義対資本主義』竹内書店新社（1996年）。

アンダーソン，ケヴィン・B／平子友長監訳『周縁のマルクス―ナショナリズム，エスニシティおよび非西洋社会について』社会評論社（2015年）。

石田眞「末弘法学論―戦前・戦中における末弘厳太郎の軌跡」『法律時報』60巻11号（1988年）。

―――「末弘法学の軌跡と特質」『法律時報』70巻12号（1998年）

磯村哲「市民法学」『社会法学の展開と構造』日本評論社（1975年）。

植村邦彦「重層的決定と偶然性―あるいはアルチュセールの孤独」『関西大学経済論集』54巻3・4号（2004年）。

内田耕作「富山康吉経済法学の系譜――周忌に寄せて」『法律時報』58巻8号（1986年）。

内田貴『法学の誕生―近代日本にとって「法」とは何であったか』筑摩書房（2018年）。

内田義彦『経済学の生誕』未来社（1953年）。

―――『日本資本主義の思想像』岩波書店（1967年）。

ウォルフレン，カレル・ヴァン／篠原勝訳『日本／権力構造の謎』早川書店（1990年）。

エールリッヒ，オイゲン／川島武宜・三藤正訳『権利能力論』岩波書店（1942年）。

エスピン＝アンデルセン，G／渡辺雅男・渡辺景子訳『ポスト工業経済の社会的基礎―市場・福祉国家・家族の政治経済学』桜井書店（2000年）。

エスピン＝アンデルセン，G／岡沢憲芙・宮本太郎監訳『福祉資本主義の三つの世界―比較福祉国家の理論と動態』ミネルヴァ書房（2001年）。

大島和夫「法の経済分析について」『法の科学』19号（1991年）。

―――『現代史からみた法と社会』法律文化社（1999年）。

―――『現代日本の国家・社会と法―自由と規制に関する法理論』神戸市外国語大学外国学研究所（1999年）。

―――『日本の構造改革と法』日本評論社（2002年）。

―――『自由主義と社会主義―社会編成原理における自由と計画』神戸市外国語大学外国学研究所（2005年）。

―――「社会編成原理としての自由と私的自治」飯島紀昭・島田和夫・広渡清吾編集代表『市民法学の課題と展望―清水誠先生古稀記念論集』日本評論社（2000年）。

―――「デムゼッツ『財産権理論について』」『神戸外大外国学研究』62号（2005年）。

―――「社会編成をめぐる理論的対抗」『神戸外大論叢』58巻1号（2007年）。

―――『世界金融危機と現代法―現代資本市場法制の制度設計』法律文化社（2009年）。

―――「第3者割当増資の問題点」『京都府立大学学術報告・公共政策』1号（2009年）。

―――「問われる会社法改正の論点」『前衛』865号（2010年）。

―――「会社法改正＝M＆A推進のねらい」『経済』177号（2010年）。

―――「福祉国家をめぐる理論状況」『京都府立大学学術報告・公共政策』2号（2010年）。

―――「日本の産業統制と規制緩和」『京都府立大学学術報告・公共政策』6号（2014年）。

―――「民科法律の法学」『法の科学』46号（2015年）。

―――「民科法律と法学」『民主主義法学と研究者の使命―広渡清吾先生古希記念論文集』日本評論社（2015年）。

―――「福祉国家論の現在」『京都府立大学学術報告・公共政策』7号（2015年）。

―――「福祉国家の病理―租税回避」『京都府立大学術報告・公共政策』9号（2017年）。

―――「企業における技術情報の管理」『京都府立大学学術報告・公共政策』10号（2018年）。

―――「官民ファンドによる投資市場の歪み―産業革新投資機構事件の背景」『経済』285号（2019年）。

大谷禎之介『資本論草稿にマルクスの苦闘を読む』桜井書店（2018年）。

岡田与好『経済的自由主義―資本主義と自由』東京大学出版会（1987年）。

奥平康弘『治安維持法小史』筑摩書房（1977年）。

戒能通孝「法律社会学における合法性と正当性」『戒能通孝著作集〔第7巻〕』日本評論社（1977年）。

―――「山中康雄著『市民社会と親族身分法』」『法律時報』21巻6号（1949年）。

―――「市民法と社会法」『法律時報』30巻4号（1958年）。

―――『戒能通孝著作集〔第1-8巻〕』日本評論社（1977年）。

加古祐二郎著／恒藤恭・沼田稲次郎編『近代法の基礎構造』日本評論社（1964年）。

片岡曻『現代労働法の理論』日本評論社（1967年）。

―――『労働法理論の継承と発展』有斐閣（2001年）。

片岡曻編『現代法講義』日本評論社（1970年）。

加藤新平『法学的世界観』有斐閣（1950年）。

川島武宜「労働法の特殊性と労働法学の課題」『中央公論』62巻1号（1947年）。藤田勇・江守五夫編『文献研究―日本の法社会学 法社会学論争』日本評論社（1969年）に再録。

―――『所有権法の理論』岩波書店（1949年）。

―――『日本人の法意識』岩波書店（1967年）。

―――『川島武宜著作集〔1-11〕』岩波書店（1981-86年）。

関西民科法律『関西民科の60年』関西民科事務局（2007年）。

聽濤弘『マルクス主義と福祉国家』大月書店（2012年）。

金秀行・伊藤誠訳「恐慌」『マルクス・カテゴリー事典』青木書店（1998年）。

ギデンス，アンソニー／松尾精文・小幡正敏訳『国民国家と暴力』而立書房（1999年）。

熊谷開作・井ヶ田良治・山中永之佑・橋本久『日本法史年表』日本評論社（1981年）。

ケルブレ，ハルトムート／永岑三千輝監訳『冷戦と福祉国家―ヨーロッパ1945-89年』日本経済評論社（2014年）。

コース，ロナルド・H／宮沢健一・後藤晃・藤垣芳文訳『企業・市場・法』東洋経済新報社（1992年）。

小松善雄「現代の社会=歴史理論における市民社会概念の考察―戦後日本の市民社会論史によせて」『オホーツク産業経営論集』8巻1号（1997年）。

笹倉秀夫『法思想史講義〔下巻〕』東京大学出版会（2007年）。

―――『法への根源的視座』北大路書房（2017年）。

沢井実・谷本雅之『日本経済史―近世から現代まで』有斐閣（2016年）。

潮見俊隆編『戦後の法学』日本評論社（1968年）。

重田澄男『資本主義の発見』御茶の水書房（1983年），改訂版（1992年）。

清水誠『時代に挑む法律学―市民法学の試み』日本評論社（1992年）。

―――「民科法律部会の軌跡」『法の科学』25号（1996年）。

シュムペーター，ヨセフ・A／東畑精一・中山伊知郎訳『資本主義・社会主義・民主主義』東洋経済新報社（1995年）。原著は1942年。

神野直彦・井手英策編『希望の構想―分権・社会保障・財政改革のトータルプラン』岩波書店（2006年）。

末弘厳太郎「エーアリッヒの『成文法と生きた法律』」『法律時報』13巻8号（1941年）。

―――『法学入門』日本評論社（1952年）。

末弘研究所編『法律時報』37巻5号「特集・戦後法学」（1965年）。

―――『法律時報』60巻11号「法律時報60年と法学の課題」（1988年）。

―――『法律時報』70巻12号「末弘法学の現代的意義」（1998年）。

杉之原舜一「法社会学の性格」『法律時報』21巻5号（1949年）。

―――「科学としての法学―山中教授の教えをこう」『法律時報』21巻6号（1949年）。

―――「法とは何か」民主主義科学者協会法律部会編『法社会学の諸問題』北隆館（1950年）。藤田勇・江守五夫編『文献研究―日本の法社会学 日本の法社会学』日本評論社（1969年）117頁に再録。

鈴木禄弥・篠塚昭次編『民法新教科書3・不動産法』有斐閣（1973年）。

瀬川信久「『豊かな社会』の出現と私法学の課題」『法の科学』19号（1991年）。

―――『日本の借地』有斐閣（1995年）。

高島善哉『近代社会科学観の成立―アダム・スミスの市民体系についての一研究』岩波書店（1958年）。

高橋眞『日本的法意識論再考―時代と法の背景を読む』ミネルヴァ書房（2002年）。

高柳信一『行政法理論の再構成』岩波書店（1985年）。

田中成明『現代日本法の構図―法の活性化のために』筑摩書房（1987年）。

―――『転換期の日本法』岩波書店（2000年）。

―――『現代裁判を考える―民事裁判のヴィジョンを索めて』有斐閣（2014年）。

ドーア，ロナルド／山之内靖・永易浩一訳『イギリスの工場・日本の工場―労使関係の比較社会学〔下巻〕』筑摩書房（1987年）。

ドーア，ロナルド／藤井真人訳『日本型資本主義と市場主義の衝突―日本型資本主義と市場主義の衝突』東洋経済新報社（2001年）。

トクヴィル，アレクシス・ド／井伊玄太郎訳『アメリカの民主政治（上)』講談社（1987年）。

富山康吉『現代資本主義と法の理論』法律文化社（1969年）。

中野徹三「エンゲルス」『マルクス・カテゴリー事典』青木書店（1998年）。

中村健吾「現代ドイツの『市民社会』論争―ハーバマス，グラムシ，ヒルシュ」『経済学雑誌』97巻1号（1996年）。

中村浩爾『現代民主主義と多数決原理―思想としての民主主義のために』法律文化社（1992年）。

―――『都市的人間と民主主義』文理閣（1994年）。

中村隆英『日本経済―その成長と構造〔第3版〕東京大学出版会（1993年）。

西谷敏「現代法論の新たな展開に向けて」『法の科学』15号（1987年）。

―――『規制が支える自己決定―労働法的規制システムの再構築』法律文化社（2004年）。

―――『労働法の基礎構造』法律文化社（2016年）。

21世紀理論研究会『資本主義はどこまできたか―脱資本主義性と国際公共性』日本経済評論社（2005年）。

日本評論社編『日本の法学―回顧と展望』日本評論社（1950年）。

沼田稲次郎「日本におけるマルキシズム法学の課題」『法律時報』37巻5号（1965年）。

―――『労働法論序説』勁草書房（1950年）。

―――『法と国家の死滅』法律文化社（1951年）。

―――『労働基本権論―戦後労働法史のイデオロギー的側面』勁草書房（1969年）。

―――「労働法の基礎理論」沼田稲次郎ほか編『労働法事典』労働旬報社（1979年）。

沼田稲次郎・藤田勇・渡辺治「いま改めて人間の尊厳を」『労働法律旬報』1207・1208号（1989年）。

野村平爾・戒能通孝・沼田稲次郎・渡辺洋三編『現代法の学び方』岩波書店（1969年）。

ハーバーマス，ユルゲン／細谷貞雄・山田正行訳『公共性の構造転換』未来社（1973年）。2版（1994年）。

ハイエク，フリードリヒ・A／田中真晴・田中秀夫編訳『市場・知識・自由―自由主義の経済思想』ミネルヴァ書房（1986年）。

パシュカーニス，エフゲニー／稲子恒夫訳『法の一般理論とマルクス主義』日本評論新社（1958年）。

パシュカーニス，エフゲニー／山之内一郎訳『法の一般理論とマルキシズム』改造社（1930年）。

長谷川正安『法学論争史』学陽書房（1976年）。

―――「第1章 マルクス主義法学序説」天野和夫ほか編『マルクス主義法学講座〔第1巻〕』日本評論社（1976年）。

文献一覧　341

─────「マルクス主義法学の再出発」天野和夫ほか編『マルクス主義法学講座〔第1巻〕』日本評論社（1976年）。

原丈人『「公益」資本主義―英米型資本主義の終焉』文藝春秋（2017年）。

晴山一穂『行政法の変容と行政の公共性』法律文化社（2004年）。

樋口陽一「フランス革命と法」長谷川正安・渡辺洋三・藤田勇編『市民革命と法』日本評論社（1989年）。

平子友長「市民社会概念の歴史」『法の科学』27号（1998年）。

平田清明『市民社会と社会主義』岩波書店（1969年）。

平田清明著／八木紀一郎・大町慎浩編『市民社会思想の古典と現代―ルソー，ケネー，マルクスと現代市民社会』有斐閣（1996年）。

平野義太郎「マルキシズム法学」鵜飼信成・福島正夫・川島武宜・辻清明編『講座日本近代法発達史〔第8巻〕』勁草書房（1959年）。

─────『マルクス主義法学』大月書店（1974年）。

広中俊雄『民法綱要〔第1巻―総論 上〕』創文社（1989年）。2006年に新版。

広渡清吾『比較法社会論研究』日本評論社（2009年）。

─────「渡辺法学の構図」戒能通厚・原田純孝・広渡清吾編『日本社会と法律学―歴史，現状，展望：渡辺洋三先生追悼論集』日本評論社（2009年）。

─────「現代ドイツの市民社会論と市民法についての覚書」水林彪・吉田克己編『市民社会と市民法―civilの思想と制度』日本評論社（2018年）。

福地俊雄『法人法の理論』信山社（1998年）。

福島正夫「平野義太郎先生と法律学」『法の科学』6巻（1978年）。

藤田勇『ソビエト法理論史研究1917～1938―ロシア革命とマルクス主義法学方法論』岩波書店（1968年）。

─────『法と経済の一般理論』日本評論社（1974年）。

─────「新・現代法論に望む」『法の科学』第16号（1988年）。

─────「沼田法学における唯物史観をめぐって」『法の科学』27号（1998年）。

─────『自由・民主主義と社会主義―1917-1991：社会主義史の第2段階とその第3段階への移行』桜井書店（2007年）。

─────「追悼文 渡辺洋三さんの学問的精神を想う」『法の科学』38号（2007年）。

─────『マルクス主義法理論の方法的基礎』日本評論社（2010年）。

藤田勇・江守五夫編『文献研究―日本の法社会学 法社会学論争』日本評論社（1969年）。

藤田勇・長谷川正安編『文献研究・マルクス主義法学―戦前』日本評論社（1972年）。

藤田勇編『マルクス主義法学』学陽書房（1973年）。

藤野渉『マルクス主義と倫理』青木書店（1976年）。

藤原保信『自由主義の再検討』岩波書店（1993年）。

不破哲三『マルクス未来社会論』新日本出版社（2004年）。

─────『マルクス，エンゲルス革命論研究（上）』新日本出版社（2010年）。

ボーモル，ウィリアム・J／ロバート・E・ライタン／カール・J・シュラム／原洋之介監訳・田中建彦訳『良い資本主義悪い資本主義―成長と繁栄の経済学』書籍工房早山（2014年）。

ポパー，カール・R／小河原誼夫・内田誠訳『開かれた社会とその敵―第2部』未来社（1980年）。原著は1950年。

ポラニー，カール／吉沢英成・野口建彦・長尾史郎・杉村芳美訳『大転換―市場社会の形成と崩壊』東洋経済新報社（1975年）。原著は1944年。

本間重紀編『コンビニの光と影』花伝社（1999年）。

孫崎享『戦後史の正体―1945-2012』創元社（2012年）。

間宮陽介『市場社会の思想史―「自由」をどう解釈するか』中央公論新社（1999年）。

マルクス，カール／フリードリヒ・エンゲルス／廣松渉編訳『新編輯版ドイツ・イデオロギー』岩波書店（2002年）。

丸山真男『日本の思想』岩波書店（1961年）。

水林彪「西欧近現代法史論の再構成」『法の科学』26号（1997年）。

―――「『法と経済』問題についての根本視点をマルクスに学ぶ」民科法律学術総会報告レジメ（2018年）。

見田石介『資本論の方法』弘文堂（1963年）。

―――「資本論の方法」『見田石介著作集〔第4巻〕』大月書店（1976年）。

ミュルダール，グンナー／北川一雄監訳『福祉国家を越えて―福祉国家での経済計画とその国際的意味関連』ダイヤモンド社（1970年）。原著は1960年。

村上淳一『ドイツ市民法史』東京大学出版会（1985年）。

ミルグロム，ポール／ジョン・ロバーツ／奥野正寛ほか訳『組織の経済学』NTT出版（1997年）。

三和良一・原朗『近現代日本経済史要覧〔補訂版〕』東京大学出版会（2010年）。

民科法律部会編『法社会学の諸問題』北隆館（1950年）。

室井力「現代法と公共性論―若干の感想」『法の科学』19号（1991年）。

森英樹「日本マルクス主義法学の遺産とその継承―理論史的総括の試み」『科学と思想』3号（1972年）。

―――「法哲学とマルクス主義」天野和夫ほか編『マルクス主義法学講座〔第1巻〕』日本評論社（1976年）。

―――「日本マルクス主義法学の前提」天野和夫ほか編『マルクス主義法学講座〔第1巻〕』日本評論社（1976年）。

―――「『新・現代法論』総括の観点と課題」『法の科学』19号（1991年）。

森下敏男「わが国におけるマルクス主義法学の終焉」『神戸法学雑誌』64巻2号，65巻1号・2号・4号，66巻1号（2014-2016年）。

八木弘「株式会社の財団的構成」北村五良編『神戸経済大学創立五十周年記念論文集／法学編III―商法及び経済法』（1953年）。

―――『株式会社財団論―株式会社法の財団的構成』有斐閣（2001年）。

文献一覧　343

安井宏「山下民法学における基本的認識と法律行為論」『法と政治』50巻1号（1999年）。

矢野恒太記念会編『世界国勢図会2014/15年度版』矢野恒太記念会（2014年）。

――――『日本国勢図会2018/19年度版』矢野恒太記念会（2018年）。

山下末人『法律行為論の現代的展開』法律文化社（1987年）。

――――「法律行為における私的自治の拡散」『法と政治』48巻1号（1997年）。

――――「民法研究におけるマルクシズムについて―福地俊雄『法人法の理論』を読んで」『大阪経済法科大学法学論集』第48号（2000年）。

山中康雄『市民社会と民法―総則・物権・債権』日本評論社（1947年）。

――――「民主主義と法認識―法と正義の矛盾にかんする一考察」『法律時報』18巻10号（1946年）。

――――「法社会学についての一考察」『法律時報』21巻5号（1949年）。

――――「法範疇の発展といふことについて」『法律時報』21巻9号（1949年）。

吉田克己「総論・現代『市民社会』論の課題」『法の科学』28号（1999年）。

――――『現代市民社会と民法学』日本評論社（1999年）。

――――『市場・人格と民法学』北海道大学出版会（2012年）。

吉田傑俊『市民社会論―その理論と歴史』大月書店（2005年）。

吉村良一『環境法の現代的課題―公私協働の視点から』有斐閣（2011年）。

ライシュ，ロバート・B／雨宮寛・今井章子訳『暴走する資本主義』東洋経済新報社（2008年）。

リーデル，マンフレート／川上倫逸・常俊宗三郎編訳『市民社会の概念史』以文社（1990年）。

渡辺治「二つの憲法との格闘―憲法史，憲法学史における足跡」『法律時報』82巻9号（2010年）。

渡辺洋三「市民法と社会法―市民法・社会法・行政法を中心として」『法律時報』30巻4号（1958年）。

――――『法社会学と法解釈学』岩波書店（1959年）。

――――「戒能法学研究序説―その市民社会論とマルキシズム論」『法律時報』47巻9号（1975年）。

――――『法とは何か』岩波書店（1979年）。

――――『法社会学とマルクス主義法学』日本評論社（1984年）。

索　引

【欧　文】

bürgerliches Gesellschaft …………… 252
civil society ………………………… 252
civilized society …………………… 253
NIMBY ……………………………… 151
societas civilis ……………………… 252
société civile ………………… 264, 294

【あ　行】

アソシエーション ………………… 277, 291
新しい社会運動 ……………………… 278
新しい社会経済システム …………… 171
アメリカの占領政策 ………………… 90
アメリカの訴訟社会 ………………… 307
アリストテレス ……………………… 252
アルチュセール ……………………… 244
あるべき公共性 ……………………… 165
アンネンコフへの手紙 …………… 261, 264
安保条約 ……………………………… 87
暗黙の了解 …………………… 319, 322, 325
生ける法 ……………………………… 26
意思関係 …………………………… 234, 235
意思主義 ……………………………… 147
磯村哲 ………………………………… 41
イデオロギー的諸形態 ……………… 193
稲子恒夫 ……………………………… 8
インパーソナルな人間関係 ………… 306
インフォーマルな意思決定 ………… 180
ヴァイデマイアー宛ての手紙 ……… 240
ウェーバー，マックス ……………… 317
植村邦彦 ……………………………… 244
ウォルツァー，マイケル …………… 279
ウォルフレン，カレル・ヴァン …… 180
鵜飼信成 ……………………………… 71
内田義彦 ……………………………… 286
ウッド，エレン・メイクシンス …… 283
営業の自由 ………………………… 94, 96
エールリッヒ，オイゲン …………… 49
エーレンベルク，ジョン …………… 279

エスピン・アンデルセン，G ……… 175
エニュウェア族 ……………………… 300
オイコス ……………………………… 252
大本教不敬事件 ……………………… 5
遅れた法意識の議論 ………………… 306

【か　行】

外郭秩序 ……………………………… 308
階級国家論 …………………………… 268
階級社会史観 ………………………… 258
階級闘争 ……………………………… 153
概念法学 ……………………………… 41
戒能通孝 ……………………………… 55
カウツキー，カール ………………… 225
科学的社会主義 ……………………… 243
科学的に正しい方法 ………………… 196
加古佑二郎 …………………………… 16
片岡昇 ………………………………… 107
価値観の分断 ………………………… 300
加藤新平 ……………………………… 8
下部構造的市民社会 ………………… 265
株式会社財団説 ……………………… 99
株式会社法 …………………………… 94
株式債権論 …………………………… 97
株式の持ち合い ……………………… 95
川島武宜 …………………… 52, 71, 305
観念論的上部構造 …………………… 204
機会の平等 …………………………… 215
企業集団主義 ………………………… 113
企業の経済分析 ……………………… 322
企業の社会的責任論 ………………… 174
聴濤弘 ………………………………… 171
規制緩和 …………………………… 184, 186
寄生地主制 …………………………… 90
ギデンズ，アンソニー ……………… 279
規範的な市民社会論 ………………… 285
規範的な社会理論 …………………… 282
規範の純粋適用 ……………………… 134
恐慌 …………………………………… 247

345

共産主義……………………… 200, 215
共産党宣言…………………… 205, 258
行政機関の保有する情報公開法……… 135
行政手続法…………………………… 135
協同社会……………… 206, 270, 314
　　──論…………………………… 271
近代個人主義………………………… 253
近代市民社会の狭隘性……………… 316
近代的所有権…………………………… 52
近代ブルジョア的市民社会………… 272
近代法の形態性………………………… 16
金融の国際化………………………… 128
グラムシ，アントニオ……… 244, 255
経済・国家・市民社会……………… 277
経済学の方法………………… 192, 196
経済学批判の序言…………………… 193
経済学批判要綱……………………… 196
　　──の序説…………………… 193
経済決定論…………………………… 239
経済合理的な倫理…………………… 318
経済的自由…………………… 101, 106
経済統制法……………………………… 45
契約の自由…………………………… 126
ケインズ，ジョン・メインナード……… 175
ケインズ主義的経済政策…………… 181
結果の平等…………………………… 215
結合した生産者たち………………… 218
現代市民社会………………… 124, 315
　　──の成熟…………………… 315
現代市民法論…………………………… 85
現代の市民…………………………… 296
現代法………………………… 82, 123
　　──論………………………… 178
　　──論争……………………… 179
権力説………………… 35, 48, 137
権力秩序……………………………… 308
公共性の虚偽性……………………… 165
工業的中間身分……………………… 251
公共の福祉…………………………… 187
工場法典……………………………… 140
厚生経済学…………………………… 167
公正な配分…………………………… 213
交通形態……………………… 258, 262

公平な分配…………………………… 216
公法私法同化論……………………… 307
ゴータ綱領批判……………………… 213
コーポレート・ガバナンス………… 307
個体的自由の再建…………………… 291
個体的所有の再建…………… 288, 290
コッカ，ユルゲン…………………… 281
国家・市場・市民社会……………… 285
国家権力による反作用……………… 132
国家的制裁…………………………… 134
国家独占資本主義……………………… 78
　　──法論……………………… 87
国家のイデオロギー的性格………… 184
国家の止揚…………………………… 259
古典的市民法の修正…………………… 75
小松喜雄……………………………… 294
コミュニケーションの方法………… 307
コミュニタリアン…………………… 279
財貨秩序……………………………… 308
最終審級における決定……………… 245
再生産論……………………………… 246
裁判官による法創造…………………… 40
裁判規範………………………………… 26

【さ 行】

サヴィニー，フリードリヒ・カール・フォン
　……………………………………… 148
佐藤栄…………………………………… 8
サムウェア族………………………… 300
産業資本主義………………………… 126
産業循環の周期……………………… 247
三位一体的方式……………………… 217
残余主義……………………………… 176
シェイエス，エマニュエル・ジョゼフ…… 145
指揮命令関係………………………… 140
重田澄男……………………………… 293
自己限定的ラディカリズム………… 279
事後チェック型システム…………… 182
自主管理と代表制の社会主義……… 289
自主独立の路線……………………… 174
市場の失敗…………………… 127, 184
自生的な法……………………………… 11
自然権…………………………………… 79

346

持続的経済成長…………………………129
下からの近代化……………………………78
実在的下部構造……………………………193
史的唯物論…………………………………192
支配層………………………………………159
柴山桂太……………………………………300
私募ファンド………………………………98
資本家社会…………………………………286
資本家的私的所有批判……………………210
資本家的生産様式…………………………287
資本家的領有法則に転回…………………211
資本主義生産の無政府性…………………247
資本主義体制の全般的危機………………65
資本主義のグローバル化…………………128
資本主義の全般的危機論…………………162
資本主義法の歴史区分……………………122
資本の本源的蓄積…………………………143
資本の有機的構成の高まり………………240
資本論・第1部……………………………210
清水誠………………………………………311
市民間の分断………………………………298
市民社会………………………83, 144, 251, 292
　　——の外郭秩序………………………63
　　——法…………………………………63
　　——論………………………59, 80, 250
市民派マルクス主義………………………294
市民法……………………………63, 78, 79
　　——学…………………………………41
　　——の変容……………………………64
　　——論…………………………………310
社員権論……………………………………97
社会—市民社会—国家……………………263
社会改革の運動……………………………242
社会構成体……………………………143, 265
　　——の構造……………………………193
社会参加型の福祉…………………………177
社会主義革命………………………………292
社会主義国の崩壊…………………………175
社会主義の問題点…………………………158
社会主義法…………………………………77
社会生成説……………………………17, 137
社会的，政治的および精神的生活過程一般…193
社会的意識…………………………………193

　　——諸形態……………………………193
社会的生活過程……………………………266
社会的存在…………………………………193
社会的連帯性………………………………117
社会の階級分裂……………………………204
社会編成原理………………………………188
社会編成のあり方…………………………227
社会民主主義………………………………184
10時間労働問題……………………………209
自由主義経済政策…………………………123
重層的決定…………………………………244
自由と平等の相補的関係…………………115
シュミット，コンラート…………………231
種類株式……………………………………98
消費契約……………………………………319
商品の所有権………………………………15
上部構造的市民社会………………………265
上部構造の相対的自立性…………………245
所有概念……………………………………205
所有と経営の分離…………………………97
ジョンソン，リンドン……………………176
自立した個人………………………………291
自律的労働者像……………………………116
人格秩序……………………………………308
人格的自己実現の自由……………………117
人格の尊厳…………………………………308
新自由主義…………………………………112
新トクヴィル主義的ヘゲモニー論………279
真の自由の王国……………………………217
信頼主義……………………………………149
森林盗伐取締法……………………………197
末弘厳太郎…………………………………39
砂川事件……………………………………87
スミソニアン体制の崩壊…………………175
聖家族………………………………………201
生活の社会化………………………………182
生産手段の社会化…………………………214
生産諸関係…………………………………193
生産様式……………………………………262
政治的国家…………………………………199
政治的生活過程……………………………266
政治的な自由………………………………217
精神的生活過程……………………………266

索引　347

生存権……………………… 76
政党……………………… 299
制度的な契約……………… 323
制度としての契約………… 150
制度派経済学……………… 106
青年ヘーゲル派…………… 197
政府の失敗………………… 184
聖マックス………………… 204
西洋型の現代市民社会…… 299
絶対的窮乏化理論………… 162
絶対的剰余価値…………… 27
戦時総力戦………………… 43
相対的剰余価値…………… 27
疎外＝抽象化論…………… 289
ソ連型計画経済…………… 175

【た　行】

第3者割当………………… 98
第3の道…………………… 280
大東亜新秩序……………… 47
ダイバーシティ…………… 303
高島善哉…………………… 286
高柳信一…………………… 307
滝川事件…………………… 62
田北亮介…………………… 167
多数決……………………… 94
ダニエリソーン，ニコライ・フランツェヴィチ
………………………… 232
団結権……………………… 107
端緒範疇…………………… 29
治安維持法……………… 5, 318
治安警察法………………… 318
治安法体系………………… 315
小さな政府と地域政治…… 279
中間（的）組織…… 151, 321, 323
抽象的市民法……………… 74
中世的封建社会…………… 260
通貨供給の量的緩和……… 177
ディーセント・ワーク…… 304
ディクツツーラ…………… 207
哲学の貧困……………… 205, 261
デューリング，オイゲン… 223
伝統社会の論理…………… 317

伝統的自由主義…………… 112
天皇機関説事件…………… 62
ドイツ・イデオロギー…… 203, 257
ドイツ社会民主党………… 207, 219
東欧における市民革命…… 276
等質な市民………………… 106
統制型の経済システム…… 182
統制型の政治・経済システム… 125
動態的経済分析………… 240, 246
道徳的ラディカリズム…… 242
独占禁止法………………… 105
富山康吉…………………… 92

【な　行】

内的な隠れた諸法則……… 221
ナショナリズム…………… 276
ナポレオン法典…………… 145
日本型企業社会…………… 122
日本型の集団主義………… 307
日本資本主義発達史講座… 7
日本人の集団主義………… 114
日本の産業組織…………… 320
日本法理研究会…………… 44
人間の尊厳………………… 67
人間発達の自由…………… 218
沼田稲次郎………………… 61

【は　行】

ハーバーマス，ユルゲン… 277
ハイエク，フリードリヒ… 114, 175
パシュカーニス，エフゲニー… 7
長谷川正安………………… 86
働き方改革関連法………… 324
パリ・コミューン………… 207
針生誠吉…………………… 169
非国家的・非経済的な結合関係… 277
必然性と自由……………… 224
必然性の王国……………… 217
ヒューム，デイヴィド…… 253
表示主義………………… 149, 150
平等の権利………………… 213
平子友長…………………… 251
平田清明…………………… 286

348

平野義太郎	5	法治主義	135
広中俊雄	308	法的根拠をもたない行政	180
広渡清吾	281	法的上部構造	138
フォイエルバッハに関する11のテーゼ	220	法と経済	119
福祉国家	46, 127	法の階級性	35, 66
——型資本主義	151	法の形態と商品の形態	236
——論	167, 170	法の支配	135
福島正夫	72	法の商品交換理論	235
藤野渉	293	法の政策化	180
普通選挙	206	方法的2元論	48
普通選挙法	315	法律行為論	147, 149
物質的生産諸力	193	法律社会学	55
普遍的市民	274	法律進化論	48
プラザ合意	128	法律的および政治的上部構造	193
フランクフルト学派	244	保守的コーポラティズム	176
フランスにおける階級闘争	208, 228	ボナパルティズム	208
古い唯物論	221	ポピュリズム	151, 276
プルードン，ピエール・ジョゼフ	202	ポリス	252
ブルジョア国家論	268	ポリティカル・エコノミー	253
ブルジョア的法学的世界観	211, 234	ボルギウス，W	233
ブルジョア市民社会	73		
ブルジョア的所有	16	**【ま 行】**	
ブルジョア法	63, 79	マキャベッリ，ニッコロ	252
ブルジョア法原理	63	マルキシズム法学	56
プロイセン出版法	197	マルクスの市民社会論	254
ブロッホ，ヨーゼフ	230	3つの法領域	125
プロレタリアートのディクタツーラ	197	ミュルダール，グンナー	175
プロレタリア革命	205	ミル，ジョン・スチュワート	253
分業	204	ミルグロム，ポール	323
分配論	218	民営化	184
ヘーゲル国法論批判	198	民主主義科学者協会	23
ヘーゲルの市民社会概念	199	——の3つの理念	160
ヘーゲル法哲学	192	民族法	148
弁証法	36	民法解釈の論理	146
変動相場制	128	メンガー，アントン	225
法意識	132	森下敏男	152
法化	182, 183, 322	森戸達男事件	5
——・非法化	181	森英樹	183
——の同時進行	324		
法学的世界観	219	**【や 行】**	
法学の方法	192	八木弘	99
法規範レベルの市民社会の拡大	315	夜警国家	126
法曹社会主義	224	約款	146

索引　349

八幡製鉄政治献金事件 …………… 98
山下末人 …………………………… 146
山之内一郎 …………………………… 5
唯物史観法律学 …………………… 107
友愛会事件 …………………………… 5
有限責任組合 ……………………… 100
豊かな社会 ………………………… 186
ユダヤ人問題によせて …………… 201
ヨーロッパ革命（1948-49年）…… 208
吉岡幹夫 …………………………… 171
吉田克己 …………………………… 313
吉田傑俊 ……………… 194, 255, 276

【ら 行】

ラジャン，ラグラム ……………… 302
リーデル，マンフレート ………… 255
利益対抗関係 ……………………… 97
利潤率の低下 ……………………… 247
リバータニアニズム ……………… 114
リベラリズム ………………… 114, 184

領有法則の転回 …………… 210, 270
倫理教説 …………………………… 241
倫理的自律性 ……………………… 317
歴史的経路依存性 ………………… 182
歴史の発展法則 …………………… 157
レッド・パージ（赤狩り）…… 23, 292
労働契約 …………………………… 319
労働契約法 ………………………… 324
労働者の窮乏化 …………………… 65
労働争議 …………………………… 315
労働調停制度 ……………………… 324
労働の全収益 ……………………… 225
労働力の流動化 …………………… 182
ローゼンバーグ，ジャスティン …… 283
ロバーツ，ジョン ………………… 323

【わ 行】

渡辺治 ……………………………… 88
渡辺洋三 ……………………… 73, 310

大島　和夫（おおしま　かずお）

1949年　兵庫県神戸市生まれ
京都大学大学院・法学研究科博士課程単位取得退学
神戸市外国語大学名誉教授，京都府立大学名誉教授

〔主要業績〕
『現代史からみた法と社会』法律文化社，1999年
『日本の構造改革と法』日本評論社，2002年
『世界金融危機と現代法―現代資本市場法制の制度設計』法律文化社，2009年

Horitsu Bunka Sha

日本の法学とマルクス主義
――21世紀の社会編成理論の構築をめざして

2019年12月20日　初版第1刷発行

著　者　大島和夫
発行者　田靡純子
発行所　株式会社　法律文化社
　　　　〒603-8053
　　　　京都市北区上賀茂岩ヶ垣内町71
　　　　電話 075(791)7131　FAX 075(721)8400
　　　　https://www.hou-bun.com/

印刷：㈱冨山房インターナショナル／製本：㈱藤沢製本
装幀：前田俊平
ISBN978-4-589-04044-2
©2019 Kazuo Oshima Printed in Japan

乱丁など不良本がありましたら，ご連絡下さい。送料小社負担にて
お取り替えいたします。
本書についてのご意見・ご感想は，小社ウェブサイト，トップページの
「読者カード」にてお聞かせ下さい。

JCOPY　〈出版者著作権管理機構　委託出版物〉
本書の無断複写は著作権法上での例外を除き禁じられています。複写される
場合は，そのつど事前に，出版者著作権管理機構（電話 03-5244-5088，
FAX 03-5244-5089，e-mail: info@jcopy.or.jp）の許諾を得て下さい。

森村 進編

法 思 想 の 水 脈

A5判・262頁・2500円

法思想史は法学と哲学，歴史学が交錯する領域であり，多彩な知見に触れることができる。法思想がいかなる経路（水脈）をたどり現代にいたっているのかを意識して叙述し，法思想を学ぶことの面白さを感じることができる入門書。

大野達司・森元 拓・吉永 圭著

近 代 法 思 想 史 入 門
—日本と西洋の交わりから読む—

A5判・304頁・2800円

立法・法改正論争が盛んな現代日本の法理論の背後にあるものを理解するため，幕末〜敗戦・新憲法制定までの法思想の道筋を辿る。日本と西洋の重要人物の来歴や相互の影響関係，さらに近代法継受の社会的政治的背景を含む入門書。

村上一博・西村安博編〔HBB⁺〕

新版 史料で読む日本法史

四六判・364頁・3300円

学生の知的好奇心を刺激するトピックを選び，現代の法的問題とも結び付く法意識や裁判の観点から日本法史の世界を探検。史料を読み解きながら解説を加える方針を踏襲し，総論・古代法・近代法を補訂。史料の体裁も刷新。

西田英一・山本顯治編

振 舞 い と し て の 法
—知と臨床の法社会学—

A5判・318頁・6000円

メタ理論（解釈法社会学），臨床（ナラティブとケア），紛争・交渉の3つのグループに分け，法の社会臨床学の新領域を切り拓く和田仁孝教授の還暦を記念した論文集。論文12本，コメント6本で構成。

和田仁孝・樫村志郎・阿部昌樹・船越資晶編

法 の 観 察
—法と社会の批判的再構築に向けて—

A5判・376頁・7000円

法社会学の戦後第2世代を牽引してきた棚瀬孝雄先生の古稀記念論集。幅広い分野の研究者らによる法社会学へのアフェクション。第1部「社会のなかの法」，第2部「紛争と紛争処理」，第3部「法専門職の変容」の3部，16論文からなる。棚瀬孝雄先生古稀記念論集。

━━━━法律文化社━━━━

表示価格は本体（税別）価格です